노동판례백선의 알기쉽고 빠른 길라잡이

노동판례백선요해

유혜경 편저

기저출판

머리말

이 책은 노동판례백선(한국노동법학회)을 요약한 책으로서 다음과 같은 내용을 기초로 구성되었다.

첫째, 노동판례백선에서 「사실관계」는 거의 그대로 인용하였고, 「판결의 내용」은 해당 대법원 판례의 내용이 적절하게 인용되지 않은 경우라고 판단된 경우, 부분적으로 판결의 내용을 첨가하여 판결의 요지를 좀 더 명확히 하였다.

둘째, 노동판례백선의 「해설」부분은 핵심만을 추려내어 꼭 필요한 부분만으로 요약하였고, 부분적으로 논쟁과 관련하여 첨가할 필요가 있다고 생각되는 부분을 보완하였다.

셋째, 노동판례백선을 집단적 노동관계법, 개별적 근로관계법, 기타 법으로 분류하여 무차별적으로 나열된 판례들이 좀 더 체계적으로 배열되도록 구성하였다.

이 책은 노동판례백선을 단시간에 집중적으로 공부하려고 하는 수험생들에게 도움을 주고자 기획된 것으로, 이 책이 노동판례백선의 내용을 핵심적으로 파악하는데 있어 많은 도움을 주기를 바란다.

2015년 5월 27일

유 혜 경 씀

목 차

1편 노동조합법

1. 노조법상 근로자 ··· 11
2. 구직중인 자의 노조법상 근로자성 ······································ 14
3. 국가의 사용자성(단체교섭) ·· 17
4. 노동조합 가입이 제한되는 사용자의 이익대표자 ················· 20
5. 신고미필노조의 법적 지위 ··· 23
6. 노조전임자에 대한 취업규칙의 출·퇴근규정 적용 ················ 26
7. 노동조합의 운영과 민주성 ··· 28
8. 조합활동의 정당성 ··· 31
9. 노동조합의 조직형태변경 ··· 34
10. 초기업노동조합 지부·분회의 단체교섭 당사자 지위 ··········· 37
11. 단체교섭권한의 위임과 경합 ·· 39
12. 노동조합 대표자의 단체협약체결권 ··································· 42
13. 단체협약의 의의와 성립 ··· 45
14. 근로조건의 불이익변경에 관한 협약자치의 한계 ··············· 48
15. 단체협약의 일반적 구속력 ··· 50
16. 단체협약의 지역적 구속력 ··· 52
17. 단체협약 종료의 효과 ·· 54
18. 쟁의행위기간 중 대체근로금지 ·· 57
19. 경영권과 노동3권 ··· 60
20. 찬반투표절차를 거치지 않은 쟁의행위의 정당성 ··············· 64
21. 초기업노동조합 지부·분회의 쟁의행위 찬반투표의 범위 ···· 68
22. 직장점거의 정당성 범위 ··· 71
23. 쟁의행위기간 중의 임금 ··· 74
24. 쟁의행위와 업무방해죄 ··· 78
25. 쟁의행위와 민사책임 ·· 81
26. 직장폐쇄의 정당성 ··· 83
27. 조정전치주의를 위반한 쟁의행위의 정당성 ························ 85
28. 부당노동행위의사와 해고사유의 경합 ································ 87
29. 부당노동행위에 있어서 원청회사의 사용자성 ···················· 90

30. 단결권과 유니언 숍 조항 ··· 92
31. 단체교섭 거부와 불법행위 책임 ··· 94
32. 사용자의 언론활동과 지배·개입 ··· 96
33. 안전보호시설에서의 쟁의행위 ··· 99
34. 인사고과와 불이익취급 ··· 101
35. 노사협의회의 권한 ··· 104
36. 공무원의 노동3권제한 ··· 107
37. 단체협약의 해석원칙 ··· 112
38. 노동위원회 구제명령의 효력 ··· 114

2편 근로기준법

1. 노동법에서 신의칙의 적용 ·· 119
2. 노동법의 강행성(퇴직금포기 계약의 효력) ······················· 123
3. 근기법상 근로자개념 ·· 125
4. 근기법상 사용자개념 ·· 128
5. 위약금 예정 금지 ·· 131
6. 1년을 초과하는 기간을 정한 근로계약 ······························ 134
7. 임금의 판단기준 ·· 137
8. 통상임금의 판단기준 ·· 140
9. 포괄임금제의 성립요건과 효력 ··· 144
10. 대기시간과 근로시간 ··· 147
11. 연차휴가제도 ·· 150
12. 취업규칙의 불이익변경의 의미 ··· 153
13. 취업규칙 불이익변경에서 동의주체인 집단의 범위 ······· 155
14. 취업규칙 불이익변경과 동의방식 ····································· 157
15. 동의를 얻지 않은 취업규칙 불이익변경의 효력 ············ 160
16. 취업규칙 불이익변경과 사회통념상 합리성 ···················· 163

목 차

17. 단체협약과 취업규칙의 관계 ·· 166
18. 배치전환(전직)의 정당성 판단기준 ·· 169
19. 대기발령·직위해제의 법리 ·· 172
20. 휴직명령의 정당성 ·· 176
21. 해고와 당연퇴직 ··· 178
22. 전적의 정당성 판단기준 ·· 181
22. 비진의 의사표시에 의한 사직 ··· 184
24. 사직 의사표시의 해석과 철회 ··· 186
25. 경영상 해고 ··· 189
26. 시말서제출요구와 근로자의 양심의 자유 ·· 194
27. 해고의 절차적 정당성 ··· 196
28. 단체협약상 해고합의조항 ·· 198
29. 경력사칭과 해고 ··· 201
30. 해고의 서면통지 ··· 205
31. 노동위원회 구제절차와 민사소송의 관계 ·· 208
32. 부당해고와 중간수입 ··· 210
33. 부당해고와 불법행위 ··· 213
34. 사업이전과 고용승계 ··· 216
35. 근로관계 승계의 효과 ··· 219
36. 위장폐업의 불법행위책임 ·· 222
37. 퇴직금의 법적 성격 ·· 225
38. 퇴직금 분할지급 약정 ··· 228
39. 용역계약의 해지와 근로관계 ··· 232
40. 파산절차상 근로관계 ··· 235
41. 근기법상 금품청산제도 ··· 237
42. 사내하도급근로자와 도급인의 근로관계성립(묵시적 근로관계) ········ 239
43. 노동관행과 근로계약의 해석 ··· 242
44. 남녀정년차별 ··· 245
45. 근로자의 경업피지의무 ··· 248

46. 임금지급의 원칙 ··· 251
47. 임금채권의 우선변제 ··· 254

3편 기 타 법

1. 도급과 파견의 구별기준 ·· 259
2. 불법체류 외국인근로자의 지위 ·· 263
3. 동일가치노동 동일임금 ·· 266
4. 연쇄적 근로관계(사실상 무기계약) ·· 269
5. 기간제 근로계약의 갱신기대권 ·· 271
6. 최저임금의 적용을 위한 비교대상임금 ······································ 275
7. 위법한 근로자공급계약과 그 효력 ··· 278
8. 비정규근로자의 차별시정 ·· 281
9. 도급인의 산업안전보건법 위반책임 ··· 285
10. 과로사와 업무상 재해 ·· 288
11. 출·퇴근 중 재해 ··· 291
12. 직장 내 성희롱과 사용자책임 ·· 294
13. 산재보험과 제3자에 대한 구상권 ·· 297
14. 유족급여와 손해배상의 조정 ·· 300
15. 근로계약의 재판관할 ·· 303

노동판례백선요해

노동판례백선요해

1 노동조합법

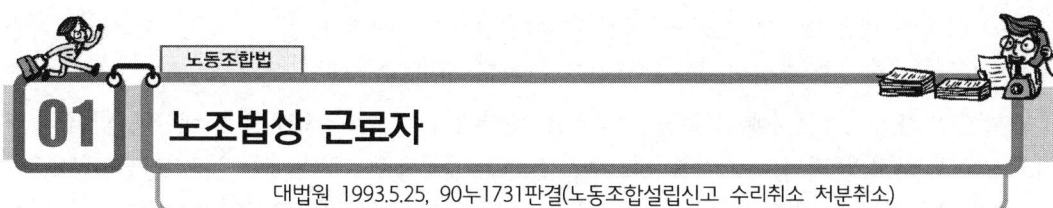

01 노조법상 근로자

대법원 1993.5.25, 90누1731판결(노동조합설립신고 수리취소 처분취소)

01 사실관계[1]

A사가 운영하는 골프장에서 내장객의 경기를 보조하는 캐디들로 구성된 원고(X)노조가 설립신고를 하자, 관할 행정관청인 피고(Y)는 X노조가 노조법상 근로자가 아닌 자들로 구성되어 있다는 이유로 설립신고서의 수리를 거부하였다. 이에 X노조는 수리취소 처분의 취소를 구하는 소를 제기하였다. 원심(서울고판 1990.2.1, 89구9762)은 ① 캐디들은 A사와 근로계약을 체결하였다고 보기보다는 오히려 A사의 중개로 내장객과 고용 내지 도급계약을 체결하고 내장객의 경기를 보조하는 업무에 종사한다고 봄이 상당하다 할 것이고 ② 캐디들이 A사로부터 출근시간, 근무상태, 내장객의 경기과정에서 생긴 잔디 파손부분의 손질이나 청소 등에 관하여 일정한 범위 내에서 지시감독을 받고 있는 것은 위 골프장시설을 이용함에 부수하여 질서를 유지하는 데 필요한 최소한의 범위에 국한되어 있는 만큼 그것만으로는 위 캐디들과 A사 및 내장객 사이의 법률관계를 달리 볼 수는 없다고 할 것이므로, 위 캐디들은 A사의 근로자가 아니라는 취지로 판시하여 X노조의 소를 기각하였다. 이에 X노조가 대법원에 상고하였으며 대상판결은 아래의 판결내용으로 원심을 파기환송하였다.

02 판결의 내용

노동조합법 제3조(현행 노조법 제2조 제4호)는 노동조합의 주체는 근로자임을 명시하고 있고, 같은 법 제4조(현행 노조법 제2조 제1호)는 근로자라 함은 직업의 종류를 불문하고 임금, 급료 기타 이에 준하는 수입에 의하여 생활하는 자를 말한다고 규정하고 있는바, 노동조합법상 근로자란 타인과의 사용종속관계하에서 노무에 종사하고 그 대가로 임금 등을 받아 생활하는 자를 말한다고 할 것이고, 타인과 사용종속관계가 있는 한 당해 노무공급계약의 형태가 고용, 도급, 위임, 무명계약 등 어느 형태이든 상관없다고 보아야 할 것이며, 그 사용종속관계는 사용자와 노무제공자 사이에 지휘 감독관계의 여부, 보수의 노무대가성 여부,

---

[1] 노동판례백선, 『한국노동법학회』, 박영사, 2015년, 250면.

노무의 성질과 내용 등 그 노무의 실질관계에 의하여 결정된다 할 것이고, 그 사용종속관계가 인정되는 한 노동조합법상의 근로자로 보아도 무방할 것이다.

기록에 의하면 i) **A사에 소속된 캐디들은 내장객의 경기보조업무를 수행함에 있어서 캐디마스터 등 A사의 직원의 지시를 받으며**, 출근에 있어서도 A사에 의하여 지정된 번호순서에 따라 출근시간이 정하여지며, 새벽근무도 해야 하고, 휴장일에도 출근하여 교육이나 골프장시설청소 등을 해야 하는 등 **A사의 지휘감독하에 노무를 제공하여야 하며**, 캐디가 캐디마스터 등 A사측의 업무지시나 결정에 위반하거나, 무단결근 등의 경우에는 벌칙으로서 캐디들의 수입에 결정적인 타격을 주는 일정기간 근무정지나 배치거부 등의 제재를 가하고 있고, **A사측에 의하여 지명된 캐디조장에 의하여 캐디를 통제하고 있는 점**, ii) 또한 캐디는 내장객 보조업무가 종료되면 A사로부터 보수 즉 캐디피를 지급받는 바, 위 **캐디피는 근기법상의 임금이라고 단정하기는 어렵지만 캐디가 A사에 의하여 A사의 골프장 캐디로 선발. 채용될 때에 캐디와 A사 사이에 캐디는 A사가 임의로 지정하는 내장객에게 노무제공을 하기로 하고 그 대가로 A사로부터 캐디피로서 1경기당 일정한 금원인 금 5,000원을 지급받기로 하는 묵시적인 약정이 있는 것으로 엿보이고, 이와 같은 약정은 고용계약관계에 근사하다고 보이므로 캐디피를 노동조합법 제4조 소정의 '기타 이에 준하는 수입'으로 못 볼 바도 아니라고 보여지는 점**(캐디피의 지급방법을 내장객이 캐디에게 직접 지급하는 방법으로 변경하였다고 해도 이는 위에 보인 바와 같이 캐디피의 지급의무가 있는 것으로 보이는 A사가 A사의 골프장에서 경기에 임하려면 어차피 캐디피를 지불해야만 할 입장에 있는 내장객으로부터 캐디피를 수령한 것으로 하고 그 대신 내장객에게 캐디에 대한 캐디피의 지급을 위임한 것으로 보아야 할 것이므로 캐디피의 지급주체가 달라진다고 볼 수는 없을 것이다.) iii) 그 외에도 **캐디의 업무의 성질이나 A사에 의하여 근무시간 등이 정해져 있고 매일 출근하여야 하는 관계상 다른 회사에의 취업이 사실상 곤란하여 캐디들은 A사에 거의 전속되어 있다고 보여지는 점** 등이 엿보이는바, 이러한 사정들에 비추어 보면 A사 골프장 소속의 캐디들은 A사와의 사이에 종속적 노동관계에 있다고 보아야 할 것이다.

따라서 위 **캐디들은 이를 노동조합법상의 근로자로 볼 수 있음에도** 불구하고 이와 달리 이들을 A사의 근로자가 아니라고 판단한 원심판결에는 채증법칙을 위배하여 사실을 그릇 인정한 위법 또는 노동조합법상의 근로자에 관한 법리를 오해한 위법이 있다고 할 것이다.

03 판결의 의의와 한계

1. 노조법상 근로자가 근기법상 근로자와 달리 판단될 수 있다는 가능성을 보였다.

2. 노조법상 근로자의 판단기준을 정한 최초의 대법원 판결이다.[2]
"노동조합법상 근로자란 타인과의 사용종속관계하에서 노무에 종사하고 그 대가로 임금 등을 받아 생활하는 자를 말한다고 할 것이고, 타인과 사용종속관계가 있는 한 당해 노무공급계약의 형태가 고용, 도급, 위임, 무명계약 등 어느 형태이든 상관없다고 보아야 할 것이며, 그 사용종속관계는 사용자와 노무제공자 사이에 지휘 감독관계의 여부, 보수의 노무대가성 여부, 노무의 성질과 내용 등 그 노무의 실질관계에 의하여 결정된다."라는 기준은 이후 노조법상 근로자를 판단하는 판례법리로서 확고하게 자리 잡고 있다.

3. '기타 이에 준하는 수입'에 대한 적극적해석을 하고 있다.
캐디피를 근기법상 임금으로 단정하기는 어렵지만 노조법의 근로자정의 규정의 '기타 이에 준하는 수입'으로 볼 수 있다고 한 것은 결국 근기법상 '임금'보다 노조법상 '임금, 급료 기타 이에 준하는 수입'이 더 클 수 있음을 인정한 것이고, 이는 나아가 근로자의 범위도 근기법(임금을 받는 자) 보다는 노조법(임금, 급료 기타 이에 준하는 수입에 의하여 생활하는 자)에서 더 넓어진다고 볼 수 있는 것이다.[3]

---

[2] 앞의 책, 251면.
[3] 앞의 책, 252면.

02 구직중인 자의 노조법상 근로자성

대법원 1993.5.25, 90누1731판결(노동조합설립신고 수리취소 처분취소)

01 사실관계[4]

원고(X노조)는 1999.1.10. 서울지역 여성근로자들의 지위향상을 목적으로 설립된 비법인 사단이며, 2000.8.21. X노조는 규약을 첨부하여 피고(서울특별시장, Y)에게 노동조합설립신고를 하였다. X노조의 규약 제6조(구성)에는 "노조는 서울지역의 미조직 여성근로자, 임시직, 계약직, 파견, 시간제 등 비정규직 여성근로자, 구직중인 여성근로자로서 본 노조규약에 찬성하는 사람으로 구성한다."고 규정하고, 설립당시 X노조의 구성원에는 취업자 22명 이외에 미취업자 3명이 포함되어 있었다. 이에 대하여 Y는 2000.8.23. "원고의 규약 제6조는 '구직중인 여성근로자'의 가입을 허용하고 있는데, 이는 근로자가 아닌 자의 노동조합 가입을 허용하는 것이다."고 하여 노조법 제2조 제4호 라목, 같은 법 제12조 제3항의 규정을 적용하여 위 설립신고를 반려처분을 하였다. X노조는 Y가 행한 노동조합 설립신고서 반려처분의 취소를 구하는 소를 제기하였다.

02 판결의 내용

▎• 입법목적에 따른 근로자개념의 해석

근기법은 '현실적으로 근로를 제공하는 자에 대하여 국가의 관리. 감독에 의한 직접적인 보호의 필요성이 있는 가'라는 관점에서 개별적 노사관계를 규율할 목적으로 제정된 것인 반면에, 노조법은 '노무공급자들 사이의 단결권 등을 보장해 줄 필요성이 있는 가.'라는 관점에서 집단적 노사관계를 규율할 목적으로 제정된 것으로 그 입법목적에 따라 근로자의 개념을 상이하게 정의하고 있다.

---

4) 앞의 책, 254면.

2. 노조법 제2조 제1호 및 제4호 라목 본문의 근로자

노조법 제2조 제1호 및 제4호 라목 본문에서 말하는 '근로자'에는 특정한 사용자에게 고용되어 현실적으로 취업하고 있는 자 뿐만 아니라, 일시적으로 실업상태에 있는 자나 구직 중인 자도 노동3권을 보장할 필요성이 있는 한 그 범위에 포함된다.

3. 노조법 제2조 제4호 라목 단서의 의미

일정한 사용자에의 종속관계를 조합원의 자격요건으로 하는 기업별노동조합의 경우와는 달리 산업별. 직종별. 지역별 노동조합 등의 경우에는 원래부터 일정한 사용자에의 종속관계를 조합원의 자격요건으로 하는 것이 아닌 점에 비추어, 노조법 제2조 제4호 라목 단서는 '기업별 노동조합'의 조합원이 사용자로부터 해고됨으로써 근로자성이 부인될 경우에 대비하여 마련된 규정으로서, 이와 같은 경우에만 한정적으로 적용되고, 원래부터 일정한 사용자에의 종속관계를 필요로 하지 않는 산업별. 직종별. 지역별 노동조합 등의 경우에까지 적용되는 것은 아니다.

4. 결론

지역별 노동조합의 성격을 가진 X노조가 그 구성원에 '구직중인 여성근로자'를 포함시키고 있다 하더라도, '구직중인 여성근로자' 역시 노조법상의 근로자에 해당하므로, 구직중인 여성근로자는 근로자가 아니라는 이유로 X노조의 노동조합설립신고를 반려한 이 사건 처분을 위법하다고 판단하였는바, 이러한 원심의 판단은 정당하다.

03 판결의 의의와 한계

1. 입법목적상 근기법과 노조법에서 근로자의 개념이 다를 수 있음을 인정하여 실업상태에 있는 자나 구직 중인 자도 노동3권을 가질 수 있음을 최초로 인정한 대법원판례이다.5)
종전의 판례는 "노동조합의 구성원인 근로자와 사용자사이에는 고용에 따른 종속관계가 있어야 하고 이러한 관계가 없는 자는 노동조합법이 정한 적법한 노동조합을 조직할 수 있는 근로자가 될 수 없다."(대판 1970.7.21, 69누152), 또는 "노동조합법상의 근로자에 관한 정의는 근기법 제14조(현행 근기법 제2조 제1항 1호)의 근로자 정의와 비교하여 볼 때, '사업 또는 사업장'을 요건으로 하지 않은 점에서 일응 차이가 있는 듯이 보이나, 근기법이나 노조법이나 종속노동의 대가로 생활을 영위하는 자의 보호를 위한

---
5) 앞의 책, 255면.

방법론적인 차이가 있는 것에 불과한 것이다."(서울행판 2001.9.4, 2001구6783)라고 하여 노조법상 근로자도 근기법상 근로자와 동일하게 '사용종속관계'의 존재를 근로자로 인정하기 위한 종속변수로 파악하고 있었다.[6]

학설은 대부분 전체 법체계내에서 근로자개념이 반드시 통일적으로 파악해야 하는 것은 아니라는 입장이었고 대상판결은 이러한 학설의 입장을 받아들여, 노조법은 근기법과 달리 '노무공급자들 사이의 단결권 등을 보장해 줄 필요성이 있는가.'라는 관점에서 파악해야 한다고 하고 있다.

2. 노조법 제2조 제4호 라목 본문의 근로자를 파악하는데 있어서, 대상판결은 법률의 체계적 해석이라는 관점에서 노조법 제2조 제1호에서 정의하는 '근로자'개념과 노조법 제2조 제4호 라목에서 규정하는 '근로자가 아닌 자'가 해석상 연관성을 가져야 한다는 전제하에 이 양자의 개념을 동일하게 파악하고 있다. 따라서 **노조법 제2조 제4호 라목의 근로자는 임금생활자로서의 근로자로서 실업상태에 있는 사람이나 구직중인 자를 포함한다**고 한다.

3. 노조법 제2조 제4호 라목 단서는 **단서로서의 의미를 가지려면 라목 단서의 근로자는 취업자를 의미**한다고 보아야 한다. 그러했을 때, 노조법 제2조 제4호 라목 단서는 기업별 노동조합에게만 적용된다.

---

6) 앞의 책, 256면.

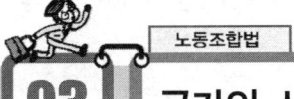

03 국가의 사용자성(단체교섭)

대법원 2008.9.11, 2006다40935판결(사용자지위확인)

01 사실관계

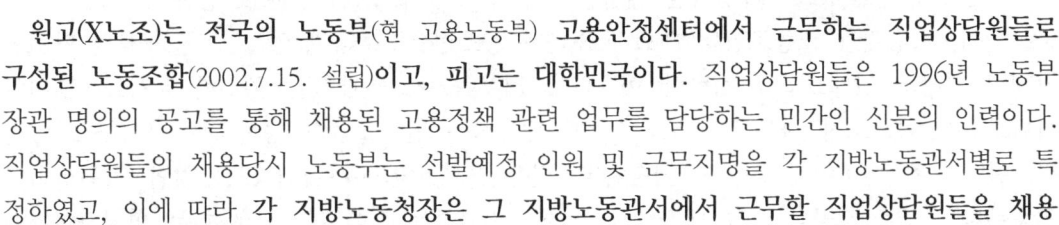

원고(X노조)는 전국의 노동부(현 고용노동부) 고용안정센터에서 근무하는 직업상담원들로 구성된 노동조합(2002.7.15. 설립)이고, 피고는 대한민국이다. 직업상담원들은 1996년 노동부 장관 명의의 공고를 통해 채용된 고용정책 관련 업무를 담당하는 민간인 신분의 인력이다. 직업상담원들의 채용당시 노동부는 선발예정 인원 및 근무지명을 각 지방노동관서별로 특정하였고, 이에 따라 각 지방노동청장은 그 지방노동관서에서 근무할 직업상담원들을 채용하고 이들과 근로계약을 체결하였다.

직업상담원들의 사업주는 고용보험에 있어서 노동부장관으로, 단위사업장은 소속 지방노동관서장이 가입자로 되어 있었고, 산업재해보상보험, 건강보험 및 국민연금에 있어서도 가입 해당사업장은 소속 지방노동관서장으로 되어 있었다.

X노조는 2002년도 설립 이래 2002년과 2003년 6개 지방노동청장과 2차례의 단체협약을 체결하였다. 2003년도 2차 단체교섭 당시에는 노동부차관이 직접 출석하여 예산문제로 인하여 발생하는 현실적인 어려움에 관하여 언급하였고, 실제 교섭과정에서는 서울지방노동청장과 6개청의 관리과장 외에 노동부 본부의 고용정책국장과 노사정책국장이 출석하여 임금인상률, 직업상담원들의 정규직화, 전임자의 처우 등에 대한 노동부의 입장을 밝힌 바 있다. 2003년도 3차 단체교섭에서는 고용정책국장, 노사정책국장, 본부의 고용관리과장, 노사정책과장이 참석하여 단체협약의 구체적 내용을 논의하였다.

X노조는 2004.2.11.부터 2004.6.18.까지 8차례에 걸쳐서 노동부장관과 각 지방노동청장에게 임금교섭을 요구하였으나 각 지방노동청장은 "정부예산이 확정되기 전까지는 사용자가 임금을 결정하기 어려워 부처별 예산이 확정되는 시점을 기준으로 임금교섭을 개시하는 것이 바람직하다."며 임금교섭에 불응하였고, 노동부장관은 위 교섭요구에 관하여 아무런 답변도 하지 않았다.

이에 대하여 X노조는 단체교섭의 대상이 되는 근로조건에 관한 사항의 전부 또는 일부의 결정에 대하여 구체적, 실질적 영향력 내지 지배력을 미치는 자는 국가라는 주장으로 피고에 대하여 이 사건 소를 제기하였다. 1심과 원심은 이 사건의 사용자를 직업상담원들과 직접 근로계약을 체결한 지방노동청장이라고 한 반면, 대상판결은 단체교섭의 상대방을 국가라고 판단하여 원심을 파기 환송하였다.

02 판결의 내용

노조법 제2조 제2호는 "사용자라 함은 사업주, 사업의 경영담당자 또는 그 사업의 근로자에 관한 사항에 대하여 사업주를 위하여 행동하는 자를 말한다."고 규정하면서, 같은 법 제29조 제1항에서는 "노동조합의 대표자는 그 노동조합 또는 조합원을 위하여 사용자나 사용자단체와 교섭하고 단체협약을 체결할 권한을 가진다."고 규정하고, 같은 법 제81조 제3호에서는 사용자가 노동조합의 대표자 또는 노동조합으로부터 위임을 받은 자와의 단체협약체결 기타의 단체교섭을 정당한 이유없이 거부하거나 해태하는 행위를 부당노동행위의 하나로 규정함으로써 사용자를 노동조합에 대응하는 단체교섭의 당사자로 규정하고 있는 바, 위와 같은 법조항에 규정한 '**사용자**'**라 함은 근로자와의 사이에 그를 지휘, 감독하면서 그로부터 근로를 제공받고 그 대가로서 임금을 지급하는 것을 목적으로 하는 명시적이거나 묵시적인 근로계약관계를 맺고 있는 자를 말한다 할 것인데, 국가의 행정관청이 사법상 근로계약을 체결한 경우 그 근로계약관계의 권리. 의무는 행정주체인 국가에 귀속되므로, 국가는 그러한 근로계약관계에 있어서 같은 법 제2조 제2호에 정한 사업주로서 단체교섭의 당사자의 지위에 있는 사용자에 해당한다 할 것이다.**

사실관계를 살펴보면 각 지방노동청장이 그 이름으로 직업상담원들과 사법상 근로계약을 체결하였다고 하더라도, 이는 각 **지방노동청장이 행정주체인 국가산하의 행정관청으로서 근로계약체결사무를 처리한 것에 지나지 아니하므로, 사법상 근로계약관계의 권리. 의무는 행정주체인 국가에 귀속된다** 할 것이고, 이에 따라 피고가 노조법 제2조 제2호 소정의 사업주인 사용자로서 X노조에 대응하는 단체교섭의 상대방 당사자의 지위에 있다고 보아야 할 것이다.

03 판결의 의의와 한계

1. 기존 판례는 노조법에서 말하는 사용자의 의미와 관련 **"근로자와의 사이에 사용종속관계가 있는 자, 즉 근로자와의 사이에 그를 지휘·감독하면서 그로부터 근로를 제공받고 그 대가로서 임금을 지급하는 것을 목적으로 하는 명시적이거나 묵시적인 근로계약관계를 맺고 있는 자**"(대판 1995.12.22, 95누3565)를 말한다고 하고 있다. 이와 같은 판례의 견해에 기초할 때 이 사건에서 직업상담원들과 직접 근로계약을 체결하고 그들을 지휘·감독하면서 근로를 제공받는 자는 지방노동청장이므로 그를 이 사건의 사용자로 해야 할 것으로 보인다. 그러나 지방노동청장을 사용자로 보기에는 어려움이 있다. 단체교섭 과정에서 노동부차관이 직접 출석하여 예산문제로 인한 현실적인 어려움을 언급한 것, 노동부본부의 공무원들이 단체교섭과정에 참여해 노동부의 입장을 밝힌 것 등으로부터 볼 때 만일 지방노동청장이 이 사건 단체교섭의 상대방이었다면 그가 직업상담원들의 임금 및 근로조건과 관련한 사항을 독자적으로 결정할 권한이 있었을 것이다. 따라서 **지방노동청장은 국가 산하 행정관청의 장으로서 집단적 노동관계에서 업무를 처리한 것에 지나지 않고,** 기존판례처럼 노조법상의 사용자개념을 좁게 해석하여 이 사건의 사용자를 직업상담원들과 근로계약을 직접 체결하고 그들을 지휘·감독한 지방노동청장이라고 할 수는 없을 것이다.[7]

2. 어떤 사건에서 노조법상의 사용자, 더 구체적으로는 **단체교섭의 상대방으로서의 사용자**가 누구인가를 판단하기 위해서는 근로자들의 임금 및 근로조건을 실질적으로 결정할 권한을 가진 자가 누구인가를 가리는 작업이 우선되어야 한다.[8] **지방노동청장은 사업주인 국가를 대표하여 행동하였던 것일 뿐 이들이 임금 및 근로조건에 관한 결정권을 가지고 있지 않기에**(이는 2004년도 X노조가 노동부장관과 각 지방노동청장에게 임금교섭을 요구하였을 때 각 지방노동청장이 정부예산 미확정을 이유로 임금교섭에 불응하였다는 점에서도 확인된다.) 지방노동청장이 직접 직업상담원들과 근로계약을 체결하였다고 할지라도 사법상 근로계약관계의 권리. 의무는 행정주체인 국가에 귀속된다 할 것이므로 단체교섭의 상대방인 사용자는 국가라고 해야 할 것이다.[9]

---

7) 앞의 책, 260면.
8) 앞의 책, 260면.
9) 앞의 책, 261면.

04 노동조합 가입이 제한되는 사용자의 이익대표자

대법원 2011.9.8, 2008두13873판결(부당노동행위구제 재심판정취소)

01 사실관계[10]

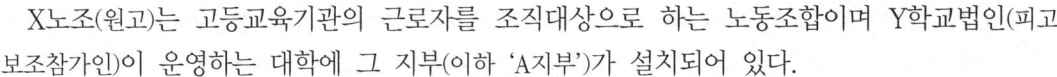

X노조(원고)는 고등교육기관의 근로자를 조직대상으로 하는 노동조합이며 Y학교법인(피고 보조참가인)이 운영하는 대학에 그 지부(이하 'A지부')가 설치되어 있다.

Y는 A지부와의 단체교섭과정에서 A지부의 조합원 중 과장급직원, 인사, 노무, 예산, 경리 등의 업무를 담당하는 직원, 총장의 비서 내지 전속운전기사, 수위(이하 'X1등')에 대하여 노조법 제2조 제4호 단서 가목에 해당하는 자임을 이유로 A지부 탈퇴를 내용으로 하는 시정조치를 A지부에 요구하는 한편 개별직원들에 대하여도 시정조치 및 경고문을 발송하였다. 이에 X노조는 지노위에 부당노동행위 구제신청을 하여 일부 구제명령을 받았으나 재심에서 중노위는 위 지노위의 결정을 취소하였고, 1심과 원심은 부당노동행위에 해당하지 않는다고 판단하였다. 대법원은 원심판결을 파기환송하였다.

02 판결의 내용

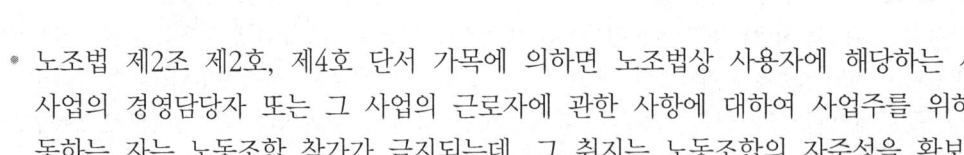

- 노조법 제2조 제2호, 제4호 단서 가목에 의하면 노조법상 사용자에 해당하는 사업주, 사업의 경영담당자 또는 그 사업의 근로자에 관한 사항에 대하여 사업주를 위하여 행동하는 자는 노동조합 참가가 금지되는데, 그 취지는 노동조합의 자주성을 확보하는데 있다. 여기서 '그 사업의 근로자에 관한 사항에 대하여 사업주를 위하여 행동하는 자' 란 근로자의 인사, 급여, 후생, 노무관리 등 **근로조건 결정** 또는 **업무상 명령이나 지휘·감독을 하는 등**의 사항에 대하여 사업주로부터 일정한 권한과 책임을 부여받은 자를 말하고, '**항상 사용자의 이익을 대표하여 행동하는 자**' 란 근로자에 대한 인사, 급여, 징계, 감사, 노무관리 등 근로관계 결정에 직접 참여하거나 사용자의 근로관계에 대한

---

10) 앞의 책, 262면.

계획과 방침에 관한 기밀사항 업무를 취급할 권한이 있는 등과 같이 **직무상 의무와 책임이 조합원으로서 의무와 책임에 직접적으로 저촉되는 위치에 있는 자**를 의미한다. 따라서 이러한 자에 해당하는지는 일정한 직급이나 직책 등에 의하여 일률적으로 결정되어서는 안 되고, 업무내용이 단순히 보조적·조언적인 것에 불과하여 업무수행과 조합원 활동 사이에 실질적인 충돌이 발생할 여지가 없는 자도 여기에 해당하지 않는다.

2. 원심이 **과장급 이상의 직원**들에 대하여 소속 직원의 업무분장·근태관리 등에 관하여 전결권을 부여받은 자들로서 '근로자에 관한 사항에 대하여 사업주를 위하여 행동하는 자'에 해당한다고 본 것은 정당한 판단으로 수긍할 수 있다.

3. **주임급 이하의 직원**들의 경우 그들이 인사, 노무, 예산, 경리 등의 업무를 담당한다거나 총장의 비서 내지 전속운전기사, 수위 등으로 근무한다는 사정만으로 그들이 곧바로 '항상 사용자의 이익을 대표하여 행동하는 자'에 해당한다고 할 수 없고, **실질적인 담당 업무의 내용 및 직무권한 등에 비추어 볼 때 그 직무상의 의무와 책임이 노동조합원으로서의 의무와 책임에 저촉되는 것으로 평가할 수 있을 때에만 '항상 사용자의 이익을 대표하여 행동하는 자'에 해당한다고 할 수 있다.**

03 판결의 의의와 한계

1. 대상판결은 "그 사업의 근로자에 관한 사항에 대하여 사업주를 위하여 행동하는 자"에 대한 기존의 법리를 충실히 따르는 한편, 그 동안 명확히 제시되어 오지 않은 **"항상 사용자의 이익을 대표하여 행동하는 자"에 대해 판단의 기준을 처음으로 제시하였다.**[11]

2. 노조법 제2조 제4호 가목의 취지는 노동조합의 자주성, 독립성을 확보하고 노조의 어용화를 방지하기 위한 것이라는 것이 기존의 대법원의 확립된 입장이다. 따라서 **자주성을 저해할 위험이 있는 사람의 노동조합 참가를 부정하기 위해서는 자주성의 침해 위험성에 대한 판단이 요청**된다.
이에 대하여는 ① 일정한 지위에 속하는 사람 혹은 특정한 업무를 담당하는 근로자를 일괄적으로 이익대표자로 판단하는 방식 ② 당해 근로자의 기업 내에서의 지위와 업무상 권한을 실질적으로 검토하여 노동조합원으로서의 지위와 양립하기 어려운 경우 이

---

11) 앞의 책, 264면.

익대표자로 판단하는 방식 ③ ②의 해당성을 전제로 하여 그러한 자가 노동조합에 포함되어 있을 때에 실제로 그 자주성이 훼손되었는지 여부를 검토하는 방식이 존재한다.12)

①은 근로계약상 혹은 취업규칙 등에 의하여 규정되어 있는 권한과 책임에 따라 이익대표자로 분류하고 노동조합의 가입자격을 제한하는 방식으로서 비교적 명확한 범위획정이 가능하다는 장점을 갖는다.

②의 경우에는 형식적 판단에 머무르지 않고 실질적인 업무상의 지위나 권한에 대한 판단이 개재되며, 자주성 저해의 가능성이 인정된다면 실제 자주성의 훼손 여부까지는 묻지 않고 소극적 요건 해당성을 긍정한다.

③은 자주성 저해의 가능성이 인정되는 지위나 권한을 가진 사람이 노동조합에 가입하여 있다 하더라도 그 사람 때문에 실질적으로 자주성이 훼손되었는지 구체적 단계의 판단을 거칠 것을 요구하여 조합원의 범위를 가장 넓게 인정하고자 한다.

대상판결은 위의 세 가지 방식 중에서 ②의 방식을 채택함으로써 형식상의 지위나 명칭에 구속됨이 없이 실질적인 권한과 행사에 근거하여 소극적 요건을 판단하고자 하였다.13)

---

12) 앞의 책, 264면.
13) 앞의 책, 264면.

05 신고미필노조의 법적 지위

헌법재판소 2008.7.31, 2004헌바9(노조법 제7조 제3항 등 위헌소원)

01 사실관계

청구인들은 대한항공 '운항승무원 노동조합'의 임원들이다. 위원장은 1999.8.30. 노동조합을 결성하고, 서울남부지방노동사무소에 설립신고서를 제출하였으나, 조종사들은 노조법상 사용자의 지위에 있고 이들 가운데 대부분이 청원경찰로 임명되었다는 이유로 반려되었다. 청구인들은 조합원들의 청원경찰 관계 해지신청서를 회사 측에 제출하고, 2000.3.21. 다시 노동조합 설립신고서를 제출하였으나 이 또한 반려되었다. 청구인들은 2000.5.19.부터 2000.5.30.까지 회사 앞에서 노동조합인정을 촉구하는 집회를 개최하였고, 그 결과 조종사들에 대한 청원경찰의 신분이 해지되고, 2000.5.31. 노동조합의 설립신고증을 교부받았다. 그런데 검사는 청구인들이 위 집회를 개최하여 대한항공의 업무를 방해하고, 노동조합이 설립되기 전에 기자회견에서 노동조합 명의로 된 보도자료를 배포하였으며, 2000.5.26. 한겨레신문에 게재한 광고에 노동조합 명칭을 사용하고, 청원경찰로서 벌칙의 적용에 있어 공무원으로 의제됨에도 위 집회 등 집단적 행위를 하였다는 것 등을 이유로 하여 **업무방해 등으로 기소하였다**. 청구인들은 노조법 및 청원경찰법 위반 부분을 포함하여 대부분 유죄가 인정되어 항소심에서 징역 8월, 집행유예 2년 및 벌금 300만원의 형을 각 선고받았고, 각 상고는 기각되었다.

한편 청구인들은 **항소심 계속 중 노조법 제7조 제3항, 제93조 제1호와 구 청원경찰법 제10조 제2항**에 대하여 위헌제청신청을 하였으나, 법원은 판결을 선고하면서 위헌제청신청을 기각하였고, 이에 청구인들은 같은 달 20. 위 조항들에 대하여 헌법소원심판을 청구하였다.

02 판결의 내용

노동조합설립 신고주의를 기초로 하는 **이 사건 노조법 조항은 노조법에 따른 적법한 노동조합의 설립을 유도하기 위한 것으로 입법목적이 정당**하고, 형식적인 요건을 갖추지 못한 단결체에 대하여 노동조합이라는 명칭사용을 금하고 위반 시 형사상 제재를 가함으로써 합법적인 노동조합의 설립을 촉진하고자 하는 것으로 입법목적을 달성하기 위한 적정한 수단으로 볼 수 있으며, 그로 인하여 근로자들이나 단결체가 입는 손해는 노동조합의 명칭을 사용하지 못하고 명칭사용을 위하여 노동조합 설립신고를 해야만 하는 불편함 정도인데 반하여, 실질적인 요건을 갖추지 못한 여러 단결체의 난립을 막고 노동조합의 공신력을 줄 수 있어 근로자의 단결권을 강화하는 효과도 있으며 노동행정에 편의를 기할 수 있는 등 공익이 매우 커서 법익의 균형성도 갖추었다.

헌법상 근로자의 단결권과 관련하여 '노동조합'이라는 용어가 사용된 바가 없고, 단결권의 내용에 관하여 실질적인 요건을 갖춘 단결체이면 모두 노동조합이라는 명칭을 사용할 수 있다는 것도 아니며, 또한 노동조합의 명칭을 사용하는 것은 노동조합의 자유설립주의나 설립신고주의와도 반드시 연관된 문제라고 보기 어려울 뿐만 아니라, 기본적으로 근로자들의 단결체에 대하여 적법성 등을 고려하여 어느 단계에서부터 노동조합이라는 명칭을 사용하게 할 것인지의 문제는 입법자가 여러 가지의 사정을 모두 고려하여 정책적으로 정할 수 있는 재량사항에 지나지 아니한다.

또한 행정관청이 설립신고서를 수리하지 않거나 반려하는 경우 이에 대하여는 행정처분으로 다툴 수 있고, 이후에 정식으로 신고증을 교부받은 경우 설립신고서가 접수된 때에 노동조합이 설립된 것으로 보게 되므로(노동조합법 제12조 제4항), 결국 노동조합이 실질적인 요건을 갖추고 있었다면 노동조합 설립신고서 접수시부터는 노동조합이라는 명칭을 사용할 수 있고, 이후에 설립신고증을 교부받음으로써 그 이전에 명칭을 사용한 것이 모두 면책되는 것이다.

실질적인 요건은 갖추었으나 형식적인 요건을 갖추지 못한 근로자들의 단결체는 노동조합이라는 명칭을 사용할 수 없음은 물론 그 외 법에서 인정하는 여러 가지 보호를 받을 수 없는 것은 사실이나, 명칭의 사용을 금지하는 것은 이미 형성된 단결체에 대한 보호정도의 문제에 지나지 아니하고 단결체의 형성에 직접적인 제약을 가하는 것도 아니며, 또한 위와 같은 단결체의 지위를 '법외의 노동조합'으로 보는 한 그 단결체가 전혀 아무런 활동을 할 수 없는 것은 아니고 어느 정도의 단체교섭이나 협약체결 능력을 보유한다 할 것이므로, 노동조합의 명칭을 사용할 수 없다고 하여 헌법상 근로자들의 단결권이나 단체교섭권의 본질적인 부분이 침해된다고 볼 수 없다.

또한 차별의 내용은 노동조합의 명칭을 사용하는 데 대한 것으로서 이를 위반하는 경우에 형사처벌을 받기는 하나, 기본적으로 명칭을 사용하는 것 자체가 헌법상의 기본권, 즉 단결권의 본질적인 내용이라고 보기는 어렵고 단지 넓은 의미에서 단결권을 제한하는 정도에 지나지 아니하여 차별로 인한 불이익의 내용과 정도가 그리 크다고 할 수 없다.

따라서 이 사건 노조법 조항이 헌법 제37조 제2항의 과잉금지원칙에 위반되어 청구인들의 단결권을 침해한다거나, 설립신고를 마친 노동조합과 그렇지 아니한 헌법상 근로자들의 단결체를 자의적으로 차별하여 청구인들의 평등권을 침해한다고 할 수 없다.

03 판결의 의의와 한계

1. "위와 같은 단결체의 지위를 '법외의 노동조합'으로 보는 한 그 단결체가 전혀 아무런 활동을 할 수 없는 것은 아니고 어느 정도의 단체교섭이나 협약체결 능력을 보유한다 할 것이므로, 노동조합의 명칭을 사용할 수 없다고 하여 헌법상 근로자들의 단결권이나 단체교섭권의 본질적인 부분이 침해된다고 볼 수 없다."라고 하여 **법외조합**('법내', '법외'라는 용어가 오해를 불러일으킬 수 있으므로 '신고미필노조' 또는 '미신고노조'라 부르는 것이 타당함14))**의 단체교섭권이나 단체협약능력을 인정하고 있다.** 그러나 법외조합(신고미필노조)도 헌법상의 단결권행사의 결과인 단결체로서 자주성(대사용자)과 단체성(사단으로서의 조직성) 및 목적성(근로조건의 유지, 개선)을 구비하고 있기에 단체교섭권, 단체협약의 체결능력은 물론 단체행동권도 행사할 수 있다. 따라서 정당한 쟁의행위에 대한 민. 형사상의 면책특권에 관한 규정(노조법 제3조, 제4조)도 적용된다.

2. 고용노동부는 2013년 10월 24일 전국교직원노동조합이 해직자의 노조가입을 허용하고 있는 규약을 시정하지 않았다는 이유로 노조법 시행령 제9조 제2항15)에 따라 '노조로 보지 아니함'을 통보하였다. 그 이유는 '부당하게 해고된 조합원'의 조합원자격을 보장하는 전교조 규약 부칙 제5조가 초·중등학교의 교원을 조합원자격으로 하고 있는 교원노조법 제2조에 맞지 않아 결국 노조법 제2조 제4호 라목이 말하는 '근로자 아닌 자의 가입을 허용하는 경우'에 해당하기 때문이다. **전국교직원노동조합은 신고미필 노동조합의 지위를 갖게 될 것이나 조합원자격을 문제삼는 것은 단결권의 주체인 근로자에는 실업자와 해고자까지 포함된다는 국제노동기구**(ILO) **결사의 자유위원회의 권고**(2003년 6월)**에 비추어 편협한 해석이라 할 것이다.**16)

---

14) 앞의 책, 268면.
15) 노동조합이 설립신고증을 교부받은 후 법 제12조 제3항 제1호에 해당하는 설립신고서의 반려사유가 발생한 경우에는 행정관청은 30일의 기간을 정하여 시정을 요구하고 그 기간내에 이를 이행하지 아니하는 경우에는 당해 노동조합에 대하여 이 법에 의한 노동조합으로 보지 아니함을 통보하여야 한다.
16) 앞의 책, 269면.

06. 노조전임자에 대한 취업규칙의 출·퇴근규정 적용

대법원 1995.4.11, 94다58087판결(해고무효확인 등)

01 사실관계[17]

근로자 X는 회사정리절차가 개시되어 진행중이었던 Y회사에서 1990.9.1.부터 1991.8.31. 까지 노동조합의 교육선전부장으로서 노조전임자로 임명되었다. Y는 노조전임자의 출·퇴근 상황을 노동조합 사무실에 비치된 출·퇴근부에 날인을 하는 방법으로 관리하였으며, 매월 말 노동조합 사무국장이 출·퇴근부나 노조전임자의 출장 등에 대해 Y의 노무과에 보고 또는 통지를 하여 왔다. Y는 회사 소속 노동조합 위원장의 구속·사망 사건 등에 항의하는 단체행동을 조합원들과 함께 해온 X 등을 업무방해, 폭력행위등처벌에관한법률위반 등으로 고소하였다. X는 수사기관의 조사를 피해 도피. 잠적하게 되어 1991.7.24.부터 같은 해 8. 26.까지 조합사무실에 출근하지 않았다. Y는 단체협약과 취업규칙의 해고사유인 "월 7일 이상 무단결근하였을 때"에 해당한다는 이유로 해고예고를 하였으며, 노동조합 간부 교체를 이유로 해고예고 이후인 1991.9.1.자로 X를 노조전임자를 해제하는 인사명령을 하였으며, 1991.9.26. 해고했다.

02 판결의 내용

노조전임자라도 사용자와의 기본적 근로관계는 유지되며 취업규칙 등의 적용이 전면적으로 배제되는 것이 아니므로 단체협약에 노조전임자에 관해 특별한 규정을 두거나 특별한 관행이 존재하지 않는 한 출·퇴근에 대한 취업규칙 등의 적용을 받게 되고(대판 1993.8.24, 92다34926), 일반적으로 근로자의 출·퇴근이 사용자가 지정한 근로장소에서 근로계약에 정해진 근로를 제공하는 것을 전제로 하는 것이기는 하나 **노동조합의 업무가 사용자의 노무관리업무와 무관한 것이 아니고 안정된 노사관계의 형성이라는 면에서 볼 때는 밀접하게 관련되어 있으므로**(대판 1994.2.22, 92누14502), **노조전임자의 출·퇴근은 통상적인 조합업무가 수행되는 노조사무실에서 조합업무에 착수할 수 있는 상태에 임하는 것이다.** 그러므로

---

17) 앞의 책, 270면.

노조전임자가 취업규칙 등에 정해진 절차를 취하지 않고 위와 같은 상태에 임하지 않는 것은 **무단결근에 해당한다.** 따라서 X의 비위행위는 단체협약 소정의 해고사유인 "근로자가 월 7일 이상 무단결근을 하였을 때"에 해당하므로 이를 해고사유로 인정한 원심판결(부산고판 1994.10.27, 93나8047)은 정당하고 노조전임자의 법적지위나 무단결근에 관한 법리오해의 위법이 없다.

03 판결의 의의와 한계

1. 대상판결은 **노동조합업무와 회사의 노무관리업무사이의 밀접한 관련성을 노조전임자에 대한 사용자의 출·퇴근규율권의 근거로 삼고 있는데**, 이는 노동조합업무와 노무관리업무의 관련성을 업무상재해의 인정근거로 제시한 대판 1994.2.22, 92누14502의 논지를 확대·적용한 것이다.[18]

2. 노조전임운용권은 노동조합에게 있고(대판 2009.12.24, 2009도9347) 따라서 노조전임자를 지명하거나 관리하는 권한 역시 노동조합에게 있으므로 결근에 대한 징계 역시 노동조합 내부의 문제이다. 다만 노조전임운용권의 행사가 법령이나 단체협약에 위배되거나 권리남용에 해당하면 내재적 제한을 위반한 것으로서 무효이다.(대판 2009.12.24, 2009도9347) 대상판결과 같이, 노조전임자가 형사사건 등으로 본연의 업무를 하지 못하게 되는 경우, 노조전임운용권과 인사발령권과의 관계를 볼 때, 1차적으로는 노동조합이 노조전임운용권을 행사하여 전임을 해제하는 것이 타당하다. 만약 노동조합이 이를 게을리 하면 노조전임운용권의 남용이 되어 사용자는 인사발령권을 행사하여 노조전임자를 복귀시킨 후 복귀 후의 출·퇴근실적을 기준으로 하거나 복귀 전의 범죄행위, 신의성실위반 등을 이유로 징계할 수 있을 것이다.[19] 그럼에도 불구하고 대상판결이 노조전임이 해제되지 않은 노조전임자에 대해 곧바로 출·퇴근규율을 적용한 것은 징계의 방법으로서 무리가 있다고 판단된다.

3. 노조전임자에 대해 출·퇴근에 관한 취업규칙 등의 규정이 적용될 것인지의 문제는 노조전임자 급여지급금지(노조전임자가 급여도 지급받지 못하면서 일반근로자처럼 출·퇴근을 통제받는 것은 모순됨)와 노사관계질서 변경 등의 환경변화를 고려하면서 비판적인 견해를 검토·법리를 발전시키는 것이 필요하다.[20]

---

18) 앞의 책, 271-272면.
19) 앞의 책, 272면.
20) 앞의 책, 273면.

07 노동조합의 운영과 민주성

대법원 2000.1.14, 97다41349판결(대의원 결의 부존재 확인)

01 사실관계[21]

피고인 전국철도노동조합(X노조)은 철도청 산하 각 현업기관, 철도관련 산업 및 이에 관련되는 부대업체에서 근무하는 직원들을 조직대상으로 하여 설립된 노동조합으로서, 총 조합원이 28,508명으로 전국에 걸쳐 9개 지방본부와 지방본부 산하 158개의 지부로 구성되어 있다.

X노조는 최고의결기관으로 총회에 대신하여 전국 대의원대회를 두고 있고, 하부기관으로서 지방본부와 지부에도 그 최고의결기관인 대의원대회를 두고 있다. **대의원선출은 지부별로 조합원이 직접. 비밀. 무기명투표에 의하여 조합원 수에 비례하여 배정된 수만큼 각 지부 대의원을 선출하고, 지부 대의원들은 같은 요령으로 각 지방본부 대의원을 선출하며, 각 지방본부 대의원들 또한 동일한 방법으로 전국 대의원을 선출하여 각 대의원대회를 구성하며**, 이 사건 전국 대의원대회도 위의 방식으로 선출된 대의원으로 구성되었다.

X노조는 1996.5.23. 노조위원장을 비롯한 95명의 대의원이 참석한 가운데 1996년도 전국 정기대의원대회를 개최하여 1996년도 사업계획과 예산안을 통과시켰다.

원고들(Y : X노조의 조합원 5명)은 이처럼 **지부대의원→지방본부대의원→전국대의원**에 이르는 이중 간접선거에 의해 전국대의원대회를 구성하도록 하는 X노조의 규약은 "대의원은 조합원의 직접. 비밀. 무기명투표에 의해 선출되어야 한다."고 규정한 노동조합법 제20조 제2항(현행 노조법 제17조 제2항)에 **위반되는 것으로 무효**이며, 이러한 무효인 규정에 의하여 선출된 전국대의원들은 정당한 대의원자격을 갖추지 못하였고, 따라서 자격없는 자들로 구성된 대의원대회의 결의는 그 하자가 중대하여 결의(동년도 사업계획과 예산안)자체가 존재하지 않는 것으로 보아야 한다고 주장하며 결의 부존재확인을 구하는 소를 제기하였다.

---

21) 앞의 책, 274면.

02 판결의 내용

1. 노동조합법 제20조 제2항(현행 노조법 제17조 제2항, '이 사건 조항')이 노동조합의 최고의 결기관인 총회에 갈음할 대의원회의 대의원을 조합원의 직접·비밀·무기명투표에 의하여 선출하도록 규정하고 있는 취지는 **노동조합의 구성원인 조합원이 그 조합의 조직·운영에 관한 의사결정에 관여할 수 있도록 함으로써 조합 내 민주주의 즉 조합의 민주성을 실현하기 위함에 있고 이는 강행규정이라고 할 것이므로**, 전국대의원 선출에 관하여 간접적인 선출방법을 정한 피고의 규약은 조합원이 대의원의 선출에 직접 관여하지 못하도록 하는 것으로 다른 특별한 사정이 없는 한 이 사건 조항에 위반되어 무효라고 할 것이다.

2. 원심은 피고의 총 조합원이 28,508명이나 되고 이들은 전국에 걸쳐 9개 지방본부와 지방본부 산하 158개의 지부로 구성되어 있으며, 직종별, 분야별, 소속별 근무형태가 서로 다르고 24시간 주야로 기차를 운행하여야 하는 특수한 근무여건과 총 조합원 28,508명이라는 규모상 조합원을 특정한 일시·장소에 소집하여 총회를 개최하는 것이 사실상 불가능하다는 사실을 인정한 다음, 이와 같이 조합의 규모가 전국적이고 그 조직이 지역적으로 산재하고 있는 경우에는 조합원의 의사가 최대한 반영되는 한 조합의 실정에 따라 조합원의 대표에 의하여 간접으로 대의원을 선출하는 것도 예외적으로 허용되는 것으로 해석하여야 한다고 판단하고 있으나, **지부 또는 지방본부 단위로 조합원 수에 비례하여 전국대의원 수를 배정하고 그 지부 또는 지방본부에서 조합원들이 총회에 갈음할 대의원회의 대의원들을 직접·비밀·무기명투표에 의하여 선출한다면 반드시 전체 조합원이 한 곳에 모여 전국대의원을 선출하지 아니하여도 이 사건 조항의 취지에 맞게 전국대의원을 선출하는 것이 되므로**, 피고의 전국대의원들과 같이 조합원에 의하여 직접 선출되지 아니한 자들이 전국대의원회의 의사결정시에 조합원의 의사를 최대한 반영할 수 있는지 여부와 관계없이, 원심이 내세운 사정만 가지고는 노동조합법 제20조 제2항의 규정이 간접으로 대의원을 선출하는 것을 예외적으로 허용하는 것이라고 해석될 수 없다.

03 | 판결의 의의와 한계

1. 대상판결과 원심판결을 비교해 보면 두 판결 모두 이 사건 조항을 강행규정으로 본 점에서는 차이가 없다. **차이가 나는 것은 예외를 인정할 만한 특별한 사정이 있는가에 관하여 견해를 달리한다는 것**이다.

   원심은 X노조의 규모와 조직형태(다수의 총 조합원과 전국에 걸쳐 지방에 산재한 다수의 하부조직), 조합원의 근무형태와 근무여건(직종·분야·소속에 따라 근무형태가 다르고 24시간 주야로 기차를 운행해야 하는 사정) 등에 비추어 **간접선거에 의한 대의원선출도 예외적으로 허용**된다고 본 반면, **대법원은 전체조합원이 특정한 일시·장소에 모여 투표하는 것이 어렵지만 그렇다고 하여 간접선거가 필연적으로 요청되는 것은 아니기에 이 사건 조항이 조합민주주의를 실현하려는 강행규정으로 해석되는 한 그 취지가 최대한 보장되어야 한다는 것**이다.[22]

2. 조합민주주의로부터 강행규정성을 도출할 수 있는가가 문제인데, 통설은 이를 긍정하고 있다. 그 이유는 노동조합은 노조법상 단체교섭을 통하여 조합원을 비롯한 근로자의 근로조건을 규제하고, 조합원이 임금감소를 무릅쓰고 참여할 쟁의행위를 배타적으로 주도하며 일정한 조건 아래서 조직강제를 하는 등의 **강력한 권능을 부여받고 있기에** 다른 사적 임의단체보다 훨씬 더 민주적으로 운영될 필요가 있고, 따라서 노조운영에서의 민주성이 강행법적으로 요청되고 있다고 보는 것이다.[23]

---

22) 앞의 책, 275- 276면.
23) 앞의 책, 276면.

08 조합활동의 정당성

대법원 1991.11.12, 91누4164판결(부당노동행위구제 재심판정취소)

01 사실관계[24]

A 1987.8.10. X회사에 입사하여 근무하면서 X회사의 근로자로 조직된 노동조합의 대의원 및 운영위원으로 선임되었다. 조합은 **위원장선거를 1989.12.29.에 실시하기로 공고하였다. 조합규약에는 위원장에 입후보하는 사람은 조합원 150명 이상의 추천을 받아야 하고, 중복추천은 무효로 처리토록 규정되어 있다.** A를 비롯한 B. C. D 등이 1989.12.14. 등록마감시간에 임박하여 조합원추천서 등 위원장 입후보 등록서류를 조합의 선거관리위원회에 접수하였으나, **당시 조합원은 574명이어서 중복추천의 문제가 제기되자, A. B. C는 자진사퇴하고 D만이 후보로 남게 되었다.** D는 1989.12.19. 07:35경 X회사에게 유인물을 배포하겠다고 신고한 뒤 같은 날 오전 근로자들에게 자신의 지지를 부탁하는 내용의 유인물을 배포하였다. 그런데 A는 위 유인물 내용 중에는 자신 등의 사퇴이유가 D를 지지하기 위함에 있는 것처럼 표현된 부분이 있다고 오해하고 B에게 함께 이를 해명하자고 요구했으나 B가 이를 거부하자 A는 1989.12.21. 점심식사시간에 X회사의 승인을 받지 아니하고 직접 작성한 300여 매의 유인물을 근로자에게 배포하였다.

X회사는 A의 유인물 배포행위가 "노조는 회사구내에 있어서 게시 혹은 인쇄물의 첨부 및 배부토록 하고자 할 때는 1일 전에 회사의 승인을 얻어야 한다."는 **단체협약 제14조에 위반되고,** 징계해고사유를 규정한 **취업규칙 제94조의 "회사 내에서 무단으로 문서·도서 등의 배포나 부착 또는 시위·집회의 선동, 유언비어 살포 등의 행위"에 해당한다고 보아 A를 징계해고 하였다.** A는 자신에 대한 징계해고가 정당한 조합활동에 대한 부당노동행위라고 주장하며 구제를 신청하였다.

---

24) 앞의 책, 278면.

02 판결의 내용

1. 노동조합법 제39조(현행 노조법 제81조) 제1호 소정의 **'노동조합의 업무를 위한 정당한 행위'**란 일반적으로는 정당한 노동조합의 활동을 가리킨다고 할 것이나, 조합원이 조합의 결의나 조합의 구체적인 지시에 따라서 한 노동조합의 조직적인 활동 그 자체가 아닐지라도 그 행위의 성질상 노동조합의 활동으로 볼 수 있거나, 노동조합의 묵시적인 수권 혹은 승인을 받았다고 볼 수 있을 때에는 노동조합의 업무를 위한 행위로 보아야 할 것이다. 그러므로 근로자가 노동조합의 위원장으로 출마한 행위는 노동조합의 업무를 위한 정당한 행위에 해당함이 분명하다 할 것이고, 다수의 노동조합위원장 입후보자 중 일부만 사퇴하고 복수 이상의 후보자가 남았는데 그중 한 사람이 사퇴자의 사퇴이유를 왜곡하여 그의 선거운동에 이용하는 경우 **당해 사퇴자가 그의 사퇴이유를 조합원에게 알리는 행위를 하는 것도 조합의 업무를 위한 행위에 포함되는 것으로 해석하는 것이 상당**하고, 후보자가 한 사람만 남아 가, 부의 투표를 하게 되는 경우라고 달리 볼 것은 아니며 … 참가인이 자신이 사퇴한 것이 단독후보자로 남은 위 후보자D를 지지하기 위한 것이 아니라는 사실을 조합원에게 알리고자 위와 같은 방법으로 유인물을 만들어 배포한 것은 조합의 운영위원 및 대의원으로서 그리고 위원장에 입후보하였던 사람으로서 노동조합의 위원장 선거와 관련된 문제에 대한 의견을 말하고, **위원장 후보 사퇴에 따른 조합원의 오해를 해명하여 위원장선거라는 조합내부의 의사결정이 제대로 이루어지게 하고자 한 행위로서 노동조합의 업무를 위한 행위라고 볼 수 있을지언정, 노동조합의 활동을 벗어난 순수한 개인적 활동이라고만 하기는 어려울 것이다.**

2. 유인물배포에 허가제를 채택하고 있다고 할지라도 그 **배포행위가 정당한가 아닌가는 허가가 있었는지 여부만 가지고 판단할 것이 아니고 그 유인물의 내용이나 배포방법 등 제반사정을 고려하여 판단되어져야 할 것**이고 휴게시간 중의 배포는 다른 근로자의 취업에 나쁜 영향을 미치거나 휴게시간의 자유로운 이용을 방해하거나 구체적으로 직장질서를 문란하게 하는 것이 아닌 한 허가를 얻지 아니하였다는 이유만으로 정당성을 잃는다고 할 수 없다.

03 | 판결의 의의와 한계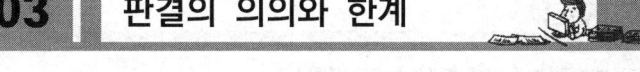

1. 대상판결은 사내에서의 유인물배포에 대한 정당성 판단기준을 제시하고 있다. 즉, "유인물배포에 허가제를 채택하고 있다고 할지라도 **그 배포행위가 정당한가 아닌가는 허가가 있었는지 여부만 가지고 판단할 것이 아니고 그 유인물의 내용이나 배포방법 등 제반사정을 고려하여 판단되어져야 할 것**이고 휴게시간 중의 배포는 다른 근로자의 취업에 나쁜 영향을 미치거나 휴게시간의 자유로운 이용을 방해하거나 구체적으로 직장질서를 문란하게 하는 것이 아닌 한 허가를 얻지 아니하였다는 이유만으로 정당성을 잃는다고 할 수 없다."는 내용이다.

2. 조합활동은 사용자와의 관계에서 보면 사용자가 설정한 기업질서와 충돌하는 경우가 적지 않고 따라서 사용자가 가지는 노무지휘권이나 시설관리권이 정당한 조합활동과의 관계에서 어느 정도로 제한되는지가 문제이다. **조합활동이 기업질서를 회복할 수 없는 정도의 침해가 있는 경우를 제외하고는 조합활동에 대한 사용자의 수인의무를 인정할 필요가 있다.** 따라서 조합활동에 대한 사용자의 수인의무 또는 시설사용에 대한 허용은 사용자의 자의적인 판단이 아니라 ① 조합활동이 취업시간 등 업무에 실질적 지장을 초래하거나 ② 조합활동으로 인하여 회복하지 못할 재산상의 손해가 초래되는 것이 명백한 경우를 제외하고는 인정되어야 한다. 즉, **업무수행과 기업질서에 대하여 구체적이고 실질적인 침해가 없는 경우에는 조합활동을 위해 사업장시설의 사용을 허용하여야 하고, 노무지휘권의 남용은 금지된다.**[25]

---

25) 앞의 책, 280면.

09. 노동조합의 조직형태변경

노동조합법

대법원 1997.7.25, 95누4377판결(노동조합설립신고사항 변경신고 반려처분 취소)

01. 사실관계[26]

X사에 종사하는 근로자를 조합원으로 하는 노동조합인 원고(A노조)가 1993.11.17. 규약을 개정하여 명칭을 종래의 A노동조합에서 B노동조합으로, 조합원의 범위를 종래의 X사에 종사하는 근로자에서 X사 및 Y사에 종사하는 근로자로 변경하여 행정관청에 노동조합 설립신고사항 변경신고를 한 데 대하여 행정관청은 위와 같은 변경신고는 노조법상 허용되지 아니한다고 하여 그 변경신고를 반려하였다. 이에 A노조가 행정관청에 행한 반려처분의 취소를 구하는 사건이다.

X사와 Y사는 각각 법률상 독립된 법인이기는 하지만, X사의 사무국장 등은 Y사의 임원을 겸임할 수 있고, 1952년 이후 현재까지 X사와 Y사의 회장은 서로 동일하며, 업무부서도 고유업무만을 처리하는 고유부서 이외에 X사와 Y사의 업무를 공동으로 처리하는 겸직부서를 편성하여 약 60%의 직원이 겸직부서에 근무하는 등 직제상 중복부분이 많을 뿐 아니라 각 부서 사이의 인사이동도 이루어지고, 직원채용도 X사와 Y사가 공동으로 하고 사무실도 함께 사용하고 있는 사실, 원고는 종전부터 사실상 Y사 근로자에 대하여도 가입자격을 인정하여 이 사건 규약변경 당시 조합원의 구성도 X사와 Y사의 직원으로 되어있었던 바, 이러한 실정을 규약에 반영하기 위하여 위와 같이 규약을 개정하였다. 그리고 Y사에는 별도의 노조가 결성되어 있지 않았다.

02. 판결의 내용

노동조합이 존속 중에 그 조합원의 범위를 변경하는 조직변경은 변경 후의 조합이 변경 전의 조합의 재산관계 및 단체협약의 주체로서의 지위를 그대로 승계한다는 조직변경의 효과에 비추어볼 때 변경전후의 조합의 실질적 동일성이 인정되는 범위내에서 인정된다 할 것이고, 노동조합은 구성원인 근로자가 주체가 되어 자주적으로 단결하고 민주적으로 운영

---
26) 앞의 책, 282면.

되어야 하므로 어느 사업장의 근로자로 구성된 노동조합이 다른 사업장의 노동조합을 결성하거나 그 조직형태 등을 결정할 수는 없다 할 것인 바, 이 사건에서와 같이 **원고가 조직을 변경하여 그 조합원 자격을 대한상의의 근로자에 대하여까지 확장하는 것은 우선 조합의 인적 구성에서 실질적 동일성이 유지되지 아니하여 허용될 수 없을 뿐만 아니라**(원고가 종전부터 대한상의 근로자에 대하여 관행상 조합원자격을 인정하였다고 하더라도 이는 자치법규인 원고의 규약에 반하는 것으로서 그러한 관행은 아무런 효력이 없다.) **원고 총회의 결의에 의하여 대한상의 노동조합이 결성되고 그 조직형태나 가입자격 등이 결정되는 결과로 되어 노동조합의 자주성 및 민주성에도 반하게 되므로 어느 모로 보나 허용될 수 없다고 할 것이다.**

03 판결의 의의와 한계

1. 조직형태변경의 유효요건은 실체적 요건과 절차적 요건(조직변경결의는 재적 조합원 과반수의 출석과 출석조합원 3분의 2이상의 찬성이 있어야 한다[노조법 제16조 제2항 단서])을 갖추어야 한다. **실체적 요건과 관련하여 첫째, 변경 전후의 조합의 실질적 동일성이 있어야 하며 둘째, 조직형태변경의 주체가 노조법상의 노동조합이어야 한다.**
대상판결은 노조가 그 조합원의 자격을 변경하여 별도 독립법인의 근로자에 대하여까지 확장하는 것은 조합의 인적구성에서 실질적 동일성이 유지되지 아니하여 허용될 수 없다는 입장이다. 다수설은 조직변경을 "노동조합이 존속 중 그 실질적 동일성을 유지하면서 그 조직형태를 변경하는 것"이라 정의하고 있으므로 다수설에 따르면 대상판결과 같이 조합원범위를 확대하는 것은 변경전후에 인적 동일성이 유지되지 않으므로 언제나 조직변경에 해당하지 않게 되거나 유효성을 인정받을 수 없게 된다. 대상판결은 이러한 점을 분명히 하였다.

2. 조직형태변경의 실체적 요건과 관련하여 조직형태변경의 주체는 노조법상의 노동조합인데, 산별노조의 하부조직인 지부·분회가 조직변경의 주체가 될 수 있는지 여부가 문제된다. 판례는 "독자적인 규약 및 집행기관을 가지고 독립된 단체로서 활동을 하면서 당해 조직이나 그 조합원에 고유한 사항에 대하여 독자적으로 단체교섭 및 단체협약체결 능력을 가지고 있어 기업별 단위노동조합에 준하여 볼 수 있는 경우는 초기업노조의 지부·분회도 조직변경 결의의 주체가 될 수 있다."고 판단하였다.

3. 대상판결에 대하여는 다음과 같이 비판하는 견해가 있다. 이 견해는 대상판결과 다수설은 노동조합의 조직변경의 효과(재산관계 및 단체협약의 주체로서의 지위승계)를 먼저

설정하고 이를 근거지우기 위해 그 유효요건으로서 '변경전후의 실질적 동일성 유지'를 요구하고 있다고 한다. 그러나 조직형태변경제도의 도입취지는 산별노조의 전환과정에서 노조가 기존 단결력의 훼손없이 해산과 설립이라는 번거로운 절차를 생략하여 그 형태를 원활하게 변경하는데 있고[27], 그러한 도입취지에 비추어 보면 총회의 의결을 통해 조직형태 변경결의가 유효하게 있었다면 그 법적 효과는 말 그대로 조직형태가 변경되었다는 효과를 부여하면 된다고 한다.[28] 그리고 그 다음단계에서 그 변경의 효과로서 조직의 실질적 동일성이 유지되었는지의 여부에 따라 재산관계 및 단체협약의 주체로서의 지위에 관한 승계여부를 판단하면 된다고 한다.[29]

---

27) 앞의 책, 283면.
28) 앞의 책, 285면.
29) 앞의 책, 285면.

10. 초기업노동조합 지부·분회의 단체교섭 당사자 지위

대법원 2001.2.23, 2000도4299판결(근기법위반)

01 사실관계

X는 상시 근로자 59명을 고용하여 택시운수업을 하는 사용자이다. X사업장에는 초기업 노동조합인 지역택시노동조합의 Y지부가 존재하였는데, X와 Y지부 사이에 단체협약이 체결되어 있었다. X는 이 단체협약에 따라 임금을 공제하였으나, 검찰은 Y지부는 노동조합의 설립신고를 하지 않아 노동조합으로서의 지위를 가지고 있지 않기 때문에 이 사건 단체협약은 적법한 단체협약이 아니라고 하여 X를 근기법에 위반하여 임금을 공제하여 임금전액을 지급하지 않았다는 이유로 기소하였다.

02 판결의 내용

노동조합의 하부단체인 분회나 지부가 독자적인 규약 및 집행기관을 가지고 독립된 조직체로서 활동을 하는 경우 당해 조직이나 그 조합원에 고유한 사항에 대하여는 독자적으로 단체교섭하고 단체협약을 체결할 수 있고, 이는 그 분회나 지부가 노조법 시행령 제7조의 규정에 따라 그 설립신고를 하였는지 여부에 영향을 받지 아니한다.

이 사건 지부는 노동조합의 설립신고를 마치지 않았을뿐, 노동조합으로서의 실질적 요건을 갖추고 있기 때문에 이 지부의 대표자와 X가 체결한 단체협약은 정당하다. 따라서 이 단체협약에 기한 임금의 공제는 근기법 위반이 아니다.

03 판결의 의의와 한계

1. 대상판결과 다수설에 따르면 초기업노조의 기업별지부 등이 단체교섭의 당사자가 될 수 있는지 여부는 설립신고를 하고 있는지에 달려 있는 것이 아니라 **객관적으로 독자적인 규약 및 집행기관을 가지고 독립된 조직체로서 활동하는 등 실질적인 노동조합의 요건을 갖추고 있는지 여부에 따라 결정**된다.

2. 지부·분회의 단체교섭 당사자성을 인정하는 입장은 **첫째, 지부·분회가 독립된 조직체로서 활동하고 있다면 그 조직의 실질성에 맞게 단체교섭의 당사자성을 인정해야 한다**고 하고 둘째, 지부·분회가 우리나라의 경우 단순히 연락소에 불과한 경우는 드물고 실질적으로 단체교섭 및 단체협약체결의 주체로서 활동하고 있는 실태를 인정해야 하며 **셋째, 단위노조의 단체교섭권을 형해화시킨다는 추상적인 위험성으로부터 독립적인 조직체로서의 실체가 있는 지부·분회의 단체교섭의 당사자성을 부정하는 것은 단결권을 제한하는 것으로서 문제된다**고 한다.

3. 그러나 대상판결에 대해 비판적인 입장은 다음과 같이 주장한다. 첫째, 산별노조의 구성조직의 하나에 불과한 지부에 대하여 산별노조 자체의 위임이나 규약의 특별한 정함이 없이 독자적인 노동조합으로서의 지위를 인정하게 되면, 실질적으로 독립한 다른 조직을 산별노조 내부에서 합법적으로 인정하는 결과가 되기 때문에 **산별노조 자체의 자살행위를 법적으로 용인하는 것이나 다름없어 노동조합의 조직원리에 반할 뿐만 아니라 궁극적으로는 헌법상의 단결권을 침해하는 결과가 발생**할 수도 있다.30) 둘째, 초기업노조의 지부·분회에 대해 단체교섭의 당사자성을 인정하게 되면 **초기업노조와 기업별지부 등이 항상 단체교섭의 당사자성을 인정받아 양자의 교섭권 경합 등 불필요한 법적 혼란만 초래**할 뿐이다.31)

---

30) 앞의 책, 289면.
31) 앞의 책, 289면.

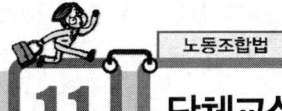

11 단체교섭권한의 위임과 경합

대법원 1998.11.13, 98다20790판결(부당이득금반환)

01 사실관계[32]

피고들(X)은 원고회사(Y)에 근무하다 퇴직한 근로자이다. Y사업장에는 기업별노조(A노조)가 설립되어 있었고 A노조는 상급단체인 B연맹에 가입하고 있었다. 1995.3. **A노조는 단체교섭 및 협약체결권한 일체를 B연맹에게 위임하고** 이 사실을 상대방인 Y에게도 통지하였다. 이후 Y와 B연맹체 사이에 여러차례 교섭을 행한 끝에 1995.7. 유효기간 1년의 **단체협약을 체결하였다.**('단체협약서Ⅰ') 이 협약서에는 Y와 A노조뿐만 아니라 B연맹도 함께 연명으로 서명하였으며, 위 협약에서 일응 합의한 퇴직금 관련 내용에 대해서는 추후 재교섭하기로 하였다. 그 후 A노조는 Y와 1995.11.에 퇴직금과 관련하여 다시 교섭하여 기존 협약내용을 변경하는 퇴직금 지급기준에 합의하였다.('추가합의서') 그 후 Y는 추가합의서에 따라 퇴직하는 X에게 퇴직금을 산정. 지급하였고, 추후 이들에게 지급한 퇴직금액과 단체협약서Ⅰ에 따라 산정된 금액의 차액을 부당이득으로 반환을 요구하는 소를 제기하였다.

02 판결의 내용

대상판결은 "구노동조합법 제33조 제1항(현행 노조법 제29조 제1항, 제3항) 본문은 '노동조합의 대표자 또는 노동조합으로부터 위임을 받은 자는 그 노동조합 또는 조합원을 위하여 사용자나 사용자단체와 단체협약의 체결 기타의 사항에 관하여 교섭할 권한이 있다', 제2항은 '단위노동조합은 총회 또는 대의원회의 의결을 거쳐 당해 노동조합이 가입한 연합단체인 노동조합에 교섭을 위임할 수 있다'라고 규정하고 있는바, 법 제33조 제1항에서 규정하고 있는 단체교섭권한의 '위임'이라고 함은 노동조합이 그 조직상의 대표자 이외의 자에게 그 조합 또는 조합원을 위하여 그 조합의 입장에서 사용자측과 사이에 단체교섭을 하는 사무처리를 맡기는 것을 뜻하고, 그 위임 후 이를 해지하는 등의 별개의 의사표시가 없더라도 그 노동조합의 단체교섭권한은 여전히 그 수임자의 단체교섭권과 중복하여 경합적으로 남

---

[32] 앞의 책, 290면.

아 있다고 할 것이며, 같은 법조 제2항의 규정에 따라 단위노동조합이 당해 노동조합이 가입한 상부단체인 연합단체에 그러한 권한을 위임한 경우에 있어서도 달리 볼 것은 아니다." 라고 전제한다.

그리고 연합단체가 단위노조와 함께 '단체협약서Ⅰ'을 체결한 경우라 하더라도 그 유효기간 중 노사쌍방이 동의할 경우에는 이를 개정할 수 있으므로 1995.11.의 A노조와 Y의 합의는 유효하며(그 성질을 단체협약으로 볼 수 있음) **1995.7.에 체결된 단체협약은 1995. 11.에 이루어진 협약내용으로 유효하게 변경되었다 할 것**이어서, 추가합의서에 따라 산정, 지급된 퇴직금은 정당하게 산출된 금액이라 판단하여 부당이득금반환소송을 기각하였다.33)

03 판결의 의의와 한계

1. 대상판결 및 원심(서울고판 1998.4.9, 97나45725)과 제1심(서울지판 1997.8.21, 96가합64494)은 위임의 의미를 서로 달리 판단하였는데, 1심은 **단체교섭권의 위임을 노동법상 특수한 위임의 의미**로 파악하였다. 따라서 상급단체로의 교섭권한 위임은 **연합단체의 통일되고 강력한 단체교섭을 가능하도록 하기 위한 것이라는 점**, 단위노조와 연합단체에 의한 이중교섭을 피하기 위하여 **상호간 경합적 교섭권을 조정하고 연합단체의 통제에 따른 쟁의행위체제를 확립하겠다는 의미로 볼 수 있는 점** 그리고 교섭권을 **연합단체에 위임하기 위해서는 총회 또는 대의원회의 의결이라는 엄격한 절차요건을 갖추어야 한다는 점** 등에 기초하여 교섭권한의 위임이 있는 경우에는 위임한 단위노조는 그 한도에서 더 이상 교섭권을 행사하지 못하는 것으로 보았다. 이에 따라 1995.11.에 체결된 단체협약(추가합의서)의 유효성은 부인되며 그 결과 X의 퇴직금은 1995.7.에 체결된 단체협약서Ⅰ에 따라 지급되는 것이 옳다고 판단하여 부당이득반환을 인정하였다.

2. 대상판결은 교섭권한의 위임을 **일반위임의 법리에서 파악**하여 비록 교섭권한을 위임하고 이를 **철회하거나 해지하는 등 별개의 의사표시가 없더라도 그 노동조합의 단체교섭권한은 여전히 그 수임자의 단체교섭권과 중복하여 경합적으로 남는 것으로 보**아 A노조가 B연맹에게 교섭권한을 위임한 이후에도 여전히 Y와 단체교섭을 행하고 새로운 단체협약을 체결할 수 있는 지위를 가지는 것으로 보았다. 그 결과 1995.11. 체결된 추가합의서는 유효하고 기존 단체협약은 추가합의의 내용에 따라 변경되어 X의 퇴직금은 추가합의서에 따라 지급되는 것이 타당하다고 하였다.

위임받는 자는 위임인인 노동조합과 그 노동조합의 조합원을 위하여 교섭한다는 점, 교

---
33) 앞의 책, 290면.

섭결과 체결된 단체협약은 수임인이 아닌 위임인에게로 효력이 귀속된다는 점으로부터 볼 때 교섭권한을 위임하더라도 위임인인 노조본연의 당사자지위는 정지되거나 제한받는 것으로 보기 어렵다.[34] 따라서 대상판결의 결론은 타당하다.

---

[34] 앞의 책, 292면.

12. 노동조합 대표자의 단체협약체결권

대법원 1993.4.27, 91누12257전원합의체판결(단체협약변경명령취소)

01 사실관계[35]

원고(X노조)와 사용자인 A회사 사이에 1990.11.20. 체결된 단체협약 제66조(이하 '이 사건 단체협약'이라 함)는 "단체교섭에서 합의된 모든 사항은 문서로 작성하며, 단체협약의 체결권한은 교섭대표자에게 있고, **조합원총회의 결과에 따라 교섭위원 전원이 연명으로 서명한다.** 단 본 조항은 노동조합 규약이 정하는 바에 따른다."고 규정하고 있다.

피고(Y시장)는 경상남도지방노동위원회의 의결을 거쳐 1990.12.22. 구노동조합법(이하 '구노조법') 제33조 제1항(현행 노조법 제29조 제1항)을 근거로 하여 원고에게 X노조의 대표자는 단체교섭 및 단체협약체결권을 가지고 있으므로, **노동조합의 대표자가 사용자와 단체교섭을 거쳐 단체협약을 체결한 경우에는 조합원 총회의 의결에 불구하고 그 효력이 발생하는 것**으로 이 사건 단체협약을 변경. 보완하라고 지시하였다.

02 판결의 내용

|• 다수의견

1) 노조법 제33조 제1항 본문은 "노동조합의 대표자 또는 노동조합으로부터 위임을 받은 자(이하 '노조대표자 등'이라 함)는 그 노동조합 또는 조합원을 위하여 사용자나 사용자단체와 단체협약의 체결 기타의 사항에 관하여 교섭할 권한이 있다."고 규정하고 있는바, 여기에서 '교섭할 권한'이라 함은 사실행위로서의 단체교섭의 권한 외에 교섭한 결과에 따라 단체협약을 체결할 권한도 포함하는 것으로 해석하여야 한다.

2) 노조대표자 등이 단체교섭의 결과에 따라 사용자와 단체협약의 내용을 합의한 후 다시 **협약안의 가부에 관하여 조합원총회의 의결을 거쳐야만 한다**는 것은 노조대표

---

[35] 앞의 책, 294면.

자 등의 단체협약체결권한을 전면적. 포괄적으로 제한함으로써 사실상 단체협약체결권한을 형해화하여 명목에 불과한 것으로 만드는 것이어서 위 노조법 제33조 제1항에 위반된다.

그리고 다수의견이 구체적으로 드는 논거는 다음과 같다.

첫째, 노동조합도 하나의 사단이므로 조합의 대표자가 조합을 대표하여 단체협약을 체결할 권한을 가진다는 것은 단체대표의 법리에 비추어 당연한 점, **둘째**, 헌법 제33조 제1항의 단체교섭권이라 함은 사실행위로서의 단체교섭의 권리만이 아니라 단체교섭의 결과로 타결된 내용을 단체협약으로써 체결할 수 있는 권리도 포함하는 것으로 해석되는 점 **셋째**, 단체교섭의 권한이 있는 자에게 단체협약을 체결할 권한이 없다고 한다면 사용자를 상대방으로 하는 단체교섭이 원활하게 진행될 수 없는 점 **넷째**, 노동조합이 규약이 정하는 바에 따라 대표자를 선출하였거나 교섭권한을 위임한 때에는 그것으로써 이미 조합의 자주적, 민주적 운영은 실현된 것이며 단체협약의 체결이 조합원의 권리, 의무에 지대한 영향을 미치는 것이라고 하여 반드시 조합원총회의 의결을 거쳐 그 체결여부를 최종적으로 결정할 필요는 없다는 점 등이다.

2. 반대의견 1

노동조합은 총회의 결의로 단체협약을 체결할 권한을 가진 자를 정하고 그들로 하여금 단체협약을 체결하기 전후에 노동조합 총회의 결의에 따르도록 하는 것이 옳다.

3. 반대의견 2

1) 노조법 제33조 제1항이 교섭권한을 규정한 것은 노조대표자 등에게 **일반적. 추상적으로 단체협약의 교섭. 체결권한이 있음을 규정한 것뿐이고, 위 규정이 노조대표자 등에게 어떠한 형태의 단체협약체결권한을 제한하는 것도 금지하는 강행규정은 아닙니다.**

2) 노동조합측이 노조대표자 등의 단체협약의 교섭. 체결권한을 일방적으로 제한하거나 전면적. 포괄적으로 제한하는 것은 원칙적으로 허용될 수 없다고 볼 것이나, 그렇지 아니한 경우에는 노조대표자 등의 단체협약체결 절차나 권한을 1)의 규정취지에 어긋나지 않는 범위안에서 제한할 수 있다.

03 | 판결의 의의와 한계

1. 구노조법 제33조 제1항의 '교섭권한'에 단체협약체결권도 포함되는가의 여부에 대하여 당시 학계에서는 견해가 나뉘었다. 첫째견해는 구노조법 제33조 제1항의 '교섭권한'에 협약체결권이 포함되어 있다는 견해이고 둘째견해는 노조대표자는 원칙적으로 교섭 및 체결권한을 함께 보유하지만 조합규약이나 총회의 결의로 체결권한을 제한할 수 있다는 견해이며 셋째견해는 처음부터 노조대표자는 교섭권한만 가지고 있고 다만 조합규약 등에서 체결권을 부여하는 경우에 한하여 단체협약체결권을 갖는다는 견해이다.

    다수의견은 첫번째 입장으로서 예외없이 협약인준투표제를 위법으로 보고 있다. 이에 대하여는 "노조대표자의 단체협약체결권을 절대시하여 이에 대한 총회인준 등을 통한 노동조합의 제한을 불가능하게 하고 나아가 노조대표자가 스스로 조합원의 의사를 수렴하는 것조차 막아 헌법이 보장하고 있는 근로3권의 근본취지를 무시하는 것으로서 노사자치의 대원칙을 무너뜨리는 것"이라는 비판이 있다.36)

2. 대상판결의 다수의견은 노조대표자의 협약체결권한에 대한 제한을 문제삼아 사용자가 교섭을 회피하는 행위를 정당화하는 논거(즉, 부당노동행위에 해당하지 않음)와 나아가 이와 같은 교섭회피로 인한 교섭결렬에 따른 쟁의행위의 정당성을 부정하는 논거로서 인용되고 있다.(대판 1988.1.20, 97도588) 그러나 노조대표자가 단체협약체결권이 있다고 하더라도 이는 조합대표자의 절대적인 권한이 아니라 노동조합으로부터 위임된 권리에 불과하다는 점 및 조합원의 직접적인 권리와 의무를 규율하는 단체협약의 체결에는 당연히 조합원의 의사가 반영되어야 하는 점에서 문제가 있다.

3. 최근 대상판결의 다수의견에 작은 변화가 있었는데(대판 2013.9.27, 2011두15404), '산별협약에 관한 사항'을 총회의결사항으로 정하고 조합이 협약을 체결하고자 할 때에는 총회를 거쳐 위원장이 체결하도록 정한 조합규약에 대해, 대법원은 대상판결의 판결요지를 적용하면서도 "대표자인 위원장이 사용자와 단체교섭을 하고 단체협약의 내용에 합의한 후 단체협약을 체결하기에 앞서 다시 협약안의 가부에 관하여 조합원의 의견을 수렴하는 절차로서 총회를 거친 경우가 있었다고 볼 만한 자료가 제출된 바도 없는 점" 등을 이유로 해당 규약이 노조대표자의 단체협약체결권한을 전면적·포괄적으로 제한하는 규정이 아니라고 판결하였다. 이는 조합대표자가 총회의 의결을 거쳐 협약을 체결하도록 정한 규약이 있다고 해서 곧바로 위법성을 단정하여 노조대표자의 협약체결권을 본질적으로 제한하는 것으로 해석해서는 안된다는 점을 시사해준다.37)

---

36) 앞의 책, 297면.
37) 앞의 책, 297면.

13 단체협약의 의의와 성립

대법원 2002.8.27, 2001다79457판결(임금)

01 사실관계[38]

 X사에 근로자로 근무하던 중 퇴사한 원고들이 구단체협약과 이에 부속된 별도합의에 따른 상여금 연700%의 지급을 Y사(X사를 흡수. 합병하여 권리의무를 포괄적으로 승계함)에 청구한 사건이다. 1997년 근로자과반수로 조직된 노동조합은 회사에 경영상 위기가 닥치자 확대간부회의를 개최하여 상여금 등의 반납을 포함하는 내용의 자구방안을 실시하기로 결의하고 이를 기자회견을 통해 발표하였다. 그후 노동조합은 X그룹 계열사의 장래에 큰 영향을 미칠 X그룹 채권은행단 대표회의가 개최되기 하루 전날 X사와 상여금 등의 반납을 확인하고 회사를 정상화하기 위한 결의내용이 담긴 "회사경영정상화를 위한 노사공동결의"(1997.7. 약정)라는 문서를 작성하여 노사 각각 기명날인한 후 회사에 제출하였다. 이에 원고들은 위 노사공동결의서는 서명날인이 아닌 기명날인되어 있어 단체협약으로서 효력이 없으므로 1997.7.부터 퇴직할 때까지 구단체협약에 따른 상여금을 지급해야 한다고 주장한 반면, Y사는 X사와 노동조합 사이의 노사공동결의서에 의해 상여금 등을 반납하는 약정을 하였으므로 지급의무가 없다고 주장하였다.

02 판결의 내용

 대법원은 "단체협약을 문서화하고 당사자쌍방의 서명날인을 하도록 규정한 노조법 제31조 제1항의 취지는 단체협약이 규율대상으로 하고 있는 노사관계가 집단적. 계속적이라는 점을 고려하여 **체결당사자를 명백히 함과 동시에 당사자의 최종적인 의사를 확인함으로써 단체협약의 진정성과 명확성을 담보하려는 데 있다** 할 것이므로 단체협약의 진정성과 명확성이 담보된다면 단체협약의 당사자쌍방이 서명날인을 하지 아니하고 기명날인을 하였다고 하더라도 그 단체협약이 위 강행법규에 위반하여 무효라고는 할 수는 없다."고 판시하였다.
 그리고 1997.7. X사와 노동조합사이에 상여금 등의 반납의사가 있었음을 확인하고 이러

---

38) 앞의 책, 298면.

한 내용이 담긴 약정이 체결되었다는 점 등을 들어 근로자들의 상여금청구를 배척한 원심판결을 정당하다고 보아 대법원은 원고의 상고를 기각하였다.

03 | 판결의 의의와 한계

1. 대상판결은 **단체협약의 성립요건을 정하고 있는 노조법 제31조 제1항의 취지를 설시하였다는 점**에서 일차적인 의의가 있다. **단체협약의 성립요건을 엄격하게 규정한 것은 단체협약에서 정한 '근로조건 기타 근로자의 대우에 관한 기준'이 마치 법규범과도 같이 협약당사자의 구성원에게 직접적. 강행적 효력을 미친다는 점**에 있다. 대상판결은 단체협약의 진정성과 명확성이 담보된다면 당사자 쌍방이 서명날인을 하지 아니하고 기명날인을 하였다고 하더라도 그 단체협약이 위 강행법규인 구노조법 제31조 제1항에 위반하여 무효로 볼 수 없다고 밝혔다. 한편 대상판결의 취지와 동일하게 대법원은 서명. 무인도 그 유효성을 인정하고 있다.(대판 1995.3.10, 94마605)

2. 이러한 판례의 입장을 입법자가 적극적으로 수용하여 현행법규정으로 개정(2006.12.30)되어 '서명 또는 날인'으로 규정되었는데, 대상판결은 이러한 법개정을 이끌어낸 주요 판례였다.

3. **단체협약으로 성립하기 위한 최소한의 외형적 요건은 주체적인 측면에서 협약체결능력이 있는 당사자이어야 하고 형식적 측면에서 서면방식의 협정 내지 계약이 있어야 한다.**

   1) 협약체결능력이 있는 당사자와 관련하여 노동조합측의 경우 반드시 설립신고증을 교부받은 노조법상의 노동조합이어야 하는지가 문제된다. 협약당사자로서 노동조합은 노조법상 노동조합만이라고 생각하는 견해도 있지만(김유성), 헌법상 단결체(법외노조)라도 단체협약체결 능력이 있다. 헌법재판소(2008.7.31, 2004헌바9)도 "실질적인 요건은 갖추었으나 형식적인 요건을 갖추지 못한 근로자들의 단결체는 … 단결체의 지위를 '법외의 노동조합'으로 보는 한 **그 단결체가 전혀 아무런 활동을 할 수 없는 것은 아니고 어느 정도의 단체교섭이나 협약체결능력을 보유한다** 할 것이므로, 노동조합의 명칭을 사용할 수 없다고 하여 헌법상 근로자들의 단결권이나 단체교섭권의 본질적인 부분이 침해된다고 볼 수 없다."고 판시하여 헌법상 단결체의 단체교섭권 및 단체협약체결능력을 인정하고 있다.

   협약당사자로서 사용자는 원칙적으로 근로자를 고용한 근로계약당사자로서 사용자이며, 사용자단체는 노동관계에 관하여 그 구성원인 사용자에 대하여 조정 또는 규제할 수 있는 권한을 가진 사용자의 단체이어야 하는데, 사용자단체가 이러한 권한을 갖기 위해서는 **노동조합과의 단체교섭 및 단체협약을 체결하는 것을 그 목적으로 하고, 또 그 구성원인 각 사용자에 대하여 통제력을 가지고 있어야 한다.**(대판 1999. 6.22, 98두137)

2) 형식적 측면에서 서면방식의 협정 내지 계약이 있어야 하는데, 서면방식의 협정 내지 계약이라 함은 첫째 단체협약의 성립은 노사당사자의 상호 대응하는 의사표시의 합치로 이루어진 협정 또는 계약의 형식으로 이루어 져야 한다는 것 둘째, 단체협약이 구두가 아닌 문서로 작성되어야 한다는 것 셋째, 단체협약에 협약당사자 쌍방이 서명 또는 날인하여야 한다는 것을 말한다. **서면방식의 협정 내지 계약을 요구하는 이유는 노사관계가 집단적. 계속적이라는 점을 고려하여 협약체결당사자를 명백히 함과 더불어 장래의 분쟁을 방지하려는 것이다.**

14. 근로조건의 불이익변경에 관한 협약자치의 한계

대법원 2000.9.29, 99다67536판결(상여금)

01 사실관계[39]

피고회사(Y)와 노동조합이 체결한 1996년도 **단체협약 제44조**에 의하면, Y는 근로자에게 **상여금**으로 연 7회에 걸쳐 650%를 지급하되 설날에 50%, 2월 25일, 4월 25일, 6월 25일, 8월 25일, 10월 25일 및 12월 25일에 100%씩을 지급하기로 되어 있었다. 그런데 노동조합과 Y는 위 단체협약의 유효기간 중인 1997.12.30. '특별노사합의'라는 명칭으로 "Y회사의 노사양측은 최근의 경제위기로 인한 경영난 타개를 위하여 1997년 12월부터 1998년 6월까지 지급예정인 이 사건 상여금(450%)은 그 지급을 유보한다."는 내용의 약정을 체결하고, 1998.8.13. "Y회사의 노사양측은 IMF관리체제 이후 지속적인 경기불황으로 인한 극심한 경영난 타개를 위하여 1998년도 임금협정은 현행으로 동결하고, 단체협약은 기존의 단체협약을 유지하며, 상여금에 관한 기존 단체협약 제44조의 이행에 대하여는 회사가 경영성과와 향후 경영전망에 따라 상여금의 지급여부를 결정하고, 1997.12.30.자 특별노사합의의 내용 중 본 합의의 효력과 상충되는 부분은 본 합의의 효력에 따르되, 그렇지 아니한 부분의 효력은 지속된다."는 내용의 1998년도 임금단체협상 합의를 하였다. 이후 **Y의 상여금 미지급**에 대하여 근로자 X를 포함한 원고들은 Y가 지급하지 않은 상여금의 지급을 구하는 소를 제기하였다.

02 판결의 내용

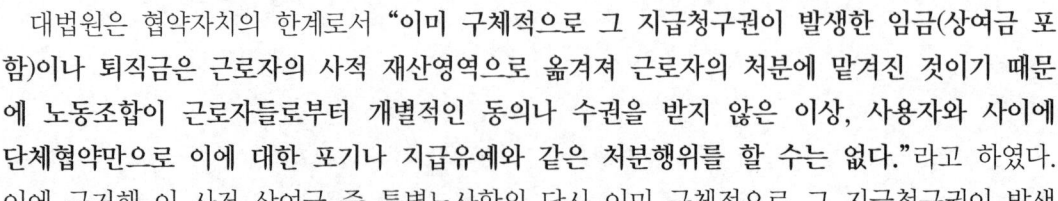

대법원은 협약자치의 한계로서 "이미 구체적으로 그 지급청구권이 발생한 임금(상여금 포함)이나 퇴직금은 근로자의 사적 재산영역으로 옮겨져 근로자의 처분에 맡겨진 것이기 때문에 노동조합이 근로자들로부터 개별적인 동의나 수권을 받지 않은 이상, 사용자와 사이에 **단체협약만으로** 이에 대한 포기나 지급유예와 같은 처분행위를 할 수는 없다."라고 하였다. 이에 근거해 이 사건 상여금 중 특별노사합의 당시 이미 구체적으로 그 지급청구권이 발생

---

[39] 앞의 책, 306면.

한 1997.12.25.지급분 상여금에 관한 한 노사합의의 효력이 원고들에게 미치지 않는다고 보았다.

반면 대법원은 단체협약의 불이익변경과 관련하여 **"협약자치의 원칙상 노동조합은 사용자와 사이에 근로조건을 유리하게 변경하는 내용의 단체협약뿐만 아니라 근로조건을 불리하게 변경하는 내용의 단체협약을 체결할 수 있으므로, 근로조건을 불리하게 변경하는 내용의 단체협약이 현저히 합리성을 결하여 노동조합의 목적을 벗어난 것으로 볼 수 있는 경우와 같은 특별한 사정이 없는 한 그러한 노사간의 합의를 무효라고 볼 수는 없고, 노동조합으로서는 그러한 합의를 위하여 사전에 근로자들로부터 개별적인 동의나 수권을 받을 필요가 없으며, 단체협약이 현저히 합리성을 결하였는지 여부는 단체협약의 내용과 그 체결경위, 당시 사용자측의 경영상태 등 여러 사정에 비추어 판단해야 할 것이다."**라고 하였다. 따라서 이 사건 상여금 중 **특별노사합의 당시 구체적 지급청구권이 발생하지 않은 1998년 상반기 상여금의 지급유예를 그 지급의 포기로 보더라도 위와 같은 법리에 비추어 그 합의 내용이 단체협약의 한계를 벗어난 것은 아니어서 원고들에게 효력이 미친다**고 보았다.

03 판결의 의의와 한계

대상판결은 노동조합이 근로자들로부터 개별적인 동의나 수권을 받지 않은 이상 사용자와의 사이에 단체협약만으로 개별 근로자에게 귀속된 권리(이미 구체적으로 그 지급청구권이 발생한 상여금 및 임금이나 퇴직금)에 대한 포기 등과 같은 처분행위를 할 수 없다는 협약자치의 한계를 밝힌 첫 대법원 판결이다.

15 단체협약의 일반적 구속력

대법원 2003.12.26, 2001두10264판결(부당해고 및 부당노동행위 재심판정 취소)

01 사실관계

원고 X1은 1985.8.9. 원고 X2는 1987.2.5. 자동차제조업을 영위하는 Y1에 각 입사한 후 1993.1.1.자동차판매업을 영위하는 Y2로 자동 전입되어, 원고 X1은 관리직 4급 사원으로 송도출고사무소에서, 원고 X2는 관리직 3급대리로 직판부 직판 3팀에서 각 근무하면서 **원고 X1은 Y2노동조합의 사무지부 지부장으로, 원고 X2는 사무지부 회계감사로 활동하여 왔다.** Y2는 근태불량(무단결근, 무단미귀사), 규율질서문란, 회사의 대외적 명예훼손, 지시불이행, 업무방해를 하였다는 이유로 취업규칙 제88조 및 제67호를 적용하여 1998.7.31. 원고 X2를, 1998.8.19. 원고 X1을 각 징계해고 하였다. 원고들은 자신들에 대한 이 사건 징계해고가 부당해고 및 부당노동행위임을 주장하였다.

한편, Y2와 Y2 노동조합사이에 체결된 단체협약 제3조는 협약의 적용범위에 관하여 "이 협약은 회사와 조합 및 조합원에게 적용한다."고 규정하면서도 제6조에서는 **조합원의 범위에 관하여** "회사의 종업원 중 다음 각 호에 해당하는 자를 제외하고는 조합원이 될 수 있다."라고 규정하고 조합원이 될 수 없는 자의 범위에 관하여 5급(관리직, 기술직)이상 직급사원으로 규정하고 있었다. 한편, **단체협약 제30조는** "회사는 조합의 임원 및 전임자에 대한 해고, 정직 등 징계시에는 사전에 조합의 동의를 얻어야 한다."라고 규정하고 제50조는 "다음 각 호의 해당자를 제외하고는 징계할 수 없으며 반드시 인사위원회의 의결을 거쳐 징계할 수 있다."라고 규정하고 있었다.

02 판결의 내용

원고들은 상고심에서 노조법 제35조의 규정에 따라 단체협약이 원고들에게 적용되며 따라서 노동조합의 동의를 받지 아니한 징계는 부당하다고 주장하였다. 이에 대하여 대법원은 "노조법 제35조의 규정에 따라 단체협약의 일반적 구속력으로서 그 적용을 받게 되는 '동종의 근로자'라 함은 당해 단체협약의 규정에 의하여 그 협약의 적용이 예상되는 자를 가리키며, 단체협약의 규정에 의하여 조합원의 자격이 없는 자는 단체협약의 적용이 예상된다고 할 수 없어 단체협약의 적용을 받지 아니한다."라고 판시하였다. 이에 따라 징계해고 당시 단체협약 제6조에 규정된 조합원의 범위에 해당되지 아니하는 원고들은 단체협약의 규정에 따른 조합원의 자격이 없는 자이므로 단체협약의 적용이 예상된다고 할 수 없고 따라서 원고들을 노조법 제35조에 따라 단체협약의 일반적 구속력을 받는 동종의 근로자라고 할 수도 없어서 원고들의 상고를 기각하였다.

03 판결의 의의와 한계

1. 일반적 구속력의 적용요건 중 하나인 '동종근로자'의 범위에 관하여는 형식설과 실질설이 대립된다. **형식설은 '동종의 근로자'란 단체협약의 적용 또는 확장 적용이 예상되는 자를 의미한다는 견해**이다. 이 견해에 따르면 단체협약상 조합원의 자격이 없는 자는 일반적 구속력의 적용대상이 될 수 없다. 또 조합원의 자격이 있더라도 단체협약이 특정기능직 혹은 일반직 근로자를 적용대상으로 특정하고 있는 때에는 그 범위에 해당하는 자만이 동종의 근로자가 된다. 실질설은 일반적 구속력제도의 취지를 미조직 근로자의 보호에 두어 위 규정의 강행성을 강조하는 입장으로 단체협약의 규정상 조합원자격이 없더라도 동종의 업무를 수행하는 자라면 역시 일반적 구속력의 적용대상이 된다고 해석한다. 실질설은 특히 임시로 고용된 근로자에게 단체협약을 적용하는 실익을 갖는다.

2. 대상판결은 단체협약의 일반적 구속력을 인정하기 위한 요건 중 하나인 '동종의 근로자'의 의미를 단체협약의 규정에 의하여 그 협약의 적용이 예상되는 자로 한정하고 있다. 따라서 동종의 업무를 수행하는 미조직근로자라고 하더라도 협약의 적용이 단체협약을 통하여 명시적으로 배제되는 경우에는 일반적 구속력의 적용이 없게 된다. 이러한 대법원의 태도는 **일반적 구속력제도의 강행적 성격보다는 협약당사자의 의사해석을 중시하는 입장**이라고 이해할 수 있다.40)

---
40) 앞의 책, 313면.

16 단체협약의 지역적 구속력

대법원 1993.12.21, 92도2247판결(업무방해, 노동조합법위반)

01 사실관계[41]

부산에 있는 108개 택시업체의 교섭권을 위임받은 부산시 택시사업조합과 전국택시노동조합연맹 부산시지부는 1991.4.5. 공동타결한 「91단체협약 및 임금협정」이 체결되었고, 같은 해 5.1. 행정관청은 위 공동타결안에 대해 지역적 구속력 결정공고를 하였다. 부산지역 부산제일교통 주식회사(X) 소속 근로자로 조직된 노동조합(A노조)의 위원장. 조직부장. 총무부장(피고인들, Y)은 새로운 단체협약의 체결을 위해 1991.4.8.부터 X에 교섭을 요구하였으나 X가 이에 응하지 않자, 4.24. 관할 행정관청에 쟁의발생신고를 하였고, 5.10.부터 6.4.까지 파업을 단행하였다. 관할 행정관청은 위 쟁의발생신고에 따른 쟁의행위는 지역적 구속력 결정공고에 위반되는 불법행위임을 수차례 A노조에 고지하였다.

지역적 구속력이 결정공고 된 위 공동타결안은 X와 A노조에게도 효력을 미치므로 택시운행을 거부하는 파업은 다중의 위력으로 X의 택시운송업무를 방해하고(형법 제314조 업무방해죄), 구 노조법 제38조의 지역적 구속력 규정을 위반(구 노조법 제46조의3 : 지역적 구속력결정에 위반한 자에 대한 벌칙)하였다고 Y를 형사기소하였다. Y는 원심(부산지판 1992.8.12, 91노2411)에서 공소사실 부분에 대해 유죄판결을 받자 대법원에 상고하였다.

02 판결의 내용

대상판결은 "헌법 제33조 제1항은 근로자는 근로조건의 향상을 위하여 자주적인 단결권, 단체교섭권 및 단체행동권을 보장하고 있으므로 노동조합법 제38조(현행 노조법 제36조)가 규정하는 지역적 구속력제도의 목적을 어떠한 것으로 파악하건 적어도 **교섭권한을 위임하거나 협약체결에 관여하지 아니한 협약외의 노동조합이 독자적으로 단체교섭권을 행사하여 이미 별도의 단체협약을 체결한 경우에는 그 협약이 유효하게 존재하고 있는 한 지역적구속력 결정의 효력은 그 노동조합이나 그 구성원인 근로자에게는 미치지 않는다**고 해석하여

---
41) 앞의 책, 314면.

야 할 것이고, 또 협약외의 노동조합이 위와 같이 별도로 체결하여 적용받고 있는 단체협약의 갱신체결이나 보다 나은 근로조건을 얻기 위한 단체교섭이나 단체행동을 하는 것 자체를 금지하거나 제한할 수는 없다고 보아야 할 것이다."라고 판시하여 원심을 파기환송하였다.

03 판결의 의의와 한계

1. 지역단위의 효력화장제도의 취지는 일반적으로 일정한 지역에서 지배적인 의의를 가지는 단체협약상의 기준을 그 지역의 동종근로자를 위한 최저기준으로 함으로써 사용자 상호간의 근로조건 저하 경쟁 및 이로 인한 불공정 경쟁을 방지하려는 데 있다고 한다.

2. 대상판결은 단체협약의 효력확장이 있더라도 협약외부 노동조합이 단체협약을 유효하게 체결하고 있다면 지역적 구속력은 적용되지 않음을 명백히 밝혔다는 데에 의의가 있다. 즉, 해당 지역에서 노동조합이 조직되어 있더라도 단체협약을 체결하고 있지 않은 경우에만 확장적용된다는 것이고, 이미 **단체협약이 체결되어 있거나 이후 단체협약이 체결된다면 그 단체협약이 확장적용되는 단체협약보다 유리하든 불리하든 상관없이 효력확장되지 않는다.**

3. 하나의 지역에 효력확장되는 단체협약이 있고 그 지역에 소수노조가 존재하는 경우 그 소수노조에게도 효력확장되는가에 관해서는 효력확장 긍정설, 효력확장 부정설, 절충설이 존재한다. 효력확장 긍정설은 소수노조가 존재하는 경우에도 효력확장의 요건을 갖춘 단체협약이 무조건 효력확장된다는 입장이고, 효력확장 부정설은 소수노조가 독자적인 단체교섭권을 가지므로 효력확장은 전면 부정된다는 입장이며, 절충설은 소수노조가 단체협약을 체결하고 있는 한 효력확장 되지 않는다는 입장이다. 판례는 절충설의 입장이다.

소수노조는 독자적인 단체교섭권이 있고 단체협약을 체결하려는 방향으로 움직이고 있기에 단체협약을 체결하고 있느냐의 여부에 상관하지 않고 효력확장되지 않는다는 부정설이 가장 타당하다.

17 단체협약 종료의 효과

노동조합법

대법원 2009.2.12, 2008다70336판결(부당해고 등)

01 사실관계[42]

원고들(X)은 피고(Y)에 고용된 근로자로 이 사업장에 조직된 노동조합(A노조)의 임원 등을 맡고 있던 자들이다. 종전 2004년 단체협약('구단체협약')이 2006.2.28.자로 유효기간이 만료되자 Y와 A노조는 같은 해 3.3.부터 새로운 협약체결을 위해 교섭을 진행하였으나 조합원 자격문제가 제기되면서 교섭이 결렬되었다. 이에 A노조는 조정 및 쟁의행위찬반투표의 절차를 거쳐 2006.4.6.부터 11.6.까지 전면파업을 그 이후에는 부분파업을 하였고 2007.1.22.에서야 새로운 단체협약('신단체협약')을 체결하였다.

한편 Y는 교섭 중인 **2006.3.14. 유효기간 만료를 이유로 구단체협약의 해지를 A노조에 통보하였다.** 파업도중 업무방해금지가처분 결정도 있었고, X의 일부는 업무방해로 벌금형을 받기도 했다. **파업도중 Y는 X를 비롯한 파업가담자에 대해 징계절차를 착수하였다.** 2006.9.27.과 9.29.에 징계위원회(사측5명, 노측4명으로 구성)를 소집하였으나 **A노조는 쟁의행위기간 중 조합원에 대한 징계를 금지하고 있는 구단체협약의 규정을 이유로 징계위원회구성을 거부**하였다. 결국 2006.10.10.소집된 제3차 징계위원회에서 사측 징계위원만 참여한 가운데 X에 대해 파면결정을 하였다. Y는 2007.2.1. X에 대한 징계처분결과를 한 단계 경감한 해임(징계해고)으로 결정하였고, X의 요구에 따라 2007.2.28. 징계재심의원회가 개최되었으나 A노조의 불참상태에서 진행되어 해고로 확정되었다.

이에 X는 위 징계해고가 쟁의행위기간 중 징계를 금지하고 있는 구단체협약에 위반하여 무효라고 주장하는 반면, Y는 2006.3.14. 단체협약 해지를 통보한 이상 노조법 제32조 제3항 단서 규정에 따라 6개월 경과로 실효되었으니 그 이후에 이루어진 징계해고에 대해서는 **구단체협약의 관련규정이 적용될 수 없다고 주장하였다.** 이에 1심과 항소심 모두 X에 대한 해고는 절차 위반의 부당해고로 판단하였고, 이에 Y가 불복하여 대법원에 상고하였다.

---
42) 앞의 책, 318면.

02 판결의 내용

대상판결은 "단체협약이 실효되었다고 하더라도 임금, 퇴직금이나 노동시간, 그 밖에 개별적인 노동조건에 관한 부분은 그 단체협약의 적용을 받고 있던 근로자의 근로계약의 내용이 되어 그것을 변경하는 새로운 단체협약, 취업규칙이 체결. 작성되거나 또는 개별적인 근로자의 동의를 얻지 아니하는 한 개별적인 근로자의 근로계약의 내용으로서 여전히 남아있어 사용자와 근로자를 규율하게 되고, 단체협약 중 해고사유 및 해고의 절차에 관한 부분에 대하여도 이와 같은 법리가 그대로 적용된다."는 종래판례(대판 2000.6.9, 98다13747; 대판 2007.12.27, 2007다51758 등)를 전제한 뒤, **쟁의기간 중 징계 등의 인사조치를 할 수 없도록 정한 구단체협약의 조항은 개별적인 노동조건에 관한 부분이므로 구단체협약이 Y의 해지통보 및 소정 기간의 경과로 실효되었다고 하더라도 신단체협약이 체결되기까지는 여전히 X와 Y사이의 근로계약의 내용으로서 유효하게 존속하는 것으로 보았다.** 대상판결은 정당한 파업기간 중에 징계위원회를 개최하여 X에 대해 파업기간 중의 행위를 이유로 파면을 결의한 것은 구단체협약의 조항을 위반한 것으로 징계절차상 중대한 하자가 있으므로 이에 따른 징계해고를 무효로 판단한 원심을 인용하여 Y의 상고를 기각하였다.

03 판결의 의의와 한계

- 단체협약은 그 종료사유(유효기간의 만료, 해지 등)를 불문하고 종료된다면 별도의 약정이 없는 한 협약상의 모든 권리. 의무는 실효하고 그 이후 아무런 효력도 가지지 않는다. **단체협약의 종료이후에 그 효력을 존속시킨다는 취지의 별도 입법이 없는 우리나라의 경우 여후효는 성립되지 아니하며 실효된다.** 그런데 단체협약이 종료된 이후에도 새로운 협약이 체결되지 않아 무협약상태가 초래된 경우 종전 협약의 적용을 받던 근로관계에 관한 규정은 어떻게 되는지가 문제된다. 대상판결은 협약 실효 후의 근로관계에 대해서 "단체협약이 실효되었다고 하더라도 임금, 퇴직금이나 노동시간, 그 밖에 개별적인 노동조건에 관한 부분은 그 단체협약의 적용을 받고 있던 근로자의 근로계약이 되어 그것을 변경하는 새로운 단체협약, 취업규칙이 체결. 작성되거나 또는 개별적인 근로자의 동의를 얻지 아니하는 한 **개별적인 근로자의 근로계약의 내용으로서 여전히 남아 있어 사용자와 근로자를 규율**하게 된다."고 하였다.

2. 대상판결은 어떠한 논거로 단체협약이 실효되었음에도 불구하고 협약상의 근로조건은 이를 변경하는 새로운 단체협약 등이 없는 한 근로계약의 내용으로 남아 사용자와 근로자를 계속 규율한다고 보았는지를 명시적으로 밝히지 않았다. 때문에 판결을 둘러싸고 학설이 나뉘어진다.

첫째, 화체설(편입설)은 **단체협약의 내용이 근로계약의 구성요소로 전환**된다는 견해로서, 단체협약이 실효되더라도 근로관계의 내용으로 편입된 부분은 여전히 근로계약으로 존속하게 되므로 공백상태는 발생하지 않는다.[43]

둘째, 외부규율설은 **단체협약의 규정이 근로계약의 구성요소로 전환되는 것이 아니라 마치 법규범과 같이 외부에 직접 근로관계의 내용을 형성하는 규준으로서 규율**한다는 견해이다. 이 입장에서는 외부에서 규율하던 단체협약이 실효하게 되면 그 순간부터 규율하던 노동법원(法源)으로서의 단체협약은 더 이상 존재하지 않게 되어 이의 규율을 받던 근로관계는 공백상태에 빠지게 된다. 외부규율설은 공백상태를 메우는 방안으로 다양한 해석론을 제시하고 있으나 **종전 협약상 근로조건 기준에 따라 이미 형성된 근로관계는 계속적 근로관계의 성격상 실효 후에도 그대로 유지된다**는 측면에서 결론을 같이 하고 있다.[44]

3. 협약실효 후 여전히 남아있는 종전 협약상의 근로조건을 변경할 수 있는가가 문제이다. 첫 번째는 개별적 합의에 의해 근로조건을 변경할 수 있다는 입장이다. 두 번째는 비조합원의 경우(단체협약의 효력확장의 요건을 상실한 경우)는 개별적 합의로 근로조건을 변경할 수 있지만, 조합원에대하여는 개별적 합의로 근로조건을 변경할 수 없다는 입장이다. 조합원에 있어서, 차기협약에 대한 교섭이 진행되고 있는 경우에 사용자가 조합원과 개별적으로 근로조건에 대해서 합의하거나 일방적으로 협약상의 근로조건을 변경한다면 헌법상의 단체교섭권보장이 형해화될 우려가 있기 때문에 개별조합원과의 합의를 통해서든 취업규칙의 변경을 통해서든 그 변경이 유리하건 불리하건 허용되지 않는다는 것이다.

---

[43] 앞의 책, 320면.
[44] 앞의 책, 320면.

18 쟁의행위기간 중 대체근로금지

대법원 2008.11.13, 2008도4831판결(노조법위반)

01 사실관계[45]

이 사건 회사의 노동조합은 2006.6.13.부터 전면파업에 돌입한 사실, ○○리-○○간 도로건설공사 사전설계검토 및 ○○지구택지개발 사업조성공사 특수구조물설계검토용역은 이 사건 파업 이전에는 조합원인 A, B 등이 수행하였던 업무이었으나 이들 조합원이 파업에 참여한 후 파업에 참여하지 않았던 C과장이 위 업무를 담당하다가 C과장이 2006.6.25.자로 사직하자 이 사건 회사는 2006.7.1. D 및 E를 **신규채용**하여 구조부에 배치하고 파업에 참여하지 않은 다른 직원들과 함께 위 업무를 수행하게 한 사실, ○○시 관내 국도대체우회도로 건설공사 실시설계용역 및 국도○호선 입체교차로 설치공사 감리용역 중 현장에서 의뢰한 종단선형검토 사무는 파업이전에는 F이사와 조합원인 G,H가 주로 수행하였던 업무이었으나 파업으로 인하여 2006.6.13. 그 업무가 중단되자 파업에 참여하지 않던 I차장이 F이사와 함께 위 업무를 수행하였고 F이사와 I차장이 사직하자 이 사건 회사는 2006.7.10. J을 **신규채용**하여 도로부의 차장으로 배치하고 파업에 참여하지 않은 다른 직원들과 함께 위 업무를 수행하게 한 사실, 한편 이 사건 회사는 2006.4. 초순경 발표된 경영합리화를 위한 구조조정계획에서 13명의 감원을 목표로 하였는데, 2006.6.30.까지 그보다 훨씬 많은 27명이 사직하였고, 2006.6.30. 기준으로 볼 때 이 사건 회사의 구조부의 경우 14명에서 9명으로 인원이 감소되었고 도로부의 경우 원래 20명에서 14명으로 인원이 감소되어 인원충원의 필요가 있었던 사실이 있다.

이 사건 회사의 대표이사 Y는 D등을 **신규채용**하여 이 사건 쟁의행위로 중단된 업무를 **수행하게 하였다는** 이유로 노조법 제43조 제1항 위반죄로 기소되었다.

---

45) 앞의 책, 322면.

02 판결의 내용

노조법 제43조 제1항은 노동조합의 쟁의행위권을 보장하기 위한 것으로서 쟁의행위권의 침해를 목적으로 하지 않는 사용자의 정당한 인사권 행사까지 제한하는 것은 아니므로, 자연감소에 따른 인원충원 등 쟁의행위와 무관하게 이루어지는 신규채용은 쟁의행위기간 중이라 하더라도 가능하다. 결원충원을 위한 신규채용 등이 위 조항 위반인지 여부는 표면상의 이유만으로 판단할 것이 아니라 종래의 인력충원과정, 절차 및 시기, 인력부족 규모, 결원발생 시기 및 그 이후 조치내용, 쟁의행위기간 중 채용의 필요성, 신규채용 인력의 투입 시기 등을 종합적으로 고려하여 판단하여야 한다. 이러한 법리에 의할 때 사용자가 쟁의기간 중 쟁의행위로 중단된 업무를 수행하기 위해 당해 사업과 관계있는 자인 비노동조합원이나 쟁의행위에 참가하지 아니한 노동조합원 등 당해 사업의 근로자로 대체하였는데 대체한 근로자마저 사직함에 따라 사용자가 신규채용하게 되었다면, 이는 사용자의 정당한 인사권행사에 속하는 자연감소에 따른 인원충원에 불과하고 노조법 제43조 제1항 위반죄를 구성하지 않는다.

03 판결의 의의와 한계

1. 사용자의 대체근로제한은 **노동조합의 단체행동권의 실효성을 담보하기 위한 최소한의 제도적 장치**이자 무기대등의 원칙을 실현하기 위하여 마련된 불가피한 조치로서, 쟁의 대등성을 침해할 수 있는 사용자의 대응조치를 제한하는 것이다.

2. 노조법 제43조 제1항은 쟁의행위기간 중 사용자의 신규채용을 제한하고 있다. 동 조항은 쟁의행위기간 중 사용자 신규채용 행위 전체를 금지하는 것이 아니라 쟁의행위로 중단된 업무를 수행하기 위한 신규채용을 금지하는 것이다. 따라서 사업확장으로 근로자를 신규채용하거나 자연감소 인원을 보충하기 위한 채용은 허용된다.
대상판결은 "자연감소에 따른 인원충원 등 쟁의행위와 무관하게 이루어지는 신규채용은 쟁의행위기간 중이라 하더라도 가능하다."고 판결하고 있다.

3. 노조법 제43조 제1항은 "사용자는 쟁의행위 기간 중 그 쟁의행위로 중단된 업무의 수행을 위하여 당해 사업과 관계없는 자를 채용 또는 대체할 수 없다."고 하고 있는데, **'쟁의행위로 중단된 업무의 수행을 위하여'**를 어떻게 해석할 것인가가 문제이다. 이와

관련해서 쟁의행위기간 중 쟁의행위 참가자들의 업무를 수행시킬 의도로 쟁의행위기간 전에 근로자들을 신규채용한 경우, 판례는 "사용자가 노동조합의 쟁의행위기간 중 당해 사업내의 비노동조합원이나 쟁의행위에 참가하지 아니한 노동조합원 등 기존의 근로자를 제외한 자를 새로 채용 또는 대체할 수 없다는 것으로 풀이되는바, **사용자가 노동조합이 쟁의행위에 들어가기 전에 근로자를 새로 채용하였다 하더라도 쟁의행위기간 중 쟁의행위에 참가한 근로자들의 업무를 수행케 하기 위하여 그 채용이 이루어졌고 그 채용한 근로자들로 하여금 쟁의행위기간 중 쟁의행위에 참가한 근로자들의 업무를 수행케 하였다면 위 조항 위반죄를 구성하게 된다.**"고 판시하고 있다.(대판 2000.11.28, 99도317)

4. 위법한 대체근로에 대한 노동조합의 대항행위가 어느 범위까지 허용되느냐가 문제된다. **위법한 대체근로의 경우 파업참가근로자들은 폭력이나 파괴, 협박행위를 수반하지 않는 한 상당한 정도의 실력을 행사하는 것이 가능**하다. 이는 대체근로금지규정의 취지가 쟁의행위의 실효성을 보장하기 위한 것이고 파업의 효과를 위법, 부당하게 면탈하려는 사용자의 행위는 저지되어야 할 것이기 때문이다. 판례(대판 1992.7.14, 91다43800)도 마찬가지의 태도를 취하고 있다.

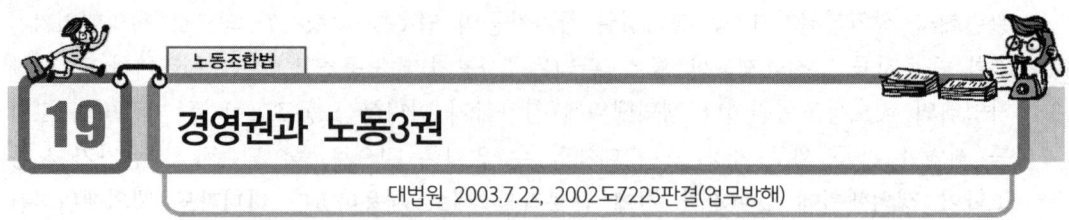

19 경영권과 노동3권

대법원 2003.7.22, 2002도7225판결(업무방해)

01 사실관계[46]

 정부는 1999.11.12. 가스산업의 경쟁력확보 등을 목적으로 한국가스공사법에 의해 설립된 한국가스공사의 일부 사업부문을 민영화하는 내용의 '가스산업 구조개편안'을 발표하고 관련입법을 추진하였다. 이에 피고인들이 간부로 있는 한국가스공사노동조합은 노조법상 쟁의행위절차를 거친 후, 정부가 추진하는 민영화계획이 인력감축을 수반하여 고용불안을 초래하게 된다는 점을 주된 이유로 하여 파업을 진행하였다. 이에 대해 검사는 피고인들의 이 사건 파업은 중재 시의 쟁의행위를 금지하는 노조법 제63조에 위배되는 등 그 시기, 절차 등에 있어서도 정당성이 없을 뿐만 아니라, 주로 정부의 가스산업 구조개편정책에 반대하면서 한국가스공사의 민영화를 저지시키려는 의도에서 이루어진 것으로 그 목적에 있어서도 정당성이 없는 불법쟁의행위라고 주장하면서 피고인들을 업무방해죄로 기소하였다. 이 사건에서는 대법원이 취하고 있는 쟁의행위의 정당성 요건 중 목적의 정당성이 인정되는지 여부가 핵심 쟁점으로 다루어졌다.

02 판결의 내용

• 경영권의 의미와 내용

 헌법 제23조 제1항은 '모든 국민의 재산권은 보장된다'라고 규정하고 있고, 제119조 제1항은 '대한민국의 경제질서는 개인과 기업의 경제상의 자유와 창의를 존중함을 기본으로 한다'라고 규정함으로써, 우리 헌법이 사유재산제도와 경제활동에 관한 사적자치의 원칙을 기초로 하는 자본주의시장 경제질서를 기본으로 하고 있음을 선언하고 있다. 헌법 제23조의 재산권에는 개인의 재산권도 포함되고, 기업의 재산권범위에는 투하된 자본이 화체된 물적 생산시설 뿐만 아니라 여기에 인적 조직 등이 유기적으로 결합

---

46) 앞의 책, 326면.

된 종합체로서의 '사업' 내지 '영업'도 포함된다. 그리고 이러한 재산권을 보장하기 위하여는 그 재산의 자유로운 이용. 수익뿐만 아니라 그 처분. 상속도 보장되어야 한다. 한편 헌법 제15조는 '모든 국민은 직업선택의 자유를 가진다.'라고 규정하고 있는 바, 여기에는 기업의 설립과 경영의 자유를 의미하는 기업의 자유를 포함하고 있다. 이러한 규정들의 취지를 기업활동의 측면에서 보면, 모든 기업은 그가 선택한 사업 또는 영업을 자유롭게 경영하고 이를 위한 의사결정의 자유를 가지며, 사업 또는 영업을 변경(확장·축소·전환)하거나 처분(폐지·양도)할 수 있는 자유를 가지고 있고, 이는 헌법에 의하여 보장되고 있는 것이다. 이를 통틀어 경영권이라고 부르기도 한다.

2. 경영권과 노동3권의 충돌문제의 해결

(두 권리를)조화시키는 한계를 설정함에 있어서는 **기업의 경제상의 창의와 투자의욕을 훼손시키지 않고 오히려 이를 증진시키며 기업의 경쟁력을 강화하는 방향으로 해결책을 찾아야 함을 유의하여야 한다**. 왜냐하면, 기업이 쇠퇴하고 투자가 줄어들면 근로의 기회가 감소되고 실업이 증가하게 되는 반면, 기업이 잘 되고 새로운 투자가 일어나면 근로자의 지위도 향상되고 새로운 고용도 창출되어 결과적으로 기업과 근로자가 다함께 승자가 될 수 있기 때문이다. 그리고 이러한 문제의 해결을 위해서는 추상적인 이론에만 의존하여서는 아니되고 시대의 현실을 잘 살펴 그 현실에 적합한 해결책이 모색되어야 한다.

3. 경영권의 단체교섭(쟁의행위)의 대상성

구조조정이나 합병 등 기업의 경쟁력을 강화하기 위한 경영주체의 경영상 조치에 대하여는 원칙적으로 노동쟁의의 대상이 될 수 없다고 해석하여 기업의 경쟁력 강화를 촉진시키는 것이 옳다. 물론 이렇게 해석할 경우, 우선은 그 기업에 소속된 근로자들의 노동3권이 제한되는 것은 사실이나 이는 과도기적인 현상에 불과하고, 기업이 경쟁력을 회복하고 투자가 일어나면 더 많은 고용이 창출되고 근로자의 지위가 향상될 수 있으므로 거시적으로 보면 이러한 해석이 오히려 전체근로자에게 이익이 되고 국가경제를 발전시키는 길이 된다. 뿐만 아니라 근기법 제31조(현행 근기법 제24조)는 구조조정 등으로 인한 정리해고에 관하여 그 요건을 엄격하게 규정하고 있고, 근로자들과의 사전협의를 필수적인 절차로 규정하고 있으며, 그 효력에 대하여는 사법심사의 길이 열려 있다. 또한 근참법은 경영사항을 포함한 광범위한 영역에서 노사가 협의하도록 제도화하고 있다. 이러한 사정을 종합하여 보면 위와 같은 해석이 결코 노동3권의 본질적 내용을 침해하거나 헌법 및 노동관계법의 체계에 반하는 해석이라 할 수 없다.

03 | 판결의 의의와 한계

1. 경영권의 의미와 내용

노동3권과 달리 헌법은 사용자의 경영권을 기본권으로 규정하지 않고 있는데, 이와 같은 이유로 경영권의 권리로서의 실체가 인정되는지 여부에 대해 논란이 있다. **경영권의 권리성을 부정하는 견해는 경영권을 인정할 법적인 근거가 없다거나 경영권으로 파악되는 것들이 경영에 귀속하는 권리의 집합체로서 사실상 파악되는 것에 불과한 단순한 사실상, 정책적 개념에 불과**하다고 한다. 경영권의 권리성을 긍정하는 견해는 경영권은 **기업주의 경제활동의 자유를 보장하는 모든 기본권의 기능적인 면이 결집하여 이루어지는 기업주의 기본권으로서 집합개념으로서의 권리로 이해**한다.

대법원은 이 문제에 대해 대상판결 이전부터 "기업의 구조조정 실시여부는 경영주체에 의한 고도의 경영상 결단에 속하는 사항"(대판 2002.2.26, 99도5380)으로 판시하여 부분적으로 경영권에 관한 사항을 언급하는 판결을 하다가 **대상판결에서 헌법상 기업의 경영권이 인정되는 근거와 성격을 분명히 설시**하였다.47)

2. 경영권과 노동3권의 충돌문제의 해결

대상판결은 경영권과 노동3권이 충돌하는 경우 해결방향에 대해서 "기업의 경제상의 창의와 투자의욕을 훼손시키지 않고 오히려 이를 증진시키며 기업의 경쟁력을 강화하는 방향으로 해결책을 찾아야 한다."라고 하여, 기본권 충돌의 해결법리인 규범조화적 해결의 관점에서 볼 때 **노동권을 고려하지 않은 완전히 사용자의 경영권에 경도된 관점을 채택**하고 있다.48) 대상판결은 그 이유에 대해서 '기업이 먼저 잘 되어야 근로자도 좋다'라고 설명하지만, '근로자를 잘 대우해줘야 소비가 늘고 그에 따라 기업과 경제가 산다'는 반대논리는 완전히 무시하고 있다.

3. 경영권의 단체교섭(쟁의행위)의 대상성

대법원은 대상판결 이전부터 "기업의 구조조정 실시 여부는 경영주체에 의한 고도의 경영상 결단에 속하는 사항으로서 이는 원칙적으로 단체교섭의 대상이 될 수 없고, 그것이 긴박한 경영상의 필요나 합리적인 이유없이 불순한 의도로 추진되는 등의 특별한 사정이 없는 한 노동조합이 그 실시를 반대하기 위하여 벌이는 쟁의행위는 목적의 정당성을 인정할 수 없다."(대판 2002.2.26, 99도5380)라고 하여 경영사항의 단체교섭의 대상성을 부정하고 있었고, 대상판결도 동일한 태도를 보이고 있다.

---

47) 앞의 책, 328면.
48) 앞의 책, 328면.

경영사항의 단체교섭 대상성을 제한적으로 긍정하는 견해는 경영에 관한 사항이라도 근로조건과 밀접한 관련이 있는 경우에는 단체교섭의 대상이 된다고 보지만, 경영사항의 단체교섭 대상성을 부정하는 견해는 경영상의 결정 그 자체와 그에 따른 실행조치(효과사항)를 구분하여 경영결정사항은 근로조건에 영향을 미치더라도 단체교섭의 대상이 될 수 없다고 한다.

경영권의 본질은 그 재산(사업체)**에 있으므로 재산으로서의 사업체의 양적변동을 초래하는 경영상의 결정은 단체교섭의 대상이 될 수 없지만, 재산으로서의 사업체의 양적변동을 초래하지 않는 상태에서의 인력구조조정은 경영권의 본질적인 내용에 해당하지 않으므로 단체교섭의 대상이 된다.**49)

대상판결에서 문제가 된 공기업의 민영화문제는 일부사업이 민영화되더라도 그 사업의 성격이 공기업이 담당해야 할 공적업무로서의 성격이 사라지는 것이 아니므로 여전히 공기업의 업무로서의 성격이 유지되는 것이고, 그에 따라 노조원들의 근로조건에 영향을 끼칠 수 있는 사안이므로 단체교섭의 대상이 된다.50) 대상판결은 경영권에 경도된 입장에서 사업체의 양적변동을 초래하지 않는 구조조정에 관한 사안이 단체교섭의 대상이 되지 않는다고 해석하지만, **근로조건에 관한 내용 중 가장 중요한 인력구조조정에 관한 문제에서조차 노동조합이 단체교섭의 문턱에 설 기회조차 봉쇄하는 대상판결은 노동3권의 본질적인 내용을 침해하는 것**이다.51)

---

49) 앞의 책, 329면.
50) 앞의 책, 329면.
51) 앞의 책, 329면.

노동조합법

20. 찬반투표절차를 거치지 않은 쟁의행위의 정당성

대법원 2001.10.25, 99도4837판결(업무방해)

01 사실관계

A사에 설립된 노동조합의 대전지부장, 지부 교육선전부장 및 지부 조사통계부장인 피고인들은 1998.5.6.부터 그달 12.까지 파업을 주도하여 노동조합 조합원 약 200명을 A사 대전 생산기술원의 구내식당에 모이게 한 다음 생산활동을 전면 중단하고 각종 집회를 개최하였다. 이 과정에서 **중앙노동위원회의 조정 종료 후에 노동조합의 조합원 총회를 거쳐 조합원대다수가 참여하는 파업을 실시하였으나, 조합원총회에서 파업실시에 대한 찬반투표를 실시하지 않았다.** 이에 대하여 검찰은 위 파업이 정당성을 상실한 것으로 판단하고 파업참가자들을 업무방해죄로 형사 기소하였다.

02 판결의 내용

Ⅰ• 다수의견

대상판결의 다수의견은 파업찬반투표를 거치지 아니한 쟁의행위의 정당성을 부정하고 있으며, 정당성을 상실한 파업에 참가한 피고인들에 대하여 일률적으로 업무방해죄를 적용하여 그 성립을 긍정하고 있다.

"노동조합및노동관계조정법 제41조 제1항의 규정은 **노동조합의 자주적이고 민주적인 운영을 도모함을 아울러 쟁의행위에 참가한 근로자들이 사후에 그 쟁의행위의 정당성 유무와 관련하여 어떠한 불이익을 당하지 않도록 그 개시에 관한 조합의사의 결정에 보다 신중을 기하기 위하여 마련된 규정이므로 위의 절차를 위반한 쟁의행위는 그 절차를 따를 수 없는 객관적인 사정이 인정되지 아니하는 한 정당성이 상실된다.** 이와 달리 쟁의행위의 개시에 앞서 **노동조합및노동관계조정법 제41조 제1항에 의한 투표절차를 거치지 아니한 경우에도 조합원의 민주적 의사결정이 실질적으로 확보된 때에는 단지 노동조합내부의 의사형성과정에 결함이 있는 정도에 불과하다고 하여** 쟁의행위의 정당성이 상실되지 않는 것으로 해석한다면 위임에 의한 대리투표, 공개결의나 사후결의, 사실상의 찬성간주 등의 방법이 용인되는 결과 그와 같은 견해는 위의 관계규정과 대법원의 판례취지에 반하는 것이 된다. 따라서 견해를 달리하여 노동조합및노동관계조정법 제41조 제1항을 위반하여 조합원의 직접, 비밀, 무기명투표에 의한 과반수찬성을 거치지 아니하고 쟁의행위에 나아간 경우에도 **조합원의 민주적 의사결정이 실질적으로 확보된 경우에는 위와 같은 투표절차를 거치지 아니하였다는 사정만으로 쟁의행위가 정당성을 상실한다고 볼 수 없다**는 취지의 대법원 2000.5.26, 99도 4836판결은 이와 어긋나는 부분에 한하여 변경하기로 한다."

2. 소수의견

소수의견인 반대의견도 다수의견과 마찬가지로 **조합원의 찬반투표를 거치지 아니한 쟁의행위는 정당성이 상실된다고 하는 견해를 일반론으로서 받아들이고 있다**. 다만, 소수의견은 조합원의 찬반투표에 관한 정당성을 판단함에 있어 손해배상 또는 내부 징계 등 민사사건이나 행정사건에 적용되는 법리를 업무방해죄라는 형사책임을 묻는 형사사건에 그대로 적용하는 것은 타당하지 않다는 견해를 제시하고 있다. 즉, **쟁의행위의 정당성을 논함에 있어 형사처벌을 면하기 위한 정당성의 인정과 민사상 또는 노동법상 책임을 면하기 위한 정당성의 인정 사이에는 차이가 있을 수 있다**고 한다. 한편 형법상의 업무방해죄는 파업에 참가한 모든 조합원들에게 일률적으로 적용되어서는 아니되며, 파업참가 정도 및 역할 등을 감안하여 개별적으로 적용되어야 한다는 견해를 취하고 있다.

결론적으로 소수의견은 "조합원의 찬반투표 절차없이 쟁의행위를 개시하였음을 이유로 이를 업무방해죄로 형사처벌하는 대상은 그와 같은 찬반투표 없이 쟁의행위를 하기로 하는 결정을 주도하거나 적극 관여한 자에 한정되는 것이고, 그러하지 아니하고 노동조합 집행부의 지시에 따라 쟁의행위에 단순히 가담한 조합원은 업무방해죄로 처벌대상이 되지 않는 것으로 봄이 상당하다."면서 피고인들은 노동조합 지부의 간부들로서 그 지부에서의 쟁의행위를 수행하였음에 불과하므로 업무방해죄의 처벌대상이 되지 않는다고 본다.

03 판결의 의의와 한계

1. 파업찬반투표와 쟁의행위의 정당성

파업찬반투표를 거치지 아니한 파업의 정당성 여부에 관하여 긍정설은 파업찬반투표는 내부적 의사결정절차에 불과하며 따라서 파업찬반투표절차는 노동조합내부의 문제이므로 설사 동 절차에 흠결이 있다 할지라도 외부적인 파업의 정당성 여부에 영향을 미치지 아니한다고 한다. 이에 반하여 부정설은 파업찬반투표는 노동조합의 자주적이고 민주적인 운영을 도모함에 있어 필수불가결하고 파업은 노동조합에 의하여 주도되어야 하는 소위 공인파업이어야 하는 바, 파업찬반투표를 거치지 아니하고는 이를 확인할 수가 없기에 파업찬반투표의 실시는 파업의 정당성 확보에 반드시 필요하고 따라서 조합원찬반투표를 거치지 아니한 파업은 그 정당성이 상실된다고 한다.

대상판결은 부정설의 입장이다. 구체적으로 기존판결과 대상판결의 차이점을 보면 다음과 같다.

기존 대법원 판결(대판2000.5.26, 99도4836)은 파업찬반투표는 파업의 정당성여부와 관련이 있으나, 다만 파업에 실질적으로 찬성한 조합원이 과반수를 넘은 경우에는 반드시 직접·비밀·무기명 투표방법에 의한 파업찬반투표를 거치지 않더라도 파업이 정당성을 상실하는 것은 아니라는 견해를 취하고 있다. 이에 반하여 대상판결은 파업찬반투표를 실시하되 그 방법에 있어서도 직접·비밀·무기명 투표방법에 의한 파업찬반투표만이 유효하다는 입장을 취하고 있다. 즉, 기존의 판결과 대상판결은 파업찬반에 있어 조합원 과반수의 실질적 의사를 확인하여야 한다는 점에서는 일치된 입장을 보이고 있으나, 실질적 의사의 확인방법에 있어 기존판결은 '직접·비밀·무기명투표방법 이외의 다른 방법을 인정하고 있지만, 대상판결은 '직접·비밀·무기명투표방법'에 의한 파업찬반투표 이외의 다른 방법을 인정하지 않고 있다.[52]

2. 업무방해죄의 적용

대상판결의 다수의견은 파업이 정당성을 상실한 경우 당연히 업무방해죄를 적용하고 있다. 그러나 대상판결의 소수의견은 '직접·비밀·무기명 투표방법'에 의한 파업찬반투표를 거치지 아니한 파업은 정당성을 상실한다는 점에서 다수의견과 동일하나 다만, 정당성을 상실한 파업에 대한 업무방해죄의 적용범위에 관하여 다수의견과 견해를 달리하고 있다. 즉, 다수의견이 정당성을 상실한 파업에 참가한 모든 조합원은 당연히 업무방해죄가 성립된다는 입장을 취하고 있음에 반하여, 소수의견은 찬반투표 없이 쟁의행위를 하기로 하는 결정을 주도하거나 그 결정에 적극 관여한 자만이 업무방해죄로 처

---
[52] 앞의 책, 332면.

벌할 수 있을 뿐 단순히 노동조합집행부의 지시에 따라 쟁의행위에 가담한 조합원은 그 처벌대상이 되지 않는다고 본다.

모든 범죄의 성립에 있어 구체적인 범행, 위법성, 책임성을 행위자 개인별, 사안별로 각각 판단하여야 하는 것이 일반론이므로 소수의견이 타당하다.[53]

대상판결 이후 최근 대법원은 판례를 변경하여 구체적인 사안별로 업무방해죄의 성립을 검토하여야 한다고 보고 있다. 즉 "근로자는 원칙적으로 헌법상 보장된 기본권으로서 근로조건의 향상을 위한 자주적인 단결권. 단체교섭권 및 단체행동권을 가지므로(헌법 제33조 제1항), 쟁의행위로서 파업이 언제나 업무방해죄에 해당하는 것으로 볼 것은 아니고, 전후 사정과 경위 등에 비추어 사용자가 예측할 수 없는 시기에 전격적으로 이루어져 사용자의 사업운영에 심대한 혼란 내지 막대한 손해를 초래하는 등으로 사용자의 사업계속에 관한 자유의사가 제압. 혼란될 수 있다고 평가할 수 있는 경우에 비로소 집단적 노무제공의 거부가 위력에 해당하여 업무방해죄가 성립한다고 보는 것이 타당하다."(대판 2011.3.17, 2007도482)라고 판단하였다. 결국 대상판결의 소수의견은 위법한 쟁의행위에 대한 업무방해죄의 적용에 있어 구체적 사안에 따라 선별적으로 적용하여야 한다고 하여 변경된 현재의 판례와 같은 입장을 취하고 있다고 평가된다.

---

[53] 앞의 책, 333면.

21 초기업노동조합 지부·분회의 쟁의행위 찬반투표의 범위

대법원 2004.9.24, 2004도4641판결(업무방해죄)

01 사실관계[54]

피고인(Y)은 A사의 종업원으로 2001.2.15. 설립신고를 마친 B지역 자동차업계 협력업체 노동조합(이하 '협력업체노조'라 한다.)의 조합원이다. Y와 동료근로자들은 2001.3.21. 협력업체노조에 가입하고 2001.4.2. A사에 협력업체노조 A지부를 설립하였다. 그리고 A지부는 설립신고를 하고자 하였으나 A지부보다 37분 먼저 A사의 사무직원들로 구성된 C노총소속 노조가 기업별 단위노조로 먼저 설립신고 되었기 때문에 당시의 복수노조금지에 어긋난다는 이유로 설립신고가 반려되었고 이후 행정소송으로 다투었으나 기각된 바 있다.

협력업체노조는 A사와 단체협약을 체결하기 위해서 2001.4.7. 및 5.28. 총 2회에 걸쳐 A사에 단체교섭을 요구하였다. 그러나 A사는 A지부보다 먼저 A사의 사무직원들로 구성된 기업별단위노조가 설립된 바 있으므로 협력업체노조가 복수노조에 해당된다고 주장하며 교섭요구에 불응하였다. 이에 협력업체노조는 2001.7.2. 관할 지방노동위원회에 조정신청을 하였다. 관할지방노동위원회는 2001.7.13. 복수노조 여부에 관한 다툼이 있어 조정이 부적절하다는 이유로 조정종료결정을 하였다.

이에 2001.7.16. Y는 협력업체노조의 지시 및 지침에 따라 총 조합원 15인 중 14인이 참석하여 쟁의행위 찬반투표를 실시하여 만장일치로 이를 결의한 뒤 같은 달 18. 노동쟁의 발생신고를 하였다. 이들은 2001.7월 3회에 걸쳐 협력업체노조 집회에 참석하고 2001.9.11. 2시간 20분간 A사에 근로를 제공하지 않았다. 이에 대해 검사는 협력업체노조의 전 조합원의 과반수 찬성이 없이 지부의 결의만으로 쟁의행위에 돌입하였기 때문에 불법이라고 주장하면서 Y를 업무방해죄로 기소하였다.

---

54) 앞의 책, 334면.

02 판결의 내용

대상판결은 "근로자의 쟁의행위가 형법상 정당행위가 되기 위한 절차적 요건으로서, 쟁의행위를 함에 있어 조합원의 직접·비밀·무기명투표에 의한 찬성결정이라는 절차를 거치도록 한 노조법 제41조 제1항은 노동조합의 자주적이고 민주적인 운영을 도모함과 아울러 쟁의행위에 참가한 근로자들이 사후에 그 쟁의행위의 정당성 유무와 관련하여 어떠한 불이익을 당하지 않도록 그 개시에 관한 조합의사의 결정에 보다 신중을 기하기 위하여 마련된 규정이다.

지역별·산업별·업종별 노동조합의 경우에는 총파업이 아닌 이상 쟁의행위를 예정하고 있는 당해 지부나 분회 소속 조합원의 과반수의 찬성이 있으면 쟁의행위는 절차적으로 적법하다고 보아야 할 것이고, 쟁의행위와 무관한 지부나 분회의 조합원을 포함한 전체 조합원의 과반수 이상의 찬성을 요하는 것은 아니다. 따라서 자동차회사 협력업체 노동조합의 쟁의행위가 목적·수단 및 방법에 있어서 그 정당성을 인정할 수 있다."고 판시하여 원심판결은 정당하다고 보아 검사의 상고를 기각하였다.

03 판결의 의의와 한계

Ⅰ. 지부·분회의 법적 지위

1) 지부·분회의 단체교섭의 당사자성 인정설

노조의 하부단체일지라도 독자적인 규약 및 집행기관을 가지고 독립된 조직체로서 활동을 하는 경우 노조로서의 실체를 가질 수 있고 따라서 그 조직이나 그 조합원의 고유한 사항에 대하여 독자적으로 단체교섭하고 단체협약을 체결할 수 있다는 입장이다.

이 입장의 구체적 근거는 첫째, 어떠한 단체가 행위능력을 가지는지의 여부는 단위노조의 위임여부에 의존해서는 아니 되고 **단체의 객관적 실태에 따라 판단되어져야 한다는 점** 둘째, 실질적으로 지부·분회가 교섭당사자로서 활동하고 있는 것을 반영해야 하는 점(실태조사에 따르면 대부분의 지부·분회가 단체로서의 실질을 가지고 있고 단순한 연락소에 불과한 경우는 거의 발견되지 않음) 셋째, **교섭창구 단일화의 결과 과반수 지위를 획득한 대표노조에 대해서는 지부·분회의 조직형태를 취하고 있다 하더라도 단체교섭 당사자성을 인정하고 있는데** 이는 현행법이 지부·분회의 단체교섭당사자성을 예정하고 있는 것으로 볼 수 있는 점 넷째, **단위노조의 단체교섭권이 형해**

화 될 우려가 있다는 추상적 위험성을 들어 노조로서의 실체성 여부에 대한 판단과 관계없이 지부나 분회의 독자성을 일률적으로 부정하게 되면 단결선택의 자유를 침해하게 된다는 점이다.[55]

2) 지부·분회의 단체교섭 당사자성 부정설

지부·분회는 독자적인 노동조합이 아니기 때문에 산별노조 규약상의 수권이나 위임에 의해서만 단체교섭이 가능하다는 입장이다. 이 입장의 근거는 첫째, 지부의 실체성만을 이유로 당사자성을 인정하는 것은 **조합조직의 원리나 대표성의 원칙에 반한다는 점** 둘째, **단위노조의 단체교섭권을 형해화 할 우려가 있다는 점**이다.[56]

2. 지부·분회의 쟁의행위능력

쟁의행위 주체의 정당성과 관련하여 판례는 일관되게 "쟁의행위의 정당성이 인정되기 위해서는 그 주체가 단체교섭의 주체로 될 수 있어야 하며 일부 조합원의 집단이 노조의 승인없이 또는 지시에 반하여 쟁의행위를 한 경우 그 정당성이 인정되지 않는다."라고 판시하고 있다.[57] 즉, **판례는 단체교섭 당사자와 쟁의행위 주체를 동일시하고 있다.**

따라서 독자적인 규약과 집행기관을 가지고 독자적인 조직체로 활동하는 지부·분회의 단체교섭 당사자로서의 능력이 인정된다면 그러한 지부·분회의 쟁의행위 주체성도 인정되고, 그런 만큼 지부·분회만의 쟁의행위 찬반투표실시는 정당하다.

이들에 대해 노조로서의 실체를 인정하고 동시에 단체교섭의 당사자성을 인정하면서도 쟁의행위 능력을 부정할 근거는 찾을 수 없고 이들의 쟁의행위 능력을 부정한다면 이는 단체행동권 나아가 노동삼권을 형해화시키는 것이다.

따라서 쟁의행위 찬반투표를 당해 지부나 분회차원의 조합원을 대상으로 실시하면 절차적 정당성을 갖춘 것으로 평가되어야 하고 대상판결은 이러한 법리를 확인한 것으로 보아야 한다.

---

55) 앞의 책, 336면.
56) 앞의 책, 336면.
57) 대판 1995. 10. 12, 95도1016.

22 직장점거의 정당성 범위

대법원 2007.12.28, 2007도5204판결(업무방해등)

01 사실관계

A협회의 근로자이자 산별노조B의 지부장인 피고인 Y1과 산별노조B의 위원장인 Y2는, A협회와의 교섭이 결렬되자 **부분파업과 전면파업을 진행**했고, 이에 **A협회는 직장폐쇄로 대응**했다. 재개된 교섭이 다시 결렬되자 Y1과 Y2는 조합원들과 함께 교섭장소인 **A협회의 회의실을 약 20여일간 점거**하고 A협회의 **퇴거요구에 불응**했으며, 이로 인해 업무방해죄, 폭력행위등처벌에관한법률위반(공동주거침입)죄로 공소제기 되었다.

이 사건 회의실은 A협회의 전체 약 40평의 사무실 내부에 칸막이로 구분되어 있는 약 15평의 공간이며, A협회의 비상근협회장이 자신의 업무를 처리하고, 협회장과 임원들이 임원회의를 하는 공간으로 활용되던 장소였다. 위 노조가 전면파업을 개시한 후 4시간 정도 경과한 시점에서 A협회는 직장폐쇄 조치를 취하였고, Y등이 회의실을 점거하자 A협회는 4회에 걸쳐 팩스를 통해 퇴거취지의 공문을 발송하였다.

제1심은 피고인들의 업무방해죄 등을 인정하였고, 원심은 피고인들의 항소를 기각하였으나 대법원은 피고인들의 상고를 받아들여 원심을 파기하였다.

02 판결의 내용

대상판결은 "직장 또는 사업장시설의 점거는 적극적인 쟁의행위의 한 형태로서 그 점거의 범위가 직장 또는 사업장시설의 일부분이고 사용자측의 출입이나 관리지배를 배제하지 않는 병존적인 점거에 지나지 않을 때에는 정당한 쟁의행위"이지만, "이와 달리 **직장 또는 사업장시설을 전면적. 배타적으로 점거하여 조합원 이외의 자의 출입을 저지하거나 사용자측의 관리지배를 배제하여 업무의 중단 또는 혼란을 야기케 하는 것과 같은 행위는 이미 정당성의 한계를 벗어난 것**"이라고 하고 있다.

또한 "쟁의행위의 본질상 사용자의 정상업무가 일부 저해되는 경우가 있음은 부득이한 것으로서, 이 사건 회의실 점거행위로 인하여 위와 같이 **1달에 1, 2회 정도 개최되는 임원**

회의를 이 사건 회의실이 아닌 음식점 등에서 개최하게 된 사정 정도는 사용자가 이를 수인하여야 할 범위 내"이며 "그 외에는 실질적으로 협회의 업무의 중단 또는 혼란을 초래한 바도 없어 협회의 업무가 실제로 방해되었거나 또는 적어도 그 업무방해의 결과를 초래할 위험성이 발생하였다."고 보지 않았다. 대상판결은 위 회의실 점거행위는 노동관계법령에 따른 정당한 쟁의행위로서 위법성이 조각된다고 할 것이며, 업무방해죄의 책임을 물을 수 없다고 하였다.

한편, 퇴거불응죄의 성립여부도 다투어졌는데, 대상판결은 "이 사건 **노동조합지부가 파업에 돌입한지 불과 4시간만에 협회가 바로 직장폐쇄조치를 취한 것은 근로자측의 쟁의행위에 대한 대항, 방위수단으로서의 상당성이 인정될 수 없어 위 직장폐쇄는 정당한 쟁의행위로 인정되지 아니하고** 따라서 협회가 위와 같은 직장폐쇄를 이유로 근로자들인 피고인들에게 퇴거요구를 한 것이라면 **피고인들이 협회로부터 그와 같은 퇴거요구를 받고 이에 불응하였다고 하더라도 퇴거불응죄가 성립하지 아니한다.**"라고 하였다.

03 | 판결의 의의와 한계

1. 직장점거와 정당성

직장점거는 "파업시 사용자에 의한 방해를 막고 변화하는 정세에 기민하게 대처하기 위하여 **퇴거하지 않고 사용자의 의사에 반하여 직장에 체류하는 쟁의수단**"이다. 직장점거의 정당성범위와 관련하여 판결은 "사용자측의 점유를 완전히 배제하지 아니하고 그 조업도 방해하지 않는 부분적·병존적 점거일 경우에 한하여 정당성이 인정되는 것이고, 이를 넘어 사용자의 기업시설을 장기간에 걸쳐 전면적, 배타적으로 점유하는 것은 사용자의 시설관리권능에 대한 침해로서 부당하다."(대판 1990.10.12, 90도1431)는 태도이다. 직장점거의 정당성 범위가 보다 판례에서 구체화되어서, 회사의 구내장소로서 평소 출입이 통제되지 아니한 **로비를 점거하는 것은 인정된다**는 판결(대판 2007.3.29, 2006도9307)이나 **노조사무실 등 정상적인 노조활동에 필요한 시설이나 기숙사 등 기본적인 생활근거지에 대한 출입은 직장폐쇄시에도 원칙적으로 제한할 수 없다**는 판결(대판 2010.6.10, 2009도12180) 등이 있다.

2. 직장점거와 직장폐쇄

사용자가 직장폐쇄를 했음을 이유로 하여 점거 중인 근로자들을 사업장 밖으로 퇴거시킬 수 있는지가 문제된다.

대법원은 먼저, **직장폐쇄가 정당하지 않은 경우에는** 근로자들의 점거행위에 별다른 영향을 미치지 않아 퇴거불응죄 등이 성립하지 않는다고 한다.(대판 2007.3.29, 2006도9307) 그러나 판례는 직장폐쇄가 정당한 경우에는 "직장점거가 개시 당시 적법한 것이었다 하더라도 사용자가 이에 대응하여 적법하게 직장폐쇄를 하게 되면, 사용자의 사업장에 대한 물권적 지배권이 전면적으로 회복되는 결과 사용자는 점거 중인 근로자들에 대하여 정당하게 사업장으로부터의 퇴거를 요구할 수 있고 퇴거를 요구받은 이후의 직장점거는 위법하게 된다."(대판 1991.8.13, 91도1324)라고 판시하고 있다.

직장점거와 직장폐쇄의 관계에 관한 대법원판결은 **노동조합의 점거행위가 정당성을 갖더라도 사후에 사용자의 의사에 의하여 정당성을 잃는다고 함으로써 사용자의 의사에 따라 민사적 책임뿐만 아니라 퇴거불응죄라는 형사책임 여부가 좌우될 수 있도록 하였다.** 이는 사업장으로부터의 배제를 직장폐쇄의 본질적 효과로 볼 수 있는지의 의문은 차치하고라도, 직장폐쇄로 인해 노사간의 힘의 균형이 곧바로 기울어버리면 노사간의 대등한 교섭은 곤란해질 수 있으며, 쟁의행위의 개념으로부터 부분적·병존적 직장점거를 정당한 쟁의수단으로 인정한 판지와도 모순될 수 있다는 면에서 문제가 된다.[58]

---

58) 앞의 책, 341면.

23 쟁의행위기간 중의 임금
노동조합법
대법원 1995.12.20, 94다26721 전원합의체 판결(임금)

01 사실관계[59]

　Y사의 운영규정에는 매년 1.20.과 7.20.에 근로자에게 정근수당을 지급키로 되어 있다. 매년 1월에 지급하는 정근수당은 전년도 12.1.이전부터 계속 근무한 자로서, 지급년도 1.1. 현재 임직원신분을 보유하고 있는 자에게 지급된다고 되어 있다. 보수의 일부를 지급받은 자(규정에 의하면 결근자에게는 1일에 대하여 기본급 일액의 1/3을 감액하여 지급, 질병휴직자와 직위해제자의 보수는 각각 기본급의 80%와 50%지급)에게도 정근수당은 지급한다고 되어 있다. 또한 갑봉 이상의 징계처분을 받거나 직위해제처분을 받은 자도 정근수당의 감액지급대상자로 정하고 있으나, 단순결근자는 감액지급 대상으로 정하지 않고 있다.

　X노조의 조합원들은 1989.11.13.경부터 같은 해 12.31.경까지 사이에 파업을 하면서 정상적으로 근무하지 않았고, 이에 따라 Y사는 X조합원들에게 1990.1.20.에 정근수당을 전혀 지급하지 않았다. X조합원들은 자신들이 정근수당 감액지급대상자로 규정되어 있지도 않았고(단순 결근자와 같다고 주장), 1989.12.1.이전부터 계속 근무하고 있으며 1990.1.1. 현재 Y사의 임직원 신분을 보유하고 있기 때문에 1990.1.20.에 지급받지 못한 정근수당의 지급을 청구하였다.

02 판결의 내용

　대상판결은 "모든 임금은 근로의 대가로서 '근로자가 사용자의 지휘를 받으며 근로를 제공하는 것에 대한 보수'를 의미하므로 현실의 근로제공을 전제로 하지 않고 단순히 근로자로서의 지위에 기하여 발생한다는 이른바 생활보장적 임금이란 있을 수 없고 또한 우리 현행법상 임금을 사실상 근로를 제공한 데 대하여 지급받는 교환적 부분과 근로자로서의 지위에 기하여 받는 생활보장적 부분으로 2분할 아무런 법적 근거도 없다. … 임금2분설에서 전형적으로 생활보장적 임금이라고 설명하는 가족수당, 주택수당 등도 그 지급내용을 보면

---
[59] 앞의 책, 346면.

그것이 근로시간에 직접 또는 비례적으로 대응하지 않는다는 의미에서 근로제공과의 밀접도가 약하기는 하지만 실질적으로는 근로자가 사용자가 의도하는 근로를 제공한 것에 대하여 그 대가로서 지급되는 것이지 단순히 근로자로서의 지위를 보유하고 있다는 점에 근거하여 지급한다고 할 수 없으며, 이러한 수당 등을 지급하게된 것이 현실의 근로제공과는 무관하게 단순히 근로자의 생활이나 지위를 보장하기 위한 것이라고 할 수도 없으므로 이러한 수당 등을 현실적인 근로제공의 대가가 아닌 것으로 보는 것은 임금의 지급현실을 외면한 단순한 의제(擬制)에 불과하다."라고 하였다.

그리고 임금전액삭감의 전제하에 "사용자가 근로자의 노무제공에 대한 노무지휘권을 행사할 수 있는 평상적인 근로관계를 전제로 하여 단체협약이나 취업규칙 등에서 결근자 등에 관하여 어떤 임금을 지급하도록 규정하고 있거나 임금삭감 등을 규정하고 있지 않고 있거나 혹은 어떤 임금을 지급하여온 관행이 있다고 하여 근로자의 근로제공의무가 정지됨으로써 사용자가 근로자의 노무제공과 관련하여 아무런 노무지휘권을 행사할 수 없는 쟁의행위의 경우에 이를 유추하여 당사자사이에 쟁의행위기간 중 쟁의행위에 참가하여 근로를 제공하지 아니한 근로자에게 그 임금을 지급할 의사가 있다거나 임금을 지급하기로 하는 내용의 근로계약을 체결한 것이라고는 할 수 없다."라고 판시하였다.

03 판결의 의의와 한계

• 종전 대법원 판례(대판 1992.3.27, 91다36307)의 내용과 의미

"쟁의행위로 인하여 사용자에게 근로를 제공하지 아니한 근로자는 일반적으로 근로의 대가인 임금을 구할 수는 없다 할 것이지만(무노동무임금의 원칙), **구체적으로 지급청구권을 갖지 못하는 임금의 범위는 임금 중 사실상 근로를 제공한 데 대하여 받는 교환적 부분과 근로자로서의 지위에 기하여 받는 생활보장적 부분 중 전자만에 국한되며**, 또한 위 양 부분의 구별은 당해 임금의 명목에 불구하고 단체협약이나 취업규칙 등의 규정에 결근, 지각, 조퇴 등으로 근로를 제공하지 아니함에 의하여 당해 임금의 감액을 정하고 있는 지의 여부 또한 위와 같은 규정이 없더라도 종래부터의 관행이 어떠하였는지 등을 살펴 판단할 것이다. … 원고들은 원심판시와 같이 위 운영규정상 결근자에 준한다고 할 수 있고 위 운영규정에 기본급에 관하여는 결근자를 감액지급대상자로 정한 반면 정근수당에 관하여는 감봉이상의 징계처분을 받거나 직위해제처분을 받지 아니한 결근자를 그 전액지급대상자로 정하고 있으며, 쟁의행위로 인하여 근로를 제공하지 아니한 자에 대하여 별도의 정함도 없고 또한 이에 관한 관행도 있음을 인정할 만한 아무런 자료가 없는 이 사건에 있어서 정근수당은 임금 중 위 보장적 부분에 해당되어 피고 조합은 원고들에게 소정의 정근수당을 지급할 의무가 있다 할 것이다."

과거의 판례는 **첫째, 명백한 임금이분설의 입장에서서 쟁의행위시 삭감되는 임금은 교환적 부분에 국한 된다**고 하고 있다. 둘째, 교환적 임금과 생활보장적 임금인가의 판단(구별)은 임금의 명목이 아닌 단체협약이나 취업규칙 등의 규정에 의해서 결근자 등의 근로불제공에 대한 임금삭감이 있는지의 여부 혹은 관행에 따라 결정해야 한다고 한다. 셋째, 당해 사안에서 문제된 정근수당은 결근자를 전액지급대상자로 하는 수당이고 쟁의행위로 근로를 제공하지 않은 자에 대해 별도의 정함이 없는 한 **쟁의행위자는 결근자에 준하여 처리되어야 한다**는 것이다. 따라서 정근수당은 보장적부분의 임금에 해당되므로 쟁의행위자인 원고에게 정근수당을 지급해야 한다는 입장이다.

2. 대상판결의 의미

최근 판례(전원합의체판결)의 태도는 주요하게 다음과 같다.

첫째, 모든 임금은 '**근로자가 사용자의 지휘·명령을 받으며 근로제공한 것에 대한 보수**'를 의미하므로 근로자의 지위에 기하여 발생하는 생활보장적 임금은 존재할 수 없고 따라서 임금이분설은 부정된다.

둘째, 평상시의 근로관계를 전제로 하여 사용자의 노무지휘권이 존재하는 상태에서의 결근과 근로관계가 일시 정지되어 사용자의 노무지휘권이 존재하지 않는 쟁의행위시는 다르기 때문에 **쟁의행위시의 노무불제공은 결근자의 노무불제공과 다르고 따라서 쟁의행위 참석자를 결근자에 준해서 대우할 수 없다.**(결국 결근자에게 정근수당이 지급되어도 쟁의행위자에게는 정근수당을 지급할 수 없다.)

셋째. 삼척군의료보험조합의 운영규정상의 문언해석이나 근로기준법시행령의 규정이나 (1월을 초과하는 기간의 출근성적에 의하여 지급하는 수당으로 정하고 있음) '정근수당'의 본래의 의미를 고려할 때 **정근수당은 근로자로서 신분을 유지한 자에게 지급되는 수당이 아닌 현실적인 근로제공을 요건으로 하여 지급되는 것**이라고 한다. 다만 보수의 일부가 지급되는 결근자는 예외적으로 정근수당을 지급한다.

학설은 먼저 대상판결과 같은 입장을 취하는 견해(임금지급의무 부정설)가 있는데, 이 견해는 임금 중에는 근로의 대상이 아닌 임금은 있을 수 없기 때문에 파업기간 동안에 지급되지 아니하는 임금은 임금전체를 뜻하며, 파업기간 중 사용자의 임금지급의무를 인정하는 것은 쟁의대등성의 관점에서 타당하지 않다고 본다.[60]

그러나 계약해석설의 견해도 있는데, 이 견해는 **임금삭감 범위에 대하여는 계약해석의 문제라는 입장**으로서, 파업참가자에 대하여 특정의 임금을 삭감할 수 있는지 여부에 관하여 명시적으로 정하지 않은 경우에는 **무노동이라는 점에서 파업과 성질이 비슷한 평상시의 결근에 대하여 특정 명목의 임금을 삭감하도록 되어 있는지에 관한 근로계약**(취업규칙이나 관행 포함)의 내용을 유추적용해야 하며, 특정 명목의 임금을 결근에 대

---

[60] 앞의 책, 349면.

해서는 삭감하지 않으면서 파업참가에 대해서만 삭감하는 것은 파업참가를 이유로 한 제재로서의 의미를 가지게 되어 심히 불공정하다고 본다.61)

3. 쟁의행위기간 중 노조전임자 급여

쟁의행위기간 중 노조전임자의 급여지급청구권여부도 문제로 되는데, **대법원은 근로제공의무가 없고 휴직자와 유사한 노조전임자에게 지급되는 금원은 임금이라 할 수 없다는 입장**을 일관되게 유지하면서도 노조전임자 급여지급 청구권에 대해서는 **종전 긍정적 입장에서 부정하는 경향으로 변화**하고 있다.

종전 대법원은 쟁의행위기간 중 무노동. 무임금원칙은 근로제공의무를 부담하는 자에 대해서만 적용되는 것이고 근로제공의무가 없는 노조전임자에 대해서는 적용되지 않기 때문에 급여지급청구권을 긍정하였다.(대판 1996.12.6, 96다26671) 그러나 그 후 대법원은 이러한 태도를 변경하였다. 대법원은 파업기간 중 노조전임자의 급여를 지급할 의무가 있는지 여부는 단체협약이나 노사관행 등을 참작하여 개별적으로 판단해야 된다고 하면서, 다만 **단체협약의 노조전임자 급여지급 규정은 일반조합원보다 불이익한 처우를 받지 않도록 하는 규정이라는 점을 근거로 쟁의기간 중 임금을 지급받지 못하는 조합원보다 유리하게 처우할 수 없기 때문에 노조전임자 급여지급 의무도 부정**하였다.(대판 2003.9.2, 2003다4815; 대판 2011.2.10, 2010도10721)

---

61) 앞의 책, 349면.

24 쟁의행위와 업무방해죄

대법원 2011.3.17, 2007도482 전원합의체판결(업무방해)

01 사실관계[62]

철도사업을 영위하는 A사와 그 종업원으로 조직된 B노조 간의 단체교섭이 결렬되자 중앙노동위원회위원장은 직권중재회부 결정을 하였다. 그러나 B노조의 위원장인 Y는 조합원들에게 파업강행을 지시하였고, 이에 조합원들은 직권중재회부 결정에 따라서 쟁의행위가 금지되는 기간에 전국의 각 사업장에 출근하지 않아 열차의 운행이 중단되었다. 이로 인하여 A사는 영업수익 손실과 대체인력보상금의 지출을 위한 상당한 정도의 재산적 피해를 입었다. 이에 검사는 위 파업이 위력으로써 A사의 여객, 화물수송업무 등을 방해하였기 때문에 형법 제314조의 업무방해죄 등에 해당한다고 보아 기소하였다. Y는 1심과 2심에서 유죄판결을 받자 대법원에 상고하였다.

02 판결의 내용

이 사건은 쟁의행위와 관련하여 업무방해죄의 구성요건과 위법성을 충족하고 **정당한 쟁의행위인 경우에만 위법성이 조각된다는 종전의 판례를 변경**하는 것이었기 때문에 전원합의체의 판결의 대상이 되었다.

"쟁의행위로서의 파업이 언제나 업무방해죄에 해당하는 것으로 볼 것은 아니고, 전후 사정과 경위 등에 비추어 사용자가 예측할 수 없는 시기에 전격적으로(쟁의행위의 전격성) 이루어져 사용자의 사업운영에 심대한 혼란 내지 막대한 손해를 초래하는 등(쟁의행위의 심각성)으로 사용자의 사업계속에 관한 자유의사가 제압, 혼란될 수 있다고 평가할 수 있는 경우에 비로소 그 집단적 노무제공의 거부가 위력에 해당하여 업무방해죄가 성립한다고 봄이 상당하다.

이와 달리 근로자들이 집단적으로 근로의 제공을 거부하여 사용자의 정상적인 업무운영

---

[62] 앞의 책, 354면.

을 저해하고 손해를 발생하게 한 행위가 **당연히 위력에 해당함을 전제로 하여 노동관계법령에 따른 정당한 쟁의행위로서 위법성이 조각되는 경우가 아닌 한 업무방해죄를 구성한다**는 취지로 판시한 대법원 1991.4.23선고 90도2771판결 등은 이 판결의 견해에 배치되는 범위내에서 이를 변경한다."

쟁의행위가 정당성을 상실하였다고 하여 언제나 업무방해죄를 구성하는 것이 아니며, 예외적으로 파업의 전격성과 쟁의행위의 심각성이라는 요건이 충족될 때 업무방해죄가 인정되다고 하였지만, 이 사건에서는 위의 요건이 충족되어 업무방해죄가 성립한다고 보았다.

03 판결의 의의와 한계

1. 업무방해죄 적용에 있어서 종전 판례의 태도

종전의 대법원 판례들은 일관하여 적극적인 행위가 수반되지 않은 근로자들의 소극적인 노무제공거부, 즉 **'단순파업'도 업무방해죄의 구성요건인 '위력'에 해당하는 것**으로 보아 "노무제공의 집단적 거부는 업무의 정상적인 운영을 저해하여 손해를 발생시킨 경우 이러한 행위는 노동관계법령에 따른 정당한 쟁의행위로서 위법성이 조각되는 것이 아닌 한 다중의 위력으로써 타인의 업무를 방해하는 행위에 해당하여 업무방해죄를 구성한다."라고 판시하였다,(대판 1991.4.23, 90도2771) 즉, **노무제공을 집단적으로 거부하는 단순파업도 사용자의 의사를 제압하기에 족한 다수의 근로자가 상호 의사연락 하에 집단적으로 노무제공을 거부하는 것으로서 작위의 일종인 위력으로 파악하여 업무방해죄의 구성요건에 해당한다는 것이다**. 그리하여 예외적으로 정당한 쟁의행위인 경우에 한하여 위법성이 조각되어 면책되는 것으로 보았다.

2. 대상판결에서의 변화

대상판결의 다수의견은 부작위의 단순파업도 위력에 해당할 수 있다고 보았지만, **쟁의행위를 단체행동권 행사의 본질적 내용으로 파악하여 위법성조각사유 검토단계에서 면책을 인정하던 종전의 입장에서 구성요건해당성 검토단계에서 제한함으로써 업무방해죄 성립의 가능성을 축소하였다**.63) 즉, 쟁의행위를 일단 범죄행위로 보는 과거 판례를 지향하고 기본권 보장 차원에서의 가치를 지닌 것으로 판단함으로서 형법상 업무방해죄로 인하여 근로3권 보장취지가 몰각될 수 있는 여지를 줄였다.

그러나 대상판결에서 종전의 대법원판례가 취한 쟁의행위의 업무방해죄 위법성조각설이 구성요건해당성조각설로 완전히 변경된 것은 아니다. 즉, **대상판결은 모든 쟁의행위**

---

63) 앞의 책, 355면.

는 원칙적으로 업무방해죄의 구성요건을 충족한다는 종전의 입장으로부터 모든 쟁의행위는 처음부터 업무방해죄의 구성요건을 충족하지 않는다는 입장으로 전환한 것이 아니라, 헌법에서 단체행동권을 보장한 취지에 적합한 쟁의행위만이 면책된다는 입장이다.64) 결국, 업무방해죄 규정은 무조건 모든 쟁의행위에 적용되는 것이 아니라 **단체행동권 행사에 정당성이 없다고 판단되는 쟁의행위에 대해서만 적용되는 규정**이라고 보고 있다.

3. 대상판결에서의 업무방해죄의 성립요건

업무방해죄의 구성요건으로서 위력은 사람의 자유의사를 제압, 혼란케 할 만한 일체의 세력을 말하는 것으로, 근로자가 그 주장을 관철할 목적으로 근로의 제공을 거부하여 업무의 정상적 운영을 저해하는 쟁의행위로서 행하는 **파업도 단순히 노무의 제공을 거부하는 부작위에 그치지 아니하고 예외적으로 위력에 해당되어 업무방해죄가 성립된다**는 것이다. 예외적으로 위력에 해당하여 업무방해죄가 적용되는 경우란 첫째, 파업이 예측할 수 없는 시기에 전격적으로 이루어져야 하고(파업의 전격성) 둘째, 사용자의 사업운영에 심대한 혼란 내지 막대한 손해를 초래하는 등으로 사용자의 사업계속에 대한 자유의사가 제압·혼란될 수 있다고 평가할 수 있어야 한다.(파업의 심각성)

대상판결은 이 사건의 파업이 파업의 전격성과 파업의 심각성이라는 요건을 충족한다고 판단하고 있다. 첫째, 전격성과 관련하여 "직권중재회부결정이 내려진 사정에 비추어 보면, 당해 노동조합이 필수공익사업장으로 파업이 허용되지 않는 이 사건 사업장에서 직권중재회부 시 쟁의행위 금지규정 등을 위반하면서까지 구 노조법상의 파업을 강행하리라고 사용자가 예측할 수 없다."는 점에서 파업의 전격성이 충족한 것으로 보고 있다. 둘째, 이 사건의 노동조합 위원장인 Y의 주도로 전국적으로 단행된 파업의 결과 수백회에 이르는 열차의 운행이 중단되어 총 135억원 상당의 손해를 초래하였다는 점에서 파업의 심각성을 충족한 것으로 보았다.

4. 대상판결의 한계

대상판결은 업무방해죄의 적용에 있어 '위력'의 요소를 엄격하게 판단함으로써 단순파업에 대해 언제나 구성요건 해당성을 인정한 종래판례를 극복하여 단체행동권보장의 의미를 강화하였다. 그러나 대상판결의 다수의견이 제시하고 있는 파업의 전격성과 파업의 심각성이라는 요건은 어느 경우를 사용자가 예측할 수 없이 전격적으로 이루어진 것으로 볼 것인지, 파업의 심각성은 어느 규모와 어느 정도로 이르러야 하는 것인지가 분명하지 아니하여 자의적 판단의 위험도 있다.65)

---

64) 앞의 책, 356면.
65) 앞의 책, 357면.

25 쟁의행위와 민사책임

대법원 1994.3.25, 93다32828, 32835판결(손해배상)

01 사실관계[66]

피고 노동조합(Y1)의 간부인 피고들(Y2)은 중재재정이 조합원들의 찬반투표에서 수용 거부되자 **구 노동쟁의조정법의 관계규정에 의한 불복절차를 취하지 아니한 채 파업계획을 수립하고, 파업을 주도함으로써** 원고 의료원(X)의 진료업무의 수행이 차질을 빚게 되었다. 이에 X는 파업으로 인하여 입원환자가 상당수 퇴원하고, 외래환자에 대한 진료가 중단되는 등 진료업무 수행에 막대한 차질이 생겨 1991.6.3.부터 같은 달 11.까지의 진료환자수가 감소되고, 그에 따라 **이 사건 파업으로 인하여 최소한 금 50,000,000원의 수입손해에 해당하는 금액의 지급을 청구**하였다. 원심은 원고의 청구를 인용하였고 피고들은 이에 불복하여 대법원에 상고하였다.

02 판결의 내용

대상판결은 다음과 같은 이유로 피고의 상고를 기각하였다.

1. 구 노동쟁의조정법 제8조(현행 노조법 제3조)에 의하여 민사상 배상책임이 면제되는 손해는 정당한 쟁의행위로 인한 손해에 국한된다고 풀이하여야 할 것이고, **정당성이 없는 쟁의행위는 불법행위를 구성하고 이로 말미암아 손해를 입은 사용자는 노동조합이나 근로자에 대하여 그 손해배상을 청구**할 수 있다.

2. 노동조합의 간부들이 불법쟁의행위를 기획·지시·지도하는 등으로 주도한 경우에 이와 같은 간부들의 행위는 조합의 집행기관으로서의 행위라 할 것이므로 이러한 경우 민법 제35조 제1항의 유추적용에 의하여 노동조합은 그 불법쟁의행위로 인하여 사용자가 입

---

66) 앞의 책, 350면.

은 손해를 배상할 책임이 있고, 한편 **조합간부들의 행위는 일면에 있어서는 노동조합 단체로서의 행위라고 할 수 있는 외에 개인의 행위라는 측면도 아울러 지니고 있고, 일반적으로 쟁의행위가 개개 근로자의 노무정지를 조직하고 집단화하여 이루어지는 집단적 투쟁행위라는 그 본질적 특징을 고려하여 볼 때 노동조합의 책임 외에 불법쟁의행위를 기획·지시·지도하는 등으로 주도한 조합의 간부들 개인에 대하여도 책임을 지우는 것이 상당하다.**

3. 불법쟁의행위로 인하여 노동조합이나 근로자가 그 배상책임을 지는 배상액의 범위는 **불법쟁의행위와 상당인과관계에 있는 모든 손해**이다.

03 판결의 의의와 한계

쟁의행위가 정당성을 상실하여 위법한 경우 그에 따른 손해배상의 책임을 누구에게 지울 것인가 하는 문제에 관해서는 학설상 개인책임긍정설과 단체단독책임설이라는 대립되는 두 견해로 나누어져 있다. **대상판결은 개인책임긍정설의 입장을 취하고 있는데, 쟁의행위는 단체인 노동조합의 행위인 동시에 조합원 전원의 행위이고 위법한 쟁의행위가 행해진 경우에는 조합간부를 비롯하여 실제 거기에 가담한 모든 사람에게 책임이 있다는 것이다.** 따라서 쟁의행위가 정당성이 없는 경우에는 조합과 참가조합원 전원의 공동불법행위가 되고 참가조합원 개개인이 노동조합과 똑같이 쟁의행위로 발생된 전 손해에 대하여 연대책임을 부담하게 된다. 이러한 주장은 민법학의 일반논리에 따른 것이지만, 현실적인 측면에서 볼 때, 위법한 파업이 대규모로 행해진 경우 그로 인한 손해의 규모도 당연히 클 것이고 이에 대해 조합의 지시로 단순히 노무의 제공만을 중지한 쟁의참가자에 대해서도 전 손해에 대한 **연대책임을 부담시키는 것은 지나치게 가혹한 결과를 초래하여 부당**하다.67)

최근판례도 원칙적으로 개인책임을 긍정하는 입장이지만 쟁의행위를 조직화. **집단화한 행위에 주도적으로 관여한 자와 노동조합의 지시에 따라 단순히 참가한데 불과한 일반 조합원의 책임을 다르게 취급해야 한다고 보고 단순참가자의 책임을 부정한 사례가 있다.**(대판 2006.9.22, 2005다30610)

---

67) 앞의 책, 351- 352면.

26 직장폐쇄의 정당성

대법원 2000.5.26, 98다34331판결(임금)

01 사실관계[68]

Y택시회사의 X노조는 1995년 임금협상에서 10%의 임금인상을 요구하고 Y사는 동결을 주장하면서(Y사는 지역내 동종사에 비해 임금수준이 비교적 높았음) 임금협상이 결렬되었다. 이에 X노조는 1995.8.17. 근무규정에 따라 정시 출퇴근을 하였고, 과속, 신호위반 등 교통법규 위반과 합승 등을 하지 않는 이른바 준법투쟁에 돌입하였다. 그 결과 종전 영업시 1일 회사 사납금액보다 절반가량 줄었다. Y사는 X노조가 준법투쟁에 돌입한 지 3일째 되는 8.19. X노조의 준법운행으로 인한 회사수입금 저하를 이유로 차량 46대의 운행을 중지하면서 전 노조원에 대해서 직장폐쇄를 단행하였다. 그 후 Y회사는 노조가 정상운영을 하겠다는 확실한 약속을 하지 않는 한 직장폐쇄를 철회할 수 없다고 주장하면서 노조와 대화를 하지 않은 채 직장폐쇄를 계속해 오던 중 9.22. 임금인상률 4.5%, 사납금 4,000원 인상으로 임금협상을 체결하고 34일간에 걸친 직장폐쇄를 해제하였다.

Y사는 직장폐쇄기간인 1995.8.20.부터 다음달 22.까지 34일간에 대한 임금을 지급하지 않았고, 이에 X노조의 조합원들은 이 기간 중 임금지급을 청구하는 소송을 제기하였다.

02 판결의 내용

일반적으로 힘의 우위에 있는 사용자에게 쟁의권을 인정할 필요는 없다. 다만 근로자측의 쟁의행위로 노사 간 힘의 균형이 깨지고 사용자측이 현저히 불리한 압력을 받는 경우에는 사용자에게 힘의 균형을 회복하기 위한 대항. 방위수단으로 쟁의권을 인정하는 것이 형평의 원칙에 맞는다. 노동쟁의조정법 제3조(현행 노조법 제2조 제6호)도 이러한 경우를 상정하여 사용자의 직장폐쇄를 노동조합의 파업 등과 나란히 쟁의행위의 한 유형으로 규정하고 있다.

다만, 사용자의 직장폐쇄가 노사 간 교섭태도와 경과, 근로자측 쟁의행위의 태양, 그로인

---

68) 앞의 책, 358면.

해 사용자측이 받는 타격 정도 등에 관한 구체적 사정에 비추어 형평의 견지에서 근로자측의 쟁의행위에 대한 대항. 방위 수단으로서 상당성이 인정되는 경우에 그 정당성이 인정된다. 사용자는 직장폐쇄가 정당한 경우 그 기간 동안의 임금지급의무를 면하게 된다.

　Y사가 좀 더 시간을 가지고 노조와 임금협상을 시도하지 않고 준법투쟁 3일만에 전격적으로 단행한 직장폐쇄는 근로자측의 쟁의행위에 의해 노사간에 힘의 균형이 깨지고 사용자측에게 현저히 불리한 압력이 가해지는 상황에서 회사를 보호하기 위해 수동적, 방어적인 수단으로 개시된 것이라고 보기 어렵다. 따라서 Y사의 직장폐쇄는 정당성이 없으므로 그 기간 동안의 임금지급의무를 면할 수 없다.

03 판결의 의의와 한계

1. **직장폐쇄의 성격**

　대상판결은 노조법에서 쟁의행위의 유형 중의 하나로 규정하고 있는 직장폐쇄의 성격을 분명히 하고 있다. 대상판결은 헌법에서 적극적으로 보장하고 있는 근로자의 쟁의권과는 달리 사용자에게는 쟁의권을 인정할 필요가 없고, 다만 **근로자측의 쟁의로 노사간 힘의 균형이 깨진 경우 사용자에게 힘의 균형을 회복하기 위한 대항, 방위수단으로 인정 된 것이 직장폐쇄**라고 하고 있다.

2. **직장폐쇄의 정당성**

　대상판결은 직장폐쇄의 정당성기준을 처음으로 명확하게 제시하고 있는데, 직장폐쇄가 노사간의 교섭태도와 경과, 근로자측 쟁의행위의 태양, 그로인해 사용자측이 받는 타격의 정도 등에 비추어 **근로자측의 쟁의행위에 대한 대항, 방위 수단으로서 상당성이 인정되는 경우에 그 정당성이 인정**된다고 하고 있다.

27. 조정전치주의를 위반한 쟁의행위의 정당성

대법원 2000.10.13, 99도4812판결(업무방해)

01 사실관계[69]

피고인 X들이 소속되어 있는 성남지역택시 노동조합의 위임을 받은 A택시노조연맹이 X들의 사용자인 Y택시회사 사용자측과 단체교섭에 이르지 못하여 **중앙노동위원회에 노동쟁의의 조정을 신청하였으나, 중앙노동위원회는 그 신청에 대하여 관할이 있는 B지방노동위원회에 노동쟁의조정을 신청하라는 이유 및 해결방법의 안내와 함께 신청을 반려하였다.** 원심은 노동쟁의의 조정은 관할노동위원회에 신청하도록 규정되어 있으므로, 관할이 없는 중앙노동위원회가 관할이 있는 지방노동위원회에 조정 신청 서류를 송부하지 아니하였다고 하더라도 조정신청서의 반려사유와 해결방법을 고지한 이상, 위와 같은 중앙노동위원회의 조치는 정당하고, 피고인들이 관할 노동위원회인 A지방노동위원회에 노동쟁의의 조정을 신청하여 조정절차를 거치지 아니한 이상, 피고인들의 파업으로 인한 업무방해 공소사실 부분에 대하여 유죄로 인정한 제1심 판결을 그대로 유지하였으나, 대법원은 원심판결을 파기하여 환송하였다.

02 판결의 내용

- 이 사건 노동쟁의 조정신청은 … 2이상의 지방노동위원회의 관할구역에 걸친 노동쟁의의 조정신청이라고 보아야 하므로, 이러한 사건은 노동위원회법 제3조 제1항 제2호에 따라 중앙노동위원회의 관할에 속하고, 가사 그 노동쟁의 조정신청사건이 중앙노동위원회의 관할이 아니라고 하더라도 노동위원회법 제25조 및 구 노동위원회규칙 제17조 제1항(현행 노동위원회규칙 제32조 제1항)에 의하면, **중앙노동위원회는 접수된 노동쟁의 조정신청 사건의 관할이 잘못된 것으로 인정되는 경우에는 관할 위원회로 사건을 이송하도록 되어 있으며,** 이 경우 사건이 이송되면 처음부터 이송받은 위원회에 접수된 것으

---

69) 앞의 책, 362면.

로 보도록 되어 있다.(동 규칙 제32조 제5항)

2. 노조법 제45조의 조정전치에 관한 규정의 취지는 분쟁을 사전 조정하여 쟁의행위발생을 회피하는 기회를 주려는 데에 있는 것이지 쟁의행위 자체를 금지하려는 데에 있는 것이 아니므로, 쟁의행위가 조정전치의 규정에 따른 절차를 거치지 아니하였다고 하여 무조건 정당성이 결여된 쟁의행위라고 볼 것이 아니고, 그 위반행위로 말미암아 사회.경제적 안정이나 사용자의 사업운영에 예기치 않은 혼란이나 손해를 끼치는 등 부당한 결과를 초래할 우려가 있는지의 여부 등 구체적 사정을 살펴서 그 정당성 유무를 가려 **형사상 죄책 유무를 판단하여야 할 것인 바**, A택시노조연맹이 같은 달 13일 기자회견 등을 통하여 미리 파업시기를 공표한 점 등에 비추어 보면, 결과적으로 피고인들이 조정절차를 거치지 않고 파업에 이르기는 하였지만, 사회.경제적 안정이나 사용자의 사업운영에 예기치 않은 혼란이나 손해를 끼치는 등 부당한 결과를 초래하였다고 보기 어렵다.

03 판결의 의의와 한계

조정전치 위반이 쟁의행위의 정당성을 부인하기 위해서는 사회경제적 안정이나 사용자의 사업운영에 예기치 않은 혼란이나 손해를 발생시키는 등 부당한 결과를 초래할 우려가 있는 경우이어야 한다는 것이 대상판결의 태도이다. **결국 대상판결은 조정전치의 위반이 쟁의행위전체의 정당성 판단과 관련된다는 입장이다**. 그런면에서 조정전치위반이 쟁의행위의 정당성에 아무런 영향을 미치지 않는다는 견해와 구별된다.

조정전치위반이 쟁의행위 전체의 정당성 판단과 관련된다는 입장은 조정전치규정은 다른 개별적 법규위반의 문제와 체계상 구별된다고 한다. 즉, **조정전치규정은 노동쟁의상태에 있는 교섭당사자들이 쟁의행위에 돌입하기 전에 법률로 제3자의 개입을 통해 교섭을 촉진할 목적으로 도입된 것으로서, 이 제도의 취지는 결국 교섭당사자에게 조정기간 동안에는 평화를 유지하도록 한 것이므로 그 위반은 쟁의행위 전체의 정당성판단과 관련된다는 것이다.**[70]

---

[70] 앞의 책, 365면.

28. 부당노동행위의사와 해고사유의 경합

대법원 1996.7.30, 96누587판결(부당노동행위구제재심판정취소)

 사실관계[71]

택시회사를 경영하는 X의 종업원으로 조직된 노동조합의 조합장 A는 일용근로자의 처리, 택시광고료 수입의 배분, 고정수당의 인상 등에 관하여 X와 협의하였으나 X의 거부로 협상은 난항을 겪게 되자 X에 대한 압박수단으로서 조합원 및 비조합원들에게 연차유급휴가를 집단적으로 사용할 것을 촉구하였다.

이에 따라 조합원을 포함한 상당수의 택시운송업무에 종사하는 X의 근로자들이 설 당일과 그 다음날에 연차유급휴가를 사용한다는 등의 명목으로 노무제공을 거부하였고, X는 상당한 영업상의 손실을 입게 되었다. X는 조합원들의 위와 같은 집단적인 연차유급휴가의 사용은 실질적으로는 쟁의행위에 해당함에도 불구하고 노동조합의 결의를 거치거나 쟁의발생신고를 하는 등의 노동쟁의조정법상의 적법한 절차를 거치지 아니하였다는 등의 이유로 위의 집단적 연차유급휴가 사용을 불법적인 쟁의행위라고 판단한 후에 징계위원회의 의결을 거쳐 A를 징계해고 하였다. A는 X의 징계해고가 부당노동행위에 해당한다고 하여 노동위원회에 구제신청을 하였고 지방노동위원회와 중앙노동위원회는 이 사건 징계해고가 부당노동행위에 해당한다고 하여 구제명령을 발하였다. 이에 X는 중앙노동위원회의 구제명령의 취소를 구하는 소송을 제기하였는데 1심, 원심은 모두 X의 주장을 인정하여 중앙노동위원회의 구제명령을 취소하였다.

 판결의 내용

사용자가 근로자를 해고함에 있어서 표면적으로 내세우는 해고사유와는 달리 실질적으로는 근로자의 정당한 노동조합활동을 이유로 해고한 것으로 인정되는 경우에 있어서 그 해고는 부당노동행위라고 보아야 할 것이고, 여기서 근로자의 정당한 노동조합활동을 실질적인 해고사유로 할 것인지의 여부는 사용자측이 내세우는 해고사유와 근로자가 한 노동조합

---
[71] 앞의 책, 366면.

업무를 위한 정당한 행위의 내용, 사용자와 노동조합과의 관계, 해고의 시기, 동종의 사례에 있어서 조합원과 비조합원에 대한 제재의 불균형 여부, 해고절차의 준수여부 기타 부당노동행위 의사의 존재를 추정할 수 있는 제반 사정을 비교. 검토하여 종합적으로 판단하여야 한다고 할 것이다.

그리고 **정당한 해고사유가 있어 해고한 경우에 있어서는 비록 사용자가 근로자의 조합활동을 못마땅하게 여긴 흔적이 있다거나 사용자에게 반노동조합 의사가 추정된다고 하더라도 당해 해고사유가 단순히 표면상의 구실에 불과하다고 할 수는 없는 터이므로 부당노동행위에 해당한다고 할 수는 없다.**

A의 이와 같은 행위는 이른바 쟁의적 준법투쟁으로서 쟁의행위에 해당한다고 할 것이며, A가 이와 같은 행위를 함에 있어서 노동조합의 결의를 거치거나 쟁의발생신고를 하는 등의 노동쟁의조정법상의 적법한 절차를 거치지 아니하였음은 물론 이로 말미암아 X회사에게 예상치 못한 업무의 저해를 초래하였다는 점 등에 비추어 보면 이와 같은 **준법투쟁은 정당한 쟁의행위의 한계를 벗어난 것**이라고 하지 아니할 수 없다. 따라서 X가 징계위원회에 회부하여 적법한 면직절차를 거쳐 참가인을 면직한 것은 정당한 인사권의 행사라 할 것이고, 비록 A가 종래 조합활동을 하여 왔다고 하더라도 X가 실질적으로는 A의 조합활동을 혐오하여 그를 사업장에서 배제할 의도로 단순히 위에서 본 참가인의 행위를 표면적인 구실로 삼아 A를 면직하였다고는 할 수 없어 이를 부당노동행위라고 할 수는 없다.

03 | 판결의 의의와 한계

- 해고사유의 경합은 사용자의 해고가 부당노동행위라는 근로자 측의 주장과 해당 해고는 정당한 이유가 있는 해고라는 사용자 측의 주장이 함께 제기되는 경우에 문제로 된다. 이에 대하여 학설은 부당노동행위 부정설, 부당노동행위 긍정설, 결정적 원인설, 상당인과관계설로 나누어진다. 대법원의 입장을 보면 표면적으로 결정적 원인설의 견해를 취하고 있는 것으로 보이나 실질적인 판단과 그 결과를 기준으로 보았을 때는 부당노동행위 부정설에 가깝다. 그 근거는 대법원판결 중 근기법 제23조의 해고의 정당한 사유가 인정되는 사안에서 대법원이 부당노동행위를 긍정한 사례는 발견되지 않는다는 점, 근로자에 대한 해고의 정당한 사유가 없는 경우에 있어서조차 곧바로 부당노동행위를 단정하고 있지 않다는 점, 정당한 해고사유로 볼 수 없는 사유를 내세워 근로자를 해고한 경우에만 부당노동행위의 성립을 긍정한 점 등을 들 수 있다.[72]

---

72) 앞의 책, 368면.

2· 현재의 판단구조 하에서는 정당한 이유가 있는 해고는 부당노동행위가 될 수 없다. 그러나 **그러한 판단결과는 부당노동행위 구제제도의 도입취지를 훼손할 우려**가 있고, 따라서 부당노동행위구제제도의 실효성을 확보하기 위한 새로운 판단과 인식이 요청된다.[73]

---

73) 앞의 책, 369면.

29 부당노동행위에 있어서 원청회사의 사용자성

대법원 2010.3.25, 2007두8881판결(부당노동행위구제재심판정취소)

01 사실관계[74]

원청회사(Y) 사내 하청업체 소속 일부 근로자들은 2003.3.경부터 비밀리에 노동조합준비위원회를 결성하고 비밀조합원제도를 유지하여 왔다. 그러다가 일부 조합원의 신분이 노출되자 같은 해 8.24. 소위 'OO중공업 사내하청 노동조합'(이하 H노조)창립총회를 거쳐 같은 달 30. 노동조합설립신고증을 교부받게 되었다.

Y사는 2003.8.26. 사내하청업체 W1회사의 대표 P로 하여금 H노조의 조합원으로 드러난 X1을 사업장에서 근무하지 못하도록 요청하여 근무대기를 하도록 하였고, 같은 달 29. W1회사의 대표 P에게 X1이 H노조 임원인 사실을 알려주었다.

Y사의 사내하청업체는 대부분 Y사의 업무만 수행하고 있고, Y사는 사내하청업체에 대한 개별도급계약의 체결여부 및 물량을 그 계획에 따라 주도적으로 조절할 수 있다. 그 외에도 도급계약의 해지, 사내 하청업체 등록해지 권한을 가지고 있는 등 사내하청업체에 대하여 우월적 지위에 있었다. Y사가 사내하청업체에게 소속 근로자가 Y사에서 유인물을 배포하는 등 회사운영을 방해하고 있다면서 계약해지 등의 경고를 하였다. 이후 H노조 회계감사인 T가 소속된 W2회사는 2003.8.30. 폐업하고 H노조위원장인 X2가 소속된 W3회사는 2003.10.8. 폐업하는 등 하청업체들이 경영상 폐업할 별다른 사정이 없음에도 H노조 설립 직후 그 조합의 간부를 담당하고 있는 근로자들이 소속된 하청업체들이 폐업한 것이었다. 따라서 위 사내하청업체들의 폐업이유는 참가인 조합의 설립 이외에 다른 이유가 없다고 보인다.

이러한 사실을 기초로 하여, 사내하청업체 소속 근로자들(X)과 H노조는 Y사가 사업폐지를 유도하는 행위를 하였고, 그로 인하여 H노조의 활동이 위축되고 침해되는 등 지배. 개입 행위를 통해 **부당노동행위를 하였다고 주장하면서 부당노동행위에 대한 구제신청을 하였다.** 이에 Y사측은 부당노동행위 구제명령을 이행하여야 할 사용자의 지위에 있지 않다고 주장하였다.

---

[74] 앞의 책, 370면.

02 판결의 내용

도급인과 수급인의 근로자사이에 묵시적 근로계약관계가 성립되지 않더라도 근로자의 기본적인 노동조건 등에 관하여 그 근로자를 고용한 사업주로서의 권한과 책임을 일정부분 담당하고 있다고 볼 정도로 실질적이고 구체적으로 지배, 결정할 수 있는 지위에 있는자가 노동조합을 조직 또는 운영하는 것을 지배하거나 이에 개입하는 등으로 법 제81조 제4호 소정의 행위를 하였다면, 그 시정을 명하는 구제명령을 이행하여야 할 사용자에 해당한다.

03 판결의 의의와 한계

대상판결은 부당노동행위의 유형 중 지배, 개입의 경우 근로자의 기본적인 노동조건 등을 **실질적이고 구체적으로 지배, 결정할 수 있는 지위에 놓여 있다면, 근로계약관계의 직접적인 당사자가 아니라 하더라도 사용자의 지위는 인정될 수 있다는 사실을 명확히 하였다는** 점에서 매우 의미있는 판결이다.

원하청관계에서 원청회사의 하청회사 노동조합에 대한 지배, 개입행위는 하청노조의 근로3권을 침해할 위험이 얼마든지 있다. 만약 이러한 위험을 단지 근로계약관계 상의 당사자로서 사용자가 아니라는 이유로 방치한다면, 사실상 근로3권질서는 형해화 될 위험이 있고, 이러한 점에서 원청회사와 같은 제3자에게도 부당노동행위 주체로서의 지위를 인정하는 것은 부당노동행위제도의 입법취지에 부합한다고 볼 수 있다.[75]

결국 부당노동행위 주체로서의 사용자 개념은 **당해 노동관계에 '실질적인 영향력을 미치는 경우'** 제3자이더라도 사용자로 평가해야 한다는 것으로서 **근로계약 당사자로서의 사용자 개념과 구별**된다.

---

75) 앞의 책, 373면.

30. 단결권과 유니언 숍 조항

헌법재판소 2005.11.24, 2002헌바95, 96, 2003헌바9(병합)(노조법 제81조 제2호 단서 위헌소원)

01 사실관계[76]

10명의 청구인들은 부산광역시 내에 소재한 택시회사에 택시기사로 근무하던 자들이다. 당시 부산광역시의 택시업계에는 두 개의 지역별, 업종 단위노동조합이 결성되어 있었다. 한 노동조합은 가입대상자인 택시기사의 3분의 2 이상을 조직하고 있었고(이하 '지배적 노동조합'이라 함) 다른 노동조합은(이하 '소수노동조합'이라 함) 소수의 택시기사들로 조직되어 있었다. 지배적 노동조합은 택시회사들로부터 단체교섭권을 위임받은 부산광역시 택시운송사업조합과 단체협약을 체결하고 있었고, 동 단체협약에는 "회사는 종업원이 노동조합가입을 거부하거나 탈퇴할 때에는 즉시 해고하여야 한다."는 유니언 숍 협정 조항을 포함하고 있었다. 헌법소원심판 청구인들은 부산광역시 택시기사들로서 지배적 노동조합을 탈퇴하여 소수노동조합에 가입하였다.

이에 지배적 노동조합은 위 단체협약상의 유니온 숍 협정을 근거로 청구인들 소속 택시회사들에게 청구인들을 해고할 것을 요구하였고, 1998.7.5.내지 같은 해 9.3.에 이들 회사들은 청구인들을 각각 해고하였다.

청구인들은 부산지방법원에 각각 해고무효확인소송을 제기하였다. 소송 계속중에 청구인들은 법원에 노조법 제81조 제2호 단서의 **위헌여부가 재판의 전제가 된다는 이유로 위헌제청신청을** 하였는데 법원은 **해고가 유효**하다고 판결하면서(대판2002.10.25, 2000다23815 등) **위헌제청신청도 기각**하였다.(대결 2002.10.25, 2000카기183 등) 이에 청구인들은 헌법재판소법 제68조 제2항에 따라서 헌법소원을 청구하였다.

02 판결의 내용

헌법재판소는 노조법 제81조 제2호 단서가 헌법 제33조 제1항이 보장하는 단결권을 침해하는지 여부를 심사하여 다음과 같은 이유로 그 침해를 부정하고 있다.

---

[76] 앞의 책, 378면.

첫째, **적극적 단결권의 중시**이다. 단결권은 '사회적 보호기능을 담당하는 자유권' 또는 '사회권적 성격을 띤 자유권'으로서의 성격을 가지고 있고, **일반적인 시민적 자유권과는 질적으로 다른 권리로서 설정되어 헌법상 그 자체로서 이미 결사의 자유에 대한 특별법적인 지위를 승인받고 있다는 것**, 노동조합의 조직강제권도 이른바 자유권을 수정하는 의미의 생존권(사회권)적 성격을 함께 가지는 만큼 **근로자개인의 자유권에 비하여 보다 특별한 가치로 보장되는 점** 등을 고려하면, 노동조합의 적극적 단결권은 근로자 개인의 단결하지 않을 자유보다 중시된다는 것이다.

둘째, **기본권상호간의 비례의 원칙**이 유지되고 있다. 노동조합의 조직유지 및 강화, 근로자전체의 지위향상에 기여하는 점에서 목적의 정당성이 인정되며, 단체협약을 매개로 한 조직강제를 지배적 노동조합에게 한정하고 있다. 또한 **개별근로자를 보호하기 위하여 사용자는 근로자가 당해 노동조합에서 제명된 것을 이유로 신분상 불이익한 행위를 할 수 없도록 규정하고 있으며**, 궁극적으로 근로자들은 노동조합을 결성·강화하고, 그 단결체의 활동을 통하여 실질적으로 단결권을 보장받을 수 있으며, 또 지배적 노동조합에 가입을 원하지 않는 개별근로자들도 노동조합이 획득한 근로조건을 실질적으로 향유한다는 것이다.

셋째, 입법선택적 재량의 범위내에 있다. **지배적 노동조합에 한정하여 유니언 숍 협정을 인정하는 것, 단체협약을 통한 간접적인 수단을 매개로 하여 노동조합 가입을 강제한다는 것, 단결권 자체를 박탈하는 것이 아닌 점** 등을 고려할 때 입법선택적 재량을 벗어난 것은 아니라는 것이다.

03 판결의 의의와 한계

'노동조합이 당해 사업장에 종사하는 근로자의 3분의 2이상을 대표하고 있을 때'의 '3분의 2요건' 및 '유니언 숍 협정체결 이후 채용된 자의 단결선택권'과 관련된 대법원 판례법리를 현실에서 적용해보면 근로자의 단결권보장에 있어서 심각한 문제점을 가지고 있다. **근로자가 유니언 숍 협정이 체결된 사용자에 채용된 경우 동 협정체결 당사자인 노동조합에 가입한 뒤에 곧 탈퇴하여 다른 노동조합에 가입을 하면 동 협정의 효력이 이 탈퇴자에게는 미치지 않지만, 채용 후 곧장 다른 노동조합에 가입하게 되면 이를 이유로 하는 사용자의 해고는 정당하게 될 것이다.**[77] 유니언 숍 협정이 단결권을 강화하기 위하여 인정한 제도라고 할 때 근로자의 단결선택권을 채용시점에서 부정하는 것이 과연 단결권을 강화하는 길로 연결되는지 매우 의문스럽다. 이러한 해석론이 위헌논의에 불씨를 남겨두는 원인이 된다고 생각된다.[78]

---

77) 앞의 책, 380면.
78) 앞의 책, 380면.

31 단체교섭 거부와 불법행위 책임

대법원 2006.10.26, 2004다11070판결(손해배상 등)

01 사실관계[79]

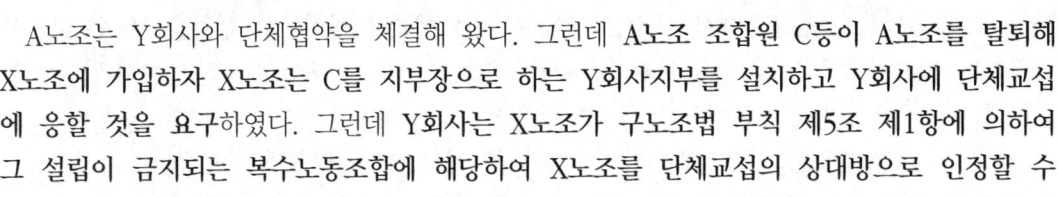

A노조는 Y회사와 단체협약을 체결해 왔다. 그런데 **A노조 조합원 C등이 A노조를 탈퇴해 X노조에 가입하자 X노조는 C를 지부장으로 하는 Y회사지부를 설치하고 Y회사에 단체교섭에 응할 것을 요구하였다.** 그런데 Y회사는 X노조가 구노조법 부칙 제5조 제1항에 의하여 그 설립이 금지되는 복수노동조합에 해당하여 X노조를 단체교섭의 상대방으로 인정할 수 없다는 이유를 들어 **단체교섭요구를 일단 거부하고**, 동일한 취지의 노동부 질의. 회시를 받아 이를 X노조에 제시하면서 단체교섭을 거부하였다.

이에 X노조는 Y회사를 상대로 단체교섭거부금지 가처분을 신청하였고, 부산지방법원은 X노조는 설립이 금지된 복수노동조합에 해당하지 않으므로 Y회사는 단체교섭창구의 단일화 등을 내세워 원고 X노조와의 단체교섭을 거부하여서는 아니된다는 취지의 가처분신청을 인용하는 결정을 하였다.

Y회사는 위 가처분결정 당일 부산지방법원에 가처분결정에 대한 이의를 신청하는 한편 위 가처분결정을 근거로 단체교섭을 요구하는 원고 X노조에게 먼저 A노조와의 협의, 조정을 통해 교섭창구를 단일화해 줄 것을 요구하면서 **계속하여 단체교섭에 응하지 아니하였다.**

이에 X노조는 Y회사가 교섭창구단일화를 핑계로 X노조와의 단체교섭을 거부한다는 이유로 2000.2.25.부터 같은 해 4.30.까지 파업을 하였다. X노조는 위 파업 종료전인 2000.4.3. Y회사를 상대로 단체교섭을 거부하는 것이 불법행위라고 하여 부산지방법원에 손해배상청구소송을 제기하였다.

---

79) 앞의 책, 382면.

02 판결의 내용

사용자가 노동조합과의 단체교섭을 정당한 이유없이 거부하였다고 하여 그 단체교섭거부행위가 바로 위법한 행위로 평가되어 불법행위의 요건을 충족하게 되는 것은 아니지만 그 단체교섭거부행위가 그 원인과 목적, 그 과정과 행위태양, 그로 인한 결과 등에 비추어 **건전한 사회통념이나 사회상규상 용인될 수 없는 정도에 이른 것으로 인정되는 경우에는 그 단체교섭거부행위는 부당노동행위로서 단체교섭권을 침해하는 위법한 행위로 평가되어 불법행위의 요건을 충족하게 되는 바**, 사용자가 노동조합과의 단체교섭을 정당한 이유없이 거부하다가 **법원으로부터 노동조합과의 단체교섭을 거부하여서는 아니된다는 취지의 집행력있는 판결이나 가처분결정을 받고서도 이를 위반하여 노동조합과의 단체교섭을 거부하였다면 그 단체교섭거부행위는 건전한 사회통념이나 사회상규상 용인될 수 없는 정도에 이른 행위로서** 헌법이 보장하고 있는 노동조합의 단체교섭권을 침해하는 위법한 행위라고 할 것이므로 그 단체교섭거부행위는 **노동조합에 대하여 불법행위를 구성**한다.

03 판결의 의의와 한계

가처분결정 이전의 단체교섭거부행위는 부당노동행위에 해당하나 이러한 행위는 건전한 사회통념이나 사회상규의 범위 내에 있기 때문에 위법한 행위는 아니라고 한다. 그러나 가처분 결정 이후의 단체교섭거부는 건전한 사회통념이나 사회상규상 용인될 수 없는 정도에 이른 행위로서 노동조합에 대하여 불법행위를 구성한다고 한다. 결국 대상판결은 **민법의 불법행위성립과 노조법의 부당노동행위의 성립은 구분되며 각자 독립적으로 판단하여야 한다는 것**을 밝혔다.

32 사용자의 언론활동과 지배·개입

대법원 1998.5.22, 97누8076판결(부당노동행위구제재심판정취소)

01 사실관계[80]

근거법률에 따라 비영리법인으로 설립되어 기념관을 운영하여 오고 있는 Y사업회에서 자료담당관으로 근무하던 A를 포함한 25명은 1995.9.18. A를 조합장으로 선출한 다음 관할 행정관청에 노동조합설립신고를 하여 같은 달 25일 그 신고가 수리되었다.

노동조합의 설립 후에 Y사업회는 조합으로부터 단체교섭을 요청받았으나 조합장인 A가 자료담당관(3급 차장)으로 조합원자격에 하자가 있다는 것과 이에 관하여 행정관청에 행정해석을 요청 중이라는 것을 이유로 단체교섭에 불응하였다. 그러던 중 Y사업회의 대표자인 회장 B는 1995.12.29. 전 직원을 상대로 한 연말 훈시에서 Y사업회의 성질상 태어나지 말아야 할 노동조합이 생겼고, Y사업회의 성격상 노조활동에는 한계가 있으며, 계속하여 분쟁이 야기되어 전직원으로부터 사표를 받고 공개채용으로 다시 충원해야 하는 일이 없기 바란다는 취지로 발언하였다.

그 후 행정관청으로부터 A가 조합원자격이 있다는 회시가 있자 Y사업회는 1996.1.30. 단체교섭을 개최하기로 합의한 뒤 A에 대하여 같은 달 25일 제반 근무규정위반 등을 이유로 징계해고를 한 다음 같은 달 30일 단체교섭일에 이르러서는 해고된 A가 교섭위원으로 참석하였다는 사유를 들어 단체교섭을 무산시켰다.

Y사업회는 단체교섭의 요구에 계속 불응하면서 부서장 등을 통하여 일부 조합원들의 조합탈퇴를 종용하고 1996.2월 말경에 이르러서는 조합이 같은 달 23일 자체 해산결의를 하였다는 이유로 교섭에 불응하였다. 그런데 동 조합의 해산결의는 조합 부조합장이었던 C가 조합을 탈퇴한 뒤에 조합의 임시총회를 소집하고 Y사업회의 총무부장 등이 참석독려를 하는 등의 도움을 받아 조합원들을 참석하게 한 다음 임시총회를 강행하여 이루어진 것이다. C는 행정관청에 조합해산신고서를 제출하였으나 행정관청은 임시총회가 정당하게 소집되지 아니하였다는 사유를 들어 조합해산신고서를 반려하였다.

이에 조합은 노동위원회에 Y사업회가 조합의 단체교섭요구에 계속 불응하고 노동조합에 대하여 적대적인 발언 등을 하여 노조활동에 대하여 지배·개입하였으며 A를 부당해고 하

---

80) 앞의 책, 386면.

였다는 이유로 노동위원회에 부당노동행위 및 부당해고 구제신청을 하였다. 지방노동위원회는 부당해고 구제신청부분은 기각하고 부당노동행위 구제신청 부분에 대하여는 구제명령을 발하는 판정을 하였다. Y사업회는 부당노동행위 구제명령부분에 대하여 중앙노동위원회에 재심을 신청하였으나 중노위는 Y사업회의 재심신청을 기각하였다.

02 판결의 내용

사용자가 연설, 사내방송, 게시문, 서한 등을 통하여 의견을 표명할 수 있는 언론의 자유를 가지고 있음은 당연하나, 그것이 행하여진 상황, 장소, 그 내용, 방법, 노동조합의 운영이나 활동에 미친 영향 등을 종합하여 노동조합의 조직이나 운영을 지배하거나 이에 개입하는 의사가 인정되는 경우에는 부당노동행위가 성립한다고 볼 것이다.

기록에 의하면, 이 사건 조합의 조합원들이 연명으로 1995.12.5. Y사업회의 대표자인 B 등을 업무상횡령혐의로 수사기관에 고소함으로써 Y사업회와 이 사건 조합간의 갈등이 형사문제로 비화된 사실을 알 수 있고, 이러한 상황속에서, 원심이 적법하게 인정한 사실과 같이, B가 1995.12.29. 종무식상에서 **전직원을 상대로 Y사업회의 조직의 성질상 태어나지 말아야 할 노동조합이 생겼으며**, Y사업회 조직의 성격상 노조활동에는 한계가 있다고 보며, 계속하여 분쟁이 야기되어 전직원으로부터 사표를 받고 공개채용으로 다시 충원해야 하는 일이 없기 바란다는 취지로 발언한 것은, 이 사건 조합을 부인하는 태도를 명백히 함과 동시에 조합활동이 계속되는 경우 직원의 신분이 박탈될 수도 있다는 신분상의 불안감을 느끼게 하여 조합활동을 위축시킴으로써 조합의 조직과 활동에 영향을 미치고자 하는 의도임이 충분히 인정되므로, 원심이 **위 연설행위를 부당노동행위로 판단한 것은 정당하고** 거기에 상고이유로 주장하는 부당노동행위에 대한 법리오해의 위법이 있다고 할 수 없다.

03 판결의 의의와 한계

▌• 대상판결은 종래 대법원판결에서 단편적으로만 판단되어 오던 사용자의 언론활동이 지배, 개입이라는 부당노동행위에 해당하는지의 여부의 문제에 관해서 일반적인 판단기준을 제시하고 있다는 점에서 중요한 의의를 가지고 있다.

본 사건에서 Y사업회의 대표자인 회장 B는 "계속하여 분쟁이 야기되어 전직원으로부터 사표를 받고 공개채용으로 다시 충원해야 하는 일이 없기 바란다."등의 발언을 했는데 이는 **노동조합 조직이나 활동에 대한 지배, 개입의 문제를 넘어서 근로자에 대한 협박**

수준의 것으로서 당연히 노조법 제81조 제4호의 지배. 개입의 부당노동행위에 해당한다.[81]

2. 사용자의 언론활동과 관련한 최근의 대법원판결은 **예정된 파업에 대해 비판적 견해를 표명한 것**은 불이익의 위협 또는 이익제공의 약속 등이 포함되어 있거나 다른 지배. 개입의 정황 등 노동조합의 자주성을 해칠 수 있는 요소가 연관되어 있지 않은 한 지배, 개입의 의사가 있다고 가볍게 단정할 것은 아니라고 하여 **부당노동행위의 성립을 부정**하였다.

즉 "사용자 또한 자신의 의견을 표명할 수 있는 자유를 가지고 있으므로 **사용자가 노동조합의 활동에 대하여 단순히 비판적 견해를 표명하거나 근로자를 상대로 집단적인 설명회 등을 개최하여 회사의 경영상황 및 정책방향 등 입장을 설명하고 이해를 구하는 행위 또는 비록 파업이 예정된 상황이라 하더라도 그 파업의 정당성과 적법성여부 및 파업이 회사나 근로자에 미치는 영향 등을 설명하는 행위는 거기에 징계 등 불이익의 위협 또는 이익제공의 약속 등이 포함되어 있거나 다른 지배, 개입의 정황 등 노동조합의 자주성을 해칠 수 있는 요소가 연관되어 있지 않는 한 사용자에게 노동조합의 조직이나 운영 및 활동을 지배하거나 이에 개입하는 의사가 있다고 가볍게 단정할 것은 아니라 할 것이다.**"라고 하고 있다.(대판 2013.1.10, 2011도15497)

최근판례에서는 "징계 등 불이익의 위협 또는 이익제공의 약속 등이 포함되어 있거나" 라는 설시에서 알 수 있듯이 **사용자의 언론의 자유를 중시하는 태도**를 보였다는 점에서 기존 판례와 구별된다.[82]

---

81) 앞의 책, 388면.
82) 앞의 책, 389면.

33 안전보호시설에서의 쟁의행위

대법원 2006.5.12, 2002도3450판결(안전보호시설운영방해)

01 사실관계[83]

2001.6.18. 산업자원부는 한국산업단지공단에게 기획예산처의 '정부출연. 위탁기관 경영혁신계획'에 의거하여 적자 운영 중인 열병합발전소를 매각하라고 지시하였다. 이에 위 공단은 2001.7.31. **열병합발전소 민영화를 위한 자문 용역 주간사 입찰공고를 실시하는 등 발전소 민영화를 급속히 추진**하였다.

한국산업단지공단 노동조합은 위와 같은 움직임에 반발하여 위 공단과의 단체교섭과정에서 민영화방침을 철회할 것을 주장하고 2001.9.30.부터 10.4.까지 파업을 진행하였다. 파업 당시 안산지방노동사무소는 위 노동조합위원장 앞으로 **위 공단의 대형 보일러 터빈 발전기, 수처리시설 등은 노조법 제42조 제2항의 안전보호시설이므로 이에 대한 쟁의행위를 할 수 없다는 협조공문을 보냈다.** 하지만 위 노동조합은 이에 응하지 아니하고, 발전기 등 전기시설, 스팀시설, 용수시설 등의 유지·운영업무에 종사하는 조합원들에 대해서도 쟁의행위를 진행하였다.

X들은 위 노동조합의 위원장 및 사무국장이었던 바, **검찰은 이들을 집단에너지사업법위반, 업무방해, 노조법 위반 등의 혐의로 기소하였다.** 1심과 항소심법원은 X들에 대한 혐의사실을 모두 유죄로 인정하였지만, 대법원은 항소심판결을 파기 환송하였다.

02 판결의 내용

노조법 제42조 제2항은 "사업장의 안전보호시설에 대하여 정상적인 유지·운영을 정지·폐지 또는 방해하는 행위는 쟁의행위로서 이를 행할 수 없다."고 규정하고 있는바, 여기서 **'안전보호시설'이라 함은 사람의 생명이나 신체의 위험을 예방하기 위해서나 위생상 필요한 시설**을 말하고, 이에 해당하는지 여부는 당해 사업장의 성질, 당해 시설의 기능, 당해 시설

---

[83] 앞의 책, 342면.

의 정상적인 유지·운영이 되지 아니할 경우에 일어날 수 있는 위험 등 제반사정을 구체적·종합적으로 고려하여 판단하여야 할 것이다.

한편, 노조법 제42조 제2항의 입법목적이 '사람의 생명·신체의 안전보호'라는 점과 노조법 제42조 제2항이 범죄의 구성요건이라는 점 등을 종합적으로 고려하면, **성질상 안전보호시설에 해당하고 그 안전보호시설의 유지·운영을 정지·폐지 또는 방해하는 행위가 있었다 하더라도 사전에 필요한 안전조치를 취하는 등으로 인하여 사람의 생명이나 신체에 대한 위험이 전혀 발생하지 않는 경우에는 노조법 제91조 제1호, 제42조 제2항 위반죄가 성립하지 않는다** 할 것이다.

03 판결의 의의와 한계

사업장의 안전보호시설에 대한 쟁의행위가 금지되는 이유는 생명, 신체의 안전과 같은 중대한 법익을 보호하고자 하는데 있다. 대상판결에서는 안전보호시설 운영방해죄(노조법 위반죄)가 성립하기 위해서는 어느 정도 보호법익의 침해가 있어야 하는지가 문제되었다. 이에 대해서는 견해가 대립된다.

첫 번째 견해는 성질상 안전보호시설에 해당하고 그 안전보호시설의 유지·운영을 정지·폐지 또는 방해하는 행위가 존재하는 것만으로 위 노조법 위반죄가 성립한다는 입장이고, 두 번째 견해는 안전보호시설의 유지·운영을 정지·폐지 또는 방해하는 행위가 있다고 하더라도 사전에 필요한 안전조치(예컨대 교대제로 당해 시설의 안전을 유지하는 경우)를 취하는 등으로 인하여 사람의 생명이나 신체에 대한 위험이 전혀 발생하지 않는 경우에는 그 죄가 성립하지 않는다라는 견해이다.

대법원은 후자의 견해를 취하여 형식적으로 안전보호시설의 유지·운영을 정지·폐지 또는 방해하는 행위가 있었지만 그로 인하여 사람의 생명, 신체에 대한 위험이 전혀 발생하지 않는 경우에는 그 죄가 성립될 수 없다고 해석하고 있다.

34 인사고과와 불이익취급

대법원 2009.3.26, 2007두25695판결(부당노동행위구제재심판정취소)

01 사실관계[84]

X노조는 조합원수 16,000여 명으로 조직된 산별노조이며, Y회사는 근로자230여 명을 고용하여 신문발행업을 영위하여 왔고, Y회사에는 Y회사의 종업원으로 조직된 X노조의 지부(A지부)가 존재하고 있다. Y회사는 A지부 소속 조합원 14명을 경영악화를 이유로 2004.12.1. 경영상 이유에 의한 해고(이하 '경영해고'라 함)를 하였다.

X노조와 해고 근로자들은 이 사건 해고는 부당해고 및 부당노동행위라고 주장하면서 부당해고 및 부당노동행위 구제신청을 하였다.

02 판결의 내용

노조법 제81조 제1호는 '근로자가 노동조합에 가입 또는 가입하려고 하였거나 노동조합을 조직하려고 하였거나 기타 노동조합의 업무를 위한 정당한 행위를 한 것을 이유로 그 근로자를 해고하거나 그 근로자에게 불이익을 주는 행위'를 사용자의 부당노동행위의 한 유형으로 규정하고 있으므로, **같은 법조의 부당노동행위가 성립하기 위해서는 근로자가 '노동조합의 업무를 위한 정당한 행위'를 하고 사용자가 이를 이유로 근로자에 대하여 해고 등의 불이익을 주는 차별적 취급행위를 한 경우라야 하며 그 사실의 주장 및 증명책임은 부당노동행위임을 주장하는 측에 있다.**

이와 관련하여, 사용자가 어느 근로자에 대하여 노동조합의 조합원이라는 이유로 비조합원보다 불리하게 인사고과를 하고 그 인사고과가 경영상 이유에 의한 해고대상자 선정기준이 됨에 따라 그 조합원인 근로자가 해고되기에 이르렀다고 하여 그러한 사용자의 행위를 부당노동행위라고 주장하는 경우, 그것이 부당노동행위에 해당하는지 여부는, **조합원 집단과 비조합원 집단을 전체적으로 비교하여 양 집단이 서로 동질의 균등한 근로자 집단임에**

---

84) 앞의 책, 374면.

도 불구하고 인사고과에 있어서 양 집단 사이에 통계적으로 유의미한 격차가 있었는지, 인사고과에 있어서의 그러한 격차가 노동조합의 조합원임을 이유로 하여 비조합원에 비하여 불이익취급을 하려는 사용자의 반조합적 의사에 기인하는 것, 즉 사용자의 부당노동행위 의사의 존재를 추정할 수 있는 객관적인 사정이 있었는지, 인사고과에 있어서의 그러한 차별이 없었더라면 해고대상자 선정기준에 의할 때 해고대상자로 선정되지 않았을 것인지 등을 심리하여 판단하여야 한다.

원심은, Y회사로부터 경영상 이유로 해고된 근로자들은 모두 X노조의 지부 소속 조합원들이기는 하나, Y회사가 해고대상자 선정 기준으로 사용한 인사고과자료인 근로자들의 개인별 종합평가표, 개인별 최종합계표 등 평정결과가 기재된 모든 문서가 제출되지 않은 상태에서, Y회사가 조합원들에 대하여 비조합원들에 비하여 불리하게 차별적으로 평정하여 인사고과를 한 것으로 단정할 수 없고, 달리 X노조의 주장사실을 인정할 증거가 없다는 취지에서 Y회사의 X노조의 지부 조합원들에 대한 이 사건 해고가 위 제81조 제1호에 정한 부당노동행위에 해당한다는 X노조의 주장을 받아들이지 않았다. 위에서 본 법리와 기록상 나타나는 증거관계에 비추어 살펴보면, 원심의 이러한 사실인정과 판단은 정당하다.

03 | 판결의 의의와 한계

▎• 정당한 해고사유와 부당노동행위 성립 가능성

정당한 해고사유가 존재하고 부당노동행위의 의사도 추정되는 경우, 즉 인과관계가 경합되는 경우 부당노동행위가 성립되느냐에 관련하여 대법원은 '부당노동행위 성립 부정설'의 입장에 있다. 즉, "사용자가 정당한 해고사유가 있어서 근로자를 해고한 경우 비록 사용자가 근로자의 노동조합활동을 못마땅하게 여긴 흔적이 있다거나 사용자에게 반노동조합 의사가 추정된다고 하더라도 당해 해고사유가 단순히 표면상의 구실에 불과하다고 할 수 없으므로 부당노동행위에 해당한다고 할 수 없다."는 입장이다.

그런데 이러한 입장에서 본다면, **정당한 해고사유가 없어야만 부당노동행위로 인정될 가능성이 발견될 수 있는데**, 이 사건에서처럼 '긴박한 경영상의 필요'에 대하여 해고사유로서의 정당성을 긍정하는 방향에 서게 되면 부당노동행위 의사가 추정되고 또한 그러한 추정이 깨지지 아니하였음에도 불구하고 이미 부당노동행위에 해당한다고 할 수 없는 함정에 빠지게 된다.[85] 따라서 정당한 해고사유의 존재로 부당노동행위의 성립을 부정하는 대법원의 입장이 보다 설득력을 갖추려면, 적어도 해고사유가 근로자와 무관하게 전적으로 사용자측에서 발생된 것은 아니어야 할 것이다.[86] 즉, 오로지 사용자측

---

[85] 앞의 책, 375면.
[86] 앞의 책, 375-376면.

에서 발생한 '긴박한 경영상의 필요'가 정당한 해고사유로 인정되고 그에 따라 당연히 부당노동행위가 성립하지 않는다고 한다면, 그러한 '긴박한 경영상의 필요'는 '부당노동행위를 위한 절호의 기회'로 만연히 인식될 수 있어서 문제가 된다. **결국 사용자측의 사유로 발생되는 경영해고에 있어서는 부당노동행위 성립 부정설은 한계가 있다.**

2. 부당노동행위의 입증책임과 판단방법

대상판결에서는 사용자의 부당노동행위 의사의 존재를 추정할 수 있는 객관적 사정이 있었는지 심리해야 한다고 하면서도, **사용자가 해고대상자 선정기준으로 사용한 인사고과자료인 개인별 종합평가표 등 평정결과 문서를 제출하지 않아서 불이익 취급한 것인지 단정할 수 없고, 또한 달리 X노조의 부당노동행위의 성립주장을 인정할 증거가 없는 이상 이 사건 해고가 노조법 제81조 제1호의 부당노동행위에 해당하지 않는다**고 한다.

즉, 사용자의 행위가 노조법상 부당노동행위인지에 대한 증명책임은 이를 주장하는 근로자 또는 노동조합에게 있으므로, 필요한 심리를 다하였어도 사용자에게 부당노동행위 의사가 존재하였는지 여부가 분명하지 아니하여 그 존재 여부를 확정할 수 없는 경우에는 그로 인한 위험이나 불이익은 그것을 주장한 근로자 또는 노동조합이 부담할 수밖에 없다(대판 2007.11.15, 2005두4120)는 것이다.

그러나 **부당노동행위에 대한 입증책임을 근로자 또는 노동조합이 부담하는 것은 입증책임의 분배라는 형식적인 관점에서 그 타당성이 긍정되고 있기는 하지만, 구체적인 경우에 있어서는 근로자 또는 노동조합의 소송상의 권리를 지나치게 제한하는 것**일 수 있다. 예컨대 이 사건에서와 같이 **인사고과에서부터 조합원인 근로자가 차별적 취급을 당했다는 것을 입증하려면 조합원 아닌 근로자와 비교할 수밖에 없고, 그러한 비교가 가능하려면 조합원 아닌 근로자의 인사고과자료가 있어야 하는데 이러한 자료는 거의 대부분 사용자의 금고 깊숙이 숨겨진 것이어서 그 입증은 매우 곤란한 것일 수밖에 없다.**(실제로 차별적 취급이 있었다면 금고는 결코 열리지 않을 것이며, 이것이 의미하는 바는 실체적 진실이 은닉될 가능성이 그만큼 높다는 것임)[87]

이러한 측면을 고려해 볼 때, 입증책임의 전환 또는 완화가 필요하다는 입장에서 **증거와의 거리가 사용자에게 가깝거나 또는 그 입증이 사용자에게 용이하다면 사용자가 입증하도록 하는 것이 오히려 입증책임의 공평한 분배에 더욱 부합하는 것이라 판단**된다.[88]

---

[87] 앞의 책, 377면.
[88] 앞의 책, 377면.

35 노사협의회의 권한

대법원 1994.6.24, 92다28556판결(퇴직금)

01 사실관계[89]

피고회사(Y)는 설립 직후 퇴직금규정을 제정하면서 15년까지의 근속기간에 대해서만 퇴직금 지급률을 규정하고 있다가 1981.1.1. 이사회의 결의를 거쳐 15년까지의 근속기간에 대한 지급률을 낮추고 15년을 초과하는 근속기간에 대한 지급률을 신설하는 내용으로 퇴직금규정을 개정하였는바, 위 퇴직금규정 개정 당시 Y에는 노동조합이 조직되어 있지 않아 퇴직금규정의 개정에 대해 노동조합의 동의를 받을 수 없었다. 이에 Y는 1981.1.1. 노사협의회를 구성하고 같은 달 23일 노사협의회를 개최하여 노사협의회법 제20조(현행 근참법제20조)가 노사협의회의 협의사항으로 규정하지 않고 있던 임금, 근로시간 등 근로조건에 관한 사항도 노사협의회가 협의하여 결정한다는 내용의 운영규정을 제정하였다. Y는 위 운영규정에 근거하여 같은 해 6.29. 위 퇴직금규정 개정안을 노사협의회의 안건으로 상정한 후 근로자위원 전원의 동의를 받았다.

Y에 근무하다가 위 퇴직금규정의 개정 이후 퇴직한 원고들(X)은 위 퇴직금규정의 개정은 근로자에게 불이익한 변경임에도 Y가 퇴직금규정의 개정에 대하여 근로자집단의 동의를 얻지 않아 무효라는 이유로 Y를 상대로 종전 퇴직금규정에 따라 산정된 퇴직금에서 이미 지급받은 퇴직금액을 공제한 차액을 지급하라는 취지의 소를 제기하였다.

02 판결의 내용

노사협의회는 근로자와 사용자 쌍방이 이해와 협조를 통하여 노사공동의 이익을 증진함으로써 산업평화를 도모할 것을 목적으로 하는 제도로서 노동조합과는 그 제도의 취지가 다르므로 비록 피고회사가 근로조건에 관한 사항을 그 협의사항으로 규정하고 있다 하더라도 근로자들이 노사협의회를 구성하는 근로자위원들을 선출함에 있어 그들에게 근로조건을 불이익하게 변경함에 있어서 근로자들을 대신하여 동의를 할 권한까지 포괄적으로 위임한

---

[89] 앞의 책, 394면.

것이라고 볼 수 없으며, 이 사건에 있어서 위 근로자위원들이 위 퇴직금규정의 개정에 동의를 함에 있어서 사전에 그들이 대표하는 각 부서별로 근로자들의 의견을 집약 및 취합하여 그들의 의사표시를 대리하여 동의권을 행사하였다고 볼 만한 자료도 없으므로 근로자위원들의 동의를 얻은 것을 근로자들 과반수의 동의를 얻은 것과 동일시 할 수 없다.

03 판결의 의의와 한계

1. 사업장에서 취업규칙을 불이익하게 변경하는 경우 근기법 제94조 제1항에 따라 근로자 과반수로 조직된 노동조합의 동의를 얻어야 한다. 그런데 노동조합이 조직되지 않은 사업장의 경우 근기법이 근로자 과반수의 동의의 방법에 관한 구체적인 규정을 두지 않고 있어, 취업규칙의 불이익변경에 관하여 노사협의회 근로자위원의 동의를 근로자 과반수의 동의로 평가할 수 있는지가 논란이 되었다.

노사협의회의 근로자위원의 동의는 취업규칙의 불이익변경 시 유효한 동의의 방법으로 볼 수 없는데 그 이유는 다음과 같다.

첫째, 현행 근기법 제94조 제1항 단서는 취업규칙의 불이익변경의 경우 근로자 과반수로 조직된 노동조합이 있는 경우에는 그 노동조합, 근로자의 과반수로 조직된 노동조합이 없는 경우에는 근로자 과반수의 동의를 받아야 한다고 규정하고 있으므로 **노사협의회의 근로조건 형성권의 인정 여부를 떠나 현행 근기법의 해석상 노사협의회는 취업규칙의 불이익변경에 대한 적법한 동의의 주체가 될 수 없다.**[90]

둘째, **노사협의회의 근로자위원은 단체교섭과 달리 사용자와 대등한 교섭력을 확보하여 그 주장을 관철시킬 수 있는 유효한 수단을 갖지 못한다는 점을 고려해 보면 노사협의회의 근로조건 형성권을 넓게 인정하는 것은 긍정하기 어렵다.**[91]

2. 현행 근기법의 해석상 취업규칙의 불이익변경 시 노사협의회에 고유한 동의권은 인정되지 않지만, **취업규칙을 불이익하게 변경함에 있어서 적법한 동의권자인 노동조합 또는 근로자의 과반수가 노사협의회의 근로자위원에게 자신들의 동의권을 위임하는 것이 허용되는지가** 문제이다.

노동조합이 아닌 다른 근로자기관이 취업규칙의 불이익변경에 동의를 하기 위해서는 그에 관하여 **근로자들로부터 특별수권이 있어야 할 것**이다. 먼저 단일한 단체의사를 표시할 수 있는 노동조합이 자신의 동의권을 노사협의회의 근로자위원에게 위임하는 것은 사적자치의 원칙에 비추어 가능하다고 할 것이고, 근로자의 과반수로 조직된 노동조

---

90) 앞의 책, 396면.
91) 앞의 책, 396면.

합이 없어 근로자 과반수가 동의권을 행사하는 경우에도 **근로자들이 자신들의 동의권을 근로자위원에게 '개별적'으로 위임하는 것은 허용**된다고 할 것인데, 이 경우 근로자들의 근로자위원에 대한 동의권의 수권방식은 **취업규칙 불이익변경에 관한 근로자 과반수의 동의를 '근로자들의 회의방식에 의한 집단적 의사결정방법에 의한 동의'**라고 보는 판례의 입장을 고려할 때, 근로자위원에 대한 근로자들의 수권행위 또한 '회의방식에 의한 집단적 의사결정방법'에 의해야 할 것으로 생각된다.[92]

---

92) 앞의 책, 396-397면.

36 공무원의 노동3권제한

헌법재판소 2008.12.26, 2005헌마971, 1193, 2006헌마198(병합)(공무원의노동조합설립및운영등에관한법률위헌확인등)

01 사실관계[93]

각 사건의 청구인들은 「공무원의 노동조합설립 및 운영등에 관한 법률」(이하 '공노법'이라 함)에 따라서 설립신고절차를 종료한 노동조합과 공무원들이다. 청구인들은 공노법의 관련규정이 헌법 제33조가 보장하는 노동3권을 침해하여 위헌이라고 주장하면서 헌법소원을 제기하였다.

단결권침해에 관하여서는 청구인들은 공노법 제6조가 노동조합에 가입할 수 있는 범위를 6급 이하의 일반직공무원 및 특정직공무원 중 6급 이하의 일반직공무원에 상당하는 외무행정직 공무원 등으로 제한하고(제6조 제1항), 다시 이들 공무원 중에서도 다른 공무원에 대하여 지휘·감독권을 행사하거나 인사, 보수에 관한 업무를 수행하는 공무원 등 노동조합과의 관계에서 행정기관의 입장에서 업무를 수행하는 공무원, 교정, 수사 또는 이와 유사한 업무에 종사하는 공무원 등을 가입범위에서 제외하고 있는 것(제6조 제2항)은 단결권을 침해한다고 주장한다.

단체교섭권 침해에 관하여서는 공노법 제8조 단서가 법령 등에 따라 국가나 지방자치단체가 그 권한으로 행하는 정책결정에 관한 사항, 임용권의 행사 등 그 기관의 관리, 운영에 관한 사항으로서 근무조건과 직접 관련되지 아니하는 사항은 교섭의 대상이 될 수 없다고 하고 있는 것, 동법 제10조 제1항이 체결된 단체협약의 내용 중 법령, 조례 또는 예산에 의하여 규정되는 내용과 법령 또는 조례에 의하여 위임을 받아 규정되는 내용은 단체협약으로서의 효력을 가지지 아니한다고 하고 있는 것은 단체교섭권을 침해한다고 주장한다. **단체행동권에 관하여서는** 공노법 제11조가 노동조합과 그 조합원의 쟁의행위를 금지하고 있는 것은 단체행동권을 침해한다고 주장한다.

단체행동권에 관하여서는 공노법 제11조가 노동조합과 그 조합원의 쟁의행위를 금지하고 있는 것은 단체행동권을 침해한다고 주장한다.

헌법재판소는 위의 각 조항들이 노동3권을 침해하지 않았다고 하여 청구인들의 헌법소원을 기각하였다.(각 사건들의 청구인들은 위의 공노법의 각 조항이 공무원인 근로자와 공무원이 아

---

[93] 앞의 책, 390면.

닌 근로자를 합리적인 이유 없이 차별적으로 취급하고 있다고 하여 평등권의 침해를 주장하였으나 대상결정은 평등권의 침해도 부정하였다.)

02 판결의 내용

1. 헌법 제33조 제2항의 의미와 위헌심사기준

헌법 제33조제2항에서 "공무원인 근로자는 법률이 정하는 자에 한하여 단결권. 단체교섭권 및 단체행동권을 가진다."고 하여 노동3권이 보장되는 공무원의 범위를 법률이 정하도록 위임한 것은, 공무원은 국민전체에 대한 봉사자이며, 그 담당직무의 성질상 공공성, 공정성, 성실성 및 중립성이 보장되어야 한다는 특수한 사정을 고려하여 구체적인 입법에 의하여 공적이고 객관적인 질서에 이바지하는 공무원제도를 보장·보호하고 그 제도에 관련된 여러 이해관계인의 권익을 공공복리의 목적 아래 통합·조정할 수 있도록 입법자에게 광범위한 입법재량을 부여한 것이다.

2. 공노법 제6조의 위헌여부

5급 이상의 공무원과 6급 이하의 공무원들 중에서도 '지휘·감독권행사자', '인사, 보수에 관해서 행정기관의 입장에 서는 자'등은 이들이 노조에 가입할 경우 예상되는 노조운영 등에의 지배. 개입 등 노조의 자주성을 훼손하는 것을 방지하여 집단적 노사자치를 실현한다는 법원리에 따라 이들 공무원을 노조 가입대상에서 제외한 것이라는 점, 그리고 6급 이하 공무원 중 교정, 수사 등의 업무를 수행하는 공무원은 직무의 특성상 국민의 생명과 안전보호 등 국가 기능유지에 핵심적인 업무를 수행하고 조직 내 지휘·감독체계의 유지가 특히 강조되기 때문에 노조 가입대상에서 제외한 것이라는 점에서 볼 때 동 조는 입법자의 입법형성권의 범위를 일탈하여 단결권을 침해하는 것으로 볼 수 없다.

3. 공노법 제8조 제1항 단서의 위헌여부

공노법 제8조 제1항 단서는 정책결정 및 관리운영사항 일체를 교섭대상에서 제외시킨 것이 아니고 단체교섭에서 교섭대상을 둘러싼 교섭상의 혼선을 방지하기 위하여 근무조건과 직접 관련되지 아니하는 정책결정 및 관리운영사항만을 단체교섭의 금지대상으로 규정한 것으로 근무조건과 직접 관련되는 사항에 대하여는 단체교섭을 허용하고 있으므로 합리적 근거 없이 입법형성권의 범위를 일탈하여 청구인들의 단체교섭권을 침해하는 것으로는 볼 수 없다.

4. 공노법 제10조 제1항의 위헌여부

공무원의 경우 민간부문과 달리 근무조건의 대부분은 헌법상 국민전체의 의사를 대표하는 국회에서 법률, 예산의 형태로 결정되는 것으로서, 그 범위 내에 속하는 한 정부와 공무원노동단체 간의 자유로운 단체교섭에 의하여 결정될 사항이라 할 수 없기 때문에 **노사간 합의로 체결된 단체협약이라 하더라도 법률, 예산 및 그의 위임에 따르거나 그 집행을 위한 명령·규칙에 규정되는 내용보다 우선하는 효력을 인정할 수 없으며** 조례에 대한 관계에 있어서도 조례는 지방의회가 제정하는 것으로 해당 지방자치단체와 그 공무원을 기속하므로, **단체협약에 대하여 조례에 우선하는 효력을 부여할 수도 없기 때문에** 동 조가 입법자의 입법형성권의 범위를 일탈하여 청구인들의 단체협약체결권을 침해한다고는 보기 어렵다.

5. 공노법 제11조의 위헌여부

공무원이 쟁의행위를 통하여 공무원집단의 이익을 대변하는 것은 국민전체에 대한 봉사자로서의 공무원지위와 특성에 반하고 국민전체의 이익추구에 장애가 될 소지가 있으며, 공무원의 보수 등 근무조건은 국회에서 결정되고 그 비용은 최종적으로 국민이 부담하는바, 공무원이 자기 요구를 관철하고자 국민을 상대로 파업하는 것은 허용되기 어려운 측면이 있고, 공무원의 파업으로 행정서비스가 중단되면 국가기능이 마비될 우려가 크고 그 손해는 고스란히 국민이 부담하게 되며, 공공업무의 속성상 공무원의 파업에 대한 정부의 대응수단을 찾기 어려워 노사 간 힘의 균형을 확보하기 어렵다는 특성이 있다는 사정과 공무원의 기본적인 성실의무, 직무전념의무 등을 종합하여 볼 때, 동 조의 내용은 입법형성권의 범위 내에 있기 때문에 단체행동권을 침해하지 않는다.

03 판결의 의의와 한계

1. 헌법 제33조 제2항의 의의와 위헌심사기준

헌법 제37조 제2항은 "국민의 모든 자유와 권리는 국가안전보장, 질서유지 또는 공공복리를 위하여 필요한 경우에 한하여 법률로서 제한"할 수 있다고 하여 기본권제한의 한계를 규정하고 있다. 이러한 제한의 한계를 "과잉금지원칙"이라고 한다.(헌재 1989.3.17, 88헌마1 등) 그런데 **대상결정을 비롯한 종래의 헌법재판소 결정**(헌재2005.10.27, 2003헌바50 등)**은** 헌법 제33조 제2항의 위임을 근거로 하여 입법자는 어떠한 범위의 공무원에게 어떠한 내용의 노동3권을 인정할 것인가 등에 대하여 광범위한 입법형성의 자유를 가진다고 하여 상대적으로 엄격한 심사기준인 과잉금지원칙의 적용을 부정하고 있다. 이 경우 입법재량이 합리적으로 행사되었느냐의 여부만이 심사되기 때문에 상대적으로 합헌성이 긍정될 가능성이 높아서 문제가 있고, 따라서 헌법 제37조 제2항의 기본권제한의 한계에 의해 심사되어야 한다는 반대의견이 지속적으로 제기되고 있다.

2. 노동조합의 가입범위

대상결정은 공노법 제6조는 공무원의 국민전체에 대한 봉사자로서의 지위와 그 직무상의 공공성 등을 고려한 합리적 공무원제도의 보장 및 공무원제도와 관련한 주권자 등 이해관계인의 권익을 공공복리의 목적 아래 통합, 조정하려는 의도와 어긋난다고 볼 수 없다고 하여 노동3권의 침해를 부정하고 있다. 하지만 **단결권은 근로자들이 단결하는 것에 주된 목적이 있기 때문에 그러한 기본권을 행사한다고 하여 합리적 공무원제도 및 공무원제도와 관련한 주권자 등 이해관계인의 권익과 충돌하는 외부적 효과를 생각하는 것은 매우 어렵다**.[94]

3. 단체교섭의 대상 및 단체협약의 효력

공노법 제8조 제1항 단서는 "정책결정에 관한 사항 및 그 기관의 관리·운영에 관한 사항으로서 근무조건과 직접 관련되지 아니하는 사항은 교섭의 대상이 될 수 없다."고 하고 있는데, 대상결정과 같이 **공무원의 노동3권의 제한에 대한 입법자의 광범위한 재량을 인정하는 입장**에서 보면 **의무적 교섭대상으로 인정될 것이지를 둘러싼 교섭상의 혼선을 막는 것도 합리적 공무원제도 및 공무원제도와 주권자 등 이해관계인의 권익을 보호하기 위하여 필요하고, 그 필요하다는 판단이 비합리적이라고는 할 수 없어서 합헌성이 긍정될 수 있다**. 그러나 과잉금지원칙을 심사기준으로 채택한다면 합헌성을 인정하기 위해서는 보다 신중한 검토와 논증이 필요하게 된다.

다음으로 공노법 제10조 제1항의 위헌 여부에 관해서 대상결정은 헌법 제7조 제2항의 공무원 근로조건법정주의와 헌법 제54조 제1항의 국회의 예산심의권 및 확정권을 근거로 하여 **법률과 예산으로 정해지는 범위에서는 단체협약을 통하여 근로조건을 결정할 수 있는 협약자치의 자유가 존재할 수 없다고 보고 있다**. 하지만 **공무원 근로조건법정주의 및 국회의 예산심의권 및 확정권은 모든 국민의 '인간으로서의 존엄과 가치 그리고 행복추구' 기타 기본적 인권의 보장을 목적으로 하여 그에 봉사하여야 할 원리 내지 제도에 불과하므로 단체협약체결권과의 관계에서 일방적인 우선순위가 인정될 수 없다는 견해도 있다**.[95]

대상결정의 반대의견은 **단체협약체결 후에 정부나 지방자치단체가 단체협약의 내용과 다른 내용의 명령·규칙을 제정. 변경하여 시행함으로써 그 명령·규칙의 시행 전에 체**

---

[94] 앞의 책, 392면.
[95] 앞의 책, 393면.

결된 단체협약의 효력을 부정할 수 있다면, 그것은 단체협약의 효력을 노사관계의 일방 당사자가 일방적으로 변경, 실효시키는 것을 허용하게 되므로 이는 헌법 제33조 제1항. 제2항이 보장하는 공무원의 단체교섭권을 근본적으로 부정하거나 본질적으로 침해하는 것이어서 헌법상 허용될 수 없다고 하여 공노법 제10조 제1항의 '법령'에는 단체협약 체결 후에 시행되는 명령·규칙은 포함되지 않는다고 한다.96)

4. 쟁의행위의 금지

공노법 제11조의 위헌 여부에 관해서 대상결정은 **국민전체에 대한 봉사자로서의 공무원지위와 특성, 재정민주주의**(국회에 의한 예산심의와 예산확정), **쟁의행위에 있어서 국가의 대응수단의 부재, 파업으로 인한 국가기능의 마비** 등을 이유로 쟁의행위금지의 합헌성을 긍정하였다. 그러나 헌법상 공무원의 '국민전체에 대한 봉사자'라는 규정은 본래 공무원이 군주나 집권세력 또는 특정계급 등 '일부의 이익'에만 봉사하여서는 아니 된다는 것을 의미하지 공무원의 노동기본권을 제한하는 논리로 원용될 수 없다는 점, 공무원의 직무는 직접 국민의 생명·신체에 관련된 것부터 단순한 일상적인 편익에 그치는 것까지 다양하고 국민의 생명, 신체에 관련된 것이라고 하더라도 일반국민의 불이익의 질 등에 차이가 있어서 일률적으로 쟁의행위를 금지하는 것은 부당하다는 점 등을 들어 쟁의행위에 대한 전면적 금지는 위헌이라고 주장하는 견해도 있다.97)

---

96) 앞의 책, 393면.
97) 앞의 책, 393면.

37 단체협약의 해석원칙

대법원 2011.10.13, 2009다102452판결(임금 등)

01 사실관계[98]

Y사(피고)에 근무하는 근로자 X(원고)는 명령 불복종, 하극상 및 명예훼손 등을 이유로 1997.4.26. 징계해고 되었다. X는 법원에 해고의 무효확인과 해고기간 동안의 미지급 임금의 지급을 구하는 소를 제기하였고, 대법원은 2005.8.9. 해고처분이 무효이고 Y사에게 미지급 임금과 2000.2.20.부터 원고의 복직 시까지에 대한 가산보상금을 지급하라고 판결하였다. Y사는 X를 2005.8.9. 복직시키고, X에게 323,916,312원을 지급하였다. 이에 X는 **단체협약 제46조에 따라 해고기간 전체에 대한 가산보상금의 지급을 청구하는 소송을 제기하였다**. Y사와 Y사의 노동조합이 체결한 **단체협약 제46조의 내용**은 다음과 같다. 「제46조(부당징계) 징계처분을 받은 조합원이 노동위원회 또는 법원에 의해 부당징계로 판명되었을 시 회사는 즉시 다음의 조치를 취하여야 한다. 1. 판정서 혹은 결정서 접수 당일로 징계무효처분과 출근조치 2. **임금 미지급분에 대해서는 출근시 당연히 받아야 할 임금은 물론 평균임금의 100%를 가산 지급한다**. 단, 부당징계로 판명될 때까지 본인이 부담한 관련 실제비용은 회사가 추가 지급한다.

1심은 X의 주장을 받아 들여, 해고기간 전체에 대하여 가산보상금을 지급하여야 한다고 판단하였다. 반면 2심은 단체협약 제46조의 '평균임금의 100%'를 단지 1월분의 평균임금만을 의미한다고 판단하였다. 이에 X는 상고하였고, **대법원은 '평균임금의 100%'는 근로자가 "부당해고 등 부당징계로 인하여 해고 등 당시부터 원직복직에 이르기까지의 전 기간에 걸쳐 지급받지 못한 임금을 의미한다고 보아야 할 것이다."**고 판단하였다.

02 판결의 내용

대법원은 단체협약의 해석과 관련하여 "처분문서는 그 진정성립이 인정되면 특별한 사정이 없는 한 그 처분문서에 기재되어 있는 문언의 내용에 따라 당사자의 의사표시가 있었던

---
98) 앞의 책, 302면.

것으로 객관적으로 해석하여야 하나, 당사자 사이의 계약의 해석을 둘러싸고 이견이 있어 처분문서에 나타난 당사자의 의사해석이 문제되는 경우에는 문언의 내용, 그와 같은 약정이 이루어진 동기와 경위, 약정에 의하여 달성하려는 목적, 당사자의 진정한 의사 등을 종합적으로 고찰하여 논리와 경험칙에 따라 합리적으로 해석하여야 한다. 한편 단체협약과 같은 처분문서를 해석함에 있어서는, 단체협약이 근로자의 근로조건을 유지, 개선하고 복지를 증진하여 그 경제적. 사회적 지위를 향상시킬 목적으로 근로자의 자주적 단체인 노동조합과 사용자 사이에 단체교섭을 통하여 이루어지는 것이므로, 그 명문의 규정을 근로자에게 불리하게 변형 해석할 수 없다."고 하였다. 그리고 "이 사건 단체협약 제46조 제2호 본문은 '임금 미지급분에 대해서는 출근 시 당연히 받아야 할 임금은 물론 평균임금의 100%를 가산 지급한다.'라고 규정하고 있는데, 위 가산보상금 규정의 내용과 형식, 그 도입경위와 개정과정, 위 규정에 의하여 피고의 노. 사 양측이 달성하려는 목적, 특히 위 가산보상금 규정이 피고의 부당징계를 억제함과 아울러 징계가 부당하다고 판명되었을 때 근로자를 신속히 원직 복귀시키도록 간접적으로 강제하기 위한 것인 점 등에 비추어 보면, 미지급 임금 지급 시 가산 지급되는 위 '평균임금의 100%'는 근로자가 위와 같은 부당해고 등 부당징계로 인하여 해고 등 당시부터 원직복직에 이르기까지의 전 기간에 걸쳐 지급받지 못한 임금을 의미한다고 보아야 할 것이다."라고 하였다.

03 판결의 의의와 한계

대법원은 단체협약의 해석을 법률행위의 해석방법에 의할 것인지, 법률의 해석방법에 의할 것인지에 대하여 명시적으로 언급하지 않고 "당사자의 의사해석이 문제되는 경우에는 문언의 내용, 그와 같은 약정이 이루어진 동기와 경위, 약정에 의하여 달성하려는 목적, 당사자의 진정한 의사 등을 종합적으로 고찰하여 논리와 경험칙에 따라 합리적으로 해석하여야 한다."고 하였다.

단체협약을 법률행위의 해석방법에 의해 해석할 때 법률행위는 원칙적으로 당사자 사이에만 구속력이 미치기 때문에 자연적 해석과 같은 주관적 해석이 적합하지만, 법률은 이에 동의하지 않은 자에게도 구속력이 미치기 때문에 객관적 해석이 적합하다.[99] **단체협약은 사인사이에 체결된 계약이라는 형식적 측면이 아니라 계약체결의 당사자가 아닌 조합원에게 직접 그 효력이 미치기에**(노조법 제33조 제1항) **그 기능적 측면을 고려하여 법률의 해석방법에 따라 해석하여야 한다고 본다.**[100] **따라서 단체협약은 단체협약의 문언, 체계, 목적, 연혁을 고려하여 해석하는 것이 바람직하다고 본다.**

---

99) 앞의 책, 305면.
100) 앞의 책, 305면.

38 노동위원회 구제명령의 효력

대법원 2006.11.23, 2006다49901판결(해고무효확인및임금)

01 사실관계[101]

피고(Y)는 택시운송업을 하는 회사이고, 원고인 X1과 X2는 Y소속 택시운전기사로 근무하고 있었다. Y는 X1에 대하여 2003.3.31. **징계위원회를 개최**하여 ① 20여일이 넘는 무단결근 ② 교통사고로 회사에 손해를 입힌 점 ③ 사고차량을 수리할 때 지정수리업체가 아닌 다른 업체에 의뢰하면서 이 업체에 1백만원을 요구한 점 ④ Y 및 Y의 대표이사에 대한 허위사실 유포 ⑤ 승무시 난폭운전과 여학생에 대한 폭언을 하였다는 이유로 **징계해고 하였다**. 또한 Y는 X2에 대해서는 입사 후 수습기간 중에 회사에 매일 납부할 사납금 68만 8천원을 납부하지 않고 유용(횡령)하여 회사경영에 막대한 지장을 초래했다는 이유로 2003.4.7. 별도의 절차없이 면직 처리하였다.

X1과 X2는 노동위원회에 부당해고 및 부당노동행위 구제신청을 하였고, **노동위원회**는 징계종류 중 가장 무거운 처분인 해고를 한 것이 재량권남용이라는 이유로 **부당해고 결정**을 하였으나 부당노동행위에 대하여는 기각결정을 내렸다. 이에 대한 **재심사건에서 중앙노동위원회**는 위 초심결정 중 부당해고 부분은 유지하고, 부당노동행위 부분을 취소하여 X1과 X2에 대한 해고가 부당노동행위라고 결정하였다. 이에 대해 Y는 행정소송을 제기하지 아니하여 중앙노동위원회의 결정은 2004.5.경 확정되었다.

그 이후 **X1과 X2는 Y를 상대로 해고무효확인 및 임금지급 청구소송을 제기**하였다. 이 사건의 제1심법원은 원고들의 청구를 기각하였고 원고들은 다시 항소하였으나 이 사건의 원심법원은 X1과 X2의 청구를 기각하였다.

이 사건에서 X1과 X2는 해고에 대해 절차적 및 실체적 정당성이 없다고 주장하면서 동시에 **Y가 원고들에 대한 해고의 정당성을 다투는 것이 신의칙이나 금반언의 원칙에 반하여 허용될 수 없다고** 주장하였다. 그 이유로 원고들은 Y가 노동위원회의 결정에 승복하고 행정소송을 제기하지 아니하여 노동위원회의 결정이 확정된 사정을 들었다. 이 사건 원심은 이러한 주장을 노동위원회 판정의 공법상의 효력을 들어 이유가 없다고 배척하였다.

---

[101] 앞의 책, 398면.

02 판결의 내용

노동위원회의 사용자에 대한 구제명령은 사용자에게 이에 복종하여야 할 공법상의 의무를 부담시킬 뿐, 직접 노사간의 사법상의 법률관계를 발생 또는 변경시키는 것은 아니라고 할 것이므로, 노동위원회로부터 부당해고라는 구제명령이 있었고 이것이 확정되었다는 사정만으로 새로이 제기된 민사소송에서 사용자가 이를 다투는 것이 신의칙이나 금반언의 원칙에 반하여 허용될 수 없는 것이라고 하기 어렵다는 등의 이유로 이를 모두 배척하였는바, 기록에 의하여 살펴보면 이러한 원심의 조치도 옳은 것으로 수긍이 가고, 거기에 채증법칙 위배나 심리미진으로 인하여 사실을 오인하거나 부당노동행위와 노동위원회 구제명령의 해석 또는 신의칙이나 금반언의 원칙에 관한 법리를 오해한 위법 등이 있다고 할 수 없다.

03 판결의 의의와 한계

이 사건의 판례법리는 민사재판에서 해고에 대해 확정판결이 난 경우 근로자가 제기한 구제절차에서 구제이익이나 소의 이익을 부정하여 공법상의 구제를 원천적으로 차단하면서, 그 반대의 경우(노동위원회에 의해 구제명령이 내려지고 그 노동위원회의 결정이 확정된 경우 해고무효확인 및 임금지급청구소송을 제기한 경우)는 허용함으로써 해고 등의 고용관계에 대한 행정적 구제제도에 대해서 민사판결의 우위성을 확인하였다.

결국 대법원은 노동위원회의 판정이 근로자와 사용자간의 사법상 법률관계를 발생 또는 변경시키지 않는다고 보았는데, 그 이유는 노동위원회의 구제명령은 그 실체적 내용에 관계없이 행정기관인 노동위원회가 사용자에게 공법상의 의무를 부담시키는 형식을 취하고 있기 때문이다.

노동판례백선요해

노동판례백선요해

2 근로기준법

근로기준법

01 노동법에서 신의칙의 적용

대법원 1994.9.30, 94다9092판결(고용관계존재확인등)

01 사실관계[102]

피고회사(Y)는 1980.6월경 기업경영의 합리화를 위하여 그 소속부서 중 도장부를 분리. 독립시켜 그 계열회사로서 소외 주식회사 A를 설립하여 그 영업부분을 양도하고, 원고들(X 등)을 포함한 Y도장부 소속 근로자들이 회사측의 권고에 따라 Y에서 퇴직하고 신설된 A에 신규입사하게 되었다. 그 당시 위 근로자들이 Y에 비하여 경영기반이 훨씬 취약한 A로 그 적을 옮기게 되는데 따른 제반 신분상의 불이익을 우려하여 그 대비책을 요구한 관계로, 1980.6월경 Y의 노동조합인 전국금속노동조합 Y지부가 X등을 포함하여 당시 Y의 전적 방침에 따르는 도장부소속 근로자들을 위하여 Y와의 사이에, 앞으로 신설된 A가 조업이 불가능하여 고용을 유지하지 못하게 될 때에는 Y가 A의 소속 종업원들을 모두 재취업시키기로 약정하였다. 그 후 X 등이 위 기업분할 조치에 순응하여 Y에서 퇴직하고 1980.7.1. A에 입사하여 근무하여 오던 중에 A가 1989.7월경 폐업하면서 같은 달 31일 X 등을 포함한 근로자들을 모두 해고하였다. X 등은 A로부터 해고된 후 각기 다른 회사에 입사하여 급료를 받고 있다가 2년 8개월여의 기간이 경과된 후에 위 재취업약정을 근거로 하여 원래 근무하던 Y와의 사이에 고용관계가 존재한다는 확인 내지 임금지급을 청구하는 이 사건 소를 제기하였다.

02 판결의 내용

Y로부터 분리. 독립된 계열회사 A의 폐업으로 해고되어 다른 회사에 입사하여 급료를 받고 있던 X 등이 2년 8개월여 후에 Y와 그 노동조합간의 재취업약정에 근거하여 Y를 상대로 이 사건 소를 제기한 것이 실효의 원칙 내지는 신의칙에 비추어 허용될 수 있는지 여부에 관하여 다음과 같이 판결하였다.

"원고들이 신설된 대한특수도장으로부터 해고당한지 2년 8개월여의 기간이 경과된 후에

---
102) 한국노동법학회, 『노동판례백선』, 박영사, 2015년, 6면.

위 재취업약정을 근거로 하여 원래 근무하던 대한조선공사와의 사이에 고용관계가 존재한다는 확인 내지 임금지급을 청구하는 이 사건 소를 제기하였지만, **이는 그 동안 비슷한 처지에 놓인 다른 근로자들이 제기한 이 사건과 같은 취지의 관련소송의 추이를 기다렸다가 그 중 일부 근로자들이 승소판결을 얻자 비로소 이 사건 제소에 이르렀음이 분명**하고, 아울러 원고들이 위 재취업약정에 기하여 **대한조선공사와의 사이에 새로운 고용관계가 형성**되었음에도 불구하고 회사측에서 그 동안 전혀 근로의 기회를 제공하지 않은 사정을 감안하여 볼 때, 이러한 법률관계에 정통하지 못한 원고들이 뒤늦게 이 사건 제소를 하였다고 하여 그 소제기에 의한 권리의 행사가 실효의 원칙 내지는 신의성실의 원칙에 비추어 허용될 수 없는 것이라고 말할 수 없다. 그리고 원고들이 비록 그 사이 각기 다른 회사에 입사하여 고액의 급료를 얻고 있었다고 하더라도, 이는 **이사건 소송의 승소가능성에 대한 회의와 회사측과의 사이에 생긴 법률관계에 대한 이해부족에서 연유**된 것으로 보이므로 이 때문에 그 결론이 달라진다고 볼 수도 없을 것이다. 어디까지나 재취업약정에 기하여 생긴 새로운 고용관계의 확인을 구하고 있는 이 사건의 경우를 단순한 부당해고로 인한 근로관계에 있어서와 동일하게 다룰 것은 아니다.

03 판결의 의의와 한계

1. 법의 일반원칙으로서 신의칙

민법 제2조에 의하면 "권리의 행사와 의무의 이행은 신의에 좇아 성실히 하여야 하고 권리는 남용하지 못한다."라고 하고 있다. 민법상의 신의성실의 원칙은 **법률관계의 당사자는 상대방의 이익을 배려하여 형평에 어긋나거나 신뢰를 저버리는 내용 또는 방법으로 권리를 행사하거나 의무를 이행하여서는 아니 된다는 추상적 규범을 말하는 것**으로서, 신의성실의 원칙에 위배된다는 이유로 그 권리의 행사를 부정하기 위해서는 상대방에게 신의를 공여하였다거나 객관적으로 보아 상대방이 신의를 가짐이 정당한 상태에 이르러야 하고, 이와 같은 **상대방의 신의에 반하여 권리를 행사하는 것이 정의관념에 비추어 용인될 수 없는 상태에 이르러야 한다.**(대판 1991.12.10, 91다3802; 대판 1997.1.24, 95다30314 등)

판례가 인정한 신의칙 개념에 따르면 어떤 사람의 권리행사가 신의칙에 어긋나서 그것을 부인하기 위해서는 **단순히 권리의 행사가 공평이나 형평에 반하는 정도에 그쳐서는 안 되고, 상대방의 신뢰를 배신하고 더 나아가 그 신뢰의 배신은 사회전체의 관점에 비추어 정의관념에 어긋나기 때문에 허용할 수 없는 정도**에 이르러야 한다.[103]

---

103) 앞의 책, 7면.

2. 해고소송에서의 신의칙(실효의 원칙)

실효의 원칙은 신의칙에서 파생된 원리다. 판례에 따르면, **권리자가 실제로 권리를 행사할 수 있는 기회가 있었음에도 불구하고 상당한 기간이 경과하도록 권리를 행사하지 아니하여 의무자인 상대방으로서도 이제는 권리자가 권리를 행사하지 아니할 것으로 신뢰할 만한 정당한 기대를 가지게 된 다음에 새삼스럽게 그 권리를 행사하는 것이 법질서 전체를 지배하는 신의성실의 원칙에 위반하는 것으로 인정되는 결과가 될 때에는 이른바 실효의 원칙에 따라 그 권리의 행사가 허용되지 않으며, 실효의 원칙이 적용되기 위하여 필요한 요건으로서의 실효기간(권리를 행사하지 아니한 기간)의 길이와 의무자인 상대방이 권리가 행사되지 아니하리라고 신뢰할 만한 정당한 사유가 있었는지의 여부는 일률적으로 판단할 수 있는 것이 아니라** 구체적인 경우마다 권리를 행사하지 아니한 기간의 장단과 함께 권리자측과 상대방측 쌍방의 사정 및 객관적으로 존재한 사정 등을 모두 고려하여 사회통념에 따라 합리적으로 판단하여야 한다.(대판 1992.5.26, 92다3670)

대상판결의 사건에서 X등은 폐업에 따른 해고 후 타회사에 입사하여 근무하다가 2년 8개월여의 기간이 지나서 이 사건 소를 제기하였지만, 소의 제기가 장기간 지체된 상당한 이유 내지 특별한 사정이 있었다고 보아서 실효의 원칙이 적용되지 않았다. 즉, X등이 상당기간이 지난 후 소를 제기한 것은 첫째, 같은 취지의 관련소송의 추이. 결과를 기다렸던 점 둘째, 재취업약정에 따른 새로운 고용관계의 형성에도 불구하고 Y(대한조선공사)가 근로의 기회를 전혀 제공하지 않은 점 셋째, 타회사 취업은 승소가능성에 대한 회의와 Y와의 법률관계에 대한 이해부족에 기인한 것으로 보이는 점 등의 특수한 사정이 있었다는 것이다. **대상판결은 이 사건을 재취업약정에 기하여 생긴 새로운 고용관계의 확인을 구한 것으로서 이해하여 일반적인 부당해고소송과 구별하였다.**[104]

3. 기타 노동분쟁에서의 신의칙

최근에 대법원(전원합의체)은 정기상여금을 통상임금에서 제외하는 노사합의의 무효를 주장하며 근로자 측이 추가로 법정수당을 청구하는 것이 신의칙에 위배되어 허용되지 않는다고 판시하였다.(대판 2013.12.18, 2012다89399) 즉, 노사합의에서 정기상여금은 통상임금에 해당하지 아니한다고 오인한 나머지 정기상여금을 통상임금 산정 기준에서 제외하기로 합의하고 이를 전제로 임금수준을 정한 경우, 근로자측이 임금협상의 방법과 경위 등은 도외시한 채 임금협상 당시 전혀 생각하지 못한 사유를 들어 정기상여금을 통상임금에 가산하고 이를 토대로 추가적인 법정수당의 지급을 구함으로써 **노사가 합의한 임금수준을 훨씬 초과하는 예상외의 이익을 추구**하였고, 그로 말미암아 **사용자에게 예측하지 못한 새로운 재정적 부담을 지워 중대한 경영상의 어려움을 초래하거나**

---

104) 앞의 책, 8면.

기업의 존립을 위태롭게 하였다면, 근로자측의 추가법정수당의 청구는 신의칙에 위배되어 받아들일 수 없다는 것이다. 이렇게 신의칙위반을 이유로 추가로 법정수당을 청구하는 것을 허용하지 않는 태도에 대하여는 **노사 간 현실적 이해관계의 조정이라는 정책적 목표를 달성하기 위하여 신의칙으로 도피하였다는** 비판이 제기된다.

02 노동법의 강행성(퇴직금포기 계약의 효력)

대법원 1998. 3. 27, 97다49732판결(퇴직금)

01 사실관계[105]

피고회사(Y)는 국내항공사이며, 원고들(X)은 Y에 외국인조종사로 채용되어 근무하였던 2명이다. X는 Y와의 사이에 근로계약을 체결함에 있어서, Y로부터 지급받기로 한 임금은 일정한 근무시간을 기준으로 지급되는 월급여, 그 근무시간을 초과하여 근무한 것에 대한 연장근무수당, 당번근무를 할 경우에 지급되는 일당수당, 그 밖에 교통비와 휴가보상금으로 한정하기로 하고, **고용기간 종료시 Y에 대하여 어떠한 추가적인 보상도 요구하지 않기로 합의하였다.** 그러나 근로관계가 종료된 후 X는 Y에게 퇴직금을 요구하였다가 거절당하자 **퇴직금을 청구하는 소송을 제기하였고**, Y는 이를 청구하지 않기로 한 계약내용 등을 근거로 X의 청구는 기각되어야 한다고 주장하였다.

02 판결의 내용

퇴직금은 일정기간 계속근로를 하고 퇴직하는 근로자에게 사용자가 지급하는 후불적 임금의 성질을 띤 금원으로서, 구체적인 퇴직금청구권은 퇴직이라는 사실을 요건으로 하여 발생되는 것이다. 최종 퇴직시 발생하는 퇴직금청구권을 사전에 포기하거나 그에 관한 민사상 소송을 제기하지 않겠다는 부제소특약을 하는 것은 **강행법규인 구근기법에 위반되어 무효이다.** 또한, X를 포함한 외국인조종사들이 내국인조종사들에 비하여 높은 임금을 받은 것은 Y의 기장 수급과, 외국인 기장의 높은 기술숙련도, 기타 제반 복지비용이 포함되어 있다고 볼 사정이 있어도, 그 임금에 퇴직금을 포함시키는 의사합치가 X와 Y사이에 있었다고 볼 수 없다.

---

105) 앞의 책, 18면.

03 판결의 의의와 한계

근로기준법에서 규정된 근로조건의 기준 또는 근로자의 보호를 위한 근로기준법의 규정은 강행규정으로 해석된다. 따라서 퇴직금을 사전에 포기하는 등의 방법으로 사용자가 퇴직하는 근로자에게 이를 지급하지 않거나 구 근기법이 규정한 기준을 위반하는 퇴직금을 지급하겠다는 내용이 포함된 근로계약은 강행규정을 위반하여 무효이다. 대상판결은 이를 확인하고 있다.

03 근기법상 근로자개념

대법원 2006.12.7, 2004다29736판결(퇴직금)

01 사실관계[106]

원고들(X등)은 대학입시학원 종합반 강사로서 피고(Y)가 운영하는 학원에서 짧게는 10년, 길게는 15년 동안 계속하여 근무하여 왔으나 매년 2월에 반복 체결되어 왔던 계약의 갱신을 거절당하자, 이는 그 실질이 해고와 같고 갱신, 반복체결된 계약 사이에 일부 공백기간이 있다 하더라도 근로관계의 계속성이 유지되었음을 주장하며 퇴직금 및 해고수당 지급을 청구하였다. 이에 대하여 Y는 X 등은 근로계약이 아닌 '강의용역제공계약'에 따라 강의용역을 제공한 개인사업자이므로 계약의 갱신거절은 정당하고 퇴직금 및 해고수당을 지급할 의무도 없다고 주장하였다.

02 판결의 내용

1. 근기법상 근로자인지 여부는 계약 형식이 고용계약인지 도급계약인지보다 그 실질에 있어 사업 또는 사업장에 임금을 목적으로 종속적 관계에서 사용자에게 근로를 제공하였는지 여부에 따라 판단하여야 하고, 종속적 관계 여부는 경제적. 사회적 여러 조건을 종합하여 판단해야 한다. 다만, **기본급이나 고정급이 정해졌는지, 근로소득세를 원천징수했는지, 사회보장제도에 관하여 근로자로 인정받는지** 등의 사정은 사용자가 경제적으로 우월한 지위를 이용하여 임의로 정할 여지가 크기 때문에, 그러한 점들이 인정되지 않는다는 것만으로 근로자성을 쉽게 부정해서는 아니된다.

2. 근로계약기간을 갱신하거나 동일한 조건의 근로계약을 반복 체결한 경우 갱신, 반복된 계약기간을 합산하여 계속근로 여부와 계속근로연수를 판단해야 하고, **갱신 또는 반복 체결된 근로계약** 사이에 일부 공백기간이 있다 하더라도 그 기간 중 근로를 제공하지

---

106) 앞의 책, 22면.

않거나 임금을 지급하지 않을 상당한 이유가 있다고 인정되는 경우 근로관계의 계속성은 그 기간 중에도 유지된다.

3. X 등은 실질적으로 기간의 정함이 없는 근로자의 지위에 있었던 것으로 보이므로, Y가 X 등에게 한 근로계약 갱신 거절은 실질적으로 해고라고 봄이 상당하다.

03 판결의 의의와 한계

1. 근기법상 근로자인지 여부의 판단기준

대상판결에서는 근로자성 판단에서 기존의 원칙적인 입장을 취하면서도 "다만, 기본급이나 고정급이 정하여졌는지, 근로소득세를 원천징수하였는지, 사회보장제도에 관하여 근로자로 인정받는지 등의 사정은 사용자가 경제적으로 우월한 지위를 이용하여 임의로 정할 여지가 크다는 점에서 그러한 점들이 인정되지 않는다는 것만으로 근로자성을 쉽게 부정하여서는 안 된다."는 단서를 더하여, 사용자에 의하여 형식적으로 제거 또는 위장되었던 근로자성의 징표를 실질적인 노무제공 실태와 부합하는 방향에서 판단하여 기존의 원칙적인 입장보다는 그 취약성을 보정하였다는 점에 의의가 있다.

그러나 대상판결에서는 여전히 **노무내용의 타인결정성을 중시하는 좁은 의미의 사용종속성**을 근로자성 판단의 실질적 징표로 삼고 있는 바, 사용자의 지휘·감독방식이 직접적이고 구체적인 형태에서 간접적이고 포괄적인 형태로 변화하고 있는 측면을 감안하여 조직적 종속성과 경제적 종속성을 보다 적극적으로 고려할 필요가 있다.107)

2. 갱신 또는 반복 체결한 근로계약 사이의 공백기간과 계속근로연수

대법원은 "갱신되거나 반복 체결된 근로계약 사이에 일부 공백기간이 있다 하더라도 그 기간이 전체 근로계약기간에 비하여 길지 아니하고, 계절적 요인이나 방학기간 등 당해 업무의 성격에 기인하거나 대기기간. 재충전을 위한 휴식기간 등의 사정이 있어 그 기간 중 근로를 제공하지 않거나 임금을 지급하지 않을 상당한 이유가 있다고 인정되는 경우에는, 근로관계의 계속성은 그 기간 중에도 유지된다고 봄이 상당하다."는 입장에서 X등이 계약기간 이 아닌 기간에도 수능시험 문제풀이 등 강의 외 부수업무수행과 다음 연도 강의를 위한 재충전 및 강의능력제고를 위한 연구기간으로서 근로관계가 계속되었다고 판단하여 퇴직금지급 청구를 인용하였다.

---

107) 앞의 책, 24면.

갱신, 반복 체결된 근로계약 사이에 일부 공백기간이 있는 경우 근로관계의 계속성이 유지된 것으로 보아야 하는지의 여부는 구체적인 사정을 살펴 판단할 수밖에 없는 문제이나, **사업 또는 수행업무의 특성과 연속성, 공백기간이 계약의 갱신 또는 반복체결을 위하여 당연히 예정된 대기기간인지 등이 주요한 판단기준으로 고려될 수 있다고 보여진다**.108) 또한 그러한 공백기간이 혹 근로관계 당사자 일방의 이익을 위하여 설정된 것은 아닌지 그러므로 종속성을 추정케 하는 또 다른 요소로 평가되어야 하는 것은 아닌지도 아울러 판단되어야 할 것이다.109)

---

108) 앞의 책, 25면.
109) 앞의 책, 25면.

04 근기법상 사용자개념

근로기준법

대법원 2008.4.10, 2007도1199판결(근기법위반. 노조법위반)

01 사실관계[110]

피고인(X)은 대학교의료원(A)의 의료원장이다. A산하에는 각 병원들이 있으며 그 운영은 대체로 당해 병원장이 관장하지만, X는 A를 대표하여 대학교총장의 명을 받아 A산하 각 병원 및 기관의 운영전반을 관장하고 소속 교직원을 지휘·감독하였으며, 산하 각 병원의 연간 종합 예산 등의 편성. 조정. 통제. 각 병원별 자금운용수지 현황 관리 등의 업무를 담당해 왔다. 또한 X는 자금운용에 어려움이 있는 병원에 대하여는 자금지원 요청을 받아 다른 병원으로부터 자금을 차입하거나 법인으로부터 자금을 지원받도록 하는 등 각 병원의 자금운영난을 해소하기 위한 조치를 취하도록 되어 있으며, 실제로 A산하의 A1병원에 대한 인건비지원을 위해 A산하 A2병원으로부터 자금을 차용하도록 병원 간 거래의 시행을 승인하였다. 본건은 이러한 사실관계 하에서 A1병원 등 소속의 근로자들에 대한 관계에 있어 대학의료원장인 X와 A1병원의 병원장인 Y중 누가 임금체불로 인한 근기법 위반죄의 죄책을 지는 근기법상의 사용자에 해당하는지가 다투어진 사안이다.

02 판결의 내용

구 근기법 제15조(현행 근기법 제2조 제1항 2호)가 정한 '사용자'란 사업주 또는 사업경영담당자 기타 근로자에 관한 사항에 대하여 사업주를 위하여 행위하는 자를 말하고, 여기에서 '사업경영담당자'란 사업경영일반에 관하여 책임을 지는 자로서 사업주로부터 사업경영의 전부 또는 일부에 대하여 포괄적인 위임을 받고 대외적으로 사업을 대표하거나 대리하는 자를 말하는바, 구근기법이 같은 법 각 조항에 대한 준수의무자로서의 사용자를 사업주에 한정하지 아니하고 사업경영담당자 등으로 확대한 이유가 노동현장에 있어서 근기법의 각 조항에 대한 실효성을 확보하기 위한 정책적 배려에 있는 만큼, 사업경영담당자란 원칙적으로 사업경영 일반에 관하여 권한을 가지고 책임을 부담하는 자로서 관계법규에 의하여

---
110) 앞의 책, 26면.

제도적으로 근기법의 각 조항을 이행할 권한과 책임이 부여되었다면 이에 해당한다.

따라서 X가 A를 대표하며 A산하 각 병원 및 기관의 운영전반을 관장하고, A산하 각 병원의 총 예산을 포함한 A의 연간 종합 예산의 편성. 조정. 통제. 각 병원별 자금운용수지 현황 관리 등의 업무를 담당해 왔다면, A산하 각 병원이 독립채산제로 운영되고 Y가 그 전결사항으로 소속 근로자들에 대한 임금을 지급하여 왔다 하더라도, X는 A산하 병원 등 소속 근로자들에 대한 관계에 있어서 구 근기법 제15조에서 정한 사용자에 해당한다.

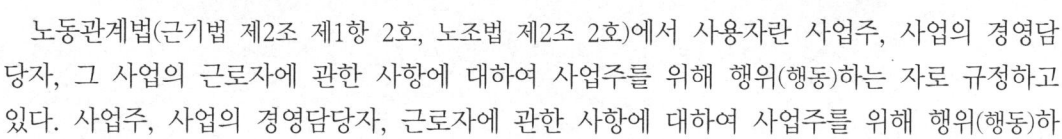

03 판결의 의의와 한계

노동관계법(근기법 제2조 제1항 2호, 노조법 제2조 2호)에서 사용자란 사업주, 사업의 경영담당자, 그 사업의 근로자에 관한 사항에 대하여 사업주를 위해 행위(행동)하는 자로 규정하고 있다. 사업주, 사업의 경영담당자, 근로자에 관한 사항에 대하여 사업주를 위해 행위(행동)하는자의 의미와 관련하여 판례는 다음과 같이 바라보고 있다.

1. 사업주

'사업주'라 함은 그 사업의 경영주체를 말한다. 결국 개인기업의 경우에는 그 기업주 개인을 의미하고, 법인기업인 경우에는 법인 그 자체를 말한다. 일반적으로 사업주는 근로자와 근로계약을 체결한 근로계약의 한쪽 당사자가 되지만, 판례에 의하면 실질적인 근로관계가 있다면 반드시 근로계약이 체결되어 있지 않더라도 실질적으로 그 근로자를 사용한 사업을 한 자이므로 사업주에 해당된다고 판시하고 있다.(대판 1986.8.19, 83다카657)

2. 사업의 경영담당자

대법원은 "사업의 경영담당자란 사업의 경영일반에 관하여 책임을 부담하는 자로서 사업주로부터 사업경영의 전부 또는 일부에 대하여 포괄적인 위임을 받고 대외적으로 사업을 대표하거나 대리하는 자를 말한다."라고 하고 있다.(대판 2008.4.10, 2007도1199) 그리고 **근기법 제2조 제1항 제2호가 규범의 준수의무자로서 '사용자'를 사업주에 한정하지 않고 사업경영담당자 등으로 그 범위를 확대한 이유는 노동현장에서 근기법의 각 조항에 대한 실효성을 확보하기 위해 정책적으로 배려한 것이라고 한다.** 더 나아가 대법원판례는 사업경영담당자란 원칙적으로 사업경영일반에 관하여 권한을 가지고 책임을 부담하는 자로서 **관계법규에 의하여 제도적으로 근기법 각 조항을 이행할 권한과 책임이 부여되었다면 사업경영담당자에 해당한다고 할 것이고 반드시 현실적으로 그러한 권한을 행사하여야만 하는 것은 아니라고 한다.**(대판 1989.4.25, 87도2129)

3. **근로자에 관한 사항에 대하여 사업주를 위하여 행위(행동)하는 자**

"근로자에 관한 사항에 대하여 사업주를 위하여 행위(행동)하는 자라 함은 **근로자의 인사. 급여. 후생. 노무관리 등 근로조건의 결정 또는 업무상의 명령이나 지휘·감독을 하는 등의 사항에 관하여 사업주로부터 일정한 권한과 책임을 부여받은 자를 말한다.**"라고 한다.(대판 2011.9.8, 2008두13873)

05 위약금 예정 금지

대법원 2008.10.23. 2006다37274판결(약정금)

01 사실관계[111]

피고(X)는 2001년 소속회사인 A사와 재직 시 또는 퇴직 후 정당한 이유없이 영업비밀을 누설하는 경우에 손해를 배상한다는 취지의 영업비밀보호계약을 체결하고 A에서 10년간 근무하기로 약정하였고, 5억원을 영업비밀 및 10년간 근무약정의 약속이행금으로 확인하면서 불이행시에는 그 금액의 두 배를 지급하기로 약정하였다. 이후 2002.3월 원고(Y)가 A에서 분할되어 설립되면서 Y는 X와 사이에 위약정상의 지위를 승계하였다. 한편 위 약정을 체결한 이후부터 2003년까지 11회에 걸쳐 243일 동안 기술제휴회사인 일본회사에 연수 및 출장을 다녀왔고, A 및 Y는 이 연수경비로 27,711,933원을 지출하였다. 그런데 X는 2004년 Y에 사직서를 내고 다른회사에 과장으로 입사하였다.

Y는 X가 영업비밀보호계약을 위반하였고, X가 10년간 계속 근무할 것을 전제로 막대한 연수비용을 들여 일본의 기술제휴회사의 신기술을 습득하게 하였기 때문에 이 사건 약정에 따라 10년간 근무약정 위반시에 지급하기로 한 금액 중 일부를 지급할 의무가 있다고 주장하였다. X는 영업비밀을 유지할 의무를 위반한 적이 없고, 이 사건 약정은 근기법의 위약금 예정의 금지조항에 위반되어 무효라고 주장하였다. 이 사건 원심은 다른 회사에서의 X의 업무가 Y에서 일할 때의 업무와 다르다며 Y의 영업비밀을 침해하는 행위를 하고 있다고 보지 않았다. 그러나 원심은 10년간의 전직금지기간이 약정이 무효가 될 정도로 과다하게 장기간이라고 단정하기 어렵다는 점 등을 들어 근기법에 의하여 금지된 위약금 또는 손해배상액을 예정하는 계약에 해당하지 아니하여 이 약정이 유효하다고 보아 이 부분에 대한 원고의 청구를 인용하였다. 이에 대해 X는 상고하였다.

---

111) 앞의 책, 38면.

02 판결의 내용

　구 근기법 제27조(현행 근기법 제20조)가 "사용자는 근로계약 불이행에 대한 위약금 또는 손해배상액을 예정하는 계약을 체결하지 못한다."고 정하고 이를 위반하는 행위를 형사처벌 대상으로 삼은 취지는 **근로자의 근로계약 불이행을 이유로 사용자에게 어떤 손해가 어느 정도 발생하였는지를 묻지 않고 바로 일정 금액을 배상하도록 하는 약정을 미리 함으로써, 근로자의 의사에 반하는 계속 근로를 강제하는 것을 방지하기 위한 것이다.**

　따라서 근로자가 일정기간 동안 근무하기로 하면서 이를 위반할 경우 소정 금원을 사용자에게 지급하기로 약정하는 경우, **그 약정의 취지가 약정한 근무기간 이전에 퇴직하면 그로 인하여 사용자에게 어떤 손해가 어느 정도 발생하였는지 묻지 않고 바로 소정금액을 사용자에게 지급하기로 하는 것이라면 이는 명백히 위 조항에 반하는 것이어서 효력을 인정할 수 없다.** 또 그 약정이 미리 정한 근무기간 이전에 퇴직하였다는 이유로 마땅히 근로자에게 지급되어야 할 임금을 반환하기로 하는 취지일 때에도 결과적으로 위 조항의 입법목적에 반하는 것이어서 역시 그 효력을 인정할 수 없다.

　다만, 그 약정이 사용자가 근로자의 교육훈련 또는 연수를 위한 비용을 우선 지출하고 근로자는 실제 지출된 비용의 전부 또는 일부를 상환하는 의무를 부담하기로 하되 장차 일정기간 동안 근무하는 경우에는 그 상환의무를 면제해 주기로 하는 취지인 경우에는, 그러한 약정의 필요성이 인정되고, 주로 사용자의 업무상 필요와 이익을 위하여 원래 사용자가 부담하여야 할 성질의 비용을 지출한 것에 불과한 정도가 아니라 근로자의 자발적 희망과 이익까지 고려하여 근로자가 전적으로 또는 공동으로 부담하여야 할 비용을 사용자가 대신 지출한 것으로 평가되며, 약정 근무기간 및 상환해야 할 비용이 합리적이고 타당한 범위내에서 정해져 있는 등 위와 같은 약정으로 인하여 근로자의 의사에 반하는 계속근로를 부당하게 강제하는 것으로 평가되지 않는다면 그러한 약정까지 구 근기법 제27조에 위반되는 것은 아니다.

　원심이 인정한 바에 의하더라도, 이 사건 약정은 근로자인 피고가 사용자에게 영업비밀을 침해하지 않고 약정한 10년 동안 근무하겠다는 등을 약속하면서 만약 이를 이행하지 않을 때에는 10억원을 지불하기로 하는 내용이라는 것인바, 이는 **피고가 약정 근무기간 이전에 퇴직하는 등 위 약속을 위반하기만 하면 그로 인하여 사용자에게 어떤 손해가 어느 정도 발생하였는지 묻지 않고 바로 미리 정한 10억원을 사용자에게 손해배상으로 지급하기로 하는 것이므로, 구 근기법 제27조가 금지하는 전형적인 위약금 또는 손해배상액의 예정에 해당하여 그 효력을 인정할 수 없는 것이다.** 그리고 원심이 인정한 바와 같이 이 사건 약정은 미리 정한 10억원을 위약금 또는 손해배상액으로 예정하는 취지로 보일 뿐이고 달리 피고가 실제 지출된 교육훈련 또는 연수비용의 전부 또는 일부를 상환하는 의무를 부담하기로 하되 일정기간 동안 근무하는 경우에는 그 상환의무를 면제받기로 하는 취지로 해석할 여지는 없는 것으로 보인다.

03 판결의 의의와 한계

대법원은 일정한 기간의 근무로 비용반환의무가 면제되는 교육훈련 또는 연수비반환약정인지 아니면 위약예정금지에 해당하는지는 **근로자의 의사에 반하는 계속 근로를 '부당하게 강제하는지'**의 여부를 실질적으로 판단해야 한다고 보았다.

따라서 일정기간의 근무로 비용반환의무가 면제되는 교육훈련 또는 연수비반환 약정으로 인정되려면 첫째, **약정의 필요성이** 인정되어야 하고 둘째, 사용자의 업무상의 필요와 이익을 위하여 원래 사용자가 부담하여야 할 성질의 비용을 지출한 것에 불과한 정도가 아니라 **근로자의 자발적 희망과 이익까지 고려하여 근로자가 전적으로 또는 공동으로 부담하여야 할 비용을 사용자가 대신 지출한 것으로 평가**되며 셋째, 약정 근무기간 및 상환해야 할 비용이 합리적이고 타당한 범위내에서 정해져 있어야 한다.

06 1년을 초과하는 기간을 정한 근로계약
대법원 1996.8.29, 95다5783 전원합의체 판결(해고무효확인)

01 사실관계[112]

　원고(X)는 1991.3.30. 구병역의무특례규제에관한법률(1993.12.31. 병역법 개정으로 폐지)상의 기능요원으로 특례보충역에 편입되어 소외 A회사에서 병역특례자로 근무하다가 A회사가 폐업하자, 피고회사(Y)와 1993.2.18.부터 X의 병역특례복무만료일까지를 계약기간으로 하는 근로계약을 체결하여 Y로 전입하였다. 위 법률에서는 특례보충역의 의무종사기간을 3년으로 규정하고 있었다. 병무청이 1994.4.1.자로 X의 특례보충역 의무종사기간 만료처분을 하고 이를 Y에 통지하자, Y는 1994.4.12. X에 대하여 계약기간인 특례복무기간의 만료로 근로계약이 종료되었다고 통지하였다. X는 근기법(1997년 제정 이전의 구근기법, 이하 '구근기법') 제21조(현행 근기법 제16조에 해당하나 2007.7.1.부터 실효됨)에 따라 1년을 초과하는 근로계약기간을 정한 근로계약 중 1년을 초과하는 부분에 관하여는 기간의 정함이 없는 근로관계가 되므로, 위 근로계약 종료통지는 해고에 해당하고 정당한 이유가 없어 무효임을 확인하는 소를 제기하였다.

02 판결의 내용
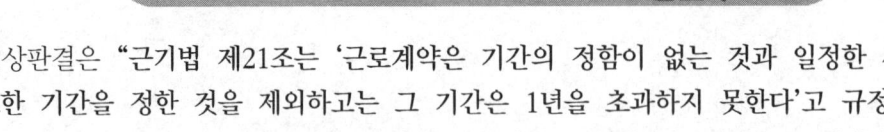

　대상판결은 "근기법 제21조는 '근로계약은 기간의 정함이 없는 것과 일정한 사업완료에 필요한 기간을 정한 것을 제외하고는 그 기간은 1년을 초과하지 못한다'고 규정하고 있는 바, 위 근로계약기간 제한규정의 입법취지는 장기의 근로기간을 정함으로 인하여 근로자가 퇴직의 자유를 제한당하게 됨으로써 장기간 근로의 계속을 강요당하는 것을 방지할 목적으로 근로자보호를 위하여 1년을 초과하는 근로계약기간 부분의 근로관계에 있어서 근로자에게 퇴직의 자유를 보장하려는 것에 있고, **근로계약기간은 단지 근로계약의 존속기간에 불과할 뿐 '근로관계에 있어서 임금, 근로시간, 후생, 해고 등 근로자의 대우에 관하여 정한 조건'**을 의미하는 근기법 제20조 소정의 근로조건에 해당하지 아니하므로 근로계약당사자는

---
112) 앞의 책, 46면.

원칙적으로 이를 임의로 정할 수 있다 할 것이며, 따라서 1년을 초과하는 근로계약기간을 정하여 근로계약을 체결하였다 하더라도 그 계약기간의 정함 자체는 유효하므로 약정기간 범위내에서는 사용자는 근기법 제21조를 근거로 단순히 근로자에게 1년의 기간이 경과하였음을 이유로 근로관계의 종료를 주장할 수 없고, 다만 근로자로서는 1년이 경과한 후에는 언제든지 당해 근로계약을 해지할 수 있다 할 것이며, 한편 **근로계약기간을 정한 경우에 있어서 근로계약 당사자 사이의 근로관계는 특별한 사정이 없는 한 그 기간이 만료함에 따라 사용자의 해고 등 별도의 조처를 기다릴 것 없이 당연히 종료된다고 할 것이다.**"라고 판시하였다.

이에 따라 대상판결은 X와 Y가 체결한 근로계약에서 1년을 초과하는 기간을 정한 것은 유효하고, 그 근로관계는 기간만료로 종료되었다고 판단하여 X의 청구를 기각하였다.

03 판결의 의의와 한계

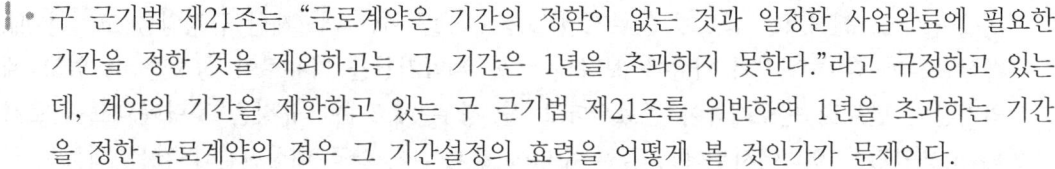

1. 구 근기법 제21조는 "근로계약은 기간의 정함이 없는 것과 일정한 사업완료에 필요한 기간을 정한 것을 제외하고는 그 기간은 1년을 초과하지 못한다."라고 규정하고 있는데, 계약의 기간을 제한하고 있는 구 근기법 제21조를 위반하여 1년을 초과하는 기간을 정한 근로계약의 경우 그 기간설정의 효력을 어떻게 볼 것인가가 문제이다.

첫 번째 견해는 대부분의 학설과 변경전의 판례(대판 1989.7.11, 88다카21296)의 입장으로서, 1년의 계약기간을 정한 근로계약으로 된다는 견해이다. 이 견해는 1년을 초과하는 근로계약기간을 정한 경우에 그 근로계약은 1년의 계약기간을 가진 근로계약이 되고, 1년을 초과하여 근로관계가 지속될 경우 특별한 사정이 없는 한 기간의 약정이 없는 것으로 본다. 따라서 1년을 초과한 경우에는 기간의 약정이 없는 것으로 되어 사용자는 정당한 이유가 없으면 해고할 수 없다.

구 근기법 제20조 제1항은 "이 법에서 정하는 기준에 미치지 못하는 근로조건을 정한 근로계약은 그 부분에 한하여 무효로 한다."고 하고 제2항에서 "제1항에 따라 무효로 된 부분은 이 법에서 정한 기준에 따른다."고 규정하고 있다. 이 견해는 근로계약기간은 '근로조건'에 해당하므로 1년을 초과하는 근로계약은 제20조에 따라 1년으로 기간을 정한 근로계약이 된다고 보는 것이다.

대상판결은 근로계약의 기간은 '근로계약의 존속기간'에 불과할 뿐 근로조건이 아니라고 하는데, 근로기준법이 근로조건을 규율하고 있고 해고제한 규정을 두고 있으며 계약기간이 근로자에게 중요한 사항임을 고려할 때 계약기간은 근로조건에 해당하는 것으로 보아야 한다.[113]

두 번째 견해는 1년을 초과하는 근로계약은 기간의 정함이 없는 근로계약으로 존속한다는 입장이다. 이 입장은 근기법에서 핵심적인 제도로서 해고제한 규정을 두고 있는 점을 고려하여 **구 근기법 제21조의 입법취지를 고용안정을 보장하는 방향으로 해석**하는 것이 바람직하다고 본다. 따라서 구 근기법 제21조는 기간의 정함이 없는 근로계약의 체결을 원칙으로 하고 있고, 기간을 정하는 것은 객관적인 사유가 있는 경우에 예외적으로 인정하되, 그 기간은 원칙적으로 1년이 최장한도이고 특수한 사업완료에 필요한 경우에 이를 초과할 수 있도록 규정한 것으로 이해하여야 한다는 것이다. 이에 따라 **1년을 초과하는 근로계약은 일정한 사업의 완료에 필요한 경우를 제외하고는 탈법을 목적으로 한 것으로써 애초부터 기간을 정하지 않은 근로계약이 체결된 것으로 보아야 한다는 견해**이다.

2. 대상판결은 계약기간은 근로조건이 아니라고 하여 1년을 초과하는 계약기간도 유효하며 계약기간의 만료로 당연히 근로계약이 종료된다고 한다. 즉, **대상판결은 기본적으로 근로계약 체결에 있어 기간의 설정여부나 기간의 장단에 대해서는 당사자가 자유롭게 정할 수 있다는 민법의 법리를 바탕으로 하고 있다.**

근기법은 근로관계에 있어 종속적인 지위에 있는 근로자의 보호를 위해 민법을 수정한 법률이며 그 핵심적인 제도가 근로자의 고용보장을 위한 해고제한 규정임을 고려할 때, **대상판결과 같이 퇴직의 자유가 보장되는 한 계약기간을 자유로이 설정할 수 있고 계약기간의 만료로 근로계약이 종료된다고 볼 경우 해고제한 규정은 무력화되고 근로자의 고용안정은 뿌리에서부터 흔들릴 수밖에 없다.**114) 결국 대상판결과 같은 해석은 근로자보호라는 근기법의 성격이나 해고제한규정과 양립할 수 없는 해석이다.

3. 대상판결 후 기간제법이 2007.7.1.부터 시행되고 있다. 따라서 구 근기법 제21조(현행 근기법 제16조)는 2007.7.1.부터 효력을 상실하였다. **기간제법에서는 사용자는 원칙적으로 2년을 초과하지 아니하는 범위 안에서 기간제근로자를 사용할 수 있되**, 예외적으로 사업의 완료 또는 특정한 업무의 완성에 필요한 기간을 정한 경우 등의 사유가 있는 경우에 2년을 초과하여 기간제근로자를 사용할 수 있고(기간제법 제4조 제1항) **사용자가 예외적인 사유가 없거나 소멸되었음에도 불구하고 2년을 초과하여 기간제근로자로 사용하는 경우에는 그 기간제근로자는 기간의 정함이 없는 근로계약을 체결한 근로자로 본다.**(기간제법 제4조 제2항)

---

113) 앞의 책, 49면.
114) 앞의 책, 48면.

07 임금의 판단기준

대법원 2005.9.9, 2004다41217판결(임금)

01 사실관계[115]

원고들(X)은 피고회사(Y)가 X의 퇴직금을 지급하면서 그 기초가 되는 평균임금에서 휴가비, 선물비, 단체개인연금, 가족수당, 중식대, 1997년도 성과금 등을 제외하였다고 주장하면서, 평균임금에서 제외된 위 각 급여에 퇴직금지급률을 곱한 미지급퇴직금의 추가지급을 구하였다. 평균임금은 3개월간의 임금을 평균하므로, 평균임금에 포함되려면 먼저 임금에 해당되어야 한다. 전술한 급여들이 임금에 해당되는지가 다투어졌다.

02 판결의 내용

1. 평균임금 산정의 기초가 되는 임금총액에는 사용자가 근로의 대상으로 근로자에게 지급하는 일체의 금품으로서, 근로자에게 계속적·정기적으로 지급되고 그 지급에 관하여 단체협약, 취업규칙 등에 의하여 사용자에게 지급의무가 지워져 있으면 그 명칭여하를 불문하고 모두 포함되는 것이고, 비록 현물로 지급되었다 하더라도 근로의 대가로 지급하여 온 금품이라면 평균임금의 산정에 있어 포함되는 임금으로 봄이 상당하다.

2. Y는 단체협약에 따라 X를 포함한 전 사원들에게 매년 **설 휴가비, 추석 휴가비 각 15만원, 하기 휴가비 25만원**을 각 지급하여 왔고 노사합의에 따라 **선물비를 연 20만원 상당으로 책정한 후 그에 상응하는 선물을 현품으로 지급**하여 왔으므로, 위 각 휴가비 및 선물비는 **단체협약, 노사합의 및 관행에 따라 일률적·계속적·정기적으로 지급된 것**으로서 그 **월평균액이 퇴직금산정의 기초가 되는 평균임금에 포함**된다.

3. 비록 직접 근로자들에게 현실로 지급되는 것이 아니고 그 지급의 효과가 즉시 발생하

---

115) 앞의 책, 50면.

는 것은 아니라 하더라도 **사용자가 단체협약에 의하여 전 근로자를 피보험자로 하여 개인연금보험에 가입한 후 매월 그 보험료**(월 2만원씩) **전부를 대납하였고 근로소득세까지 원천징수하였다면 이는 근로의 대상인 임금의 성질을 가진다.**

4. **가족수당은 회사에게 그 지급의무가 있는 것이고 일정한 요건에 해당하는 근로자에게 일률적으로 지급되어 왔다면, 이는 임의적. 은혜적인 급여가 아니라 근로에 대한 대가의 성질을 가지는 것으로서 임금에 해당**한다. 이 사건 가족수당(배우자 월 1만 5천원, 미혼자녀 2인까지 1인당 월 1만 3천원)은 노사간 합의에 의하여 Y에게 그 지급의무가 있고 일정한 요건에 해당하는 근로자에게 일률적으로 지급되어 왔으므로 근로에 대한 대가의 성질을 가지는 것으로서 퇴직금산정의 기초가 되는 평균임금에 포함된다.

5. 이 사건 중식대(1천 7백원)는 현물로 제공되었고, Y가 식사를 하지 않는 근로자에게 식비에 상응하는 현금이나 다른 물품을 지급하였다거나 지급할 의무가 없으므로 중식대는 근로자의 후생복지를 위해 제공되는 것으로서 근로의 대가인 임금이라고 볼 수 없다.

6. **상여금이 계속적·정기적으로 지급되고 그 지급액이 확정되어 있다면 이는 근로의 대가로 지급되는 임금의 성질을 가지나 그 지급사유의 발생이 불확정적이고 일시적으로 지급되는 것은 임금이라고 볼 수 없다.** 이 사건 목표달성 성과금은 매년 노사간 합의로 그 구체적 지급조건이 정해지며 그 해의 생산실적에 따라 지급여부나 지급률이 달라질 수 있는 것이지 생산실적과 무관하게 계속적·정기적으로 지급된 것이라고 볼 수 없어 Y에 그 지급의무가 있는 것이 아니므로 위 성과금은 X의 퇴직금산정의 기초가 되는 평균임금에 산입될 수 없다.

03 판결의 의의와 한계

1. 근로의 대가와 관련한 판례의 기본법리

   대상판결은 평균임금산정의 기초가 되는 임금총액에는 사용자가 근로의 대가로 근로자에게 지급하는 일체의 금품으로서 근로자에게 계속적·정기적으로 지급되고 그 지급에 관하여 단체협약. 취업규칙 등에 의하여 사용자에게 지급의무가 지워져 있으면 그 명칭 여하를 불문하고 모두 포함된다고 본다. 또한 일정요건에 해당하는 근로자에게 일률적으로 지급하는 것이라면 그 명칭여하를 불문하고 임금이라 본다. 따라서 휴가비, 선물비, 개인연금보험료 등을 계속적·정기적인 지급형태와 지급의무를 고려하여 임금으로 인정한다.

이처럼 판례는 **계속적, 정기적으로 지급된다는 점 또는 일률적으로 지급된다는 점, 지급의무가 지워져 있다는 점** 등을 중시하여 그러한 사정이 인정되는 복리후생금품은 임금의 실질이 있다고 인정하는 경향을 갖는다.[116]

2. 근로의 대가와 관련한 판례의 보충법리

판례의 판단기준이 지급형태와 지급의무를 중시한다는 점에서 자칫 형식적인 판단이 될 위험이 있다. 따라서 판례는 다음처럼 보충적인 법리를 아울러 사용하기도 한다. "어떤 금품이 근로의 대상으로 지급된 것인지를 판단함에 있어서는 그 금품 지급의무의 발생이 근로제공과 직접적으로 관련되거나 그것과 밀접하게 관련된 것으로 볼 수 있어야 하고, 이러한 관련없이 그 지급의무의 발생이 개별근로자의 특수하고 우연한 사정에 의하여 좌우되는 경우에는 그 금품의 지급이 단체협약, 취업규칙, 근로계약 등이나 사용자의 방침 등에 의하여 이루어진 것이라 하더라도 그러한 금품은 근로의 대상으로 지급된 것으로 볼 수 없다."(대판 2011.7.14, 2011다23149)라고 하였다.

따라서 영업사원에게 차량판매나 영업 프로모션에 따라 지급되는 인센티브성과급은 임금에 해당한다고 보았다.

3. 상여금의 임금성 여부 판단

판례는 상여금이 계속적·정기적으로 지급되고 그 지급액이 확정되어 있다면 임금으로 인정하고, 그 지급사유의 발생이 불확정적이고 일시적으로 지급되는 것은 임금성을 부정한다. 따라서 대상판결처럼 매년 노사간 합의로 구체적 지급조건이 정해지며 그 해의 생산실적에 따라 지급여부나 지급률이 달라질 수 있는 경우 생산실적과 무관하게 계속적·정기적으로 지급된 것이라고 볼 수 없을 뿐만 아니라 회사에 그 지급의무가 있는 것도 아니므로 임금성이 부정된다.

---

[116] 앞의 책, 52면.

08 통상임금의 판단기준

대법원 2013.12.18, 2012다89399 전원합의체판결(퇴직금)
대법원 2013.12.18, 2012다94643 전원합의체판결(임금)

01 사실관계[117]

1. **대법원 2013.12.18, 2012다89399판결(정기상여금판결)**

    원고(X1)는 피고(Y)의 퇴직근로자이다. Y는 상여금지급규칙(이하 '상여금규칙')에 따라 짝수 달에 상여금을 지급하되 근속기간이 2개월을 초과한 근로자에게는 전액을, 근속기간이 2개월을 초과하지 않는 신규입사자나 2개월 이상 장기휴직후 복직한 자, 휴직자에 대하여는 상여금 지급대상기간 중 해당 구간에 따라 미리 정해 놓은 비율을 적용하여 산정한 금액을 각 지급하였으며, **상여금 지급대상기간 중에 퇴직한 근로자에 대해서는 근무일수에 따라 일할계산하여 지급하였다.** Y와 전국민주노동조합총연맹 전국금속노동조합(이하 '노동조합')은 2008.10.8. 체결한 **단체협약을 통해 위 상여금이 근기법소정의 통상임금에 해당하지 않는다는 전제하에 통상임금에 산입될 임금의 범위에서 제외하였다.** 이에 X1은 위 합의의 무효를 주장하며 미사용 연월차수당과 퇴직금차액분의 지급을 청구하였다. 이에 대하여 원심법원은 위 상여금을 통상임금에 해당한다고 판단하였다.

2. **대법원 2013.12.18, 2012다94643판결(복리후생비판결)**

    원고(X2)는 Y의 근로자이다. Y와 노동조합은 **단체협약체결을 통해 Y가 김장철에 김장보너스를 지급하며, 지급금액은 노사협의에 의하여 지급하는 것으로 하였고, 실제로 이에 따라 매년 지급직전 노사협의를 통해 금액을 정하였다.** 한편, Y의 상여금규칙은 그 지급시기를 매 짝수 달과 설, 추석으로, 지급월의 전월과 당월을 대상기간으로 하면서, 신규입사자나 장기휴직 후 복직한 자의 경우 대상기간 동안의 근무일에 따라 각 100%에서 30%까지의 상여적용률을 설정하였고, 휴직자 역시 대상기간 중 휴직기간에 따라 100%에서 50%까지의 지급기준을 두었다. 다만, 대상기간 2개월을 휴직하면 상여금을 지급하지 않고, 퇴사자에 대해서는 근무한 일수만큼 일할계산하여 지급하도록 규정하였다.

    그런데 실제 운영에 있어 Y는 상여금규칙 소정의 지급기준을 적용하지 아니하고, 지급

---
[117] 앞의 책, 54면.

일 현재 6개월 이상 휴직 중인 자를 제외하고는 재직 중인 근로자전원에게 설. 추석상여금을 일률적으로 지급하는 한편 지급일 전에 퇴직한 근로자에게는 지급하지 아니하였다. 이에 X2는 Y를 상대로 연장근로수당, 야간근로수당, 휴일수당, 주휴수당, 연월차수당의 차액분의 지급을 청구하였다. 이에 대하여 원심법원은 위 각 금품이 모두 통상임금에 해당한다고 판단하였다.

02 판결의 내용

1. 정기상여금 판결

"피고(갑을 오토텍 유한회사)는 상여금지급규칙에 따라 이 사건 **상여금을 근속기간이 2개월을 초과한 근로자에게는 전액을, 근속기간이 2개월을 초과하지 않는 신규입사자나 2개월이상 장기휴직 후 복직한 자, 휴직자에 대하여는 상여금지급대상 기간 중 해당 구간에 따라 미리 정해 놓은 비율을 적용하여 산정한 금액을 각 지급하였으며, 상여금 지급 대상기간 중에 퇴직한 근로자에 대해서는 근무일수에 따라 일할 계산하여 지급한 사실을 알 수 있다.** 앞에서 본 법리를 위 사실관계에 비추어 보면, 이 사건 상여금은 근속기간에 따라 지급액이 달라지기는 하나 **일정근속기간에 이른 근로자에 대해서는 일정액의 상여금이 확정적으로 지급되는 것**이므로 이 사건 상여금은 소정근로를 제공하기만 하면 그 지급이 확정된 것이라고 볼 수 있어 **정기적, 일률적으로 지급되는 고정적인 임금인 통상임금에 해당**한다."

2. 복리후생비 판결

1) 김장보너스에 관하여

"원심판결 이유와 기록에 의하면, 피고와 노동조합이 체결한 **단체협약은 '회사는 김장철에 김장보너스를 지급하며, 지급금액은 노사협의하여 지급한다'**고 정하고 있고, 이에 따라 이 사건 김장보너스는 지급 직전에 노사협의를 통해 정해졌는데, 2007년부터 2009년까지는 220,000원, 2010년에는 240,000원으로 정해진 사실을 알 수 있다. 이처럼 **지급액을 결정하기 위한 객관적인 기준없이 단지 사후에 노사협의를 통해 그 지급액을 정하도록 한 경우라면 그 지급액이 사전에 확정되어 있다고 볼 수 없다.** 따라서 이 사건 김장보너스는 고정적인 임금이라고 할 수 없어 통상임금에 해당한다고 볼 수 없다."

2) 설, 추석상여금을 비롯한 나머지 임금에 관하여

① "지급일 현재 6개월이상 휴직 중인 자를 제외하고는 재직 중인 근로자전원에게 이 사건 설, 추석상여금을 일률적으로 지급하는 한편 지급일 전에 퇴직한 근로자에게는 이를 지급하지 아니한 사실을 알 수 있고 … 이 사건 설, 추석상여금에 대해서는 지급일에 재직 중일 것이 임금을 지급받을 수 있는 자격요건으로 부가되어, 기왕에 근로를 제공했던 사람이라도 지급일에 재직하지 않는 사람에게는 지급하지 않는 반면, 지급일에 재직하는 사람에게는 기왕의 근로제공 내용을 묻지 아니하고 이를 모두 지급하기로 하는 명시적 또는 묵시적 노사합의가 이루어졌거나 그러한 관행이 확립된 것으로 볼 여지가 있다."

② "원심판결 이유와 기록에 의하면 피고가 그 소속 근로자들에게 **이사건 하계휴가비와 선물비, 생일자지원금**으로 정액을 일률적으로 지급하면서 각 지급일 전에 퇴사한 근로자에게는 이를 지급하지 아니한 사실을 알 수 있다. 그렇다면 이 사건 하기휴가비와 선물비, 생일지원금에 대해서도 앞서 본 이 사건 설, 추석상여금과 마찬가지로 노사간에 지급일에 재직 중일 것이라는 조건을 임금을 지급받을 수 있는 자격요건으로 부가하는 명시적 또는 묵시적 합의가 이루어졌거나 그러한 관행이 확립된 것으로 볼 여지가 있다."

③ "그렇다면 원심으로서는 … 이들 임금의 지급에 있어 지급일에 재직중일 것이 임금을 지급받을 수 있는 자격요건으로 부가되어 기왕에 근로를 제공했던 사람이라도 지급일에 재직하지 않는 사람에게는 지급하지 않는 반면, 지급일에 재직하는 사람에게는 기왕의 근로제공 내용을 묻지 아니하고 이를 모두 지급하기로 하는 명시적 또는 묵시적 노사합의가 이루어졌는지 또한 그러한 관행이 확립되어 있는지를 살펴보았어야 할 것이다. 그런데도 원심은 위와 같은 사정에 대한 심리없이 그 판시와 같은 이유만으로 이들 임금이 통상임금에 해당한다고 판시하였는바, 이러한 원심의 판단에는 통상임금에 관한 법리를 오해하여 필요한 심리를 다하지 아니함으로써 판결에 영향을 미친 위법이 있다."

03 판결의 의의와 한계

1. 대상판결은 '사전확정성'을 고정성 판단의 핵심요소로 삼아 지급액의 절대고정성에 함몰되어 있던 기존의 논의를 극복할 수 있는 진일보한 해석론을 보여주었다.[118] 기존판결은 통상임금성 판단에 있어 출근여부에 따라 그 지급액이 변동되는 경우 통상임금성을 부정하여 왔다. 그러나 대상판결은 일정 근무일수를 기준으로 계산방법 또는 지급액이 달라지는 경우에도 소정근로를 제공하면 적어도 일정액 이상의 임금이 지급될 것이 확정되어 있다면 '최소한도로 확정되어 있는 범위'에서는 고정성을 인정할 수 있어서 통상임금에 해당된다는 입장이다. 나아가 근무실적에 따라 지급액의 변동이 초래된다 하더라도 최저한도로 보장하고 있는 임금부분은 통상임금에 포함된다고 한다.

따라서 지급액의 변동여부에 따라 기계적으로 고정성 유무를 판단하여 지급액이 변동하면 고정성이 없고 그에 따라 통상임금성을 부정하던 기계적 해석론을 극복하였다는 데 의의가 있다.

2. 대상판결은 재직요건을 이유로 복리후생비가 통상임금에 포함되지 않을 수 있음을 분명히 하여 기존의 판례법리를 변경했다. 재직요건은 임금청구권의 발생을 위한 자격요건이고 그 성취여부가 불분명하기 때문에 소정근로의 대가로 보기 힘들고 비고정적이라는 것인데, 그 결과 복리후생비의 일반적 관행을 고려하면 대부분의 복리후생비가 통상임금에 해당되지 않게 되었다.[119]

---

118) 앞의 책, 56면.
119) 앞의 책, 56면.

09 포괄임금제의 성립요건과 효력

대법원 2010.5.13, 2008다6052판결(임금)

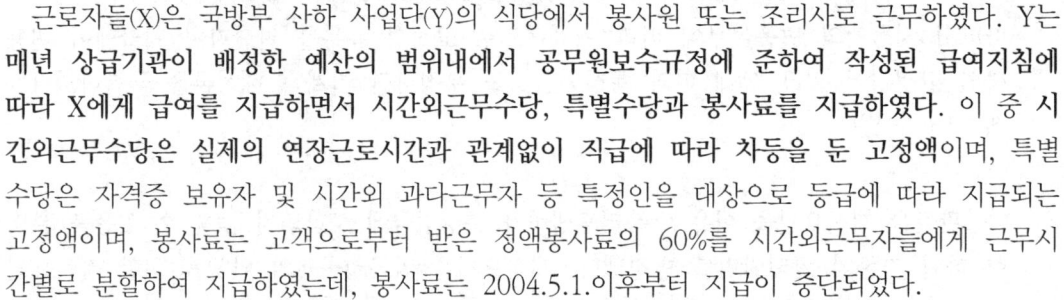

01 사실관계[120]

근로자들(X)은 국방부 산하 사업단(Y)의 식당에서 봉사원 또는 조리사로 근무하였다. Y는 매년 상급기관이 배정한 예산의 범위내에서 공무원보수규정에 준하여 작성된 급여지침에 따라 X에게 급여를 지급하면서 시간외근무수당, 특별수당과 봉사료를 지급하였다. 이 중 시간외근무수당은 실제의 연장근로시간과 관계없이 직급에 따라 차등을 둔 고정액이며, 특별수당은 자격증 보유자 및 시간외 과다근무자 등 특정인을 대상으로 등급에 따라 지급되는 고정액이며, 봉사료는 고객으로부터 받은 정액봉사료의 60%를 시간외근무자들에게 근무시간별로 분할하여 지급하였는데, 봉사료는 2004.5.1.이후부터 지급이 중단되었다.

X는 시간외근무수당 명목으로 지급받은 금원이 실제의 연장근로시간을 기준으로 근기법 제56조에 따라 계산한 연장근로수당에 미치지 못하므로 그 차액을 지급해야 한다고 주장한 반면, Y는 업무의 특성상 연장근로가 예상되는 근무원들에게 근기법에 따른 시간외근로수당을 시간외근무수당, 특별수당 및 봉사료라는 명목으로 포괄하여 지급했다고 주장한다.

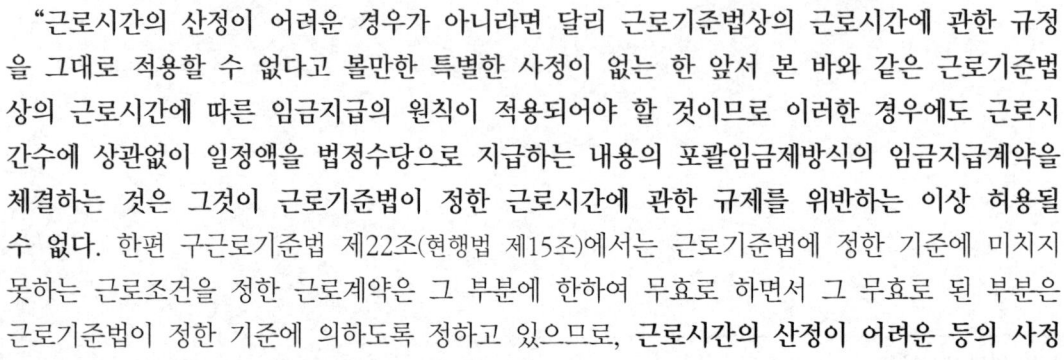

02 판결의 내용

"근로시간의 산정이 어려운 경우가 아니라면 달리 근로기준법상의 근로시간에 관한 규정을 그대로 적용할 수 없다고 볼만한 특별한 사정이 없는 한 앞서 본 바와 같은 근로기준법상의 근로시간에 따른 임금지급의 원칙이 적용되어야 할 것이므로 이러한 경우에도 근로시간수에 상관없이 일정액을 법정수당으로 지급하는 내용의 포괄임금제방식의 임금지급계약을 체결하는 것은 그것이 근로기준법이 정한 근로시간에 관한 규제를 위반하는 이상 허용될 수 없다. 한편 구근로기준법 제22조(현행법 제15조)에서는 근로기준법에 정한 기준에 미치지 못하는 근로조건을 정한 근로계약은 그 부분에 한하여 무효로 하면서 그 무효로 된 부분은 근로기준법이 정한 기준에 의하도록 정하고 있으므로, **근로시간의 산정이 어려운 등의 사정**

---

120) 앞의 책, 66면.

이 없음에도 포괄임금제방식으로 약정된 경우 포괄임금에 포함된 정액의 법정수당이 근로기준법이 정한 기준에 따라 산정된 법정수당에 미달하는 때에는 그에 해당하는 포괄임금제에 의한 임금지급계약부분은 근로자에게 불이익하여 무효라고 할 것이고 사용자는 근로기준법의 강행성과 보충성원칙에 의해 근로자에게 그 미달되는 법정수당을 지급할 의무가 있다."

이러한 논지 아래 대상판결은 해당사건이 근로형태와 내용 등에 비추어 근로시간의 산정이 어려운 경우 등이 아님을 전제로 봉사료지급이 중단된 2004.5.1.이후부터 포괄임금으로 지급한 시간외근무수당이 실제의 연장근로시간을 기준으로 산정된 법정시간외근로수당에 현저히 미치지 못하여 그 미달부분의 포괄임금약정은 무효이므로 그 차액을 지급하라는 원심을 인정하여 Y의 상고를 기각하였다.

03 판결의 의의와 한계

I. 포괄임금제의 성립요건과 대상판결의 의미

기존판결은 포괄임금제에 대해 "**근로시간, 근로형태와 업무성질 등을 참작**하여 **계산편의와 근무의욕을 고취하는** 뜻에서 근로자의 승낙하에 기본임금을 미리 산정하지 않고 시간외근로 등에 대한 제수당을 합한 금액을 월급여액이나 일당임금으로 정하거나 매월 일정액을 제수당으로 지급하는 내용의 포괄임금제 임금지급계약을 체결해도 **단체협약이나 취업규칙에 비추어 근로자에게 불이익이 없고 제반 사정에 비추어 정당하다고 인정될 때에는 그 계약은 유효하다.**"(대판 1997.4.25, 95다4056)라고 판단하고 있다.

따라서 기존판례는 포괄임금제의 성립요건과 관련하여 "근로시간, 근로형태와 업무의 성질 등을 참작하여"(요건1)와 "계산의 편의와 근무의욕을 고취하는 뜻에서"(요건2)라는 표현을 사용하고 있다.

첫째, **엄격해석론**은 요건2가 요건1을 수식 또는 구속하는데 지나지 않는다는 이유로 요건1을 포괄임금제의 중심적인 성립요건으로 보는 입장으로서, 계산편의와 근무의욕을 고취하는 뜻이 있어도 근로형태나 업무의 성질 등을 볼 때 근로시간의 측정이 어려운 경우에만 포괄임금제가 성립한다는 것이다.[121]

둘째, **확대해석론**은 요건1과 요건2를 각각 독립적인 요건으로 보고 근로형태나 업무의 특성상 근로시간측정이 어려운 경우뿐만 아니라 근로시간 측정이 가능해도 계산편의 등을 위해서 포괄임금제를 인정한다.[122]

---

121) 앞의 책, 67면.
122) 앞의 책, 67면.

대상판결은 "근로시간의 산정이 어려운 경우가 아니라면 달리 근기법의 근로시간규정을 그대로 적용할 수 없다고 볼 만한 특별한 사정이 없는 한 근기법의 근로시간에 따른 임금지급원칙이 적용되어야 하므로"라고 하여 근로시간 측정이 어려운 경우에만 포괄임금제를 인정하는 엄격해석론의 입장을 명확히 하였다.

2. 포괄임금제의 적용범위

종전의 판례는 포괄의 대상이 되는 수당을 제 수당으로 표현하고 있는데(제 수당에 대해 수당의 이름을 열거하지 않거나 연장, 야간, 휴일근로수당 등으로 표현하는 경우가 많음) **포괄의 대상이 되는 수당에 근기법 제56조의 법정수당 외의 수당이 포함되는지가 문제**된다. 연, 월차휴가 미사용수당을 포괄임금제에 포함시킨 사례(대판 1988.3.22, 87다카570)가 있지만, 첫째, 연차휴가일수는 사전에 정해지고 **휴가사용여부를 판단하는 것은 노무관리상 어렵지 않은 문제로서 근로시간측정과는 관련이 없다는 점** 둘째, 연차휴가 미사용수당을 포괄임금제의 대상으로 하면 **연차휴가의 사전매수로 근로자의 휴가사용권을 제한할 여지가 남는다는 점**에서 포괄의 대상이 되는 수당으로 볼 수 없다고 보는 것이 타당하다.[123]

대상판결은 이 부분에 대한 판단을 하지 않았지만 **포괄임금제의 성립요건과 관련하여 엄격해석론을 취함으로써 포괄의 대상을 근기법 제56조의 법정수당으로 한정한 것으로 해석할 수 있다.**[124]

---

123) 앞의 책, 68면.
124) 앞의 책, 68면.

10 대기시간과 근로시간

대법원 1992.4.14, 91다20548판결(해고무효확인등)

01 사실관계[125]

원고(X등)는 피고(Y)회사의 버스기사로 일하던 중 1989.4.25. Y로부터 징계해고 되었다. Y가 주장하는 해고사유는 ① Y의 정당한 운행지시에 불응하여 직장규율을 문란케하고 노사간의 신뢰관계를 상실케하였고 ② 9회의 무단조퇴 및 4회의 운행거부로 배차업무에 지장을 주고 고의적인 결행으로 불편을 주었으며 ③ 근무성적불량으로 5회의 징계처분을 받았다는 등의 이유이다. 원심은 ①②사유를 인정하여 Y의 해고조치는 정당하다고 보았다. 설령 1일 근무시간이 대기시간과 휴식시간을 포함하여 Y의 노사간에 정한 임금산정시간인 15시간을 평균 4분 초과하였다고 하여도 Y의 배차지시가 부당하게 장시간 근로를 명한 것이라 할 수 없고 이 지시에 따르지 않은 X의 행위는 부당하다는 것이다. 이에 대해 **대법원은 대기시간이 근로시간에 해당하여 근기법과 취업규칙이 정하는 한계**(당시 Y의 취업규칙에는 종업원의 근무시간은 휴식시간을 제외하고 1일 8시간, 1주 46시간으로 하되 노사간 합의로 1주 12시간 연장근로시킬 수 있다고 되어 있다.)**를 벗어난다면 그 배차지시는 부당하고 그 지시에 따르지 않았다고 징계조치를 해서는 안 된다고 판단하였다.**

02 판결의 내용

대기시간이 근기법 소정의 근로시간에 해당하는지 아니면 휴게시간에 해당하는지에 따라 위 기준근로시간의 초과여부가 가려지게 되는바, **근기법상의 휴게시간이란 근로자가 근로시간 도중에 사용자의 지휘명령으로부터 완전히 해방되고 또한 자유로운 이용이 보장된 시간을 의미하므로**, 만일 위 대기시간이 위와 같은 휴게시간에 해당한다면 X등의 위 운행시간은 기준근로시간을 초과하지 않으나, 그렇지 않고 위 대기시간이 근로시간에 해당한다면 기준근로시간을 초과한 것이 되고 이러한 기준근로시간을 초과하는 운행시간의 배차지시는 법령에 위반한 것으로서 정당한 작업지시라고 볼 수 없을 것이다.

---

125) 앞의 책, 74면.

03 판결의 의의와 한계

1. 근로시간의 개념

근로시간의 개념을 이해하는 데는 두 가지 접근법이 있다.

첫째는 **지휘감독설**로서 종전의 지배적 견해이다. 이 견해는 근로시간의 개념에 관하여 "근로자가 사용자의 작업상의 지휘·감독아래 있는 시간" 또는 "근로자가 그의 노동력을 사용자의 지휘·감독아래 두고 있는 시간"이라고 정의한다.

둘째는 **업무성보충설**이다. 이 견해는 참가의무가 있는 교육시간이 근로시간에 산입되는 것은 사용자의 지휘·감독 아래에 있는 것으로 의제되기 때문인데, 이렇게 사용자의 지휘, 감독을 추상화 내지 의제하는 것은 무리한 이론구성이고 또 근로자의 작업이 반드시 사용자의 지휘·감독아래 이루어지는 것만은 아니기에 근로시간인지 여부에 관해서는 해당 활동의 업무성도 지휘·감독을 보충하는 중요한 기준이 되어 "근로시간이란 사용자의 명시. 묵시의 지시. 승인에 따라 그 업무에 종사하는 시간"이라고 정의하는 것이 적절하다고 한다.[126]

2. 대기시간과 휴게시간

대기시간과 휴게시간은 모두 출근한 상태에서 근로시간과 직접 연결되어 있다는 점이 공통적이다. 그러나 차이점은 **대기시간은 사용자의 지시가 있으면 바로 작업에 종사해야 할 시간으로 사용자의 지휘·감독아래 있는데 반하여, 휴게시간은 사용자의 지휘·감독에서 벗어나서**(근로제공의무에서 해방되어) **근로자가 자유롭게 이용할 수 있는 시간이다.** 대상판결은 대기시간이 근로시간인지 아닌지를 판단한 시금석에 해당한다.

따라서 그 다음해에 나온 대법원판결에서 우편물운송 차량의 운전기사가 격일제 근무형태로 근무하는 도중에 수시로 수면이나 식사 등 휴식을 취하여 온 경우에, "근기법상의 근로시간이라 함은 근로자가 사용자의 지휘·감독 아래 근로계약상의 근로를 제공하는 시간을 말하는바 … 휴식, 수면시간 등이라 하더라도 그것이 휴게시간으로서 근로자에게 자유로운 이용이 보장된 것이 아니고 실질적으로 사용자의 지휘·감독하에 놓여 있는 시간이라면 이를 당연히 근로시간에 포함시켜야 할 것이다."(대판 1993.5.27, 92다4509)라고 하여 그 판단의 기준을 구체화하였다.

3. 대기시간의 근로시간으로서의 입법화

2012.2.1. 개정(2012.8.2. 시행)된 근기법 제50조 제3항에서는 "제1항 및 제2항에 따른

---

[126] 앞의 책, 75면.

근로시간을 산정함에 있어 작업을 위하여 근로자가 사용자의 지휘·감독 아래에 있는 대기시간 등은 근로시간으로 본다."는 조항을 신설하였다. 이는 여태까지의 판례가 집적된 결과라 하겠다.

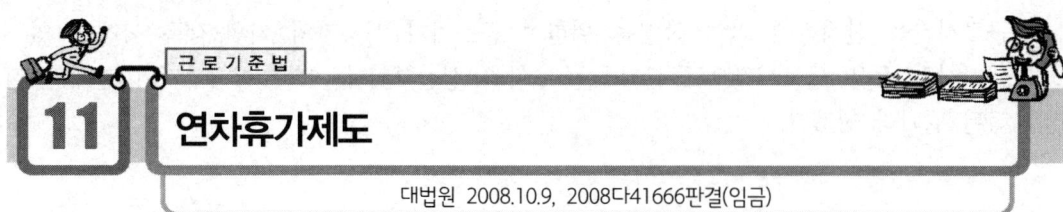

11 연차휴가제도

대법원 2008.10.9, 2008다41666판결(임금)

01 사실관계[127]

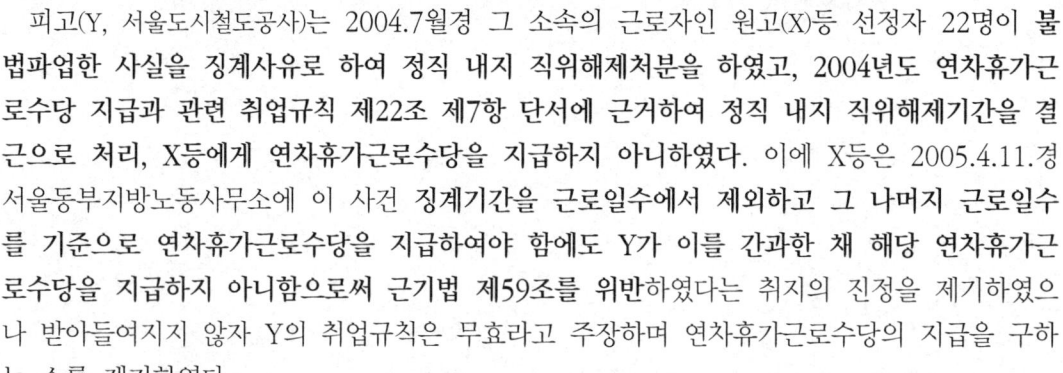

피고(Y, 서울도시철도공사)는 2004.7월경 그 소속의 근로자인 원고(X)등 선정자 22명이 불법파업한 사실을 징계사유로 하여 정직 내지 직위해제처분을 하였고, 2004년도 연차휴가근로수당 지급과 관련 취업규칙 제22조 제7항 단서에 근거하여 정직 내지 직위해제기간을 결근으로 처리, X등에게 연차휴가근로수당을 지급하지 아니하였다. 이에 X등은 2005.4.11.경 서울동부지방노동사무소에 이 사건 징계기간을 근로일수에서 제외하고 그 나머지 근로일수를 기준으로 연차휴가근로수당을 지급하여야 함에도 Y가 이를 간과한 채 해당 연차휴가근로수당을 지급하지 아니함으로써 근기법 제59조를 위반하였다는 취지의 진정을 제기하였으나 받아들여지지 않자 Y의 취업규칙은 무효라고 주장하며 연차휴가근로수당의 지급을 구하는 소를 제기하였다.

02 판결의 내용

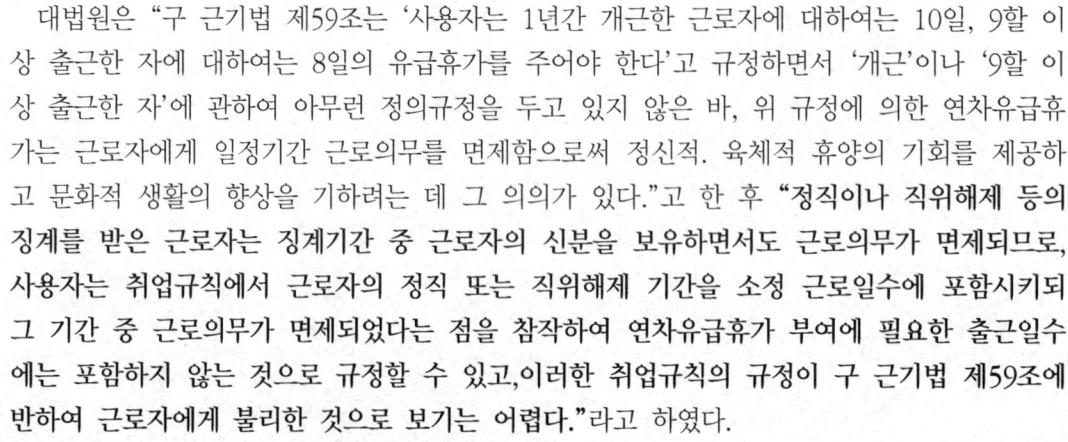

대법원은 "구 근기법 제59조는 '사용자는 1년간 개근한 근로자에 대하여는 10일, 9할 이상 출근한 자에 대하여는 8일의 유급휴가를 주어야 한다'고 규정하면서 '개근'이나 '9할 이상 출근한 자'에 관하여 아무런 정의규정을 두고 있지 않은 바, 위 규정에 의한 연차유급휴가는 근로자에게 일정기간 근로의무를 면제함으로써 정신적. 육체적 휴양의 기회를 제공하고 문화적 생활의 향상을 기하려는 데 그 의의가 있다."고 한 후 "정직이나 직위해제 등의 징계를 받은 근로자는 징계기간 중 근로자의 신분을 보유하면서도 근로의무가 면제되므로, 사용자는 취업규칙에서 근로자의 정직 또는 직위해제 기간을 소정 근로일수에 포함시키되 그 기간 중 근로의무가 면제되었다는 점을 참작하여 연차유급휴가 부여에 필요한 출근일수에는 포함하지 않는 것으로 규정할 수 있고, 이러한 취업규칙의 규정이 구 근기법 제59조에 반하여 근로자에게 불리한 것으로 보기는 어렵다."라고 하였다.

---

127) 앞의 책, 78면.

03 판결의 의의와 한계

1. 대상판결은 근기법상 연차유급휴가 부여의 요건인 '소정근로일수'와 '출근일수' 그리고 사업장내 취업규칙상 근로자의 연차유급휴가 수급요건과 관련해서, '징계'에 해당하는 근로자의 정직 또는 직위해제기간을 근로자의 신분은 유지되나 그 기간 중 근로의무만 면제되었다는 점에서 이를 **'소정근로일수'에 포함시키면서 연차유급휴가 부여에 필요한 '출근일수'에는 포함하지 않아 결근으로 처리함으로써 연차유급휴가의 지급대상이 되지 않도록 한 취업규칙규정이 구 근기법 제59조에 반하지 않는다**고 하였다. 즉, 대상판결은 징계에 해당하는 정직 등의 경우 결근한 것으로 보아 연차유급휴가의 수급요건을 명확히 하였다.

2. 근기법 제60조는 소정근로일수 대비 8할 이상 출근한 근로자에게 연간 15일의 유급휴가를 주도록 하고 있다. 여기서 '소정근로일수'와 '출근일수'의 의미에 관해 문제가 제기된다.

   첫째, 소정근로일에 출근하지 않았으나 법령에 의해 또는 그 성질상 결근한 것으로 처리할 수 없는 날 또는 기간(즉, 근기법 제60조 제6항 1,2호에 규정된 업무상 부상 또는 질병으로 휴업한 기간, 임신 중 여성의 출산, 유사산휴가나 기타 공민권행사, 예비군, 민방위훈련 등)은 **소정근로일수 계산에 포함하여 출근한 것으로 본다.**

   둘째, 사전에 예측할 수 없는 특별사유로 근로제공의무가 정지되는 날 또는 기간(적법한 쟁의행위기간 및 육아휴직기간 등)에 대하여는 '소정근로일수'와 '출근일수'에 대하여 학설이 갈린다. 특히, 정당한 쟁의행위기간에 관해서는 1) **출근률**(소정근로일수와 출근일수에서 제외)**에서 제외하는 입장** 2) **소정근로일수에 포함하되 출근한 것으로 간주하는 입장** 3) **소정근로일수 및 출근일수에서 제외하되, 연간소정근로일수에서 실질소정근로일수(연간소정근로일수-쟁의행위기간)가 차지하는 비율만큼 취득된 연차유급휴가일수가 삭감되어야 한다는 입장**으로 나누어진다.

   최근 대법원(대판 2013.12.26, 2011다4629)은 정당한 쟁의행위시 연차유급휴가의 성립과 관련하여, 쟁의행위기간만큼 소정근로일수 및 출근일수에서 제외되나 소정근로일수가 제외되는 비율만큼 취득된 연차유급휴가일수가 삭감된다는 입장이다. 즉, 정당한 쟁의행위기간은 출근률에서 제외(소정근로일수와 출근일수에서 제외)된다는 입장이되, 연간소정근로일수에서 실질소정근로일수(연간소정근로일수-쟁의행위기간)가 차지하는 비율만큼 획득된 연차유급휴가일수가 삭감된다는 입장이다.

   셋째, **근로자 측의 귀책사유가 있는 정직이나 직위해제기간의 경우 대법원은 소정근로일수에 포함시키고 출근일수에서 제외하여 결근으로 처리해야 한다**고 하였다. 하지만 정직 등의 경우 사용자의 처분에 의해 근로제공의무를 부담하지 않는다는 점에서 결근과 다른 것으로써 소정근로일에서 제외되는 것이 타당하다는 견해도 있는데, 이는 징계에 따른 불이익에 더해 연차휴가시에도 결근으로 처리하면 이중불이익에 해당한다는 점을 이유로 들고 있다.[128]

---

128) 앞의 책, 80면.

12. 취업규칙의 불이익변경의 의미

대법원 1993.5.14, 93다1893판결(퇴직금)

01 사실관계[129]

피고공사(Y)는 급여규정의 퇴직금조항에 따라 퇴직 당시의 월봉급에 지급률을 곱하는 방식으로 산출된 금원을 퇴직금으로 지급하여 왔다. Y는 1981.4.1. **퇴직금지급률을 하향조정**하고 퇴직금산정의 기초가 되는 월봉급을 증액하는 방식으로 급여규정을 개정하였다. 퇴직금지급률이 하향조정됨에 따라 장기근속을 희망하는 사람에게는 불리하게 되었으나 결과적으로 장기근속을 희망하지 아니하는 사람에게는 오히려 유리하게 되었다. 이 사건 급여규정의 개정시 Y는 근로자집단의 동의를 받은 바가 없다. Y는 퇴직 근로자인 원고(X)에 대해 개정된 급여규정에 따라 퇴직금을 계산하여 지급하였으나, X는 1981.4.1. 개정 이전의 급**여규정에 따라 퇴직금을 계산해 퇴직금차액을 청구하는 소를 제기**하였다.

원심은 취업규칙의 일부를 이루는 급여규정의 변경이 일부의 근로자에게는 유리하고 일부의 근로자에게는 불리하므로 근로자에게 일방적으로 불이익하게 변경되었다고 단정할 수 없다고 하여 그 변경에 근로자집단의 동의가 필요없다고 판단(사회통념상 합리성 인정)하여 X의 청구를 기각하였다. 이에 X가 불복해 대법원에 상고를 제기하였다. 이에 대법원은 불리한 변경에 해당한다고 보아서(사회통념상 합리성도 부인)원심판결을 파기환송하였다.

02 판결의 내용

취업규칙의 일부를 이루는 급여규정의 변경이 일부의 근로자에게는 유리하고 일부의 근로자에게는 불리한 경우 그러한 변경에 근로자집단의 동의를 요하는지를 판단하는 것은 **근로자전체에 대하여 획일적으로 결정되어야 할 것**이고, 또 이러한 경우 취업규칙의 변경이 근로자에게 전체적으로 유리한지 불리한지를 객관적으로 평가하기가 어려우며 같은 개정에 의하여 **근로자 상호간의 이·불리에 따른 이익이 충돌되는 경우에는 그러한 개정은 근로자에게 불이익한 것으로 취급하여 근로자들 전체의 의사에 따라 결정하게 하는 것이 타당하**

---
129) 앞의 책, 82면.

다 할 것이다. 따라서 이 사건 퇴직금규정의 변경은 근속기간에 따라 이·불리를 달리하게 된 근로자집단의 규모를 비교할 것이 없이 불이익한 변경으로서 근로자집단의 동의를 요한다고 할 것이다. 그러한 절차를 밟지 않고 이루어진 이 사건 급여규정의 개정은 무효라 할 것이다.

03 판결의 의의와 한계

취업규칙의 불이익변경이란 사용자가 **종래의 취업규칙을 개정하거나 새로운 취업규칙을 만들어 근로조건이나 복무규정에 관하여 근로자의 기득권 또는 기득이익을 침해하거나 근로자에게 저하된 근로조건이나 강화된 복무규정을 일방적으로 부과하는 것**을 말한다.(대판 1989.5.9. 88다카4277 등) 취업규칙의 불이익변경에 해당하는 경우 근로자집단의 동의를 받아야 한다.(근기법 제94조 제1항 단서)

대상판결은 불이익변경으로서 집단적 동의를 요하는지는 근로자전체에 대하여 획일적으로 결정되어야 한다는 것을 전제로 하여, 근로자에게 전체적으로 유리한지를 평가하기 어렵거나 근로자 상호간의 유리, 불리에 따른 이익이 충돌하는 경우에는 근로자들에게 불이익한 것으로 취급해야 한다는 불이익변경의 인적 판단기준에 관한 일반적 법리를 제시하고 있다.130)

---

130) 앞의 책, 84면.

13. 취업규칙 불이익변경에서 동의주체인 집단의 범위

대법원 2009.5.28, 2009두2238판결(부당해고구제재심판정취소)

01 사실관계[131]

　원고(X)는 취업규칙의 정년규정을 일반직직원인 4급 이하 직원에 대해서는 종전의 55세에서 58세로 연장하고, 관리직 직원인 3급 이상 직원에 대해서는 종전의 60세에서 58세로 단축하여, 일반직직원들에게는 유리하게, 관리직직원들에게 불리하게 변경하였다. 정년규정 개정 당시 X의 전체직원 38명 중 관리직 직원은 12명이고, 노동조합은 관리직 3급 4명과 일반직 23명 등 총 27명으로 구성되어 있었으며, 노동조합은 위 규정 개정에 동의하였다. 이에 X의 관리직직원인 피고보조참가인(Y)은 정년규정 개정에 의해 불이익을 받게 되는 자신들의 과반수의 동의를 얻은 것이 아니기 때문에 정년규정 개정에 대해 유효한 동의를 얻은 것으로 볼 수 없고 따라서 무효인 정년규정에 따른 퇴직조치는 부당해고라고 주장하면서 부당해고구제신청을 하였다. 원심법원은 이러한 Y의 주장을 받아들였다. 그러나 대법원은 원심판결을 파기하면서 이 사건 취업규칙 개정으로 인하여 불이익을 받는 직원의 범위에는 일반직직원과 관리직직원 전체가 포함되기 때문에 직원전체를 대상으로 그 과반수의 동의를 받아야 한다고 판단하였다.

02 판결의 내용

　대상판결은 "여러 근로자집단이 하나의 근로조건체계내에 있어 비록 취업규칙의 불이익변경 시점에는 어느 근로자집단만이 직접적인 불이익을 받더라도 **다른 근로자집단에게도 변경된 취업규칙의 적용이 예상되는 경우에는**, 취업규칙의 변경은 직원 전부에게 직접적 또는 간접적, 잠재적으로 관련되므로 **일부 근로자집단은 물론 장래 변경된 취업규칙 규정의 적용이 예상되는 근로자집단을 포함한 근로자집단이 동의주체가 되고**, 그렇지 않고 근로조건이 이원화되어 있어 변경된 취업규칙이 적용되어 직접적으로 불이익을 받게 되는 근로자집단 이외에 변경된 취업규칙의 적용이 예상되는 근로자집단이 없는 경우에는 변경된 취업

---
131) 앞의 책, 86면.

규칙이 적용되어 불이익을 받는 근로자집단만이 동의주체가 된다."라고 하면서 "4급 이하의 일반직 직원들은 누구나 3급 이상으로 승진할 가능성이 있으며, 이러한 경우 승진한 직원들은 이 사건 정년규정에 따라 58세에 정년퇴직하여야 하므로 **위 개정은 3급 이상에만 관련되는 것이 아니라 직원 전부에게 직접적 또는 간접적, 잠재적으로 관련되는 점** 등에 비추어 볼 때 이 사건 정년규정의 개정은 당시 3급 이상이었던 관리직직원뿐만이 아니라 일반직직원들을 포함한 전체 직원에게 불이익하여 그 개정 당시의 관리직직원뿐만 아니라 일반직직원들을 포함한 전체 직원들이 동의 주체가 된다."라고 판시하였다.

03 판결의 의의와 한계

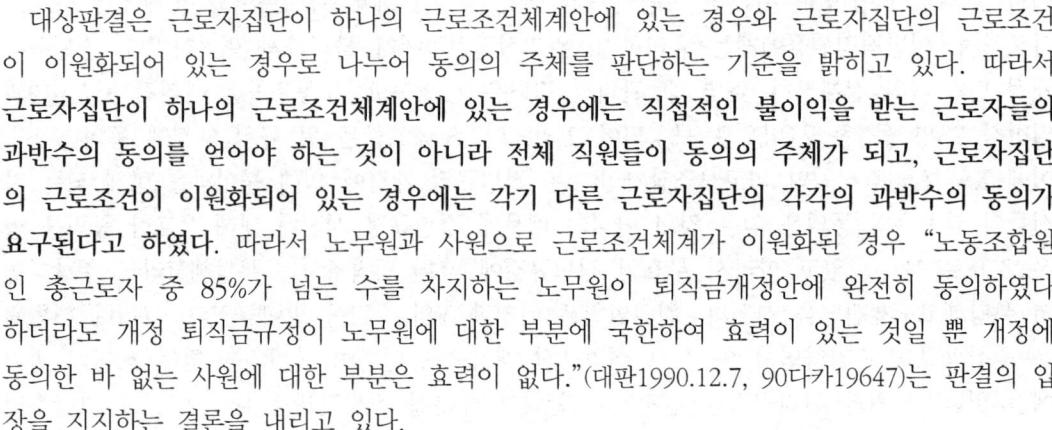

대상판결은 근로자집단이 하나의 근로조건체계안에 있는 경우와 근로자집단의 근로조건이 이원화되어 있는 경우로 나누어 동의의 주체를 판단하는 기준을 밝히고 있다. 따라서 근로자집단이 하나의 근로조건체계안에 있는 경우에는 직접적인 불이익을 받는 근로자들의 과반수의 동의를 얻어야 하는 것이 아니라 전체 직원들이 동의의 주체가 되고, 근로자집단의 근로조건이 이원화되어 있는 경우에는 각기 다른 근로자집단의 각각의 과반수의 동의가 **요구된다고 하였다.** 따라서 노무원과 사원으로 근로조건체계가 이원화된 경우 "노동조합원인 총근로자 중 85%가 넘는 수를 차지하는 노무원이 퇴직금개정안에 완전히 동의하였다 하더라도 개정 퇴직금규정이 노무원에 대한 부분에 국한하여 효력이 있는 것일 뿐 개정에 동의한 바 없는 사원에 대한 부분은 효력이 없다."(대판1990.12.7, 90다카19647)는 판결의 입장을 지지하는 결론을 내리고 있다.

14. 취업규칙 불이익변경과 동의방식

대법원 2003.11.14, 2001다18322판결(임금)

01 사실관계[132]

피고(Y)회사는 취업규칙에 따라 직원들에게 상여금을 지급하고 있었는데 경영상태가 악화되자, **취업규칙을 변경하여 1998.1.1.부터 6개월간 일체의 상여금을 지급하지 아니하기로 하였다.**(이하 '1차변경'이라 한다.) Y에는 노동조합이 없었는바, Y는 본사의 각 부서와 전국 각 영업소별로 변경에 동의한다는 내용의 문구가 기재된 서면을 보내 변경의 취지와 필요성을 설명한 다음 부서별로 위 서면의 아랫부분에 직원들의 서명을 받아 전체적으로 취합하는 방식으로 직원전원의 동의를 받았다.

그런데 1차 변경에 따른 상여금삭감 기간이 경과하고도 경영상태가 호전되지 아니하자 Y는 취업규칙을 재차 변경하여 직원들의 상여금을 1998.7.1.부터 1년 6개월간 추가로 삭감하기로 하였는데(이하 '2차변경'이라 한다.), 1차변경시와 마찬가지로 본사의 각 부서와 전국의 각 영업소별로 위와 같은 변경에 동의한다는 내용의 문구가 기재된 서면을 보내 변경의 취지와 필요성을 설명한 다음 부서별로 위 서면의 아랫부분에 직원들의 서명을 받아 전체적으로 취합하는 방식으로 직원 과반수의 동의를 받았다.

한편, 원고(X)들은 위 1·2차 변경 당시 Y가 배부한 서면에는 동의하는 사람이 서명할 수 있을 뿐 **반대하는 사람은 그 의사를 표시할 방법이 없었고, 일부 부서장들은 자신의 서명을 마친 후에도 직원들이 서명을 하는 동안 서명장소에 계속 남아 있는 등 Y측의 부당한 개입이나 간섭이 있었다**며 변경된 취업규칙의 효력을 부인하였다. 이를 토대로 X는 Y를 상대로 임금(상여금)청구의 소를 제기하였다.

---

[132] 앞의 책, 90면.

02 판결의 내용

대상판결은 "취업규칙에 규정된 근로조건의 내용을 근로자에게 불이익하게 변경하는 경우에 근로자과반수로 구성된 노동조합이 없는 때에는 근로자들의 회의방식에 의한 과반수 동의가 필요하다고 하더라도, 그 회의방식은 반드시 한 사업 또는 사업장의 전근로자가 일시에 한자리에 집합하여 회의를 개최하는 방식만이 아니라 **한 사업 또는 사업장의 기구별 또는 단위부서별로 사용자측의 개입이나 간섭이 배제된 상태에서 근로자상호간에 의견을 교환하여 찬반의견을 집약한 후 이를 전체적으로 취합하는 방식도 허용**된다고 할 것인데, 여기서 **사용자의 개입이나 간섭이라 함은 사용자측이 근로자들의 자율적이고 집단적인 의사결정을 저해할 정도로 명시 또는 묵시적인 방법으로 동의를 강요하는 경우를 의미하고 사용자측이 단지 변경될 취업규칙의 내용을 근로자들에게 설명하고 홍보하는데 그친 경우에는 사용자측의 부당한 개입이나 간섭이 있었다고 볼 수 없다.**"고 하며, 위 1·2차 변경 당시 Y가 배부한 서면에 반대의 의사를 표시할 방법이 없었고, 일부 부서장들이 자신의 서명을 마친 후에도 직원들이 서명을 하는 동안 서명장소에 계속 남아 있었다 할지라도 이것을 Y가 직원들의 자율적이고 집단적인 의사결정을 부당하게 저해할 정도로 개입.간섭한 것이라고 볼 수 없다는 이유로 상고를 기각하였다.

03 판결의 의의와 한계

- 취업규칙의 불이익변경시 근로자의 과반수로 조직된 노동조합이 없는 경우 근로자과반수의 동의를 얻어야 하는데, 근로자과반수의 동의란 집단의사결정방식에 의한 동의를 말한다. 여기서 **집단의사결정방식에 의한 동의란 근로자가 같은 장소에 집합한 회의에서 근로자개인의 의견표명을 자유롭게 할 수 있는 적절한 방법**(무기명 투표)**으로 의결한 결과 근로자의 과반수가 찬성하는 방식**이어야 한다.[133]

  그러나 사업장의 규모가 큰 기업의 경우에는 모든 근로자가 한 자리에 모여 의사결정을 한다는 것이 현실적으로 어렵고, 사업의 성격상 근로자가 한꺼번에 근무장소를 이탈하는 것이 불가능할 것이므로 그 **회의방식은 반드시 한 사업 또는 사업장의 모든 근로자가 일시에 한 자리에 집합하여 회의를 개최하는 방식만이 아니라 기구별 또는 단위부서별로 사용자측의 개입이나 간섭이 배제된 상태에서 근로자 상호간의 의견을 교환하여 찬반의견을 집약한 후 이를 전체적으로 취합하는 방식도 허용**된다.

---

133) 앞의 책, 91면.

이때 사용자측의 개입이나 간섭이란 어느 경우를 말하는지가 문제된다. **대상판결은 사용자측의 개입이나 간섭이라 함은 사용자측이 근로자들의 자율적이고 집단적인 의사결정을 저해할 정도로 명시 또는 묵시적인 방법으로 동의를 강요하는 경우를 의미**한다고 하여, 설명회 개최방식이나 동의서 회람방식에 의한 근로자과반수의 개별적 동의도 집단적 동의로서 유효한 것으로 보고 있다.

개별적 회람. 서명을 통하여 근로자과반수의 찬성을 받은 것만으로는 근로자집단의 동의를 받은 것으로 볼 수 없다고 판시한 판례(대판 1994.6.24, 92다28556)도 있지만, **최근 판례에서는 자율적, 집단적 의사결정을 저해할 정도로 명시 또는 묵시적 방법으로 동의를 강요한 것으로 인정할 수 있는 사정이 없는 한 설명회 개최방식이나 동의서 회람방식에 의한 근로자 과반수의 개별적 동의도 집단적 동의로서 유효한 것으로 보는 경향이 있다.**(대판 2010.1.28, 2009다32362)

2. 대상판결에서 Y가 근로자들에게 배부한 서면 자체에는 반대의 의사를 표현할 난이 존재하지 않았으나 취업규칙변경에 동의하지 않는 근로자들은 서명을 하지 않거나 다른 방법으로 반대의사를 표현할 수도 있었으므로 동의절차에 Y측의 개입이 있었다고 볼 수는 없고, 근로자들이 서면에 서명하는 과정에서 일부 부서장들이 서명장소에 계속 남아 변경될 취업규칙의 내용을 설명, 홍보하였다고 하여 근로자들의 자유로운 의사결정에 Y측이 간섭한 것이라고 볼 수도 없기에 Y의 근로자과반수의 동의는 유효하다.134)

---

134) 앞의 책, 92면.

근로기준법

15 동의를 얻지 않은 취업규칙 불이익변경의 효력

대법원 1992.12.22, 91다45165 전원합의체판결(퇴직금청구)

01 사실관계[135]

피고회사(Y)의 취업규칙은 당초 제정된 후 1964.3.1.과 1973.1.1. 그리고 1974.8.1. 등 3차례에 걸쳐 변경되었으나 그때마다 위 취업규칙상의 퇴직금규정은 근로자 측의 동의없이 그들에게 불리한 방향으로 개정되었다.

원고(X)는 1978.9.1. Y에 입사하여 묵산광업소에서 직원으로 근무하다가 1988.1.31. 퇴직하였는데, 그 퇴직금 산정방식과 관련하여, X는 위 3차례에 걸친 Y의 퇴직금규정의 불이익한 변경은 모두 그 적용을 받고 있던 근로자들의 집단적 의사결정방법에 의한 동의 없이 이루어진 것이어서 취업규칙 변경으로서의 효력이 없다고 주장한다. 따라서 X의 퇴직금을 산정하는데 적용되어야 할 지급률은 1964.2.29. 이전까지 시행되던 최초의 취업규칙상의 지급률이어야 한다고 주장하며 퇴직금 청구소송을 제기하였다. 이에 Y는 위 각 변경을 거쳐 X의 입사 이래 퇴직 시까지 시행되던 1974.8.1.자 변경된 취업규칙상의 퇴직금규정이 적용되어야 한다고 주장하였다.

02 판결의 내용

대상판결에서 〈다수의견〉은 변경 전인 최초의 퇴직금규정이 X에게 적용될 수 없다고 하여 다음과 같이 판시하였다.

1. 취업규칙의 작성. 변경에 관한 권한은 원칙적으로 사용자에게 있으므로 사용자는 그 의사에 따라 취업규칙을 작성. 변경할 수 있다.

2. 취업규칙의 작성. 변경시 근기법 제95조(현행 근기법 제94조)의 규정에 의하여 노동조합

---

[135] 앞의 책, 94면.

또는 근로자과반수의 의견을 들어야 하고 특히 근로자에게 불이익하게 변경하는 경우에는 동의를 얻어야 하는 제약을 받는 바, 기존의 근로조건을 근로자에게 불리하게 변경하는 경우에 필요한 근로자의 동의는 근로자의 집단적 의사결정방법에 의한 동의임을 요하고, 이러한 동의를 얻지 못한 취업규칙의 변경은 효력이 없다.

3. 사용자가 취업규칙에서 정한 근로조건을 근로자에게 불리하게 변경함에 있어서 **근로자의 동의를 얻지 않은 경우에 그 변경으로 기득이익이 침해되는 기존의 근로자에 대한 관계에서는 그 변경의 효력이 미치지 않게 되어 종전 취업규칙의 효력이 그대로 유지되지만 그 변경후에 변경된 취업규칙에 따른 근로조건을 수용하고 근로관계를 갖게 된 근로자에 대한 관계에서는 당연히 변경된 취업규칙이 적용되어야 하고,** 기득이익의 침해라는 효력배제사유가 없는 변경 후의 취업근로자에 대해서까지 그 변경의 효력을 부인하여 종전 취업규칙이 적용되어야 한다고 볼 근거가 없다. 위와 같은 경우에 **취업규칙변경 후에 취업한 근로자에게 적용되는 취업규칙과 기존근로자에게 적용되는 취업규칙이 병존하는 것처럼 보이지만, 현행의 법규적 효력을 가진 취업규칙은 변경된 취업규칙이고** 다만 기존근로자에 대한 관계에서 기득이익침해로 그 효력이 미치지 않는 범위 내에서 종전 취업규칙이 적용될 뿐이므로, 하나의 사업내에 둘 이상의 취업규칙을 둔 것과 같이 볼 수는 없다.

03 | 판결의 의의와 한계

1. 근기법상 취업규칙과 그 작성. 변경권자의 문제

대상판결은 취업규칙의 작성. 변경에 관한 권한이 사용자에게 있다고 전제하고 있다. 그러나 대상판결과 같이 취업규칙의 개념적 징표를 그 작성에 있어서 사용자의 일방성에서 찾는다면 이것은 근기법상 근로조건의 노사대등결정원칙(근기법 제4조)에 반할 뿐만 아니라 근로조건을 보호할 목적으로 취업규칙에 규범적 효력을 부여한 취업규칙제도에도 반한다. 근기법이 취업규칙제도를 둔 것은 사업 또는 사업장에서 사용자의 일방적 작성에 의해서 근로자에 대한 사용자의 지배권의 상징이었던 종래의 취업규칙을 근기법상의 노동보호제도로 전환하려는데 있다.[136]

즉, 근기법이 근로자보호를 목적으로 구체적인 근로조건을 감독하기 위해 사용자에 대해 구체적인 근로조건이 될 취업규칙안(案)을 작성하여 신고하도록 한 것으로써 근기법 제93조는 사용자에 대해 취업규칙 입안의무를 부과한 것이지 취업규칙작성권한을 부여

---
136) 앞의 책, 94면.

한 것은 아니라고 할 것이다.137) 따라서 사용자에 의해 일방적으로 작성된 취업규칙안(案)은 근기법 소정의 절차(취업규칙의 신고)를 거쳐 비로소 근로자보호규범인 취업규칙이 되는 것이다.

2. 과반수동의를 얻지 못한 취업규칙의 효력

대상판결은 과반수동의를 얻지 못한 취업규칙은 기존 근로자들의 기득이익을 침해하므로 무효이나 신규로 취업한 근로자들에 대해서는 기득이익침해라는 효력배제 사유가 없으므로 그들에게는 변경된 취업규칙이 적용된다고 한다. 이러한 **대상판결의 결론은 극단적인 경우에 취업규칙의 작성. 변경의 효력은 근로자 개별적으로 판단해야 한다는 결론에 도달하게 되는데**, 이렇게 되면 **사용자는 동일한 사업장에서 동일한 상황에 있는 근로자들에 대해 그의 취업시기에 따라 상이한 근로조건 결정규범을 자의적으로 적용하는 것을 허용하게 되어 문제로 된다**.138)

---

137) 앞의 책, 95면.
138) 앞의 책, 97면.

16 취업규칙 불이익변경과 사회통념상 합리성

대법원 2001.1.5, 99다70846판결(퇴직금)

01 사실관계139)

　한국정밀기기센터(A1)는 한국기계금속시험연구소(A2)에 흡수·통합되면서 A1의 직원 259명 전원은 A2에 인수되었다. 그런데 정부는 1981.1.5. A2를 해산하는 대신 재단법인 한국기계연구소(A3)를 설립하였는바, A3는 A2의 인원, 재산, 사업, 예산 및 권리의무 일체를 포괄승계 하였으며, 1992.3.16. 피고 재단법인 한국기계연구원(Y)으로 그 명칭이 변경되었다.

　한편, A2는 1980.3.6. **퇴직금규정을 새로 제정하였는데 이는 과거 A1에 적용되었던 1970.1.1. 퇴직금규정에 비하여 불리하게 변경된 것**이었다. 이후 다른 근로조건에 대해서는 정년 10년연장, 호봉조정을 통한 임금인상, 퇴직금산정시 기준임금 증가 등의 개선이 이루어졌다. A3가 Y로 명칭이 변경된 이후에 Y에는 1993.9.22. 개정된 퇴직금규정이 적용되고 있었다.

　원고(X)는 1969.1.10. A1에 입사하여 근무하다가 A1이 A2에 통합되면서 1979.4.1.부터 A2에서 근무하였고, 그 후 A2가 A3에 통합되자 A3 및 Y에서 근무하다가 1996.1.31. 퇴직하였다. A1가 A2에 통합되던 당시 X를 비롯한 A1의 근로자들은 A1에서 일괄적으로 사직절차를 밟아 1970.1.1. 퇴직금규정에 따라 산정된 퇴직금을 지급받았고 X는 Y에서 최종적으로 퇴직하던 당시 Y에서 시행하고 있던 1993.9.22.개정 퇴직금규정에 따라 산정한 퇴직금을 지급받았다. 그러나 X는 A2가 제정한 1980.3.6. 제정 퇴직금규정이 A1에 근무하던 당시에 적용되던 1970.1.1. 퇴직금규정 보다 불리하였기 때문에 1980.3.6. 퇴직금규정의 제정은 취업규칙의 불이익변경에 해당됨에도 불구하고 근로자의 집단적 동의절차를 거치지 않았기 때문에 A1에 근무하던 당시 적용되던 1970.1.1. 퇴직금규정이 적용되어야 한다고 주장하였다.

　이에 대하여 원심은 X가 A1에서 퇴직한 것은 스스로의 자유로운 선택에 따른 퇴직이 아니었고, 근로관계를 승계하게 될 A2가 종전의 높은 퇴직금지급률에 의한 퇴직금을 지급하지 않게 하기 위해 정한 방침에 따라 퇴직과 재입사의 형식을 거친 것에 불과할 뿐이기 때문에 근로관계는 포괄적으로 승계된 것이라고 보았다. 다만, 제반 사정에 비추어 볼 때 19

---
139) 앞의 책, 98면.

80.3.6. 퇴직금규정 제정은 A1출신 직원들의 집단적 의사결정방법에 의한 동의를 받지 않아도 될 만한 사회통념상 합리성이 있었다고 판단하였다. 따라서 원심은 X의 퇴직금은 1993.9.22. 퇴직금규정에 따라 산정하여야 한다는 Y의 주장을 받아들였고, **대법원 역시 원심의 판단을 지지하였다.**

02 판결의 내용

대상판결은 "취업규칙의 작성 또는 변경이 그 필요성 및 내용의 양면에서 보아 그에 의하여 근로자가 입게 될 불이익의 정도를 고려하더라도 여전히 **당해 조항의 법적 규범성을 시인할 수 있을 정도로 사회통념상 합리성이 있으면 근로자측의 동의를 얻지 않은 것만으로 그 규정의 적용을 부인할 수 없다.**"라고 하였다.

그리고 "여기에서 말하는 **사회통념상의 합리성의 유무는 취업규칙의 변경에 의하여 근로자가 입게되는 불이익의 정도, 사용자측의 변경필요성의 내용과 정도, 변경 후의 취업규칙 내용의 상당성, 대상조치 등을 포함한 다른 근로조건의 개선상황, 노동조합 등과의 교섭경위 및 노동조합이나 다른 근로자의 대응, 동종사항에 관한 국내의 일반적인 상황 등을 종합적으로 고려하여 판단하여야 한다.**"라고 하였다.

이에 따라 대상판결에서 대법원은 A2가 A1을 통합하면서 A2보다 높은 퇴직금지급률을 적용하고 있던 **A1과 A2의 서로 다른 퇴직금지급률을 조정하고, 통일적인 퇴직금지급규정을 마련할 필요성이 높았던 점,** A1출신 직원들의 **정년이 통합 후 55세에서 65세로 연장됨에 따라 연장된 기간만큼 더 근무하면서 이에 상응하는 임금을 지급받게 된 점,** 통합을 전후하여 A1출신 직원들의 임금이 인상되고, 호봉이 조정됨에 따라 퇴직금산정의 기초가 되는 임금이 인상되는 등 통합 후 **다른 근로조건이 개선되었고, 이로써 퇴직금지급률의 저감에 따른 불이익이 상당정도 완화된 점,** 통합에 앞서 X를 포함한 A1출신 직원들이 A1을 형식적으로 퇴직하면서 인상된 임금을 기초로 종전의 높은 퇴직금지급률에 의한 퇴직금을 이의없이 수령하였고, 따라서 **통합 당시에는 X를 포함한 A1출신 직원들도 향후 제정될 A2의 퇴직금지급규정이 자신들에게 적용될 것으로 예정하고 있었다고 추정되는 점** 등의 제반 사정에 비추어 볼 때, 1980.3.6. 퇴직금지급규정은 A1출신 직원들의 집단적 의사결정방법에 의한 동의를 받지 않아도 될 만한 사회통념상의 합리성이 있었다고 보았다.

03 판결의 의의와 한계

1. 사회통념상 합리성이론은 취업규칙의 불이익변경시 근로자의 집단적 의사결정방식에 의한 동의를 얻도록 근기법에 규정하고 있는 **우리나라와는 달리 이러한 규정을 두고 있지 않은 일본에서 판례를 통해 확립된 이론**인데, 우리법원이 사회통념상 합리성이라는 **추상적 기준을 내세워 법에서 요구하고 있는 근로자집단의 동의를 받지 않은 채 불이익하게 변경된 취업규칙의 효력을 인정하는 것은 법해석의 한계를 벗어난 해석**이라는 **비판**이 가해진다.140)

    즉, 사회통념상 합리성론은 취업규칙 불이익변경의 효력요건으로서 근로자의 집단적 의사결정방식에 의한 동의를 명문으로 요구하고 있는 근기법규정과 조화되기 어려운 해석이다.

2. 대상판결은 **사업통합 이후 통일적인 퇴직금규정 마련을 위한 불이익변경의 필요성, 변경 이후 일련의 근로조건 개선 조치들이 이루어졌다는 점 등을 고려하여 사회통념상 합리성이 있다고 보았지만, 이러한 점들이 근로자 측의 집단적 동의요건을 대체할 정도의 사회통념상 합리성을 뒷받침하는 근거가 될 수 있는지 의문**이 들고, 특히 X등의 근로관계는 단절되지 않고 포괄적으로 승계된 것으로 인정되었음에도 불구하고 퇴직금을 이의 없이 수령하였다는 점을 사회통념상 합리성 인정 근거의 하나로 제시한 것도 적절하지 못한 측면이 있다.141)

---

140) 앞의 책, 101면.
141) 앞의 책, 101면.

17 단체협약과 취업규칙의 관계

대법원 2002.12.27, 2002두9063판결(부당해고구제재심판정취소)

01 사실관계[142]

원고(X)는 1993년경부터 Y회사에 택시기사로 입사하여 근무하였다. 입사 당시 Y회사의 **취업규칙과 단체협약은 무단결근으로 인한 면직기준을 월 7일 이상인 경우로 동일하게** 규정하고 있었다. 1997.10.30. Y회사의 노사는 무단결근이 경영상 큰 장애가 됨을 인식하고 상습적인 무단결근자를 엄중히 징계하기로 합의한 다음, 1998.1.21. 무단결근자의 면직 기준일수를 월7일에서 월5일로 단축하는 내용으로 단체협약을 개정, 시행하였으나 위 취업규칙의 규정은 변경하지 아니한 채 남겨두었다.

그 후 X는 1998.9월에 2일, 10월에 5일, 1999.2월에 5일, 3월에 6일을 각각 결근하였다. 이에 Y회사는 X에 대해 상습적인 무단결근으로 회사에 운송수입금 1,116,000원 상당의 손실을 입혔다는 이유로 1999.5.27. 징계해고 처분하였다. X는 종전의 취업규칙에 따르면 면직사유인 상습적인 무단결근에 해당하지 않는다고 주장하면서 노동위원회에 부당해고 구제신청을 하였다.

02 판결의 내용

대상판결은 "협약자치의 원칙상 노동조합은 사용자와 사이에 근로조건을 유리하게 변경하는 내용의 단체협약뿐만 아니라 근로조건을 불리하게 변경하는 내용의 단체협약도 체결할 수 있으므로, 근로조건을 불리하게 변경하는 내용의 단체협약이 현저히 합리성을 결하여 **노동조합의 목적을 벗어난 것으로 볼 수 있는 것과 같이 특별한 사정이 없는 한** 그러한 노사간의 합의를 무효라고 볼 수는 없고, 한편 이와 같은 단체협약의 개정경위와 그 취지에 비추어 볼 때 **단체협약의 개정에도 불구하고 종전의 단체협약과 동일한 내용의 취업규칙이 그대로 적용된다면 단체협약의 개정은 그 목적을 달성할 수 없으므로 개정된 단체협약에는 당연히 취업규칙상의 유리한 적용을 배제하고 개정된 단체협약이 우선적으로 적용된다는**

---
142) 앞의 책, 102면.

내용의 합의가 포함된 것이라고 봄이 당사자의 의사에 합치한다고 할 것이고, 따라서 개정된 후의 단체협약에 의하여 취업규칙상의 면직기준에 관한 규정의 적용은 배제된다고 보아야 할 것이다."라고 하여 단체협약보다 유리한 내용을 규정하고 있는 취업규칙의 적용을 부인하였다.

03 판결의 의의와 한계

I • '유리원칙'의 인정여부

본 사안은 단체협약상의 징계해고규정을 근거로 하여 해고된 근로자가 당해 해고의 부당함을 주장한 사건으로서, '월 7일 이상의 무단결근'을 면직기준으로 규정하고 있던 취업규칙에 비해 단체협약이 근로자에게 보다 불리하게 개정된 경우 유리한 취업규칙의 적용이 배제되는지의 여부가 검토의 대상이 된다. 이는 곧 단체협약과 취업규칙과의 관계에서 유리원칙을 인정해야 할 것인가의 문제로 귀착된다. 현행 근기법 제97조는 취업규칙의 규범적 효력과 관련하여, 취업규칙에서 정한 기준에 '미달'하는 근로조건을 정한 근로계약만을 무효로 하고 있음에 반하여, 노조법 제33조 제1항은 단체협약의 규범적 효력과 관련하여 단체협약에 정한 근로조건 등의 기준에 '위반'하는 취업규칙 또는 근로계약의 부분을 무효로 하는 것으로 규정하여, 취업규칙이나 근로계약에서 단체협약에서 정한 기준에 미달하는 근로조건을 정한 경우 그 기준은 무효가 됨은 당연하나 단체협약에서 정한 기준보다 상향하는 기준을 정한 경우 그 유효성이 문제된다.

첫째, **유리원칙 긍정설**(편면적용설)은 취업규칙이나 근로계약이 단체협약상의 기준보다 유리한 근로조건을 정한 경우 단체협약에 우선하여 적용할 수 있다는 입장이다. 이 견해는 **단체협약은 근로자들을 보호하기 위하여 근로조건의 최저기준을 정한 것이기에 취업규칙이나 근로계약이 단체협약상의 기준보다 유리한 경우 그 유리한 내용을 우선하여 적용하는 것은 당연한 점, 단체협약상의 기준보다 유리한 부분에 관해서는 사적자치를 인정하는 것이 타당한 점, 집단적 자치와 사적자치의 관계는 전자가 후자를 대체하는 것이 아니라 보충하는 것인 점**(집단적 자치는 사적 자치의 기초위에서 사적 자치를 위하여 운영되는 것으로 이해해야 함) 등을 근거로 한다.

둘째, **유리원칙 부정설**(양면적용설)은 단체협약에서 정한 기준을 절대기준으로 보아 단체협약기준에 미달하는 기준은 물론 상회하는 기준도 모두 단체협약에 위반되어 무효가 된다는 입장이다. 이 견해는 **유리원칙을 긍정할 경우 사용자가 특정근로자를 우대하여 조합조직을 붕괴시키는데 이를 악용하는 등 부당노동행위의 발생이 우려된다는 점, 기업별협약이 대부분인 우리나라의 현실은 단체협약은 최저기준이 아닌 표준적, 정형적**

기준이기에 유리원칙을 인정할 실익이 없는 점, 노조법 제33조가 단체협약상의 기준에 '미달'하는 부분을 무효로 하는 것이 아닌 '위반'하는 부분을 무효로 하고 있다는 점 등을 근거로 한다.

2. 판례의 동향

현재까지 유리원칙의 적용여부를 직접적으로 판단한 판결은 찾아볼 수 없다. 대상판결은 유리원칙을 부정한 리딩케이스로 평가받아 온 판결이다. 그러나 대상판결이 유리의 원칙을 전면적으로 부정한 것으로 볼 수 있는지는 불명확하다.

대상판결에서 대법원은 근로자에게 보다 유리한 내용을 담고 있는 취업규칙의 적용가능성을 부정하고 있다. 그런데 그 근거를 **단체협약의 규범적 효력에서 찾고 있는 것이 아니라 취업규칙을 적용할 경우 새로운 단체협약을 체결한 목적을 달성할 수 없다는 점에서 찾고 있고, 그에 따라 단체협약에 비해 유리한 내용을 규정하고 있는 취업규칙의 적용가능성을 부인하게 되며, 이는 결과적으로 유리원칙을 부정하는 것으로 보이게 되었다.**[143] 즉, 단체협약이 변경되어 새로운 단체협약의 효력이 발생하게 되면 당연히 법적용상의 또다른 일반원칙 중 하나인 '신법우선의 원칙'에 의해 새 단체협약이 적용되어야 하는 것이고, 새로운 규범이 우선 적용되는 것으로 판단한 사례에 대해 이를 대법원이 '유리원칙의 적용을 부인한 것'이라고 보는 것은 무리가 있다.[144]

---

143) 앞의 책, 105면.
144) 앞의 책, 105면.

18 배치전환(전직)의 정당성 판단기준

대법원 1995.10.13, 94다52928판결(해고무효확인 등)

01 사실관계[145]

　피고회사(Y)가 영위하는 경방직업분야는 여러 가지 어려움을 겪고 있었는데, 원고(X)가 춘천공장에서 원직인 변전실 전공으로 복귀하게 될 무렵에 이미 X와 A 두 사람만으로 변전실의 업무를 담당하도록 결정하였다. 그런데 1991.1.24. 개정 전기사업법 시행규칙 제58조에 따라 Y는 전기안전관리사 외에 **전기분야 기능사 1, 2급 또는 전기기사 2급 이상의 자격이 있는 전기안전관리원 1명을 반드시 두도록 되었고,** (사)대한전기기사협회 강원지부에서도 2회에 걸쳐 전기안전관리원 선임결과 통보를 독촉하여 왔다. Y는 1991.4.6. 인사위원회를 개최하여 유자격자로 전기안전관리원 1명을 선임하기로 결정하게 되었는데, 이로 인해 위 변전실에는 무자격자 1명의 잉여 인력이 발생하여 타부서로의 전직이 불가피하게 되었다. 이에 **인사위원회에서는** 공업고등학교 전기과 졸업자이고 춘천공장의 변전실 근무경력이 X보다 길었던 **A를 변전실에 계속 근무토록** 하는 한편, 당시 공석이던 본사 관리부 서무과 용도계 서무주임직이 비록 사무직이기는 하나 각 공장의 기계부품이나 일반 소모품의 구매를 담당하며 간단한 송장 및 구매카드를 정리하는 등의 업무를 담당하는 부서로서 현장직에서 오래 근무한 X가 이를 충분히 수행할 수 있을 것으로 판단하고 **X를 본사 관리부 서무과 용도계 서무주임으로 승진시켜 자재업무를 담당케 하기로 결정하고,** 춘천공장장을 통하여 X에게 발령장을 제시하며 전근처분을 통보하였다.

02 판결의 내용

- 근로자에 대한 전보나 전직은 원칙적으로 인사권자인 사용자의 권한에 속하므로 업무상 필요한 범위내에서는 사용자는 상당한 재량을 가지며 그것이 근로기준법에 위반되거나 권리남용에 해당되는 등의 특별한 사정이 없는 한 유효하고 전보처분 등이 권리남용에

---

145) 앞의 책, 106면.

해당하는지의 여부는 전보처분 등의 업무상의 필요성과 전보 등에 따른 근로자의 생활상의 불이익을 비교·교량하여 결정되어야 할 것이고, 업무상의 필요에 의한 전보 등에 따른 생활상의 불이익이 근로자가 통상 감수하여야 할 정도를 현저하게 벗어난 것이 아니라면 이는 정당한 인사권의 범위내에 속하는 것으로서 권리남용에 해당하지 않는다고 할 것이다.

2. 전보처분 등을 함에 있어서 근로자본인과 성실한 협의절차를 거쳤는지의 여부는 정당한 인사권의 행사인지의 여부를 판단하는 하나의 요소라고는 할 수 있으나 그러한 절차를 거치지 아니하였다는 사정만으로 전보처분 등이 권리남용에 해당하여 당연히 무효가 된다고는 볼 수 없다.

3. X가 구미에서 춘천으로 이사, 정착(전세, 주택분양신청 준비)하였으나 **춘천에 주택을 소유하거나 근로자복지주택을 분양받지는 않았고**, 원거리출근자를 위한 교통비 보조제도 등이 마련되지 않은 것을 잘못이라 할 수 없고, 전보자를 위한 기숙사시설이 보편화, 일반화되지도 않은 점을 고려할 때 **서울 본사에 단신 부임하거나 가족을 대동하여 이사를 해야 하는 불이익은 근로자가 전직에 따라 통상 감수해야 할 범위내의 불이익에 불과하다.** 또 전보처분에 있어서 X와 협의하지 않은 사정만으로 전보처분이 인사권 남용이라 할 수 없다.

03 판결의 의의와 한계

1. 전직의 정당성 판단기준

전직이란 인력이동을 통해 근로자의 업무내용이나 업무장소를 변경하는 인사조치를 말한다. 전직에 대하여 우리 근기법은 해고와 마찬가지로 사용자에게 원칙적으로 이를 금지시키고 있다. 따라서 사용자가 전직이라는 인사조치를 감행할 수 있으려면 "정당한 이유"로 표현되고 있는 실체적. 절차적 정당성이 반드시 존재해야 한다. 즉, 근로자를 전직시키려면 업무상 필요성 등 내용적 측면에서 정당성을 갖추어야 하는 것은 물론 당사자와의 성실한 협의와 사후조치 등 과정, 방법상 정당성도 아울러 갖추어야 하며, 특히 근로계약상 근로자가 종사할 업무의 내용이나 근무장소가 특정된 경우에는 사용자가 이를 일방적으로 변경할 수 없고 해당 근로자의 동의가 반드시 필요하다. 따라서 실정법상 우리나라는 사용자에게 매우 엄격한 잣대를 들이대면서 전직을 규율하고 있는 것이다.

그러나 대법원판결에서는 이러한 전직의 어려움은 그다지 찾아볼 수 없다. 대법원판례가 상당히 용이하게 전직을 허용하고 있는 점은 다음과 같은 내용에서 확인된다. 첫째, "근로자에 대한 **전보나 전직은 '원칙적으로 인사권자인 사용자의 권한'**에 속하므로 업무상 필요한 범위내에서는 사용자가 '**상당한 재량**'을 가지며 그것이 근기법 등에 위반되거나 권리남용에 해당되는 등의 특별한 사정이 없는 한 유효하다."고 하여 포괄적 합의설에 입각한 듯한 모습을 보이고 있다는 것이다.

둘째, 전직이 권리남용에 해당하는지 여부는 전보처분 등의 업무상의 필요성과 전보 등에 따른 근로자의 생활상의 불이익을 비교. 교량하여 결정되어야 하고, 업무상의 필요에 의한 전보 등에 따른 생활상의 불이익이 **근로자가 통상 감수하여야 할 정도를 '현저하게 벗어난 것'**이 아니라면 이는 정당한 인사권의 범위내에 속하는 것으로서 권리남용에 해당하지 않는다는 것이다. 즉 통상적인 생활상의 불이익은 전직에서 문제되지 않는다는 것이다.

셋째, 전보처분 등을 함에 있어서 **근로자본인과 성실한 협의절차를 거쳤는지의 여부는 정당한 인사권의 행사인지 여부를 판단하는 '하나의 요소'**라고는 할 수 있으나, 그러한 **절차를 거치지 아니하였다는 사정만으로 전보처분 등이 권리남용에 해당하여 당연히 무효가 된다고는 볼 수 없다**는 것이다. 즉, 근로자본인과의 협의절차는 전직의 정당성 판단에서 독자적인 유효요소로서 고려되지 않는다는 것이다.

결국 한마디로 정리하면, 전직으로 인해 다소간의 어려움은 있겠지만 그것이 일자리를 잃는 정도로 근로자에게 위험. 불이익한 것은 아니니까 '어지간하면' 회사의 전직명령에 따라야 한다는 것이고, 그 내용, 형식(절차)은 사용자가 '알아서 적당하게' 처리하면 족하다는 이야기가 될 수 있겠다.146)

2. 전직과 불법행위

부당한 전직명령도 해고와 마찬가지로 근로자에게 위법하게 정신적 고통을 가하는 경우 불법행위를 구성할 수 있다. 즉, "인사권자가 당해 **공무원에 대한 보복감정 등 다른 의도를 가지고 인사재량권을 일탈·남용하여 객관적 정당성을 상실하였음이 명백**한 경우 등 전보인사가 우리의 '**건전한 사회통념이나 사회상규상 도저히 용인될 수 없음이 분명한 경우**'에는 위법하게 상대방에게 정신적 고통을 가한 것이 되어 당해 근로자(공무원)**에 대한 관계에서 불법행위를 구성**한다."(대판 2009.5.28, 2006다16215)

---

146) 앞의 책, 108면.

19 대기발령·직위해제의 법리

근로기준법

대법원 2007.7.23, 2005다3991판결(부당전보무효확인)

01 사실관계[147]

원고(X)는 2000.12.1. Y1회사로부터 경영상 과원을 이유로 하는 대기발령처분을 받았고, 그러한 상태는 2002.10월경 Y1회사가 Y2회사로 사업이 양도된 이후에도 지속되었다. Y2회사는 X등 소외 근로자들을 퇴사 후 재입사하는 형식으로 고용을 승계하면서 근로자들로부터 "종전의 근로조건과 동일한 대우를 해주기로 하되, Y1회사와의 고용관계와 관련하여 어떠한 권리주장이나 청구를 하지 않는다."는 내용의 고용제안서를 받았다. X는 부제소와 관련한 내용에 대해 한차례 이의제기를 하였으나 최종적으로는 고용제안서의 원안대로 제출하였다. X는 Y2회사에 고용승계 된 이후에도 소제기시까지 2년여 이상 대기발령상태가 지속되었고, 이에 주위적으로 Y1회사의 대기발령처분의 무효를, 예비적으로 Y2회사의 대기발령처분의 무효를 주장하는 소송을 제기하였다.

한편, Y2회사 취업규칙 제53조 제1호는 경영상 과원으로 인정된 자에 대해서 대기발령을 할 수 있음을, 제53조 제2호는 대기발령자에 대해서는 기본급 또는 그에 준하는 임금만을 지급한다는 점을, 제67조 제11호는 대기발령 후 3개월이 경과되도록 보직되지 아니한 자에 대해서는 해고한다는 규정을 두고 있다.

02 판결의 내용

대상판결은 "기업이 그 활동을 계속적으로 유지하기 위해서는 노동력을 재배치하거나 그 수급을 조절하는 것이 필수불가결하므로, 대기발령을 포함한 인사명령은 원칙적으로 인사권자인 사용자의 고유권한에 속한다 할 것이고, 따라서 이러한 인사명령에 대하여는 업무상 필요한 범위 안에서 사용자에게 상당한 재량을 인정하여야 하지만, **대기발령이 일시적으로 당해 근로자에게 직위를 부여하지 아니함으로써 직무에 종사하지 못하도록 하는 잠정적인 조치이고, 근기법 제30조 제1항**(현행 근기법 제23조 제1항)**에서 사용자는 근로자에 대하여 정

---

147) 앞의 책, 110면.

당한 이유 없이 전직, 휴직, 기타 징벌을 하지 못한다고 제한하고 있는 취지에 비추어 볼 때, 사용자가 대기발령 근거규정에 의하여 일정한 대기발령사유의 발생에 따라 근로자에게 대기발령을 한 것이 정당한 경우라고 하더라도 당해 대기발령규정의 설정목적과 그 실제기능, 대기발령 유지의 합리성 여부 및 그로 인하여 근로자가 받게 될 신분상. 경제상의 불이익 등 구체적인 사정을 모두 참작하여 그 기간은 합리적인 범위 내에서 이루어져야 하는 것이고, 만일 대기발령을 받은 근로자가 상당한 기간에 걸쳐 근로의 제공을 할 수 없다거나, 근로제공을 함이 매우 부적당한 경우가 아닌데도 사회통념상 합리성이 없을 정도로 부당하게 장기간 동안 대기발령 조치를 유지하는 것은 특별한 사정이 없는 한 정당한 이유가 있다고 보기 어려우므로 그와 같은 조치는 무효라고 보아야 할 것이다."고 하면서 "Y1회사가 경영형편상 과원을 이유로 이 사건 대기발령처분을 한 것 자체는 업무상 필요한 범위 안에서 이루어진 것으로서 정당한 이유가 있었다고 보더라도 그 이후 장기간에 걸쳐 대기발령처분을 그대로 유지하고 있다가 Y2회사가 2002.10.11.경 사실상 Y1회사와 X사이의 고용관계를 그대로 승계하면서 X와 명시적으로 고용계약까지 체결한 이상 경영형편상 과원이라고 보기 어려우므로 X에 대한 대기발령사유는 일응 해소되었다고 볼 것인데, 그 이후에도 X에게 아무런 직무도 부여하지 않은 채 기본급 정도만을 수령하도록 하면서 장기간 대기발령조치를 그대로 유지한 것은 특별한 사정이 없는 한 정당한 사유가 있다고 보기 어렵다."고 하여 Y2회사가 2002.10.11.경 이후에도 X에 대한 대기발령을 그대로 유지한 조치는 특별한 사정이 없는 한 무효라고 판결하였다.

03 판결의 의의와 한계

I. 대기발령과 근기법 제23조 제1항

대기발령은 근로자 개인 혹은 사용자의 경영상 사정으로 당해 근로자에게 기존의 직무를 계속적으로 담당하게 하는 것이 불가능하거나 부적당한 경우에 장래의 업무상의 장애를 예방하기 위하여 일시적으로 당해 근로자에게 직위를 부여하지 아니함으로써 직무에 종사하지 못하도록 하는 잠정적인 조치로서 보직의 해제를 의미한다.

대기발령의 경우 근로자가 불이익을 받게 되고 근로자가 입는 불이익의 측면에서 근기법 제23조 제1항의 적용여부가 문제된다. 사용자의 인사권을 제한하는 구체적인 규정이 근기법 제23조 제1항(사용자는 정당한 이유없이 해고, 휴직, 정직, 전직, 감봉 그 밖의 징벌을 하지 못한다.)이다. 이 규정은 해고 등 사용자의 인사상 불이익 처분으로부터 근로자를 보호하기 위한 일반조항으로서의 성격을 갖기에, 규정상의 인사처분은 불이익처분의 예시에 불과하고 그 외 어떠한 명칭 여하에 불구하고 개별근로자에 대한 불이익처분으로서의 성질을 가지는 사용자의 처분이라면 이 규정의 적용을 받는다.148) 따라서 대기발령의 경우도 근로자가 불이익을 입는 경우라면 근기법 제23조 제1항의 적용을 받는다.

2. 대기발령의 정당성

대기발령이 정당하려면 근기법 제23조 제1항의 '정당한 이유'가 있어야 하는데, 정당한 사유는 실체적 정당성, 절차적 정당성이 모두 고려되어야 한다.

1) 실체적 정당성

첫째, **대기발령의 사유가 해당 사업장의 취업규칙에 근거가 있어야 한다.** 대법원은 대기발령에 관한 근거규정이 없어도 사용자가 업무상 필요성이 있다면 별도의 사유를 들어 대기발령할 수 있다는 입장인데, 대기발령도 인사상 불이익한 처분으로서 정당한 이유가 없는 한 금지되는 처분이기에 취업규칙 등의 규범에 근거가 없는 한 대기발령은 허용되어서는 아니된다. 둘째, 취업규칙 등에 대기발령의 사유로 규정되어 있다고 하더라도 근로기준법 등 강행법규에 위반되는 내용이라면 정당한 대기발령의 사유로 삼을 수 없기에 **대기발령 사유 그 자체가 적법한 것**이어야 한다. 셋째, **사회통념상 당해 근로자의 대기발령에 해당하는 사유가 대기발령을 통해서 일시적·잠정적으로라도 기존의 직무에서 배제되어야 할 정도의 사유**(상당기간 근로를 제공할 수 없거나 근로를 제공함이 매우 부적당한 경우)이어야 한다. 이에 관한 일반적인 판단 기준으로 대법원은 '대기발령의 업무상의 필요성과 그에 따른 근로자의 생활상의 불이익과의 비교교량'이라는 기준을 들고 있다.

2) 절차적 정당성

취업규칙 등에 대기발령을 인사위원회의 의결을 거치도록 하는 경우나 대기발령의 사유를 통지하도록 규정하고 있는 경우와 같이 절차규정이 있는 경우 그러한 절차를 지키지 않은 대기발령은 정당성이 없다. 판례는 "인사규정에 의해 사유를 통보하도록 정하고 있는 경우, 동 규정의 취지는 본인에게 직위해제를 당하게 된 경위를 알리도록 하여 그에 대한 불복의 기회를 보장함과 아울러 인사권자로 하여금 직위해제사유의 존부를 신중하고 합리적으로 판단하게 하여 그 자의를 배제하도록 함으로써 직위해제에 관한 권한행사의 적정을 기하려는데 있다할 것으로서 인사규정에 의한 사유통보를 흠결한 직위해제는 그 효력이 부정된다."고 한다.(대판 1992.7.28, 91다30729)

다만, 근로자와의 협의 등 대기발령을 하는 과정에서 신의칙상 요구되는 절차를 거쳤는지의 여부 등은 정당한 인사권의 행사인지의 여부를 판단하는 하나의 요소라고

---

148) 앞의 책, 112면.

는 할 수 있으나 그러한 절차를 거치지 아니하였다는 사정만으로 대기발령이 권리남용에 해당되어 당연히 무효가 된다고는 볼 수 없다.(대판 2002.12.26, 2000두8011)\

대상판결은 **대기발령처분의 기간에 대한 평가**를 통해 **대기발령사유의 해당성여부를 판단**하고 있다. 즉, 사용자가 대기발령 근거규정에 의하여 근로자에게 대기발령을 한 것이 정당한 경우라고 하더라도 그 기간은 합리적인 범위 내에서 이루어져야 하는데, 만일 **대기발령을 받은 근로자가 상당한 기간에 걸쳐 근로의 제공을 할 수 없다거나 근로제공을 함이 매우 부적당한 경우가 아닌데도 사회통념상 합리성이 없을 정도로 부당하게 장기간 동안 대기발령 조치를 유지하는 것은 특별한 사정이 없는 한 정당한 이유가 있다고 보기 어렵다**고 하여 그와 같은 조치를 무효로 보고 있다. 대상판결은 대기발령 등 사용자의 인사권에 해당하는 영역에 대해 그간 **막연히 사용자에게 상당한 수준의 재량이 있다는 인식에서 벗어나 최소한 일정한 한계가 있음**을 구체적으로 확인시켜준 판결이다.[149]

---

[149] 앞의 책, 113면.

20 휴직명령의 정당성

대법원 2005.2.18, 2003다63029판결(임금 등)

01 사실관계[150]

원고(X)는 1987.11.3. 피고(Y)회사에 채용되어 근무하던 중 1998.8.6. 업무상 배임의 혐의로 구속되었고, Y는 인사규정 제33조 제3호, 즉 "형사사건으로 구속 또는 기소되었을 때에는 판결확정 후 1월까지 명령휴직을 할 수 있다."는 규정에 따라 1998.8.14. X에게 명령휴직을 하였다.

1998.11.6. 위 형사사건의 제1심인 수원지방법원에서 징역 2년에 집행유예3년의 유죄판결을, 1999.2.23. 항소심인 서울고등법원에서 징역 1년6월에 집행유예 3년의 유죄판결을 각각 선고받았으나, 상고심인 **대법원은 2001.4.27. 항소심판결을 파기 환송하였고**, 이에 환송심인 서울고등법원은 2001.7.20. X에 대하여 **무죄판결**을 선고하였으며, 위 판결은 2001.7.28. 확정되었다.

02 판결의 내용

근기법 제23조 제1항에서 사용자는 근로자에 대하여 정당한 이유없이 휴직하지 못한다고 제한하고 있는 취지에 비추어 볼 때, 사용자의 취업규칙이나 단체협약 등의 휴직근거규정에 의하여 사용자에게 일정한 휴직사유의 발생에 따른 휴직명령권을 부여하고 있다 하더라도 그 정해진 사유가 있는 경우 당해 휴직규정의 설정 목적과 그 실제 기능, 휴직명령권 발동의 합리성 여부 및 그로 인해 근로자가 받게 될 신분상 경제상의 불이익 등 구체적인 사정을 모두 참작하여 **근로자가 상당한 기간에 걸쳐 근로의 제공을 할 수 없다거나, 근로제공을 함이 매우 부적당하다고 인정되는 경우에만 정당한 이유가 있다고 보아야 한다.** 근로자가 형사사건으로 구속되었다가 불구속 기소된 이상 사용자의 인사규정에서 정한 명령휴직의 사유 그 자체는 발생하였다고 할 것이고 **근로자가 석방되기 전까지는 상당한 기간에 걸쳐 근로의 제공을 할 수 없는 경우에 해당하므로 위 근로자에 대한 사용자의 명령휴**

---
150) 앞의 책, 114면.

직처분에는 정당한 이유가 있다고 볼 수 있으나, 구속취소로 석방된 후에는 근로자가 상당한 기간에 걸쳐 근로의 제공을 할 수 없는 경우에 해당한다고 할 수 없고 명령휴직규정의 설정 목적 등 제반 사정에 비추어 볼 때 근로자가 근로를 제공함이 매우 부적당한 경우라고도 볼 수 없어 위 명령휴직처분을 계속 유지하는 것에 정당한 이유가 없다.

03 판결의 의의와 한계

휴직이란 근로자가 어떠한 이유로 채무의 내용에 따른 근로의무를 이행하지 못할 경우에 사용자가 당해근로자와의 근로계약관계를 유지하면서 일정기간 그 근로를 면제해주는 것을 말한다. 휴직은 근로자의 사정으로 근로자가 휴직신청을 하고 이에 대하여 사용자가 승인함으로써 성립하는 경우와 사용자가 일정한 사유로 휴직을 명하는 경우가 있다. 전자의 휴직은 사용자와 근로자의 합의 형식을 취하지만 후자의 휴직은 사용자의 일방적 의사표시에 의해 이루어진다. 특히 후자의 조치를 **휴직명령**이라 하는데, 이 경우에는 근로자가 휴직을 원하지 않음에도 사용자가 일방적으로 휴직명령을 내리는 것으로서 휴직명령이 정당하려면 근기법 제23조 제1항의 정당한 이유가 있어야 한다. 대법원 판례는 휴직의 정당성과 관련하여, "사용자에게 취업규칙 또는 단체협약상 일정한 사유를 근거로 한 휴직명령권이 주어져 있는 경우라도 당해 **휴직규정의 설정목적과 실제기능, 휴직명령권 발동의 합리성 여부 및 그로 인한 근로자가 받게 될 신분상, 경제상의 불이익 등 구체적인 사정을 모두 참작하여 근로자가 상당한 기간에 걸쳐 근로의 제공을 할 수 없다거나 근로제공을 함이 매우 부적당하다고 인정되는 경우에만 정당한 이유가 있다.**"라고 하고 있다.(대판 1992.11.13, 92다16690)

기소휴직제도의 취지나 목적이란 기소된 근로자를 일시적으로 업무로부터 배제함에 의해 기업의 대외적 신용과 직무질서의 유지를 도모하면서 기소된 근로자에게 예상되는 불안정한 노무제공에 대처하여 업무의 원활한 수행을 확보하는 것이다.[151] 대상판결은 **불구속 기소되었다는 사정만으로 근로자가 근로를 제공함이 매우 부적당하다고 판단하여 일체의 근로제공을 하지 못하도록 휴직명령권을 발동한 조치는 사회통념상 합리성을 결한 처분**이라고 판단하고 있다.

---

151) 앞의 책, 117면.

21 해고와 당연퇴직

근로기준법

대법원 1993.10.26, 92다54210판결(해고무효확인)

01 사실관계[152]

원고(X)는 피고(Y)회사의 노동조합위원장으로 선출되어 1990년 임금교섭을 하는 과정에서 회사업무를 방해하고, 불법태업 및 파업을 하며 옥외집회를 열고 시위를 주동하였다는 이유로 구속되어 징역 1년에 집행유예 2년을 선고받고 그 형이 확정되었다. Y의 노사합의서 및 취업규칙은 근로자가 형사상의 범죄로 유죄판결을 받았을 때 당연퇴직한다고 규정하고 있었다. Y는 X가 위 형을 선고받자 인사위원회를 열어 노사합의서 및 취업규칙상의 당연퇴직사유가 발생하였다 하여 형식적인 심의의결을 거쳐 같은 날짜로 당연퇴직되었음을 X에게 통보하였다.

02 판결의 내용

근로계약의 종료사유에는 근로자의 의사나 동의에 의하여 이루어지는 퇴직, 근로자의 의사에 반하여 사용자의 일방적 의사에 의하여 이루어지는 해고, 근로자나 사용자의 의사와는 관계없이 이루어지는 자동소멸 등으로 나눌 수 있다. 근기법의 규율대상인 '해고'란 실제 사업장에서 불리우는 명칭이나 그 절차에 관계없이 위의 두 번째에 해당하는 모든 근로계약관계의 종료를 의미한다고 해석해야 한다. Y가 어떠한 사유의 발생을 당연퇴직사유로 규정하고 그 절차를 통상의 해고나 징계해고와는 달리 하였더라도 근로자의 의사에 관계없이 사용자측에서 일방적으로 근로관계를 종료시키는 것이라면 성질상 이는 해고로서 근기법에 의한 제한을 받는다.

그러므로 X에 대한 이 사건 퇴직조처가 단체협약이나 취업규칙에서 당연퇴직으로 규정하였다 하더라도 이는 위와 같은 의미의 해고의 일종이고, 다만 그 절차에서 다른 일반의 해고절차와 구분하기 위하여 회사가 내부적으로 그 명칭과 절차를 달리한 것이라고 볼 것이다. 따라서 원고에 대한 이 사건 퇴직조처가 유효하기 위하여는 근기법에 따른 '정당한 이

---
152) 앞의 책, 118면.

유'가 있어야 하고, 정당한 이유가 없는 경우에는 해고무효확인소송을 제기할 수 있다.

03 판결의 의의와 한계

1. 당연퇴직과 해고제한 법리

기업이 취업규칙이나 단체협약 등에서 어떤 사유의 발생을 당연퇴직사유로 규정하였다 하더라도 그것이 근로관계의 자동소멸을 가져오는 경우(예 : 사망, 정년, 근로계약 기간의 만료 등)를 제외하고는 그 **당연퇴직처분도 근로관계를 종료시키는 해고에 해당하여, 근기법상 해고로서의 정당성을 갖추어야 유효**하다.

2. 당연퇴직의 정당성 판단방

당연퇴직의 실체적 정당성 유무를 판단하기 위해서는 먼저 취업규칙 등에서 정한 당연퇴직사유의 의미를 해석해야 한다. 이때에는 **당연퇴직사유로 정한 것이 근로관계를 더 이상 유지, 존속시킬 수 없는 사유로 정할 만한 합리적인 근거가 있는지를 고려**해야 한다. 판례에 의하면, 당연퇴직 사유를 해석할 때는 해당 규정만을 고립적으로 해석해서는 안 되고, **그 규정 취지뿐만 아니라 해당 사업장의 성격 및 특성, 임용결격 사유 및 당연퇴직 사유의 내용 및 취업규칙 등에서 정한 당연퇴직 이외의 해고사유 등 근로관계종료 사유를 모두 살펴**봐야 한다.(대판 1995.3.24, 94다42082)

당연퇴직 사유 중 대표적인 예는 근로자가 유죄판결을 받은 것을 사유로 한 경우이다. 판례는 노사합의서 등에 당연퇴직사유로 규정된 '**형사상의 범죄로 유죄판결을 받았을 경우**'의 의미는 그 규정취지나 **다른 당연퇴직사유의 내용 등에 비추어 합리적으로 판단**하여야 할 것인데, 노사합의서나 취업규칙에 규정된 다른 당연퇴직사유나 당연면직사유가 ① 사직 등과 같이 근로자가 명시적 또는 묵시적으로 근로제공의사가 없음을 표시한 경우 ② 사망 등과 같이 그 성질상 근로자가 근로제공을 할 수 없는 경우 ③ 예정된 근로기간이 만료된 경우 등인 점에 비추어 위 규정의 취지는 "**근로계약에 따른 근로자의 기본적인 의무인 근로제공의무를 이행할 수 없는 상태가 장기간 계속되어 왔음**"을 근거로 하여 사용자가 근로자를 당연퇴직시켜도 근로자측에서 이의를 제기할 여지가 없을 정도의 상태, 즉 형사상 범죄로 구속되어 있는 근로자가 현실적으로 근로제공이 불가능한 신체의 구속상태가 해소되지 아니하는 내용의 유죄판결(예컨대, 실형판결)을 받은 경우를 의미한다고 풀이함이 상당하다고 한다.(대판 1995.3.24, 94다42082)

3. 대기발령에 이은 당연퇴직

취업규칙 등에 대기발령 이후 일정기간이 경과하도록 복직발령을 받지 못하거나 직위를 부여받지 못하는 경우에는 당연퇴직한다는 규정을 두고 있는 경우, 이는 근로자의 의사에 반하여 사용자의 일방적 의사에 따라 근로관계를 종료시키는 것으로써 실질상 해고에 해당한다. 따라서 사용자는 그 당연퇴직처리를 유효하게 하기 위해서는 근기법 제23조 제1항 소정의 정당한 이유가 필요하다.

대기발령에 이은 당연퇴직의 정당성과 관련하여, 판례는 "일단 대기발령이 인사규정 등에 의하여 정당하게 내려진 경우라도 일정한 기간이 경과한 후의 당연퇴직 처리 그 자체가 정당한 처분이 되기 위해서는 **대기발령 당시에 이미 사회통념상 해당 근로자와의 고용관계를 계속할 수 없을 정도의 사유가 존재하였거나 대기발령 기간 중 그와 같은 해고사유가 확정되어야 한다고 한다.**(대판 2007.5.31, 2007두1460)고 한다. 결국, 대기발령에 이은 당연퇴직의 정당성은 대기발령의 정당성에 종속되어 판단해서는 안 되고, 별도로 검토되어야 한다는 입장이다.

22. 전적의 정당성 판단기준

대법원 1993.1.26, 92다11695판결(해고무효확인등)

01 사실관계[153]

　Y그룹은 그룹차원에서 일괄 채용한 인력을 각 계열사에 배정한 후, 그룹기획조정실이 계열사별로 인력의 과부족 현황을 파악하여 그 충원계획을 수립하고 잉여인원에 대해 그룹차원에서 이를 취합하여 다른 계열회사로 전출시키는 등 인사관리를 시행했다. 계열사 사이 전출. 입의 경우 당해 사원의 명시적·묵시적 동의를 받고 시행하였다. 원고(X)는 1986.2월경 대졸 관리직사원의 공개채용을 통해 피고 Y1회사에 배치된 후 인천공장 에어콘개발팀 소속 대리(전기직)로 근무하였다. 한편 1990.2월경 소형승용차 생산팀에 합류할 전기직 경력사원을 충원하고자 Y그룹기획조정실과 협의한 그룹 계열사 Y2회사는 X를 적임자로 판단하였고, Y1회사가 X와 아무런 상의없이 3.21. 그룹기획조정실에 인사발령 의뢰를 하여 기획조정실이 X를 전출시키는 인사발령을 행하였다. X는 위 인사조치가 사전 협의, 동의없이 이루어져 부당하다는 이유로 Y2회사에의 부임을 거부하면서 Y1회사로 계속 출근하였고, Y1회사는 인사위원회를 개최하여 인사명령불응을 이유로 정직 4주의 징계조치를 취하였다. X는 징계위원회 개최일 08:00경 Y그룹센터빌딩 정문에서 그룹의 인사관리실태에 항의하는 유인물을 배포하고, 정직기간 만료 후에도 Y2회사로의 부임을 계속 거부하였다. 이에 Y1회사는 다시 징계위원회를 개최하여 정당한 인사명령 불응과 유인물 배포를 통한 회사비방을 사유로 X를 해고하였다.

02 판결의 내용

- 근로자를 그가 고용된 기업으로부터 다른 기업으로 적을 옮겨 그 다른 기업의 업무에 종사하게 하는 이른바 **전적**(원심판결은 "계열회사간의 전출"이라고 표현하고 있다.)은 종래에 종사하던 기업과간의 근로계약을 합의해지하고 이적하게 될 기업과간에 새로운 근

---

[153] 앞의 책, 122면.

로계약을 체결하는 것이거나 근로계약상의 사용자의 지위를 양도하는 것이므로 동일 기업내의 인사이동인 전근이나 전보와 달라 특별한 사정이 없는 한 근로자의 동의를 얻어야 효력이 생기는 것인바, 사용자가 근로자의 동의를 얻지 아니하고 기업그룹내의 다른 계열회사로 근로자를 전적시키는 관행이 있어서 그 **관행이 근로계약의 내용을 이루고 있다고 인정하기 위하여는** 그와 같은 관행이 기업사회에서 일반적으로 근로관계를 규율하는 규범적인 사실로서 명확히 승인되거나 기업의 구성원이 일반적으로 아무런 이의도 제기하지 아니한 채 당연한 것으로 받아들여 기업내에서 사실상의 제도로서 확립되어 있지 않으면 안 된다.

2. 근로자의 동의를 전적의 요건으로 하는 이유는 근로관계에 있어서 업무지휘권의 주체가 변경됨으로 인하여 근로자가 받을 불이익을 방지하려는 데에 있다고 할 것인바, 다양한 업종과 업태를 가진 계열기업들이 기업그룹을 형성하여 자본, 임원의 구성, 근로조건 및 영업 등에 관하여 일체성을 가지고 경제활동을 전개하고 그 그룹내부에서 계열기업 간의 인사교류가 동일기업내의 인사이동인 전보나 전근 등과 다름없이 일상적·관행적으로 빈번하게 행하여져 온 경우 그 그룹내의 기업에 고용된 근로자를 다른 계열기업으로 전적시키는 것은, 비록 형식적으로는 사용자의 법인격이 달라지게 된다고 하더라도 실질적으로 업무지휘권의 주체가 변동된 것으로 보기 어려운 면이 있으므로 **사용자가 기업그룹내부의 이와 같은 전적에 관하여 미리**(근로자가 입사할 때 또는 근무하는 동안에) **근로자의 포괄적인 동의를 얻어두면 그때마다 근로자의 동의를 얻지 아니하더라도 근로자를 다른 계열기업으로 유효하게 전적시킬 수 있다고 보아야 할 것**이다. 그러나 … 사용자는 근로계약체결시에 근로자에 대하여 임금, 근로시간, 취업의 장소와 종사하여야 할 업무에 관한 사항 등의 근로조건을 명시하여야 되도록 규정하고 있는 바, 근로자의 특정기업에의 종속성을 배려하여 근로자의 보호를 도모하고 있는 위 규정의 취지에 비추어 볼 때, **사용자가 기업그룹내의 전적에 관하여 근로자의 포괄적인 사전동의를 받는 경우에는 전적할 기업을 특정하고**(복수기업이라도 좋다.) **그 기업에서 종사하여야 할 업무에 관한 사항 등의 기본적인 근로조건을 명시하여 근로자의 동의를 얻어야 된다**고 해석하여야 할 것이다.

03 판결의 의의와 한계

1. 평석대상 판결은 기업집단내 계열사 사이의 전적에 대하여 근로자의 포괄적 사전동의가 있었다는 기업측의 주장을 배척하고, 전적명령 거부 및 이를 이유로 한 징계위원회의 소집에 항의하는 유인물의 무단배포를 징계사유로 삼은 해고의 정당성을 부정한 원심(서울고판 1992.2.19, 91나13436)을 인용한 대법원판결이다. 다만, 기업간 전직의 유형이라 할 수 있는 전적이라도 기업집단 내에서 통상 이루어진 경우에는 기업내 전직(배치전환)과 유사한 논리에서 근로자의 구체적, 개별적 동의에 갈음할 수 있는 사전적. 포괄적 동의의 유효성을 인정하되, 그 요건을 엄격히 해석하여 계열회사간 전적이 20여 년간 계속되어 시행되어 왔고 현존 관리직사원의 30% 이상이 전적되었으며, 입사시 근로자가 제출한 서약서에 "전근, 출장 기타 귀사의 명령에 대해서는 불평없이 절대 복종하겠습니다."라고 기재되었다 하더라도 이를 전적에 대한 포괄적 사전동의로 볼 수 없다고 배척하였다. 특히 전적에 대한 근로자의 포괄적 사전동의의 요건을 '전적할 기업을 특정하고, 그 기업에서 종사해야 할 업무에 관한 사항 등 기본적 근로조건을 명시하여 근로자에게 동의를 얻어야 할 것'으로 명시한 부분이 주목된다.154)

2. 전직(배치전환)의 경우와 달리 전적, 전출(파견)등 기업간 전직에 대해서는 상대적으로 기업의 업무상 필요성 내지 근로자측 불이익에 대한 양자의 비교. 형량이라는 측면이 깊이 고려되지 못하는 경향이 있다. 이는 물론 근로제공의 상대방 변경이라는 전적의 특성에 기인한 것이겠지만, 근로자의 동의여부에 지나치게 집중함으로써 보다 세부적인 노사간 힘의 균형 내지 근로조건 등에서 근로자보호의 목적을 달성하기 어려운 한계가 드러나고 있다.155)

---

154) 앞의 책, 123면.
155) 앞의 책, 125면.

23. 비진의 의사표시에 의한 사직

대법원 2000.4.25, 99다34475판결(징계면직처분무효확인)

01 사실관계[156]

　원고(X)는 피고(Y)회사에 입사하여 노동조합 상근부장으로 근무하던 1985.10월경 증권가 정보를 야당 국회의원에게 누설한다는 혐의를 받고 국가안전기획부로부터 내사를 받게 되었다. 국가안전기획부는 1985.10월 말경 X의 혐의내용을 Y회사에 통보하였고, Y회사는 위 혐의내용의 진위여부에 관한 조사확인절차 없이 X에게 사직을 종용하다가 X가 이에 불응하자 같은 해 12.3. 인사위원회를 개최하여 X가 Y회사의 심리부에서 효율적인 증권시장관리를 위하여 수행한 정보수집 업무내용 중 일부 내용을 외부에 누설하였음을 징계이유로 삼아 X를 징계면직에 처하는 내용의 의결을 한 후 같은 달 5일 X를 징계면직하였다. X는 그 당시 상황에서는 징계면직처분의 무효를 다투어 복직하기는 어렵다고 판단하여 퇴직금이라도 수령할 생각으로 1986.12.16. Y회사에게 1985.12.5.자로 된 사직원을 제출함과 동시에 종전의 징계면직처분을 취소하고 의원면직처리를 하여 달라는 취지의 재심청구를 하였다. X는 1988.8.31.과 1995.1.3. 이사건 징계면직처분 및 의원면직처분의 부당성을 다투면서 Y회사에게 복직청원을 하였다.

　의원면직 처분 후 12년이 지난 1998.2.17. X는 그 효력을 다투는 소를 제기하였다. 원심은 이 사건 의원면직이 비진의 의사표시에 따른 부당해고이고, X가 Y회사처분의 효력에 대하여 다툰 사정이 있기에 이 사건 소의 제기는 신의칙 위반이 아니라고 판단하였으나, 대법원은 진의의 의사표시, 신의칙 위반을 인정하여 원심판결을 파기환송하였다.

02 판결의 내용

　대상판결은 "사용자가 사직의 의사 없는 근로자로 하여금 어쩔 수 없이 사직서를 작성·제출하게 한 후 이를 수리하는 이른바 의원면직의 형식을 취하여 근로계약관계를 종료시키는 경우처럼 근로자의 사직서제출이 진의 아닌 의사표시에 해당하는 등으로 무효이어서 사

---

156) 앞의 책, 126면.

용자의 그 수리행위를 실질적으로 사용자의 일방적 의사에 의하여 근로계약관계를 종료시키는 해고라고 볼 수 있는 경우가 아닌 한, 사용자가 사직서제출에 따른 사직의 의사표시를 수락함으로써 사용자와 근로자 사이의 근로계약관계는 합의해지에 의하여 종료되는 것이므로 사용자의 의원면직처분을 해고라고 볼 수 없고, 여기서 말하는 **진의 아닌 의사표시에 있어서의 진의란 특정한 내용의 의사표시를 하고자 하는 표의자의 생각을 말하는 것이지 표의자가 진정으로 마음속에서 바라는 사항을 뜻하는 것은 아니므로, 표의자가 의사표시의 내용을 진정으로 마음속에서 바라지는 아니하였다고 하더라도 당시의 상황에서는 그것을 최선이라고 판단하여 그 의사표시를 하였을 경우에는 이를 내심의 효과의사가 결여된 진의 아닌 의사표시라고 할 수 없다.**"라고 하여, 근로자가 징계면직처분을 받은 후 당시 상황에서는 징계면직처분의 무효를 다투어 복직하기는 어렵다고 판단하여 퇴직금수령 및 장래를 위하여 사직원을 제출하고 회사에 재심을 청구하여 종전의 징계면직처분이 취소되고 의원면직처리된 경우, 그 사직의 의사표시는 비진의 의사표시에 해당하지 않는다고 판단하였다.

03 판결의 의의와 한계

1. 근로관계가 근로자의 의원면직에 의하여 종료되는 경우에도 근로자의 사직서제출이 진의 아닌 의사표시에 해당하여 무효가 된다면 사용자의 사직서 수리행위는 실질적으로 사용자의 일방적 의사에 의하여 근로계약관계를 종료시키는 해고라고 볼 수 있다.

2. 사직에 있어서 사직의 의사가 비진의의사표시인가의 여부에 관하여, 판례는 "**비진의의사표시에 있어서 진의란 특정한 내용의 의사표시를 하고자 하는 표의자의 생각을 말하는 것이지 표의자가 진정으로 마음속에서 바라는 사항을 뜻하는 것은 아니므로 표의자가 의사표시의 내용을 진정으로 마음속에서 바라지는 아니하였다고 하더라도 당시의 상황에서는 그것을 최선이라고 판단하여 그 의사표시를 하였을 경우에는 이를 내심의 효과의사가 결여된 진의 아닌 의사표시라고 할 수 없다.**"라고 한다.(대판 1996.12.30, 95누16059)

대상판결은 의원면직처분의 유효성과 관련하여 사직서의 제출이 진의의 의사표시에 의한 것인지 여부에 대하여 종래의 판례법리에 기초하여 그 의사표시의 진의를 인정한 사례이다.

24 사직 의사표시의 해석과 철회

근로기준법

대법원 2000.9.5, 99두8657판결(부당해고구제재심판정취소)

01 사실관계[157]

원고(X)는 참가인(Y)이 대전직할시 동구로부터 위탁받아 운영하는 어린이집 원장으로 근무하던 중 학부모들 앞에서 보육교사의 명예를 훼손하는 발언을 하고 직장구성원 간에 불화를 조성했다는 등의 이유로 **견책의 징계처분과 함께 다른 어린이집의 개원 실무 책임자로 근무하라는 전보명령**을 받았다. X는 그로부터 8일 후 사직서를 제출하였고 Y는 이틀 후 그 사직서를 수리하였다. X는 사직서 수리 사실을 통보받기 전에 자신의 사직 의사표시를 철회하였다.

원심은 X의 사직서제출을 근로계약관계의 합의해지의 청약으로 파악하고 Y가 이를 승낙함으로써 근로계약종료의 효과가 발생한 이상 X로서는 더 이상 사직의 의사표시를 철회할 수 없다는 이유로, 위 사직 의사표시의 철회로 근로계약이 여전히 존속 중이라는 X의 주장을 배척하였다.

02 판결의 내용

사직의 의사표시는 특별한 사정이 없는 한 당해 근로계약을 종료시키는 취지의 해약고지로 볼 것인바, 원심이 확정한 사실관계 및 기록상 나타난 바와 같은 사직서의 기재내용, 사직서 작성·제출의 동기 기타 여러 사정을 참작하면 X의 위 사직서제출은 위에서 본 원칙적 **형태로서의 근로계약의 해지를 통고한 것이라고 볼 것이지, 근로계약의 합의해지를 청약한 것으로 볼 것은 아니며**, 이와 같은 경우 사직의 의사표시가 Y에게 도달한 이상 X로서는 Y의 동의 없이는 비록 민법 제660조 제3항 소정의 기간이 경과하기 전이라 하여도 사직의 의사표시를 철회할 수 없다.

---

157) 앞의 책, 130면.

03 | 판결의 의의와 한계

· 해약고지와 합의해지의 청약

해고가 아닌 근로관계의 종료원인 중 대표적인 것이 근로자의 사직인데, 사직의 의사표시가 있는 경우에는 그것이 해약고지와 합의해지의 청약 중 어디에 해당하는지가 문제된다.

법원은 근로자가 한 사직의 의사표시를, 특별한 사정이 없는 한, 해당 근로계약을 종료시키는 취지의 해약고지(해지)로 본다.(대판 2000.9.5, 99두8657) 이렇게 해약고지에 해당할 경우 사용자가 사직서를 제출받은 날로부터 1월이 경과하면(기간의 보수를 정한 때에는 사용자가 사직서를 제출받은 당기(當期)후의 1기를 경과하면) 해당 근로계약은 해지된다.(민법 제660조 제2항, 제3항) 그리고 **사직의 의사표시가 사용자에게 도달한 이상 근로자로서는 사용자의 동의 없이는 비록 민법 제660조 제2항, 제3항 소정의 기간이 경과하기 이전이라 하여도 사직의 의사표시를 철회할 수 없다.**(민법 제543조 제2항)

한편 사직과 관련하여 볼 때, **합의해지는 근로자가 근로계약관계의 합의해지를 청약하고 사용자가 이를 승낙함으로써 해당 근로계약관계를 종료시키는 것을 뜻한다.**(명예퇴직이 그 대표적 예임) **근로계약관계의 종료에 관한 근로자의 의사표시가 합의해지의 청약에 해당하는 경우, 그 근로자는 사용자의 승낙의 의사표시가 자신에게 도달하기 이전까지 청약의 의사표시를 철회할 수 있고,**(대판 1994.8.9, 94다14629) 이 점에서 **합의해지 청약의 효력은 해약고지와 구별**된다.

합의해지의 청약철회에 관한 이러한 해석은 민법 제527조가 "계약의 청약은 이를 철회하지 못한다."고 규정하여 청약의 구속력을 인정하고 있는 것과 어긋난다. 이렇게 근로계약관계에서 합의해지의 청약철회에 대해 예외를 두는 이유로서는 ① 민법 제527조가 적용되는 전형적 사례는 새로운 계약관계를 형성하는 경우인데, **계속적인 인적 결합관계에 있는 근로계약당사자 사이의 합의해지의 청약에 있어서는 철회를 자유롭게 허용**하더라도 상대방의 보호에 지장을 초래할 가능성이 적다는 점 ② 사용자의 우월적 지위가 근로자의 사직의 의사표시 등에 영향을 미칠 가능성이 크기 때문에 그 의사표시의 철회를 허용할 필요성이 크다는 점 ③ 청약 후에 예견하지 못한 사정이 발생한 경우 기존의 청약에 구속력을 유지시키는 것은 부당하다는 점 등을 들 수 있다.158)

판례는 사직의 의사표시를 특별한 사정이 없는 한 당해 근로계약을 종료시키는 취지의 해약고지로 보는데, 이는 **철회를 허용하는 것은 예외적인 경우에 한정된다는** 생각 때문이다. 이 판례법리에 대해서는 **첫째, 사직의 의사표시는 중립적, 객관적으로 해석해야 함에도 이를 원칙적으로 해약고지라고 파악하는 것은 당사자의 진정한 의사를 왜곡할**

---

158) 앞의 책, 131-132면.

우려가 있다는 것 둘째, 근로자의 사직의사가 확고한 경우 외에는 근로자보호의 견지에서 원칙적으로 철회가 가능한 합의해지의 청약으로 봐야 한다는 비판이 있다.159)

2. 해약고지와 합의해지 청약의 구별기준

근로자의 사직을 어떤 경우에 해약고지로 파악하고 어떤 경우에 합의해지의 청약으로 보아야 하는지가 문제된다. 이것은 종국적으로 의사해석의 문제로서, 그러한 의사해석의 기준으로서는 사직서의 기재내용, 사직서 작성·제출의 동기, 사직서제출 이후의 사정, 사직의사표시 철회의 동기 등 제반 사정을 들 수 있다.(대판 2000.9.5, 99두8657)

3. 합의해지 청약철회의 제한

합의해지 청약의 철회는 사용자의 승낙의사가 형성되어 확정적으로 근로계약 종료의 효과가 발생하기 전까지만 가능하다. 또한 청약을 철회하는 것이 **사용자에게 예측할 수 없는 손해를 주는 등 신의칙에 반한다고 인정되는 특별한 사정이 있는 경우에는 철회가 허용되지 않는다**.(대판 2000.9.5, 99두8657)

---

159) 앞의 책, 132면.

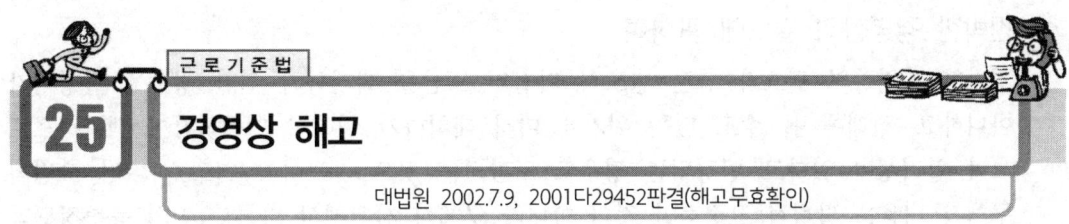

25 경영상 해고

대법원 2002.7.9, 2001다29452판결(해고무효확인)

01 사실관계[160]

원고(X)는 피고은행(Y)의 익산중앙지점 개인고객영업점장으로 근무하던 근로자이었다. 그런데 1990년대 후반 은행의 통폐합과정에서 Y는 일정직급 이상의 직원들을 대상으로 연령, 재직기간, 근무성적의 감축대상자 선정기준에 따라 **감축대상자 명단을 작성하면서 당초 감축대상자로 선정된 직원 중 연령이 낮은 직원과 근무성적이 낮은 직원 중 호봉이 낮은 직원들을 감축대상에서 제외하였다.** 이후 Y는 감축대상인원 및 감축대상 선정기준을 노동조합에 통보하고 협의과정을 거쳐 선정된 근로자들에 대하여 이루어진 **경영상 해고과정에서 감축대상임에도 불구하고 경영상 해고를 피하기 위한 희망퇴직자 모집에 응하지 아니한 X를 경영상 이유에 의하여 해고하였다.** X는 자신에 대하여 이루어진 경영상 해고가 근기법에서 정한 경영상 해고의 각 요건을 갖추지 못하여 정당하지 아니하다는 취지로 법원에 해고무효확인소송을 제기하였다.

02 판결의 내용

▮• 정리해고의 판단기준

사용자가 경영상의 이유에 의하여 근로자를 해고하고자 하는 경우에는 긴박한 경영상의 필요가 있어야 하고, 해고를 피하기 위한 노력을 다하여야 하며, 합리적이고 공정한 기준에 따라 그 대상자를 선정하여야 하고, 해고를 피하기 위한 방법과 해고의 기준 등을 근로자의 과반수로 조직된 노동조합 또는 근로자대표에게 통보하고 성실하게 협의하여야 한다.

---

160) 앞의 책, 134면.

2. 긴박한 경영상의 필요에 관하여

긴박한 경영상의 필요라 함은 반드시 기업의 도산을 회피하기 위한 경우에 한정되지 아니하고, 장래에 올 수도 있는 위기에 미리 대처하기 위하여 인원삭감이 객관적으로 보아 합리성이 있다고 인정되는 경우도 포함되는 것으로 보아야 하고, 위 각 요건의 구체적 내용은 확정적·고정적인 것이 아니라 구체적 사건에서 다른 요건의 충족정도와 관련하여 유동적으로 정해지는 것이므로 구체적 사건에서 경영상 이유에 의한 당해 해고가 위 각 요건을 모두 갖추어 정당한지 여부는 위 각 요건을 구성하는 개별 사정들을 종합적으로 고려하여 판단하여야 한다.

3. 해고회피노력에 관하여

사용자가 정리해고를 실시하기 전에 다하여야 할 **해고회피노력의 방법과 정도는 확정적·고정적인 것이 아니라 당해 사용자의 경영위기의 정도, 정리해고를 실시하여야 하는 경영상의 이유, 사업의 내용과 규모, 직급별 인원상황 등에 따라 달라지는 것**이고, 사용자가 해고를 회피하기 위한 방법에 관하여 노동조합 또는 근로자대표와 성실하게 협의하여 정리해고실시에 관한 합의에 도달하였다면 이러한 사정도 해고회피노력의 판단에 참작되어야 한다. 이 사건에서 보건대 … 신규채용을 중단하고 월평균 임금의 8개월분에 해당하는 특별퇴직금을 지급하기로 하여 희망퇴직자를 모집하였던 점, 희망퇴직자 중 일부를 계약직으로 전환하여 재취업시키고, 일부는 자회사나 관련업체에 취업알선하였으며, 또 일부에 대하여는 재취업을 위한 연수를 실시하는 등 퇴직자를 배려하는 상당한 조치를 취하였던 점, **노동조합과의 협의과정을 거쳐 당초 356명 해고계획에서 282명만을 해고하는 것으로 해고인원을 감축 합의**하였던 점을 고려해 보면, 피고은행은 해고회피노력을 다하였다고 할 것이다.

4. 합리적이고 공정한 해고의 기준에 관하여

합리적이고 공정한 해고의 기준 역시 확정적·고정적인 것은 아니고 당해 사용자가 직면한 경영위기의 강도와 정리해고를 실시하여야 하는 경영상의 이유, 정리해고를 실시한 사업부문의 내용과 근로자의 구성, 정리해고 실시 당시의 사회경제상황 등에 따라 달라지는 것이고, 사용자가 해고의 기준에 관하여 노동조합 또는 근로자대표와 성실하게 협의하여 해고의 기준에 관한 합의에 도달하였다면 이러한 사정도 해고의기준이 합리적이고 공정한 기준인지의 판단에 참작되어야 한다.

이 사건에서 보건대, 피고은행이 정한 기준은 먼저 3급 이상의 직원을 대상으로 하여 직급별 해고인원수를 정하고, 각 직급에서 연령이 많은 직원, 재직기간이 장기간인 직원, 근무성적이 나쁜 직원을 해고대상으로 하고, 앞의 두 기준에 해당하는 자 중 근무성적 상위자를 제외하기로 하는 것이었는바 … 우리나라에 독특한 연공서열적인 임금

체계를 감안하면 **상대적으로 고임금을 받는 높은 직급의 연령이 많은 직원과 재직기간이 긴 직원을 해고하면 해고인원을 최소화할 수 있었던 사정을 종합적으로 고려해 보면** 피고은행이 정한 위 기준은 당시의 상황에서 나름대로 합리적이고 공정한 기준으로서 수긍할 만하고, 정리해고를 조속히 마무리지어 안정을 기해야 할 필요성에 비추어 주관적 판단에 좌우되기 쉬운 근로자 각자의 개인적 사정을 일일이 고려하지 못하였다고 하여 달리 볼 수는 없다.

5. 노동조합과의 성실한 협의에 관하여

근로기준법 제31조 제3항(현행 근기법 제24조 제3항)이 사용자는 해고를 피하기 위한 방법 및 해고의 기준 등에 관하여 당해 사업 또는 사업장에 근로자의 과반수로 조직된 노동조합이 있는 경우에는 그 노동조합, 근로자의 과반수로 조직된 노동조합이 없는 경우에는 근로자의 과반수를 대표하는 자(근로자대표)에 대하여 미리 통보하고 성실하게 협의하여야 한다고 하여 정리해고의 절차적 요건을 규정한 것은 같은 조 제1, 2항이 규정하고 있는 **정리해고의 실질적 요건의 충족을 담보함과 아울러 비록 불가피한 정리해고라 하더라도 협의과정을 통한 쌍방의 이해속에서 실시되는 것이 바람직하다는 이유에서인바** … 피고은행의 노동조합이 종전에도 사용자와 임금협상 등 단체교섭을 함에 있어 3급 이상 직원들에 대한 부분까지 포함시켜 함께 협약을 해왔고 이 사건 정리해고에 있어서도 노동조합이 협의에 나서 격렬한 투쟁 끝에 대상자 수를 당초 356명에서 282명으로 줄이기로 합의하는데 성공한 점 등을 종합하여 보면, 이 사건 정리해고가 실시되는 피고은행 전사업장에 걸쳐 근로자의 과반수로 조직된 노동조합이 있는 이 사건에 있어, 피고은행이 위 조항의 문언이 요구하는 노동조합과의 협의 외에 정리해고의 대상인 3급 이상 직원들만의 대표를 새로이 선출케하여 그 대표와 별도로 협의를 하지 않았다고 하여 이 사건 정리해고를 협의절차의 흠결로 무효라 할 수는 없는 것이다.

03 판결의 의의와 한계

1. 긴박한 경영상의 필요성

과거판례는 긴박한 경영상의 필요성에 관해서 "기업이 일정한 수의 근로자를 정리해고 하지 않으면 경영악화로 사업을 계속할 수 없거나 기업재정상 심히 곤란한 처지에 놓일 개연성이 있는 경우를 의미한다."(대판 1990.1.12, 88다카34094)고 하였고, 최근판례는 요건을 완화하여 "기업의 도산을 회피하기 위한 것에 한정할 필요는 없고 인원삭감이 객관적으로 보아 합리성이 있다고 인정될 때에는 긴박한 경영상의 필요성이 있는 것으로 넓게 보아 주어야 함이 타당하다."(대판 1991.12.10, 91다8647)고 판시하였다.

대상판결은 위와 같은 경영상 필요에 대한 판단을 보다 더 완화하여 "장래에 올 수도 있는 위기에 미리 대처하기 위하여" 인원삭감이 객관적으로 보아 합리성이 있다고 인정되는 경우도 포함되는 것으로 보아야 한다고 한다.

2. 해고회피노력 의무

대상판결은 해고회피노력의 방법과 정도는 **"확정적·고정적인 것이 아니"**라고 함으로써 **이전의 판결들에서 해고회피 노력을 어느 정도 유형화시킨 경향**(경영방침이나 작업방식의 합리화, 신규채용의 금지, 일시휴직 및 희망퇴직의 활용 등을 해고회피수단으로 인정함)**으로부터 벗어나 판례상 해고회피의 방법을 상당히 유동적인 것으로 판단할 수 있게 하였다.**[161]

특히 대상판결은 "노동조합 또는 근로자대표와 성실하게 협의하여 정리해고 실시에 관한 합의에 도달"한 경우에도 해고회피노력을 다 한 것으로 인정한 점이 특징적이다.

3. 합리적이고 공정한 해고기준

2000년대 초반까지 법원은 근로자들의 평소 근무성적. 상벌관계. 경력. 기능의 숙달도 등과 같은 사용자 측의 기준을 사용한 선정기준을 합리적이고 공정한 것으로 판단하는 경향이었지만, **대상판결은 합리적이고 공정한 해고의 기준을 사용자 측의 기준에 독립시켜 판단하지 않고 근로자의 주관적 사정이나 긴박한 경영상의 필요성 및 정리해고 실시 당시의 사회경제상황 등과 연결시켜 판단함으로써 그 기준을 다양화시키고 있다.**

그러나 연령이 많은 근로자나 재직기간이 긴 근로자가 상대적으로 고임금을 받는다는 면에서 이들을 우선적인 정리해고대상자로 선정한 점에서는, 연령이 많은 근로자나 재직기간이 긴 근로자가 보호의 필요성이 더 높다는 점에서 문제가 있다.

---

161) 앞의 책, 136-137면.

4. 근로자대표와의 사전협의

근로자대표와의 사전협의는 정리해고요건이 법제화되기 이전부터 정리해고의 유효성을 판가름할 수 있는 필수적인 요건은 아니었다. 따라서 판례는 "정리해고의 실질적 요건이 충족되어… 근로자와의 협의절차를 거친다고 하여도 별다른 효과를 기대할 수 없는 등 특별한 사정이 있는 때"에는 사용자가 근로자측과 사전협의절차를 거치지 않았더라도 정리해고가 무효인 것은 아니라고 판단하였다.(대판1992.11.10, 91다19463) 이와 같은 태도는 지금도 유효하게 적용되고 있다. 대상판결이 특징적인 것은 정리해고의 대상자가 3급이상의 직원들로만 국한되었던 점에 비추어 볼 때, 그들 정리해고대상자 과반수의 대표자와 협의하는게 원칙임에도, 3급이상의 직원이 가입하지 않은 과반수노조와 협의를 했다는 것이다. 협의과정을 통한 쌍방의 이해속에서 정리해고를 실시하려는 취지를 고려했을 때 이는 문제이다.

26. 시말서제출요구와 근로자의 양심의 자유

근로기준법

대법원 2010.1.14, 2009두6605판결(부당해고및부당노동행위구제재심판정취소)

01 사실관계[162]

원고(X)는 2006.8.7.부터 이 사건 복지재단(Y)에서 사회복지사로 근무를 하던 중 2007.3.16. Y로부터 기존 근무장소인 복지관으로부터 3~4km 떨어진 곳에 위치한 재활프로그램 현장에서 근무할 것을 명받았다. 그러나 X는 Y의 이러한 파견근무명령에 응하지 않았고, Y는 이에 대해 시말서를 제출하도록 요구하였다. 그러나 X는 이에도 응하지 않았고 결국 Y는 인사위원회를 개최하여 X에게 소명기회를 부여한 뒤에 시말서제출과 함께 징계사유로 견책처분을 의결하고 2007.4.23. X에게 통보하였다. 그러자 X는 파견근무명령은 부당하고, 부당한 명령에 대한 불복을 이유로 한 시말서 제출요구는 정당하지 않으며 이를 거부한 것이 징계사유가 될 수 없다는 점을 들어 노동위원회에 구제신청을 하였다.

02 판결의 내용

- 취업규칙에서 사용자가 사고나 비위행위 등을 저지른 근로자에게 시말서를 제출하도록 명령할 수 있다고 규정하는 경우, 그 시말서가 단순히 사건의 경위를 보고하는 데 그치지 않고 더 나아가 근로관계에서 발생한 사고 등에 관하여 '자신의 잘못을 반성하고 사죄한다는 내용'이 포함된 사죄문 또는 반성문을 의미하는 것이라면, 이는 헌법이 보장하는 내심의 윤리적 판단에 대한 강제로서 양심의 자유를 침해하는 것이므로, 그러한 취업규칙규정은 헌법에 위배되어 근기법 제96조 제1항에 따라 효력이 없고, 그에 근거한 사용자의 시말서 제출 명령은 업무상 정당한 명령으로 볼 수 없으므로 근로자가 그와 같은 시말서의 제출명령을 이행하지 않았더라도 이를 징계사유나 징계양정의 가중 사유로 삼을 수는 없다.

---

162) 앞의 책, 146면.

2. 대법원은 1심, 2심이 판단한 바와 같이 이 사건 시말서의 성격을 단순한 사고나 비위 행위의 경위, 전말을 자세히 적어서 제출하는 경위서가 아닌 사죄문·반성문을 의미하는 것으로 보았다. 결국 대법원은 시말서가 단순한 사건의 경위만을 보고하도록 하는 것이라면 시말서 제출명령은 양심의 자유를 침해하지 않는 것이나, 사죄문·반성문의 의미를 가지는 시말서를 작성하여 제출하도록 하는 것은 양심의 자유를 침해한다고 판단하고 있다.

03 판결의 의의와 한계

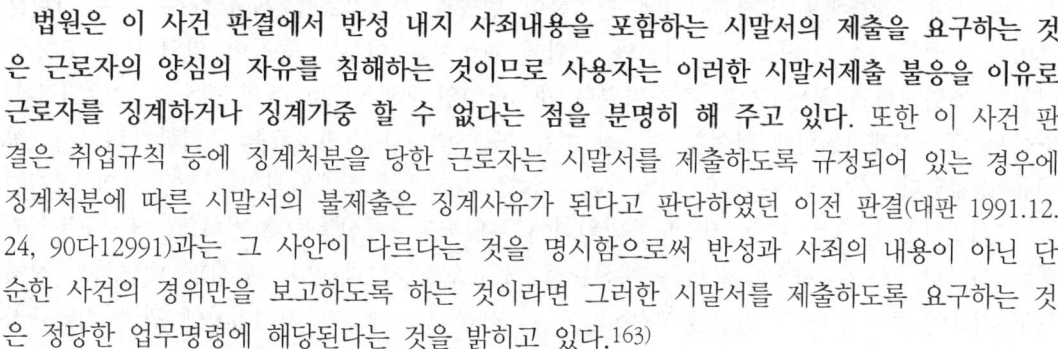

법원은 이 사건 판결에서 반성 내지 사죄내용을 포함하는 시말서의 제출을 요구하는 것은 근로자의 양심의 자유를 침해하는 것이므로 사용자는 이러한 시말서제출 불응을 이유로 근로자를 징계하거나 징계가중 할 수 없다는 점을 분명히 해 주고 있다. 또한 이 사건 판결은 취업규칙 등에 징계처분을 당한 근로자는 시말서를 제출하도록 규정되어 있는 경우에 징계처분에 따른 시말서의 불제출은 징계사유가 된다고 판단하였던 이전 판결(대판 1991.12.24, 90다12991)과는 그 사안이 다르다는 것을 명시함으로써 반성과 사죄의 내용이 아닌 단순한 사건의 경위만을 보고하도록 하는 것이라면 그러한 시말서를 제출하도록 요구하는 것은 정당한 업무명령에 해당된다는 것을 밝히고 있다.163)

경위서나 사실확인으로서의 시말서는 사용자가 정당하게 요구할 수 있는 것이고, 반성과 사죄내용의 시말서는 근로자가 자신의 이익을 위해 자신의 의사에 따라 제출할 수 있는 것이다. 결국, 반성과 사죄내용의 시말서를 작성하여 제출하도록 강제하느냐 여부가 양심의 자유를 침해하는지를 판단하는 핵심지표가 된다.

---

163) 앞의 책, 148면.

27 해고의 절차적 정당성

근로기준법

대법원 2004.6.25, 2003두15317판결.(부당해고구제재심판정취소)

01 사실관계[164]

Y회사의 취업규칙은 징계결정에서 징계대상자에게 소명의 기회를 부여하여야 한다고 규정하여 징계대상자에게 징계위원회에 출석하여 변명과 소명자료를 제출할 수 있는 기회를 부여하고 있었으나, 사전통보의 시기와 방법에 관하여는 아무런 규정이 없었다. 원고(X)에 대한 징계위원회 개최통보서는 징계위원회 개최당일인 2001.1.26. X의 집으로 송달되었다. 따라서 X는 징계위원회에 참석할 시간적 여유 또는 변명과 소명자료를 준비할 만한 시간적 여유가 없었다. X가 징계위원회에 참석하지 않은 상태에서 징계위원회는 X에 대한 징계해고를 의결하였다. X는 관할 지방노동위원회에 부당해고구제신청을 제기하였는데, 노동위원회는 정당한 해고로 판정하여 X는 재심판정취소소송을 제기하였다. 원심과 대법원은 징계해고 사유에 관한 실체적 판단을 하지 않고 이 사건 징계해고가 징계절차에 관한 취업규칙 규정에 위배되어 무효라고 판단하였다.

02 판결의 내용

대상판결은 "단체협약, 취업규칙 또는 징계규정에서 징계대상자에게 징계위원회에 출석하여 변명과 소명자료를 제출할 수 있는 기회를 부여한 경우 그 통보의 시기와 방법에 관하여 특별히 규정한 바가 없다고 하여도 변명과 소명자료를 준비할 만한 상당한 기간을 두고 개최일시와 장소를 통보하여야 하며, 이러한 변명과 소명자료를 준비할 만한 시간적 여유를 주지 않고 촉박하게 이루어진 통보는 실질적으로 변명과 소명자료제출의 기회를 박탈하는 것과 다를바 없어 부적법하다고 보아야 할 것이고, 설사 징계대상자가 그 징계위원회에 출석하여 진술을 하였다 하여도 스스로 징계에 순응하는 것이 아닌 한 그 징계위원회의 의결에 터잡은 징계해고는 징계절차에 위배한 부적법한 징계권의 행사라 할 것이다."라고 하여 해고절차에 있어 근로자의 참여권을 구성하는 중요한 수단인 소명기회를 부여하지 않은 해

---

[164] 앞의 책, 150면.

고의 효력을 부인하였다.

03 | 판결의 의의와 한계

소명의 준비에 필요한 시간에 대하여 판례는 "**사전통지의 시기와 방법에 관해 특별히 규정한 바가 없어도 소명의 준비에 충분한 시간적 여유를 두어 상당한 기간내에 통지해야 하며, 징계위원회 개최 직전에 한 서면통보는 그 절차의 적법성이 인정되지 않는다.**"라는 입장이다. 즉, 징계위원회 당일에 징계대상자의 집으로 송달된 징계통보서의 효력을 부인함으로써, 소명자료를 준비할 만한 시간적 여유를 주지 않고 촉박하게 이루어진 통보는 실질적으로 변명과 소명자료제출의 기회를 박탈하는 것과 다를바 없어 부적법하고 그 징계위원회의 의결에 터잡은 징계해고는 효력이 없다는 점을 밝히고 있다.[165]

---

165) 앞의 책, 153면.

28 근로기준법 - 단체협약상 해고합의조항

대법원 2007.9.6, 2005두8788판결(부당해고구제재심판정취소)

01 사실관계[166]

X회사의 Y노동조합은 2000.11.8.부터 2001.1.26.까지 파업을 실시하였다. X회사는 2003.3.3.에 Y노동조합 위원장(A)등을 파업기간 동안에 업무방해, 임직원폭행, 협박, 감금, 명예훼손, 성희롱, 회사기물 손괴, 업무방해로 인한 매출손실, 회사명예실추, 기타 불법집단행위 등을 하였다는 것을 징계사유로 삼아 해고하였다.

X회사와 Y노동조합 사이의 단체협약은 "회사는 조합임원에 대한 해고, 징계, 이동에 대하여는 사전에 조합과 합의한다."고 규정되어 있고, 또한 해고사유 중의 하나로서 "고의 또는 중대한 과실로 기물을 파손하거나 또는 재산에 손해를 끼쳤을 때"를 규정하고 있다.

X회사와 Y노동조합은 2003.2.17.부터 2003.4.10.까지 5차례에 걸쳐 A등에 대한 징계에 관하여 노사협의를 벌였다. 이 과정에서 **Y노동조합은 A등의 파업 중의 행위가 단체협약에 규정된 해고사유에 해당하지 아니한다는 것을 주된 이유로 A등에 대한 징계해고를 반대하여 결국 노사간에 징계해고에 관하여 합의에 이르지 못하였으나, X회사는 해고를 단행하였다.** 동 사안은 단체협약상의 사전합의조항에 불구하고 X회사가 Y노동조합의 동의없이 행한 해고처분의 효력을 다루고 있다.

02 판결의 내용

- 구 근로기준법 제30조 제1항(현행 근기법 제23조 제1항)은 "사용자는 근로자에 대하여 정당한 이유없이 해고를 하지 못한다."고 규정하여 원칙적으로 해고를 금지하면서, 다만 예외적으로 정당한 이유가 있는 경우에 한하여 해고를 허용하여 제한된 범위안에서만 사용자의 해고권한을 인정하고 있는데, **노사간의 협상을 통해 사용자가 그 해고권한을**

---

166) 앞의 책, 154면.

제한하기로 합의하고 노동조합이 동의할 경우에 한하여 해고권을 행사하겠다는 의미로 해고의 사전합의 조항을 단체협약에 두었다면 그러한 절차를 거치지 아니한 해고처분은 원칙적으로 무효이다.

2. 단체협약에 해고의 사전 합의조항을 두고 있다고 하더라도 사용자의 해고권한이 어떠한 경우를 불문하고 노동조합의 동의가 있어야만 행사할 수 있다는 것은 아니고, **노동조합이 사전동의권을 남용하거나 스스로 사전동의권을 포기한 것으로 인정되는 경우에는 노동조합의 동의가 없더라도 사용자의 해고권행사가 가능하나**, 여기서 노동조합이 사전동의권을 남용한 경우라 함은 노동조합측에 중대한 배신행위가 있고 그로 인하여 사용자측의 절차의 흠결이 초래되었다거나, 피징계자가 사용자인 회사에 대하여 중대한 위법행위를 하여 직접적으로 막대한 손해를 입히고 비위사실이 징계사유에 해당함이 객관적으로 명백하여 회사가 노동조합측과 사전합의를 위하여 성실하고 진지한 노력을 다하였음에도 불구하고 노동조합측이 합리적 근거나 이유제시도 없이 무작정 반대함으로써 사전합의에 이르지 못하였다는 등의 사정이 있는 경우에 인정되므로, 이러한 경우에 이르지 아니하고 단순히 해고사유에 해당한다거나 실체적으로 정당성이 있는 해고로 보인다는 이유만으로는 노동조합이 사전동의권을 남용하여 해고를 반대하고 있다고 단정하여서는 아니된다.

3. 파업의 본질적 내용과 문제된 행위의 경위와 그 정도, 파업종료 후 노사간의 대타협 정신, 파업종료 때부터 이 사건 징계회부 시점까지 경과된 상당한 기간, 노동조합이 제시한 해고반대의 이유 등을 종합하여 볼 때에, **노동조합위원장 등에 대한 해고사유가 명백하지 않고, 노동조합이 단체협약의 사전합의 조항만을 내세워 노동조합위원장 등에 대한 해고를 무조건 반대하였다고 볼 수도 없으므로, 노동조합이 단체협약상의 사전동의권을 남용하였다고 판단할 수는 없다.**

03 판결의 의의와 한계

1. 단체협약상 사전합의조항의 효력

단체협약상 합의조항을 **규범적 부분으로 보는 견해**는 동 조항을 위반하여 합리적 이유 없이 동의를 받지 않고 해고를 하는 경우 이는 일종의 법규범위반으로써 그 해고는 무효가 된다는 입장이다. 이에 반해 단체협약상의 합의조항을 **채무적 부분으로 보는 견해**는 합의조항을 위반하여 합의없이 해고를 한 경우 이는 단체협약 불이행으로 인한 손해배상책임만을 부담하며 그해고처분이 당연히 무효가 되는 것은 아니라는 입장이다.
판례는 단체협약상의 합의조항에 위반하여 노동조합과 합의없이 해고한 경우 그 해고는 무효가 된다는 입장이다.

한편, 정리해고 등 경영권의 본질적 내용의 행사에 대한 합의조항의 효력에 대해서는 판례의 태도가 갈리고 있다. 기존 판례(대판 2003.2.20, 2000도4169)는 정리해고 등 경영권의 본질적 내용에 관하여 노사간 합의를 하도록 단체협약에서 규정하고 있다 할지라도 단체협약의 체결경위, 상황 및 노동조합의 책임정도 등을 종합적으로 검토하여 이를 합의가 아니라 협의로 해석하는 것이 타당하며, 이 경우 합의를 거치지 않아도 당연히 무효로 되는 것은 아니라고 판결하고 있다. 이에 반해 **최근판례**(대판 2012.6.28, 2010다38007)는 단체협약에 인사조치에 관하여 사전 합의조항을 두고 있는 경우 이를 위반하여 합의없이 행한 정리해고는 무효라고 한다. 동 판례는 정리해고는 근로자에게 귀책사유가 없는데도 사용자의 경영상 필요에 의하여 단행되는 것으로서, 정리해고 대상과 범위, 해고회피방안 등에 관하여 **노동조합의 합리적인 의사를 적절히 반영할 필요**가 있고, 노사쌍방 간 협상에 의한 최종 합의결과 단체협약에 정리해고에 관하여 사전 '협의'와 의도적으로 구분되는 용어를 사용하여 노사 간 사전 '합의'를 요하도록 규정하였다면, 이는 노사 간에 사전 '합의'를 하도록 규정한 것이라고 해석해야 하고, 다른 특별한 사정없이 단지 정리해고 실시 여부가 경영주체에 의한 고도의 경영상 결단에 속하는 사항이라는 사정을 들어 이를 사전 '협의'를 하도록 규정한 것이라고 해석할 수는 없다고 판결하고 있다.

2. 사전동의권의 남용

대법원 판례는 노동조합이 사전동의권을 남용한 경우를 1) **노동조합측에 중대한 배신행위**가 있고 그로 인하여 사용자측의 절차적 흠결이 초래되었다거나 2) 피징계자가 사용자인 회사에 대하여 **중대한 위법행위를** 하여 직접적으로 막대한 손해를 입히고 비위사실이 징계사유에 해당함이 객관적으로 명백**하여 회사가 노동조합측과 사전합의를 위하여 성실하고 진지한 노력을 다하였음에도 불구하고 노동조합측이 합리적 근거나 이유제시도 없이 무작정 반대함으로써 사전합의에 이르지 못하였다는 등의 사정이 있는 경우라고 판결하고 있다.

노동조합측의 사전동의권 남용이 있는 경우, 노동조합의 동의가 없더라도 해고는 유효하다.

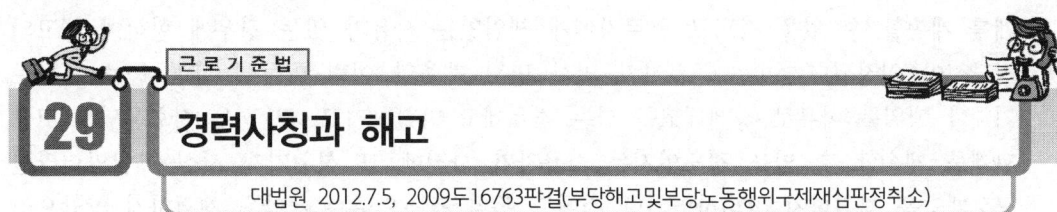

29. 경력사칭과 해고

대법원 2012.7.5, 2009두16763판결(부당해고및부당노동행위구제재심판정취소)

01 사실관계[167]

Y사 및 Z사 등은 모두 A회사로부터 생산공정 중 각 일부씩을 도급받아 상시근로자 약 55명 내지 170명을 고용하여 인력도급업 및 부품조립업 등을 영위하는 회사들이고, B노조는 전국단위의 산별노동조합이다. 원고 X 등은 B노조 소속의 근로자로서 2003.9.1.부터 2006.7.1.까지 Y사 및 Z사 등에 생산직 사원으로 입사하여 근무하면서 2007.9.2. 설립된 B노조 A회사 비정규직지회의 간부 등으로 활동하여 오던 중 2007.9.10.부터 2007.9.17.까지 사이에 Y사 및 Z사 등으로부터 입사당시 이력서에 대학졸업사실을 기재하지 않음으로써 학력을 허위로 기재하였다는 이유로 해고되었다.

Y사 및 Z사 등의 취업규칙을 보면 "다음 각호에 해당하는 자는 종업원으로 채용하지 않으며 채용된 후라도 해고한다."라고 하여 "**경력 또는 학력, 이력사항 등을 허위로 작성하여 채용된 자**"를 해고사유의 하나로 규정하고 있으며, 채용시의 제출서류인 자필이력서에 학력 및 1개월 이상의 경력을 빠짐없이 기록하도록 하고 있다. 그리고 "회사는 다음 각 호에 해당하는 자는 징계조치를 할 수 있다."고 하여 "채용시의 제출서류의 학력 및 경력을 속이거나 숨기고 입사한 자"라고 되어 있었다.

이에 X등은 이 사건의 해고가 부당해고 및 부당노동행위임을 주장하며 구제신청을 하였다.

02 판결의 내용

- 근로기준법 제23조 제1항은 사용자는 근로자에게 정당한 이유없이 해고하지 못한다고 하여 해고를 제한하고 있으므로, **징계해고사유가 인정된다 하더라도 사회통념상 고용관**

---

[167] 앞의 책, 158면.

계를 계속할 수 없을 정도로 근로자에게 책임있는 사유가 있는 경우에 한하여 해고의 정당성이 인정된다. 이는 근로자가 입사 당시 제출한 이력서 등에 학력 등을 허위로 기재한 행위를 이유로 징계해고를 하는 경우에도 마찬가지고, 그 경우 **사회통념상 고용관계를 계속할 수 없을 정도인지는** 사용자가 사전에 그 허위기재 사실을 알았더라면 근로계약을 체결하지 아니하였거나 적어도 동일 조건으로는 계약을 체결하지 않았으리라는 등 고용 당시의 사정 뿐 아니라, 고용 이후 해고에 이르기까지 그 근로자가 종사한 근로의 내용과 기간, 허위기재를 한 학력 등이 종사한 근로의 정상적인 제공에 지장을 초래하는지 여부, 사용자가 학력 등의 허위기재 사실을 알게 된 경위, 알고 난 이후 당해 근로자의 태도 및 사용자의 조치 내용, 학력 등이 종전에 알고 있던 것과 다르다는 사정이 드러남으로써 노사간 및 근로자상호간 신뢰관계의 유지와 안정적인 기업경영과 질서유지에 미치는 영향 기타 여러 사정을 종합적으로 고려하여 판단할 것이다.

다만 사용자가 이력서에 근로자의 학력 등의 기재를 요구하는 것은 근로능력의 평가 외에 근로자의 진정성과 정직성, 당해 기업의 근로환경에 대한 적응성 등을 판단하기 위한 자료를 확보하고 나아가 노사간 신뢰관계의 형성과 안정적인 경영환경의 유지 등을 도모하고자 하는 데에도 그 목적이 있는 것으로, 이는 고용계약의 체결뿐 아니라 고용관계의 유지에 있어서도 중요한 고려요소가 된다고 볼 수 있다. 따라서 취업규칙에서 근로자가 고용당시 제출한 이력서 등에 학력 등을 허위로 기재한 행위를 징계해고 사유로 특히 명시하고 있는 경우에는 이를 이유로 해고하는 것은 고용당시 및 그 이후의 제반 사정에 비추어 보더라도 사회통념상 현저히 부당하지 않다면 그 정당성이 인정된다 할 것이다.

2. 학력 등의 허위기재를 징계해고사유로 규정한 취업규칙에 근거하여 근로자를 해고하는 경우에도 고용당시에 사용자가 근로자의 실제 학력 등을 알았더라면 어떻게 하였을지에 대하여 추단하는 이른바 가정적 인과관계의 요소뿐 아니라 고용 이후 해고시점까지의 제반 사정을 보태어 보더라도 그 해고가 사회통념상 현저히 부당한 것은 아니라고 인정이 되어야만 정당성이 인정될 수 있다고 할 것이다.

3. X 등이 입사 당시 이력서에 대학졸업사실을 기재하지 않음으로써 취업규칙에 근거하여 학력을 허위로 기재하였다는 것을 이유로 Y사 등이 근로자를 해고하는 경우에, 취업규칙에서 이를 해고사유로 명시한 취지와 채용당시 그러한 조건을 명시적으로 요구하였는지 여부, X등이 학력을 허위로 기재하여 취업한 경위 및 목적과 의도, 고용 이후 해고에 이르기까지 종사한 근로의 내용과 기간, 학력이 당해 근로의 정상적인 제공 등과 관련이 있는지 등 여러 사정을 제대로 살피지 않은 채 해고의 정당성을 인정한 원심은 해고에 관한 법리를 오해한 위법이 있다.

03 | 판결의 의의와 한계

1. 학력허위기재를 이유로 한 징계해고의 정당성

근로자는 근로계약체결 과정에서 사용자가 요청하는 일신상의 사항에 대하여 성실하게 고지할 의무가 있다. 대학졸업 사실을 이력서에 기재하지 않은 것은 이러한 진실고지의무 위반에 해당하는 것으로, 근로자의 진실고지의무 위반을 이유로 징계해고가 가능한지가 문제된다.

다수설과 판례는 징계해고 긍정설로서, 징계긍정설은 근로자의 경력을 제대로 안다는 것은 채용여부 및 근로조건의 결정이나 직장질서의 유지, 나아가 업무의 완전한 수행에 필수불가결한 요소이므로 현실적인 손해의 발생을 기다릴 것도 없이 경력사칭으로 인하여 근로자에 대한 신뢰관계와 직장질서가 침해될 위험이 있는 정도라면 징계해고를 할 수 있다는 입장이다. 즉, 사용자가 이력서에 근로자의 학력 등의 기재를 요구하는 것은 근로능력 평가 외에 근로자의 진정성과 정직성, 당해 기업의 근로환경에 대한 적응성 등을 판단하기 위한 자료를 확보하고 나아가 노사간 신뢰관계 형성 등을 도모하고자 하는 데에도 목적이 있는 것으로서 전인격적 판단의 의미가 있기에 학력허위기재 등을 이유로 한 징계해고는 정당한 것으로 본다.

반면 징계해고부정설은 근로자가 진실고지의무를 위반하여 학력 등을 허위로 기재한 것은 기업질서를 위배한 것에 대한 제재로서의 징계해고의 대상은 될 수 없고, 다만 근로관계의 유지가 기대될 수 없는 경우에 일반해고의 대상이 될 수 있다고 한다.

징계해고란 기업질서를 위반한 행위를 제재하는 것으로 근로자와 사용자간의 근로계약상의 의무위반을 이유로 하는 일반해고와는 구별하여야 하며, 근로자의 학력허위기재 등으로 구체적인 기업질서위반이나 손해발생 등이 구체화된 경우에 한하여 징계해고를 할 수 있다고 보아야 한다.168) 따라서 X등이 비록 입사 시에 대졸학력을 누락기재 하였으나 이로 인하여 사회통념상 고용계약을 유지할 수 없을 정도로 직장질서의 위반 등이 있다고 볼 수 없으므로 설령 취업규칙 등에 징계사유로 되어 있다 할지라도 이를 이유로 징계해고 할 수 없다.

2. 일반해고의 요건과 가능성

근기법 제23조 제1항은 사용자는 정당한 이유없이 근로자를 해고할 수 없다라고 하고 있다. **판례는 해고의 정당한 사유가 인정되기 위하여 "사회통념상 고용관계를 계속할 수 없을 정도"를 요구하고 있다.** 위 사안에서 X등이 학력을 허위기재함으로써 사회통념상 고용관계를 계속할 수 없을 정도로 신뢰관계가 훼손되거나 근로제공의무의 이행

---
168) 앞의 책, 160면.

에 지장을 초래하는 것으로 인정되는 경우에는 근기법 제23조 제1항에 의한 일반해고가 가능할 것이다. 그러나 X등이 비록 입사시에 대학졸업의 학력을 기재하지 않았으며, 이러한 학력의 허위기재는 Y사 등의 취업규칙상 징계사유에 해당한다고 할지라도, X등이 근로제공을 하는데 있어서 실질적으로 문제가 되지 않았으며 Y사가 이로 인하여 재산상의 피해를 입거나 직장질서의 유지를 곤란하게 할 정도의 혼란을 야기한 것으로 볼 수는 없으므로 해고의 정당한 이유가 될 수 없다.[169]

3. 의사표시의 착오로 인한 취소가능성

X 등이 이력서에 대학졸업의 학력을 기재하지 않은 것이 근로계약체결시 내용의 중요부분에 해당하여 사용자가 민법 제109조에 의하여 착오를 이유로 근로계약을 취소하거나 민법 제110조에 의하여 근로자의 사기를 이유로 취소할 수 있는가 하는 것이 문제된다.

근로자의 일부학력이나 경력을 누락 기재한 것은 없는 학력이나 경력을 기재한 이른바 학력이나 경력을 사칭한 경우와 그 위법성이나 취소사유 인정여부와 관련하여 그 법적 평가와 판단을 달리할 수 있을 것이다.[170] 즉, 근로계약상 예정된 노무급부의 실질에 비추어 별다른 의미가 없는 대졸학력을 단지 누락하여 학력을 허위기재한 것은 부작위에 의한 기망행위로 볼 수 있을 것이고, 이러한 기망행위와 사용자의 근로계약 체결이라는 의사표시 사이에 개연적 인과관계가 인정된다고 볼 수 없으므로, 위 사안에서의 학력의 누락기재 사실만으로 취소권이 인정되기는 어렵다.[171]

4. 기존판례와 대상판결의 차이점

기존의 판례는 학력허위기재를 이유로 한 징계해고에 관하여 **가정적 인과관계를 기준**으로 판단하여 사용자가 채용당시에 학력의 허위기재 사실을 알았더라면 채용하지 않았을 것이라고 인정하면 해고가 정당한 이유가 있는 것으로 판시하여 왔다.

그러나 대상판결은 **가정적 인과관계의 판단**뿐만 아니라 더 나아가 **고용 이후 해고시점까지의 전 과정을 참조하여 그 해고가 사회통념상 현저히 부당한 것이 아닐 것임을 요구**하고 있다. 즉, 기존판례는 '가정적 인과관계' 및 '기업질서침해의 추상적 위험성'을 기준으로 징계해고의 정당성 여부를 판단하였는데, 대상판결은 '현실적 인과관계'를 기준으로 징계해고의 정당성 여부를 판단하여 징계해고를 인정하는데 좀 더 엄격한 입장으로 변화하였다.

---

169) 앞의 책, 160면.
170) 앞의 책, 161면.
171) 앞의 책, 161면.

30. 해고의 서면통지

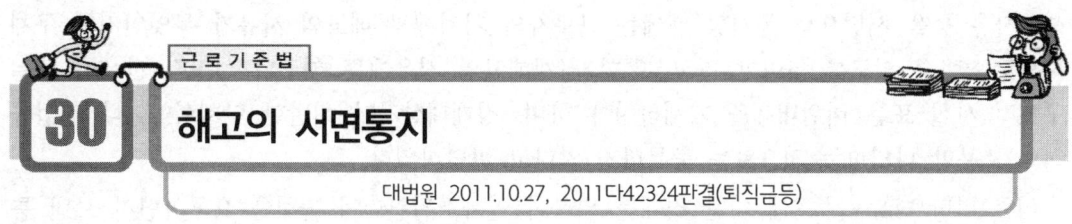

대법원 2011.10.27, 2011다42324판결(퇴직금등)

01 사실관계[172]

X는 2006.5.10. 고문으로 위촉되어 Y에 입사한 후 2007.4.1. 전무로 승진하였으며 Y에 입사한 이래 계속 감사실장으로 근무하여 왔다. Y는 선박의 건조, 개조, 수리해체 및 판매, 해양플랜트, 특수선 사업 등을 주요 사업내용으로 하는 회사이다. 그런데 X가 2008. 한국감사인대회 참석차 출장 중이었던 2008.9.3. Y는 감사실을 폐지하면서 X에게 대기발령 조치를 내렸다. Y의 인사소위원회는 2008.10.9. X에게 "출석일시 : 2008.10.15, 출석목적 : 본인진술 기회부여, 심의내용 : 사규위반, 관련근거 : 취업규칙 5. 8. 4.항 징계의 해고사유(2), (6), (9), (13), (16), (17), (24), (27) 및 감사규정 제5조 감사인의 의무 (2), (4)"라고 기재된 출석요구 통보서를 발송하였다. X는 위 통보서를 수령한 다음날인 2008.10.13. Y에게 통보서에 징계사실이 특정되어 있지 않아 자신의 방어권을 원천적으로 제약하므로 구체적 사실의 서면통보 및 인사위원회 개최연기를 요구하였다. Y는 인사소위원회의 개최를 연기하지 아니한 채 2008.10.20. X에 대하여 징계해고를 결정한 후 2008.10.22. X에게 "징계사유 : 사규위반, 심의결과 : 해고, 발령기준일 : 2008.10.1.(수)"라고 기재된 심의결과 통보서를 발송하였고, 2008.11.5. X에게 2008.10.21.자로 해고되었음을 통보하였다. 이에 X는 해고가 무효임을 전제로 하여 2008.11.26. 서울중앙지방법원에 퇴직금 등 약 4억 3천 800만원의 금전지급을 청구하는 소송을 제기하였다.

02 판결의 내용

대법원은 근기법 제27조의 취지와 관하여 해고사유 등의 서면통지를 통해 사용자로 하여금 근로자를 해고하는데 신중을 기하게 함과 아울러, 해고의 존부 및 시기와 그 사유를 명확하게 하여 사후에 이를 둘러싼 분쟁이 적정하고 용이하게 해결될 수 있도록 하고, 근로자에게도 해고에 적절히 대응할 수 있게 하기 위한 것이라 설명하였다. 따라서 사용자가

---

[172] 앞의 책, 162면.

해고사유 등을 서면으로 통지할 때에는 근로자의 처지에서 해고의 사유가 무엇인지를 구체적으로 알 수 있도록 하여야 하고, 특히 징계해고의 경우에는 해고의 실질적 사유가 되는 구체적 사실 또는 비위내용을 기재하여야 하며, 징계대상자가 위반한 단체협약이나 취업규칙의 조문만 나열하는 것으로는 충분하지 않다고 판단하였다.

이를 바탕으로 Y가 X에 대한 징계를 위하여 인사소위원회에 출석을 요구하면서 보낸 통보서와 X의 참여 없이 실시한 인사소위원회의 심의결과를 통지한 통보서, 2008.11.5.자 해고통보서에 구체적으로 X의 어떠한 행위가 사규위반에 해당하여 징계사유와 해고사유가 되는지에 관한 내용이 전혀 기재되어 있지 아니하므로 Y의 X에 대한 해고는 그 절차상 근기법 제27조를 위반한 위법이 있다고 판단하였다.

03 판결의 의의와 한계

1. 해고사유와 시기의 특정, 그리고 통지의 방법

먼저, **해고의 사유**와 관련하여서는 근로자의 입장에서 **해고의 사유로 기재된 사실이 구체적으로 어떤 행위를 가리키는 것인지 이해할 수 있는 정도**이어야 한다. 이것은 무엇보다 근로자의 적절한 방어권을 보장하는데 필수적인 요소라고 할 수 있다.

다음으로 **해고시기의 특정**과 관련하여서는 그 내용이 명백하기 때문에 해고의 효력이 발생하는 시기로서 해고시기와 관련한 분쟁은 일반적으로 상정하기 어렵지만 **해고의 서면통지를 근기법 제26조가 정하는 해고예고도 겸하도록 할 경우는 30일전 통지의 요건이라는 점이 부가**된다.

끝으로 **통지의 방법**과 관련하여서는 **법률이 '서면'으로 이를 규정**하고 있기 때문에 어느 범위의 통지수단이 서면에 포섭될 것인가가 문제될 수 있는데, "이메일을 통한 해고통지는 근기법 제27조에 규정하는 서면에 의한 해고통지가 이루어진 것이라고 볼 수는 없다."고 보았고(서울행판 2010.6.18, 2010구합11269), 한편 인사위원회 의결통보서가 첨부된 이메일로 해고를 통보한 경우, 이는 서면에 의한 통지이고 따라서 해고통지에 하자가 없다고 판단했다.(대판 2010.7.22, 2010다33279)

2. 대상판결이 제시한 해고사유의 기재에 관한 2가지 기준

대상판결이 선고되기 전에 해고 서면통지 제도에 관한 실무의 해석론은 다소 분분한 상태였다고 평가할 수 있는데, 대상판결은 이러한 하급심의 분분한 판단에 대하여 일정한 기준을 제시한 것으로 이해할 수 있다. **대상판결이 제시한 해고사유의 기재에 관한 2가지 기준은 다음과 같다. 첫째, 근로자의 처지에서 해고의 사유가 무엇인지를 구체적**

으로 알 수 있어야 한다. 즉, **해고사유는 구체적으로 적시하되 근로자의 입장에서 이해 가능하게 표현되어야 한다는 기준을 제시하였다.** 여기서 **해고사유의 구체성과 근로자의 이해가능성**이라는 두 가지 표지가 중시되기 때문에 해고사유는 기본적으로 육하원칙에 따라 분명하게 기술하는 것이 적절하여 보이고, 그 내용은 근로자가 이해할 수 있는 형태로 제시되어야 한다.173)

둘째, 징계해고의 경우에는 해고의 실질적 사유가 되는 구체적 사실 또는 비위내용을 기재하여야 한다. 따라서 사용자가 표면적으로 내세우는 사유를 해고사유로 기재하여 해고통보를 한 후 실질적 사유를 뒤늦게 주장하며 다투는 것은 제도의 취지에 반하므로 허용되지 않고, 이런 경우 실질적 해고사유를 내용으로 하는 징계절차를 다시 밟아서 근로자에게 정당한 방어의 기회를 제공하여야 한다.174)

---

173) 앞의 책, 164면.
174) 앞의 책, 165면.

31 노동위원회 구제절차와 민사소송의 관계

대법원 1991.7.12, 90다9353판결(해고무효확인등)

01 사실관계[175]

피고병원(Y)에서 간호사, 간호조무사 및 영양사 등으로 재직하고 있던 원고(X)들은 업무상 명령에 불복하였다는 이유로 1989.7.19. 징계해고되었다. 이에 X들은 Y병원을 상대로 해고무효확인 등의 소를 제기하였고, 원심법원은 이 사건 해고는 노동조합의 설립을 못마땅하게 여긴 Y병원이 노동조합의 핵심간부와 적극 가담자들을 선별적으로 해고한 것으로 실질적으로는 X들의 노동조합활동을 이유로 징계해고한 것이어서 무효라고 판단하였다. 이에 Y병원은 구 근기법 제27조의3(현행 근기법 제28조)이 근로자는 노동위원회에 부당해고 구제신청을 할 수 있다고 규정하고 있으므로, 원고들이 노동위원회에 부당해고 구제신청을 하지 않고 법원에 해고무효확인의 소를 제기한 것은 부적법하다는 이유로 상고하였다.

02 판결의 내용

근기법 제27조의3(현행 근기법 제28조)의 규정은 부당해고를 당한 근로자에게 노동위원회에 그 구제를 신청할 수 있는 길을 열어 놓고 있으나 그렇다고 해서 해고를 둘러싼 쟁송에 대한 민사소송의 관할권을 박탈한 것으로 해석되지 아니한다.

03 판결의 의의와 한계

부당해고 구제신청제도는 1989년 도입되었고, 동제도는 신속, 간명한 절차와 저렴한 비용으로 부당해고를 구제받을 수 있는 특별한 구제절차로서 사회적 약자인 근로자들이 법원을 통한 사법적 구제보다 용이하게 접근할 수 있다는 점에서 장점이 있다. 그러나 **노동위**

---

175) 앞의 책, 166면.

원회의 구제명령은 하명(下命)으로서 사용자에게 구제명령에 따라야 할 공법상의 의무를 부과할 뿐 사용자와 근로자간의 사법(私法)상 법률관계를 형성하는 것은 아니며 구제명령에 집행력이 인정되는 것도 아니라는 점에서 노동위원회의 구제명령은 종국적인 분쟁해결수단이 될 수 없는 한계도 있다.[176] 이렇게 **노동위원회의 구제명령이 사용자에게 공법상 의무를 부과할 뿐 사법상 법률관계를 형성하는 것은 아니라는 점에서 부당해고 구제신청과 그에 이은 행정소송과 민사소송은 쟁송의 목적을 서로 달리하게 된다**.[177] 따라서 양자는 상호 양립할 수 있으므로 부당해고를 당한 근로자는 노동위원회에 구제신청을 함과 동시에 부당해고의 사법상 효력을 다투는 민사소송을 병행하여 제기하는 것도 가능하다. 이렇게 새기는 것이 헌법 제27조 제1항이 "모든 국민은 헌법과 법률이 정한 법관에 의하여 법률에 의한 재판을 받을 권리를 가진다."라고 규정하여 재판청구권을 국민의 기본권으로 보장하는 취지에도 부합한다.

---

[176] 앞의 책, 167-168면
[177] 앞의 책, 168면.

32. 부당해고와 중간수입

대법원 1991.6.28, 90다카25277판결.(손해배상)

01 사실관계[178]

원고(X)는 1971.1월경 미국시민권을 취득함에 따라 대한민국의 국적을 상실한 자로서, 미국 내 포담대학교의 교수로 재직 중 피고 학교법인(Y)이 경영하는 A대학교에 초빙되어 1981.5.26. 경영대학장 겸 교수로 근무하기 시작하여 시험재직기간을 거쳐 1983.3.9.자로 같은 해 3.1.부터 경영학과 교수로 임용되어 1983.3.26. 교육부에 임용보고까지 수리되었다. 그런데 X가 A대학교 총장으로부터 1983.12.16.부터 1984.2.16.까지의 해외여행 허가를 받고 1983.12.4. 출국하여 다시 교원으로서 근무하기 위해 국내체류자격의 보장을 요구하였으나 A대학교가 이를 이행하지 아니하여 1984.2.29.이 지나도록 입국하지 못하고 있던 중 총장이 X에 대해 같은 해 5.4.자로 그때까지 입국하지 아니하여 강의를 할 수 없다는 이유로 1984.3.1.부터 소급하여 같은 해 8.31.까지 1학기동안 휴직발령하고, 2학기가 시작되어도 X의 입국 및 국내체류문제가 해결되지 아니하자 같은 해 9.3.자로 같은 해 10.31.까지 휴직기간을 연장. 발령하였다가 1984.10.31.자로 직권면직 발령을 하여 해고하였다. 이에 X는 1984.3.1.이후부터는 교수목적으로는 더 이상 국내에 체류할 수 없게 되었고, 그에 따라 임용계약에 따른 교수의무를 이행할 수 없게 된 것은 오로지 Y의 귀책사유로 인한 것이므로 위 휴직처분 및 면직처분은 무효라고 주장하면서 X는 Y와 X사이의 임용관계는 1993.2.28.까지 유효하게 존속한다는 전제하에 Y에 대해 1984.3.1.부터 사실심 변론종결일까지의 보수를 X에게 지급할 것을 청구하였다.

02 판결의 내용

대법원은 사용자의 귀책사유로 인하여 해고된 근로자가 해고기간 중에 다른 직장에 종사하여 이익을 얻은 때에는 사용자는 민법 제538조 제2항에 따라 위 근로자에게 해고기간 중의 임금을 지급함에 있어 위의 이익(이른바 중간수입)의 금액을 임금액에서 공제할 수 있

---

[178] 앞의 책, 170면.

다고 보았다. 한편 근기법 제46조는 근로자의 최저생활을 보장하려는 취지에서 사용자의 귀책사유로 인하여 휴업하는 경우에는 사용자는 휴업기간 중 당해 근로자에게 그 평균임금의 100분의 70(1989.3.29. 법률 제4099호로 개정되기 전에는 100분의 60)이상의 수당을 지급하여야 한다고 규정하고 있고, 여기서의 휴업이란 개개의 근로자가 근로계약에 따라 근로를 제공할 의사가 있음에도 불구하고 그 의사에 반하여 취업이 거부되거나 또는 불가능하게 된 경우도 포함된다고 할 것이므로, **중간수입의 공제에 있어서 근로자가 지급받을 수 있는 임금액 중 근기법 제46조 소정의 휴업수당의 한도에서는 이를 이익공제의 대상으로 삼을 수 없고, 그 휴업수당을 초과하는 금액에서 중간수입을 공제하여야 한다**고 판단하였다. 아울러, 중간수입공제에 있어서 위 휴업수당을 초과하는 금액을 한도로 중간수입을 공제할 경우에도 중간수입이 발생한 기간이 임금지급의 대상으로 되는 기간과 시기적으로 대응하여야 하고 그것과는 시기적으로 다른 기간에 얻은 이익을 공제하여서는 안 된다고 보았다.

03 판결의 의의와 한계

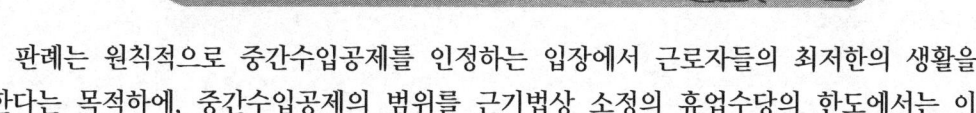

판례는 원칙적으로 중간수입공제를 인정하는 입장에서 근로자들의 최저한의 생활을 보호한다는 목적하에, 중간수입공제의 범위를 근기법상 소정의 휴업수당의 한도에서는 이를 이익공제의 대상으로 삼을 수 없고 그 휴업수당을 초과하는 금액에서 중간수입을 공제하여야 한다는 입장이다.

그러나 중간수입공제는 다음과 같은 이유로 문제된다. 첫째, 중간수입공제를 완전히 적용할 경우 사용자가 지급해야 할 임금액이 전혀 없는 경우도 발생할 수 있고 그렇다면 부당해고를 한 사용자가 전혀 경제적 부담을 지지 않아서 부당하고 둘째, 취업 등을 통해 생계유지를 위해 노력한 근로자가 오히려 불이익을 받는다는 점에서 부당하다. 셋째, 채무면제가 있고 다른 직장에서의 취업과 상관없이 누구나 그러한 수입을 얻을 수 있는 경우, 즉 채무면제와 소득사이에 당연한 인과관계가 인정되는 경우에 한해서는 이득공제를 하는 것이 타당하지만 해고기간 중 다른 직장에서 노무를 수령함으로써 얻게 된 이득은 채무를 면함으로써 얻은 이익은 아니라는 점에서 중간수입 공제는 부당하다.

한편, **해고는 그 정당성여부와 관계없이 근로자에 대한 사용자의 명시적인 노무수령거부 의사의 표시이기에, 사용자가 해고기간 중 근로자의 노무제공의무를 전제로 해서 중간수입의 공제를 주장하는 것은 신의칙**(금반언의 원칙)**에 위배된다**.179) 특히 부당해고의 경우 그것의 신의칙위반정도는 더욱 더 강하다. 해고에 의한 **취로거부기간은 사용자의 의사에 의해 근로자의 노무제공의무는 면제되어 실질적으로는 취로의무가 없는 자유시간이라고 평가하는** 것이 일반인의 관념 또는 사회적 통념과 부합된다고 할 것이고, 따라서 그 기간에 근로자

---

179) 앞의 책, 173면.

가 어떠한 행동을 하고 얼마나 수익을 올리는가는 사용자가 관여할 바가 아니다. 따라서 중간수입은 근로자가 근로계약기간 중 사용자의 승인 또는 동의 등을 얻은 겸업 또는 부업에 기한 수입과 동일하게 평가되어야 할 것이다.

33 부당해고와 불법행위

대법원 1993.10.12, 92다43586판결(손해배상)

01 사실관계[180]

원고 근로자(X)는 1989.8.7. A사에 생산과장으로 입사하여 근무해 오던 중, 직원들 사이에 파벌을 조성하고 능력도 부족하여 회사에 많은 손해를 입혔을 뿐만 아니라 1989.11월부터 1990.1일 사이에 여러차례(3일간) 무단결근하였음을 이유로 1990.1.11. 해고되었다. 이에 X는 기업주인 Y를 상대로 1990.1.25. 해고무효확인의 소를 제기하여 해고무효확인 및 월80만원의 비율로 복직시까지의 임금지급을 구하였다. 수원지법은 X가 Y에게 고용된 이래 성실하게 근무하였으나 3일간 결근하자, X에게 징계위원회의 소집사실을 통고하여 변명의 기회를 주어야 함에도 불구하고 아무런 통고없이 징계위원회를 형식상 구성하여 해고결의를 한 후 해고를 일방적으로 통고한 사실과 X가 월 임금으로 금 80만원을 받아온 사실을 확정하여 해고무효와 임금지급의 판결을 선고하였고 이 판결은 그 무렵 확정되었다. 그 후 X는 Y로부터 복직통보를 받고 1990.12.18.부터 복직하여 근무하였다. 그사이 Y는 1991.1.3. B사를 설립하여 자신이 경영하던 A사의 생산시설 및 근로자를 계속 사용하게 되었다. X도 이 회사의 직원으로 근무해 오던 중 1991.2.22. 자진 사직하였다. 한편 Y는 위 법원의 해고무효 및 임금지급의 판결에 따라 해고기간(1990.1.~1990.12.)중의 임금(80만원×12개월)을 지급하려 하였다. 그러나 X는 해고 전 월 80만원의 임금 이외에 별도로 40만원을 더 지급받아 왔으며, 그간 A사의 다른 직원들에게 연 280%의 상여금과 평균 15%인상된 임금이 지급되고 있었으므로 이 금액이 추가지급되어야 한다고 주장하면서 수령을 거부하였다. 이에 Y는 1990.12.18. 판결확정된 금액(월 80만원 기준)을 법원에 변제공탁하였다. 그러자 X는 B회사를 상대로 임금의 추가지급과 본인 및 가족들이 받은 정신적 손해에 대한 위자료를 청구하는 소송을 다시 제기하였다.

---

[180] 앞의 책, 174면.

02 판결의 내용

대상판결은 "근로계약이 근로자의 근로제공과 이에 대한 사용자의 임금지급을 내용으로 하는 쌍무계약임은 원심의 설시와 같다고 할 것이나, 근로계약에 따른 근로자의 근로제공이 단순히 임금의 획득만을 목적으로 하는 것은 아닐 것이므로, **사용자가 근로자를 부당해고한 것이 반드시 임금지급채무를 이행하지 아니한 것에 불과하다고만 말할 수 없고, 이것이 불법행위를 구성하는 경우도 있을 수 있으며,** 이와 같은 경우에는 그 해고가 법률상 무효라고 하여 해고 전의 상태로 돌아간다 하더라도 사회적 사실로서의 해고가 소급적으로 소멸하거나 해소되는 것은 아니므로, 임금채무나 그에 대한 지연손해금을 받게 된다고 하여 이것만 가지고 불법행위로 인한 정신적 고통의 손해가 완전히 치유되는 것이라고 할 수 없다."고 판시함으로써 부당해고로 인한 정신적 손해배상책임(위자료지급의무)의 가능성을 인정하고 있다.

또한 부당해고가 불법행위를 구성한다는 것과 관련해서 "일반적으로 사용자가 근로자를 징계해고한 것이 정당하지 못하여 무효로 판단되는 경우 그 **해고가 무효로 되었다는 사유만에 의하여 곧바로 그 해고가 불법행위를 구성하게 된다고 할 수 없음은 당연**하다고 하겠으나, 사용자가 근로자를 징계해고할 만한 사유가 전혀 없는데도 오로지 근로자를 사업장에서 몰아내려는 의도하에 고의로 어떤 명목상의 해고사유를 만들거나 내세워 징계라는 수단을 동원하여 해고한 경우나, 해고의 이유로 된 어느 사실이 소정의 해고사유에 해당되지 아니하거나 해고사유로 삼을 수 없는 것임이 객관적으로 명백하고, 또 조금만 주의를 기울이면 이와 같은 사정을 쉽게 알아볼 수 있는데도 그것을 이유로 징계해고에 나아간 경우 등 징계권의 남용이 우리의 건전한 사회통념이나 사회상규상 용인될 수 없음이 분명한 경우에 있어서는 그 해고가 근기법 제27조(현행 근기법 제23조) 제1항에서 말하는 정당성을 갖지 못하여 효력이 부정되는 데 그치는 것이 아니라, 위법하게 상대방에게 정신적 고통을 가하는 것이 되어 근로자에 대한 관계에서 불법행위를 구성할 수 있을 것"이라고 판시하고 있다.

03 판결의 의의와 한계

ㅣ• 부당해고와 정신적 손해배상책임

대상판결은 사용자의 해고권남용이 우리의 건전한 사회통념이나 사회상규상 용인될 수 없음이 분명한 경우에 있어서는 그 해고가 근기법 제23조 제1항에서 말하는 정당성을 갖지 못하여 효력이 부정되는 데 그치는 것이 아니라, 위법하게 상대방에게 정신적 고통을 가하는 것이 되어 근로자에 대한 관계에서 불법행위를 구성할 수 있다고 한다.

즉, 대상판결에서는 부당해고가 일정한 경우 불법행위를 구성할 수 있고 이 경우 근로자의 정신적 고통에 대한 사용자의 위자료지급청구권(정신적 손해배상청구권)이 인정된다는 점을 밝히고 있다.

2. 복직거부와 정신적 손해배상청구권

사용자가 근로자를 정당한 이유없이 해고하여 그 해고에 대한 무효확인판결이 확정되었음에도 불구하고 임금을 지급하면서도 장기간에 걸쳐 근로자에 대한 복직을 거부하는 경우는 어떻게 되는가? 이 문제는 근로자는 근로관계의 내용으로서 사용자에 대하여 취업청구권을 가지는 것인가에 관련된 문제이다. 근로자는 취업을 통해서 인간적으로 성장하고, 기술, 기능을 향상시킬 뿐 아니라 사회와의 발전적 접촉을 할 수 있고 자기존재의 확인을 위한 중요한 기회를 가지게 된다.[181] 따라서 근로자의 근로제공은 그의 근로에 대한 경제적 평가인 임금에 의해서만 그 목적이 실현되는 것이 아니라 근로를 통한 인격실현을 통해 발전적으로 실현된다. 그러므로 사용자가 정당한 이유없이 근로자를 취업시키지 않은 때에는 설령 근로자가 임금을 받는 경우라 하더라도 인격권의 침해가 되며, 이로 인하여 근로자가 입게 되는 정신적 고통에 대해 배상할 의무가 있다.

판례는 "사용자는 특별한 사정이 없는 한 근로자와 사이에 근로계약의 체결을 통하여 자신의 업무지휘권, 업무명령권의 행사와 조화를 이루는 범위내에서 근로자가 근로제공을 통하여 참다운 인격의 발전을 도모함으로써 자신의 인격을 실현시킬 수 있도록 배려하여야 할 신의칙상의 의무를 부담한다. 따라서 사용자가 근로자의 의사에 반하여 정당한 이유없이 근로자의 근로제공을 계속적으로 거부하는 것은 이와 같은 근로자의 인격적 법익을 침해하는 것이 되어 사용자는 이로 인하여 근로자가 입게 되는 정신적 고통에 대하여 배상할 의무가 있다."(대판 1996.4.23, 95다6823)고 판시함으로써 취업청구권에 관하여 긍정적인 태도를 취하고 있다.

---

181) 앞의 책, 177면.

34 사업이전과 고용승계

대법원 2002.3.29, 2000두8455판결(부당해고구제재심판정취소)

01 사실관계[182]

A사와 B사는 공동으로 자본금을 출자하여 Y사를 설립하였다. A사는 자동차부품 중 릴레이 등을 생산하는 전장사업부와 카스테레오를 생산하는 전자사업부로 구성되어 있었는데, 전자사업부의 생산라인은 중국으로 이전하고 여기에서 근무하던 생산직 직원 전원을 전장사업부로 배치하였다. 1997년 금융위기 등으로 인해 경영이 어려워지자, A사는 Y사와의 사이에 A사의 전장사업부문과 관련된 일체의 자산을 271억원에 매도하는 내용의 자산매매계약을 체결하였다. 계약서에는 A사 근로자의 고용에 관하여는 Y사가 인수할 의무를 부담하지 않는다고 합의하였다. 그 후 A사는 전장사업부 소속 종업원 전원을 대상으로 Y사로의 입사희망 여부를 조사하여 그 결과를 채용전형에 필요한 인사자료와 함께 Y사에게 통보하고, Y사는 소요인원을 충원함에 있어서 공개채용절차에 의거 기준인원 범위내에서 신규채용하되, A사가 통보한 입사희망자를 매매물건 인수전에 채용하도록 우선적으로 고려하여 A사는 Y사 채용시험에 합격한 자에 대해 자신의 비용과 책임 하에서 근로관계를 종료시키고 퇴직금 등을 정산하기로 하였다.

재취업신청서를 늦게 제출하여 고용승계가 거부된 X등 2명은 부당해고에 해당한다고 하여 부당해고구제신청을 제기하였다. 원심은 이 사건 자산매매계약은 영업양도에 해당하고, X 등 2명이 A사에 사직서를 제출하고 Y사에 재취업신청서를 늦게 제출한 것은 진정한 사직의사나 재취업을 포기할 의사를 담고 있는 것으로 볼 수 없다고 판단하였다. 이에 Y가 상고한 것이 이 사건이다.

---

182) 앞의 책, 178면.

02 판결의 내용

1. 영업의 양도라 함은 일정한 영업목적에 의하여 조직화된 업체, 즉 인적. 물적 조직을 그 동일성은 유지하면서 일체로서 이전하는 것으로서 영업의 일부만의 양도도 가능하고, 이러한 영업양도가 이루어진 경우에는 원칙적으로 해당 근로자들의 근로관계가 양수하는 기업에 포괄적으로 승계되는바, 여기서 영업의 동일성여부는 일반 사회관념에 의하여 결정되어져야 할 사실인정의 문제이기는 하지만 문제의 행위(양도계약관계)가 **영업의 양도로 인정되느냐 안 되느냐는 단지 어떠한 영업재산이 어느 정도로 이전되어 있는가에 의하여 결정되어져야 하는 것이 아니고 거기에 종래의 영업조직이 유지되어 그 조직이 전부 또한 중요한 일부로서 기능할 수 있는가에 의하여 결정되어져야 하는 것**이므로, 예컨대 영업재산의 전부를 양도했어도 그 조직을 해체하여 양도했다면 영업의 양도는 되지 않는 반면에 그 일부를 유보한 채 영업시설을 양도했어도 그 양도한 부분만으로도 종래의 조직이 유지되어 있다고 사회관념상 인정되면 그것을 영업의 양도라 볼 것이다.

2. 영업이 양도되면 반대의 특약이 없는 한 양도인과 근로자 사이의 근로관계는 원칙적으로 양수인에게 포괄적으로 승계되고, 영업양도 당사자 사이에 **근로관계의 일부를 승계의 대상에서 제외하기로 하는 특약이 있는 경우**에는 그에 따라 근로관계의 승계가 이루어지지 않을 수 있으나, 그러한 특약은 실질적으로 해고나 다름이 없으므로 근기법 제30조 제1항 소정의 정당한 이유가 있어야 유효하며, 영업양도 그 자체만을 사유로 삼아 근로자를 해고하는 것은 정당한 이유가 있는 경우에 해당한다고 볼 수 없다.

3. 영업양도에 의하여 양도인과 근로자 사이의 근로관계는 원칙적으로 양수인에게 포괄승계되는 것이지만 **근로자가 반대의 의사를 표시함으로써 양수기업에 승계되는 대신 양도기업에 잔류하거나 양도기업과 양수기업 모두에서 퇴직할 수도 있는 것**이고, 영업이 양도되는 과정에서 근로자가 일단 양수기업에의 취업을 희망하는 의사를 표시하였다고 하더라도 그 승계취업이 확정되기 전이라면 취업희망 의사표시를 철회하는 방법으로 위와 같은 반대의사를 표시할 수 있는 것으로 보아야 할 것이다.

03 판결의 의의와 한계

1. 영업양도와 근로관계

영업양도가 이루어지면 근로관계가 원칙적으로 포괄승계된다는 것이 판례의 입장이다. 나아가 대상판결에서도 판시하고 있듯이 "영업양도 당사자 사이에 근로관계의 일부를 승계의 대상에서 제외하기로 하는 특약이 있는 경우에는 그에 따라 근로관계의 승계가 이루어지지 않을 수 있으나, 그러한 특약은 실질적으로 해고와 다름이 없으므로, 근기법 제30조(현행 근기법 제23조) 제1항 소정의 정당한 이유가 있어야 유효하며, 영업양도 그 자체만을 사유로 삼아 근로자를 해고하는 것은 정당한 이유가 있는 경우에 해당한다고 볼 수 없다."고 하여 영업양도에 있어서 근로관계의 승계를 일관하여 인정하고 있다.

2. 근로관계가 승계되는 영업양도의 의의

근로관계가 포괄승계되기 위한 영업양도로서 인정되기 위해서는, 일정한 영업목적에 의하여 조직화된 총체, 즉 인적, 물적 조직이 그 동일성을 유지하면서 일체로서 양수인에게 이전되어야 한다는 것이다. 그리고 대상판결은 "영업의 양도로 인정되느냐 안 되느냐는 종래의 영업조직이 유지되어 그 조직이 전부 또한 중요한 일부로서 기능할 수 있는가에 의하여 결정되어져야 하는 것이므로, 예컨대 영업재산의 전부를 양도했어도 그 조직을 해체하여 양도했다면 영업의 양도는 되지 않는 반면에 그 일부를 유보한 채 영업시설을 양도했어도 그 양도한 부분만으로도 종래의 조직이 유지되어 있다고 사회관념상 인정되면 그것을 영업의 양도라 볼 것이다."라고 하였다.

3. 근로관계승계시 근로자의 동의

대상판결은 영업양도시 근로관계의 포괄적인 승계를 인정하면서도, 근로자가 근로관계 승계에 대해 반대의 의사를 표시함으로써 양수기업에 승계되는 대신 양도기업에 잔류하거나 양도기업과 양수기업 모두에서 퇴직할 수 있다고 하여 근로자가 승계를 거부할 수 있는 권리를 부여하고 있다. 반대의사의 행사시점과 관련하여, 대법원은 근로자가 영업양도가 이루어진 사실을 안 날로부터 상당한 기간내에 양도기업 또는 양수기업에 표시하여야 하고, 상당한 기간 내에 표시하였는지 여부는 양도기업 또는 양수기업이 근로자에게 영업양도 사실, 양도이유, 양도가 근로자에게 미치는 법적. 경제적. 사회적 영향, 근로자와 관련하여 예상되는 조치 등을 고지하였는지 여부, 그와 같은 고지가 없었다면 근로자가 그러한 정보를 알았거나 알 수 있었던 시점, 통상적인 근로자라면 그와 같은 정보를 바탕으로 근로관계 승계에 대한 자신의 의사를 결정하는 데 필요한 시간

등 제반 사정을 고려하여 판단하여야 한다고 하고 있다.(대판 2012.5.10, 2011다45217)

한편, 잔류한 근로자에 대한 처리와 관련하여 판례는 정리해고법리에 따라 "원래의 사용자는 영업일부의 양도로 인한 경영상의 필요에 따라 감원이 불가피하게 되는 사정이 있어 정리해고로서의 정당한 요건이 갖추어져 있다면 그 절차에 따라 승계를 거부한 근로자를 해고할 수 있다."고 하고 있다.(대판 2000.10.13, 98다11437)

35 근로관계 승계의 효과

대법원 1995.12.26, 95다41659판결(퇴직금)

01 사실관계[183]

A회사는 1966.4.13.경 설립되어 1979.4.1.경 B회사에 흡수통합되었고, B회사는 1981.5.경 C회사와 통합되어 D회사로 되었는데, 위 각 통합과정에서 종전회사의 사업과 임직원전원은 통합 후의 회사에 순차로 인수되었으며, 그 후 1989.10.12.경 피고 Y회사가 설립되면서 Y회사의 정관에 의하여 위 D회사의 인원, 재산, 사업, 예산 및 권리의무 일체가 Y회사에게 포괄승계되었다.

한편, A회사는 1970.1.1. 퇴직금규정을 제정하였으며, B회사는 A회사와 통합 이후인 1980.3.6. 퇴직금규정을 제정하였고, D회사는 1981.3.26. 퇴직금규정을 제정한 후 1989.4.1.이를 개정하였으며, Y회사는 D회사를 통합한 후 1990.3.30. 퇴직금규정을 제정하여 이를 소속 근로자에게 적용하였다. 그러나 **수차례의 합병 내지 통합에 따른 퇴직금규정의 개정(또는 제정)과정에서 근로자의 집단적인 의사결정 방법에 의한 동의를 받지는 않았다.**

퇴직금지급률에 있어서는 B회사, D회사, Y회사의 퇴직금규정은 X와 같이 근속년수 5년 이상인 근로자에 대하여는 A회사의 규정에 비해 불이익하나, D회사 이후 Y회사까지의 규정은 B회사의 1980.3.6. 규정에 비교할 때 불이익하지 않았다.

원고X는 최초 위 A회사에 입사하여 근로하던 중 A회사가 위와 같이 순차적으로 통합되는 과정에서 경영주체의 변동에 따른 퇴직이나 입사 등의 절차를 밟음이 없이 근로자로서 동일한 업무를 계속 수행하여 오다가 Y회사를 퇴직하였다. Y회사는 X에게 위 1990.3.30. 퇴직금규정에 따른 퇴직금을 지급하였으나 X는 소외 A회사 재직당시의 퇴직금규정이 보다 유리하므로 이 규정이 적용되어야 함을 주장하며 퇴직금차액의 지급을 구하는 소를 제기하였다. 원심은 X의 주장을 받아들였고 이에 Y회사가 이에 불복 상고한 사건이다.

---

183) 앞의 책, 182면.

02 판결의 내용

대상판결은 먼저 X의 근로관계가 수차례의 회사통합과정에서 포괄적으로 승계되어 피고 Y회사에게까지 승계되었음을 전제한 후, **"영업양도나 기업합병 등에 의하여 근로계약관계가 포괄적으로 승계된 경우에 근로자의 종전 근로계약상의 지위도 그대로 승계되는 것이므로, 승계 후의 퇴직금규정이 승계 전의 퇴직금규정보다 근로자에게 불리하다면 근기법 제95조**(현행 근기법 제94조) **제1항 소정의 당해 근로자집단의 집단적인 의사결정 방법에 의한 동의 없이는 승계 후의 퇴직금규정을 적용할 수 없다."**라고 판단하여 X의 주장을 인용하였다.

더불어 "근기법 제28조 제2항 및 부칙 제2항이 하나의 사업 내에 차등있는 퇴직금제도의 설정을 금하고 있지만(현행 퇴직급여법 제4조 제2항) 이는 하나의 사업내에서 직종, 직위, 업종별로 퇴직금에 관하여 차별하는 것을 금하고자 하는데 그 목적이 있는 것이므로, 위와 같이 **근로관계가 포괄적으로 승계된 후의 새로운 퇴직금제도가 기존 근로자의 기득이익을 침해하는 것이어서 그들에게는 그 효력이 미치지 않고** 부득이 종전의 퇴직금규정을 적용하지 않을 수 없어서 결과적으로 하나의 사업내에 별개의 퇴직금제도를 운용하는 것으로 되었다고 하더라도, 이러한 경우까지 동 규정이 금하는 차등 있는 퇴직금제도를 설정한 경우에 해당한다고는 볼 수 없다."라고 판단하였다.

03 판결의 의의와 한계

Ⅰ. 기업변동과 취업규칙의 승계

대상판결은 기업변동시 취업규칙 자체의 승계를 인정하고 있는데, 그 이유는 **근로자의 의사와는 무관하게 이루어지는 기업변동 자체가 근로조건의 저하를 가져오는 원인이 되는 것을 방지하려는 현실적인 필요에 있다고 생각**된다.[184] 특히 기업변동 이후 근로조건을 통합하거나 조정하는 과정에서 사업주가 임의로 근로조건의 하향조정을 실시할 수 있다면 근기법 제94조 제1항 단서의 입법취지가 무색하게 될 우려가 있다. 따라서 기업변동시 취업규칙은 그 자체로서 승계되며 그 내용을 불이익하게 변경하고자 할 경우에는 근기법이 규정하는 절차, 즉 근로자과반수의 동의를 얻어야 한다.

그런데 취업규칙에는 임금, 근로시간 등 근로조건에 관한 사항뿐만 아니라 상벌, 교육 등 사업장내 질서유지에 관한 사항 또한 포함되어 있는 것이 일반적인 바, 근로조건에

---

184) 앞의 책, 185면.

관한 사항 외에 취업규칙의 모든 내용이 승계되는지가 문제이다. **기업변동시 취업규칙의 존속을 긍정하는 이유는 그 과정에서 임금, 근로시간, 휴가 등 근로조건의 저하를 방지하기 위함이라는 점을 염두에 둔다면 사업장내 질서유지에 관한 사항은 사업장의 동일성이 유지되는 것을 조건으로 하여 그 승계를 인정하는 것이 합리적일 것이다.**[185]

2. 퇴직금차등금지 규정과의 관계

종래 대법원은 일반적인 경우에 있어서의 퇴직금규정의 불이익변경시 근로자집단의 의사결정 방법에 의한 동의를 얻지 못하여 기존의 근로자들과 신규입사자들에 대해 서로 다른 퇴직금규정이 적용된 사안에서, 하나의 사업장에 두 개의 퇴직금규정이 존재한다고 하여 이를 곧 균등처우위반이나 퇴직금차등제도로 볼 수는 없다는 입장을 취해왔는 바(대판 1992.12.22, 91다45165) 대상판결은 이들 판결의 영향을 받은 것으로 보인다.

퇴직급여법 제4조 제2항은 "퇴직급여제도를 '설정'하는 경우에 하나의 사업에서 급여 및 부담금산정방법의 적용 등에 관하여 차등을 두어서는 아니된다."라고 규정하고 있는 바, 동 규정의 취지는 오로지 **사용자의 합리적인 이유가 없는 부당한 차별을 금지하려**는 데에 있으므로, 기업변동의 결과 서로 다른 퇴직금제도가 병존하게 된 것은 퇴직금을 '설정'한 것에 해당되지 않고 이는 불가피한 상황으로서 퇴직금차등제도의 설정금지 원칙을 위반한 경우가 아니라고 해야 한다.

---

185) 앞의 책, 185면.

36 위장폐업의 불법행위책임

대법원 2011.3.10, 2010다13282판결(손해배상)

01 사실관계[186]

피고(Y)는 A주식회사를 설립하고 대표이사로서 운영해 왔으나, 2003.5.13. 대표이사직을 사임하고 자신의 동서를 명목상 대표이사로 내세운 다음 자신은 회장 직함을 사용하며 실질적으로 위 회사를 운영해 왔다. 이 회사 소속 근로자인 원고들(X)은 이 지역 일반노동조합의 조합원으로서 연장근로수당 지급 및 임금인상 등을 요구조건으로 하여 단체교섭을 요구하고 쟁의행위를 수행하였다.

노동조합은 쟁의행위기간 중인 2003.6.16. A회사 대표이사인 Y의 동서와 단체협약체결을 위한 교섭을 하였는데, 2003.6.26.경 Y는 노동조합과 위 동서 사이에 합의된 단체협약안의 조인을 거부하였고, 이에 노동조합은 2003.6.27.부터 파업에 돌입하였다. A회사는 바로 당일 직장폐쇄조치에 들어갔고 이를 관할지방 노동청에 신고하였다.

그 후 Y는 2004.1.1. 이종처남에게 A회사의 사무실을 임대하고, A회사소유의 공장기계 및 자재일체에 대하여 허위의 부동산임대차계약서 및 매매계약서를 각 작성한 후 2004.1.2. A회사에 대하여 폐업신고를 하고, X를 비롯한 전 직원을 2004.1.1.자로 퇴직처리 하였으며, 이종처남을 대표이사로, Y의 아들을 이사로 각 등재하여 같은 업종의 B주식회사를 설립한 다음 위 회사를 실질적으로 운영하고 있다.

X는 Y가 X를 부당해고한 것이라고 주장하고 직장폐쇄가 개시된 때부터 임금상당에 대하여 손해배상금을 청구하고 예비적으로는 X가 Y의 개인기업이나 다름없는 B회사와 여전히 근로관계가 존속함을 전제로 직접 Y에게 그 임금의 지급을 청구했다.

---

186) 앞의 책, 194면.

02 판결의 내용

1. 사용자가 근로자들에게 어떠한 해고사유도 존재하지 아니함에도 노동조합활동을 혐오한 나머지, 경영상 어려움 등 명목상 이유를 내세워 사업자체를 폐지하고 근로자들을 해고함으로써 일거에 노동조합을 와해시키고 조합원전원을 사업장에서 몰아내고는 다시 다양한 방법으로 종전 회사와 다를 바 없는 회사를 통하여 여전히 예전의 기업활동을 계속하는 것은 우리의 건전한 사회통념이나 사회상규상 용인될 수 없는 행위이므로, 이러한 위장폐업에 의한 부당해고는 근로자에 대한 관계에서 불법행위를 구성한다. 따라서 근로자들로서는 위장폐업에 의한 부당해고가 무효임을 이유로 민법 제538조 제1항에 따라 구회사 내지는 그와 실질적으로 동일성을 유지하고 있는 신설회사에 대하여 계속 근로하였을 경우 그 반대급부로 받을 수 있는 임금의 지급을 구할 수 있음은 물론이고, 아울러 위장폐업에 의한 부당해고가 불법행위에 해당함을 이유로 손해배상을 구할 수 있으며, 그 중 어느 쪽의 청구권이라도 선택적으로 행사할 수 있다.

2. 위장폐업에 의한 부당해고는 사회통념이나 사회상규상 용인될 수 없는 것이어서 불법행위를 구성하므로, 사용자는 그로 인하여 근로자들이 입게 된 정신적 고통에 대한 위자료를 배상할 책임이 있다.

03 판결의 의의와 한계

1. 위장폐업의 의의와 부당해고

   위장폐업이란 사용자가 근로자의 조합활동을 혐오하여 부당노동행위 의사에 의해 기존의 기업을 소멸시키고 실질적으로는 이와 동일한 별도의 회사를 설립하거나 그와 유사한 방법으로 기업을 계속하는 것을 말한다.[187] 위장폐업은 기업이 폐업을 위장하였지만 새로이 설립된 회사가 종전 회사와 실질적으로 동일성을 갖추고 있다고 평가되기 때문에 비록 외형상 다른 회사라 하더라도 새로 설립된 회사에게 부당해고에 따른 책임을 부담시킬 수 있다. 반대로 진정폐업이라면 부당해고를 다툴 구제이익이 존재하지 않는다고 볼 수 있다. 판례는 진정으로 기업경영을 포기하고 더 이상 기업활동을 영위하지 아니하는 진정폐업은 사유재산 보장질서와 직업의 자유도 보장되어야 한다는 점

---

[187] 앞의 책, 195면.

에서 부당노동행위 구제이익이 없다고 보고 있다.(대판 1991.12.24, 91누2762)

2. 부당해고와 불법행위책임

사용자의 부당해고가 언제나 불법행위를 구성하는 것은 아니다. 그러나 판례는 사용자의 해고(특히 징계해고)가 우리의 건전한 사회통념이나 사회상규상 용인될 수 없음이 분명한 경우에는 예외적으로 불법행위를 구성할 수도 있다고 한다.(대판 1993.10.12, 92다43586) 예컨대 사용자가 근로자를 해고할만한 사유가 없음을 알고 있으면서도 근로자를 사업장에서 몰아내려는 의도로 객관적으로 존재하지도 않은 해고사유를 조작하여 부당해고를 시도하거나 징계사유로 삼을 수 없는 것임이 객관적으로 명백하고 또 조금만 주의를 기울이면 이와 같은 사정을 쉽게 알아 볼 수 있음에도 그것을 이유로 징계해고 등의 불이익처분을 함으로써 근로자에게 정신적 고통을 주었다면 채무불이행책임과는 별도로 그 행위의 위법성이 인정되어 불법행위의 책임요건이 갖추어지게 된다.[188] 대상판결은 근로자들에게 있어 징계사유가 존재하지 않음에도 불구하고 노동조합활동을 혐오한 나머지 경영상 어려움 등 거짓이유를 내세워 사업자체를 폐지하고 근로자들을 퇴직시킴으로써 일거에 노동조합을 와해하고, 조합원전원을 사업장에서 몰아내고는 다시 다양한 방법으로 구회사와 실질적으로 동일한 신설회사를 설립하여 종전의 기업활동을 계속하는 것은 위장폐업에 해당하고, 그러한 사용자의 해고는 건전한 사회통념이나 사회상규상 용인될 수 없어 불법행위에 해당한다고 판시하고 있다.

---

[188] 앞의 책, 196면.

37 퇴직금의 법적 성격

대법원 1995.10.12, 94다36186판결(퇴직금)

01 사실관계[189]

원고(X) 8명은 피고(Y)회사의 근로자들로서 직무와 관련하여 뇌물수수 또는 배임수재를 하여 법원에서 징역형의 실형 또는 집행유예를 각각 선고 받았다. Y회사는 해당 업무관련 금품수수 등을 이유로 이들을 모두 파면 또는 해임 처분하였다. 한편, Y회사의 퇴직급여규정에는 "직원이 업무와 관련하여 금고 이상의 형을 받았거나 징계처분에 의하여 파면된 경우에는 그 퇴직급여액은 100분의 50을 감하여 지급한다."고 규정하고 있다. Y회사는 이 퇴직급여규정에 따라 퇴직금의 100분의 50을 감액하여 X들에게 지급하였다.

이에 X들은 퇴직금감액규정이 근기법 제28조(현행 퇴직급여법 제8조)에 위반되어 무효이며, 임금의 후불적 성격을 갖는 퇴직금은 전액 지불해야 한다는 점에서 해당 퇴직금감액규정은 무효라고 주장하였다.

02 판결의 내용

퇴직금은 후불 임금으로서의 성격 이외에도 생활보장적 급여로서의 성격과 공로보상으로서의 성격을 아울러 가지는 것인 점에 비추어, 퇴직금감액규정이 퇴직금의 본질에 어긋나는 것이라고 볼 수 없다.

또한 퇴직금감액규정은 직원으로 하여금 재직 중 성실하고 청렴하게 근무하도록 유도하기 위한 것으로서 그 목적의 정당성이 인정될 뿐 아니라, 제한의 사유를 업무와 관련한 범죄행위로 인하여 금고 이상의 형을 선고받거나 징계처분에 의한 파면이라는 중대한 사유가 발생한 경우로 한정하고, 제한의 범위도 퇴직급여법 제8조 소정의 최저 퇴직금제도에 위배되지 아니함으로써 그 수단의 상당성과 법익의 균형성도 갖춘 것으로서 사유재산권을 보장한 헌법규정에 위배된다고 볼 수 없고 또한 헌법상의 이중처벌금지 규정이나 평등권 규정

---

189) 앞의 책, 198면.

에 위배된다고도 볼 수 없다.

03 판결의 의의와 한계

I • 퇴직금의 법적성격

1) 학설의 입장

첫째, 공로보상설은 퇴직금을 사용자가 퇴직 이후 베푸는 은혜적 금품으로 파악하여 일정기간 근속한 공로를 보상하는 것으로 보는 견해이다. 통상 누진제퇴직금제도는 공로보상적 성격을 갖는 것으로 이해 가능하다. 그런데 공로보상설에 따르면 공로가 없는 근로자에게는 퇴직금을 지급하지 않아야 하고, 그렇다면 퇴직금이 근로자에게 중요한 근로조건의 하나가 되고 있을 뿐만 아니라 단체교섭의 대상으로서 노동관계 법령의 보호대상이 되고 있다는 점에서도 공로보상설은 현실적인 설득력을 갖기에는 한계가 있다.

둘째, 생활보장설인데, 퇴직금을 사회보장제도가 제대로 실시되지 못하는 상황에서 기업이 가지는 사회적 책임의 일환으로 근로자에게 지급되는 임금이라고 파악하는 견해이다. 이 견해는 근로자의 연령, 가족상황, 건강, 퇴직 후의 생계대책 등의 요소가 퇴직금의 현실적인 산정 기준으로 되지 못하고 있는 점에서 한계가 있고, 최근에는 4대보험이라 불리는 사회보장제도가 잘 정착되어 있어 과거에 비해서 상대적으로 생활보장적 급여로서의 성격은 약화되었다고 할 수 있다.

셋째, 임금후불설인데, 퇴직금을 근로자에게 지급되지 않았던 임금을 퇴직 시에 지급하는 것으로 보는 견해이다.

2) 판례의 태도

대법원은 기본적으로 "퇴직금은 생활보장적 성격과 공로보상적 성격이 포함되어 있다 하더라도 근기법상 고용주와 근로자의 관계에서는 근로의 대가인 임금적 성격을 띤 것이며, 사용자가 근로자에게 지급하는 퇴직금은 근로제공에 대한 미불임금이 축적된 것이 그 재원이 된 것으로 보아서 본질적으로 후불임금적인 성격을 갖는다."(대판 1975.7.22, 74다1840)거나 "근기법에 규정된 퇴직금액은 임금후불적 성격을 가진 급여이며, 동법에 규정된 퇴직금에 관한 규정은 강행규정이므로 당사자의 합의로 이와 달리 정하거나 취업규칙으로 감액할 수 없다."(대판2004.6.25, 2002다51555)고 판시하여 기본적으로 임금후불설의 입장에 있다.

그러나 대상판결을 포함하여 "**퇴직금이 후불임금으로서의 성격 이외에도 생활보장적 급여 및 공로보상으로서의 성격을 띠고 있다.**"고 하여 퇴직금에 관해 임금후불설의 입장을 기본적으로 취하면서도 생활보장적인 성격과 공로보상적인 성격이 함께 포함되어 있다는 판결도 등장하였다.(대판 1995.2.28, 94다8631) 결국 **판례는 퇴직금의 법적 성격과 관련하여, 기본적으로 임금후불적 성격으로 이해하되, 어느 한 가지 견해만을 취하고 있다기보다는 문제되는 사안의 성격에 따라 각 학설의 일면을 달리 강조하고 있다고 볼 수 있다.**190)

2. 퇴직금감액규정의 효력

퇴직금의 법적 성격에 관한 학설을 고려할 때, 임금후불설의 입장에서는 임금의 성격을 갖는 퇴직금을 감액하는 것이 허용될 수 없지만, 공로보상설이나 생활보장설의 입장에서는 퇴직금감액규정의 정당성이 인정될 수 있다.

판례는 공로보상설이나 생활보장설의 인정하에서 퇴직금감액규정의 정당성을 인정하였고, **구체적으로 다음과 같은 요건하에서 퇴직금감액규정의 효력을 인정**하고 있다. 첫째, 그 규정이 임직원으로 하여금 재직 중 성실하고 청렴하게 근무하도록 유도하기 위한 정당한 목적을 가지고 있고 둘째, 제한의 사유를 업무와 관련된 범죄행위로 인하여 금고 이상의 형을 받은 중대한 사유가 발생한 경우 등으로 한정하며 셋째, 제한의 범위도 **퇴직급여법 소정의 최저 퇴직금제도에 위배되지 않아야 하고** 넷째, 퇴직금은 후불임금으로서의 성격 이외에도 생활보장적 급여로서의 성격과 공로보상으로서의 성격을 아울러 가지는 점에 비추어 **합리적인 퇴직금감액규정은 퇴직금의 본질에 어긋나지 않는다.**(대판 2002.9.6, 2002다29442)

현행 퇴직급여법이 근로자에 대한 퇴직금지급 의무에 대하여 규정하고 있고, 또 그 퇴직금액의 최저한도를 규정하고 있는 이상 퇴직금의 법적 성격 여하에 관계없이 동법이 정하고 있는 최저한도의 기준 아래로 퇴직금을 감액하여 지급하는 것은 무효라고 해석하는 것이 타당하고, 법이 정하고 있는 최저한도를 상회하는 부분에 대한 퇴직금감액규정의 정당성을 판단하는 단계에서는 퇴직금의 법적 성격이 그 해석의 기준이 될 수 있을 것이다.191)

대상판결은 퇴직급여법 제8조가 정하고 있는 최저한도의 기준 아래로 퇴직금을 감액하여 지급하는 것은 무효이지만, 그 최저한도의 기준을 상회하는 부분에 대한 퇴직금감액규정의 정당성은 그 취지, 내용 등을 종합적으로 고려하여 판단해야 함을 보여주고 있다.

---

190) 앞의 책, 200면.
191) 앞의 책, 201면.

38. 퇴직금 분할지급 약정

대법원 2010.5.20, 2007다90760 전원합의체 판결(퇴직금)

01 사실관계[192]

　피고 Y회사는 원고 X들과 사이에 근로계약기간을 1년으로 정하여 연봉계약을 체결하였는데, 연봉계약서에는 연봉액의 내역으로 기본급에 해당하는 본봉, 시간외 근무수당 등 각종 수당 및 상여금과 함께 1년에 1개월 평균임금 상당액인 퇴직금의 1년간 지급총액과 이를 각 12등분하여 매월 분할 지급되는 금액이 명확하게 제시되었다. 이에 따라 X들은 Y회사로부터 퇴직금 명목의 금원을 매월 균분하여 지급받았다.

　Y회사를 퇴직한 후, X들은 연봉액 중 퇴직금명목으로 기재되어 매월 지급된 금원은 퇴직금이 아니며, 그 금원은 통상의 임금에 해당하므로 그 금액을 포함하여 퇴직전 3개월간 지급받은 연봉액 전부를 기준으로 평균임금을 계산하여 재직기간에 따른 퇴직금을 다시 산정한 후 그 지급을 Y회사에게 청구하였다.

　이에 대해 Y회사는 ① 연봉제 계약을 체결하고 퇴직금을 포함한 금액을 연봉총액으로 정한 후 이를 매월 나누어 지급하였으므로 별도로 퇴직금을 지급할 의무가 없으며 ② 설령 분할지급된 금원이 퇴직금지급으로서 효력이 없다면 법률상 원인 없이 지급된 부당이득이 되므로 부당이득반환채권으로 X들에 대한 퇴직금채권을 상계한다고 항변하였다.

02 판결의 내용

　대상판결은 퇴직금 분할지급 약정에 따른 금원의 지급이 퇴직금 지급으로서 유효하지 않지만, 부당이득이므로 반환되어야 한다고 보고 이를 퇴직금채권과 상계할 수 있다고 판시하였다. 다만, 사용자가 부당이득반환채권을 가지고 퇴직금채권을 상계할 수 있는 범위는 제한된다고 보았다.

---

192) 앞의 책, 202면.

1. 퇴직금 지급으로서의 효력인정 여부

퇴직금 분할지급 약정(사용자와 근로자가 매월 지급하는 월급이나 매일 지급하는 일당과 함께 퇴직금으로 일정한 금원을 미리 지급하는 약정)**은 근기법 제34조 제3항**(현행 퇴직급여법 제8조 제2항)**의 퇴직금 중간정산으로 인정되는 경우가 아닌 한 최종 퇴직 시 발생하는 퇴직금청구권을 근로자가 사전에 포기하는 것으로서 강행법규인 근기법 제34조**(현행 퇴직급여법 제8조)**에 위배되어 무효**이고, 그 결과 퇴직금 분할지급 약정에 따라 사용자가 근로자에게 퇴직금 명목의 금원을 지급하였다 하더라도 퇴직금 지급으로서의 효력이 없다.

2. 지급된 금원의 법적 성격

〈다수의견〉 퇴직금지급으로서의 효력이 없다면, 사용자는 본래 퇴직금 명목에 해당하는 금원을 지급할 의무가 있었던 것이 아니므로 **이미 지급한 퇴직금명목의 금원은 근기법 상 '근로의 대가로 지급하는 임금'**(근기법 제2조 제1항 5호)**에 해당한다고 할 수 없다.** 사용자는 법률상 원인없이 지급함으로써 그 금원 상당의 손해를 입은 반면 근로자는 이익을 얻은 셈이 되므로, 근로자는 수령한 퇴직금 명목의 금원을 부당이득으로 사용자에게 **반환**하여야 한다고 보는 것이 공평의 견지에서 합당하다.

〈별개 및 반대의견〉 퇴직금 분할지급 약정의 구성요소 중에서 법에 위반되어 무효로 되는 부분은 '퇴직금으로 지급'한다는 부분만이며, 사용자가 근로자에게 매월 또는 매일 일정한 금원을 지급한다는 부분은 유효하고 이를 무효로 볼 아무런 근거가 없다. 퇴직금 분할지급 약정에 따라 근로자에게 지급되는 금원이 퇴직금일 수는 없고 오로지 임금으로서의 성격을 가질 뿐이므로 부당이득이 될 수 없다. 따라서 사용자가 그 반환청구권을 가짐을 전제로 근로자의 퇴직금청구권을 수동채권으로 한 상계항변이 성립할 수 없다.

3. 부당이득반환채권으로 퇴직금채권에 대한 상계허용 여부

〈다수의견〉 사용자가 계산의 착오 등으로 초과 지급한 임금의 반환청구권을 자동채권으로 하여 근로자의 임금채권이나 퇴직금채권과 상계할 수 있다는 법리는(조정적 상계), 사용자가 근로자에게 이미 퇴직금 명목의 금원을 지급하였으나 그것이 퇴직금지급으로서의 효력이 없어 사용자가 같은 금원 상당의 부당이득반환채권을 갖게 된 경우에 이를 자동채권으로 하여 근로자의 퇴직금채권과 상계하는 때에도 적용된다.

〈별개 및 반대의견〉 퇴직금 분할지급 약정에 따른 지급은 의도적인 것이므로 계산의 착오 등의 조정을 위한 상계허용에 해당하지 않는다. 상계를 허용하면 근로자의 경제생활 안정이 위협받을 가능성이 많고, 부당이득이라고 인정하는 것과 관련하여 당사자 사이에 다툼이 있는 경우에도 사용자의 일방적 공제를 인정하면 퇴직금제도를 두고 있는

본래의 취지를 벗어나 근로자에게 부당하게 불리할 뿐만 아니라, 당초 임금의 지급과 관련하여 상계를 금지한 제도적 취지를 지나치게 형해화할 우려가 있다. 그렇다면 부당이득에 해당함을 전제하더라도 상계가 허용되지 않는다.

4. 상계의 허용범위

민사집행법 제246조 제1항 제5호는 근로자인 채무자의 생활보장이라는 공익적, 사회정책적 이유에서 '**퇴직금 그 밖에 이와 비슷한 성질을 가진 급여채권의 2분의 1에 해당하는 금액**'을 압류금지채권으로 규정하고 있고, 민법 제497조는 압류금지채권의 채무자는 상계로 채권자에게 대항하지 못한다고 규정하고 있으므로, **사용자가 근로자에게 퇴직금명목으로 지급한 금원 상당의 부당이득반환채권을 자동채권으로 하여 근로자의 퇴직금채권을 상계하는 것은 퇴직금채권의 2분의 1을 초과하는 부분에 해당하는 금액에 관하여만 허용된다.**

03 판결의 의의와 한계

1. 대상판결은 퇴직금 분할지급약정에 따라 월급에 퇴직금명목의 돈을 분할지급하여도 퇴직금지급으로서의 효력을 부정한다. 이는 퇴직금 분할지급약정에 따라 매월 지급하는 월급에 퇴직금명목의 금원을 포함시킨 경우 이를 퇴직금으로서 인정한다면 **최종 퇴직시 발생하는 퇴직금청구권을 근로자가 사전에 포기하는 것으로서 강행법규에 위배되기 때문이다.** 그러므로 퇴직금 분할지급 약정에 따른 지급이 있었더라도 사용자는 근로자의 퇴직시점에서 상계가 가능한 금액(퇴직금채권의 2분의 1을 초과하는 부분에 해당하는 금액)을 제외한 나머지를 퇴직금으로 다시 지급해야 하며, 상계가 허용되지 않는 부분에 상응하는 금액의 반환은 별도로 부당이득반환을 청구하여야 한다.

한편, 퇴직금 분할지급 약정이 '퇴직금중간정산으로 인정되는 경우가 아닌한' 무효이므로 퇴직금 분할지급 약정이 합법적인 중간정산(퇴직급여법 제8조 제2항)으로 인정될 수 있는지가 문제로 된다. **합법적인 중간정산으로 인정되기 위해서는 첫째, 중간정산은 이미 근로한 기간에 대한 퇴직금을 중간정산하는 것이어야 하고 둘째, 중간정산은 근로자의 요구에 의해 이루어져야 하며 셋째, 중간정산의 사유는 무주택자의 주택구입이나 전세금, 임차보증금, 부양가족의 요양 등으로 그 사유가 제한된다.**(퇴직급여법 시행령 제3조)

2. 퇴직금지급으로서의 효력이 부정된 퇴직금명목의 금원이 부당이득인가에 관해서는 비판적인 견해가 제시되고 있다. 학설로서는 **퇴직금분할지급 약정의 내용, 체결 경위 등 제반사정을 고려하여 실질적으로는 매 임금지급기의 통상의 임금을 단지 퇴직금 분할지급금 명목으로 형식상 기재한 것에 불과한 경우 퇴직금 지급의무를 면탈하려는 탈법행위이며 그 금원은 통상의 임금지급으로 인정하여야 한다는 견해가 있다.**[193]

3. 대상판결 이후 부당이득법리의 적용을 제한하는 판례도 나타나고 있는데, 판례는 다음과 같이 판시하고 있다. "**퇴직금제도를 강행법규로 규정한 입법취지를 감안할 때 부당이득법리는 실질적인 퇴직금 분할지급 약정이 존재함을 전제로 하여 비로소 적용할 수 있는 것이기 때문에, 사용자와 근로자가 체결한 해당 약정이 그 실질은 임금을 정한 것에 불과함에도 퇴직금의 지급을 면탈하기 위하여 퇴직금 분할지급 약정의 형식만을 취한 것인 경우에는 그 법리를 적용할 수 없다.**"(대판 2012.10.11, 2010다95147)

---

[193] 앞의 책, 204-205면.

39 용역계약의 해지와 근로관계

대법원 2009.2.12. 2007다62840판결(해고무효확인등)

01 사실관계[194]

피고(Y)는 주차관리 및 경비요원을 필요한 곳에 파견하는 회사이고, 원고(X)는 2002.2.26. Y에 입사하여 D빌딩의 미화원으로 근무하다가 같은 해 12.1.부터 이 빌딩의 주차정산원으로 근무하던 자이다.

근로계약서상 계약기간은 2002.2.26.부터 2002.5.25.까지로 근무장소는 D빌딩으로 기재되어 있었고, 근무지회사와 Y사이의 용역계약이 해지될 때에 X와 Y사이의 근로계약도 해지된 것으로 본다는 조항이 있었다. X와 Y는 이후 별도로 근로계약서를 작성하지 않고 근로관계를 유지하여 왔다.

2005.8월경 D빌딩의 주차요원들은 X가 경비대장과 공모하여 주차비를 횡령하였다는 내용의 진정서를 Y에게 제출하였고, 이에 근거하여 2005.9.9. 개최된 징계위원회에서는 X에 대한 경고처분을 의결하였다. Y는 2005.9.12. X에게 경고처분을 함과 동시에 같은 달 13일부터 S사우나센터의 주차관리원으로 발령한다는 인사명령을 내렸다. 당일 X는 인사명령 통지서의 수령을 거부하고 9.13.과 14일 양일 D빌딩으로 출근하였다. X는 9.15. 인사명령 통지서를 내용증명으로 받고 같은 날 17시경 S사우나센터를 방문하였으나, 자신에게 적합하지 않다고 판단하고 횡령공모의 누명을 벗을 목적으로 이후 그곳으로 출근하지 않았다.

Y는 2005.9.21.징계위원회를 개최하여 X의 인사명령거부 및 불응, 2005.9.12.부터 9.20.까지 9일간의 무단결근을 이유로 X를 징계해고하고, 이를 9.26. X에게 통지하였다. X는 2005.9.28. Y의 본부장과 D빌딩의 경비대장을 협박 및 명예훼손으로 고소하였고 이를 통하여 X가 횡령에 공모하지 않았음이 밝혀졌다. 이후 X는 문제되었던 주차비정산에 관한 잔무처리와 업무점검을 위하여 한시적으로 나와 달라는 Y의 부탁에 따라 2005.9.28.부터 10.25.까지 D빌딩에 출근하였다. Y는 10.25.진상규명이 완료되었다며 이 날짜로 근로계약이 해지되었음을 X에게 통보하였다.

한편 D빌딩관리단은 2005.10.19. Y에게 빌딩 관리계약의 해지를 요청하였고, 2005.10.31.에는 Y에게 2005.11.30.자로 계약을 해지한다는 통보를 하였다. 이에 Y는 2005.10.31.

---

194) 앞의 책, 186면.

직원44명에게 Y와의 근로계약이 2005.11.30.로 만료됨을 통보하였다.

X는 Y가 횡령한 적이 없는 자신을 2005.10.25. 해고한 것은 정당한 이유가 없으므로 무효라고 주장하며 해고무효확인의 소를 제기하였다. 1심과 원심은 2005.10.25.의 해고는 정당성이 없어 무효이나, 용역계약의 해지로 X가 2005.11.30. Y소속 근로자로서의 지위를 상실한 이상 그 지위의 회복은 불가능하므로 해고무효확인의 소는 그 확인의 이익이 없어 각하한다고 판단하였다.

02 판결의 내용

사용자가 어떤 사유의 발생을 당연퇴직 또는 면직사유로 규정하고 그 절차를 통상의 해고나 징계해고와 달리한 경우에 그 당연퇴직사유가 근로자의 사망이나 정년, 근로계약기간의 만료 등 근로관계의 자동소멸사유로 보이는 경우를 제외하고는 이에 따른 당연퇴직처분은 구 근기법 제30조(현행 근기법 제23조)소정의 제한을 받는 해고라고 할 것인데, 사용자가 주차관리 및 경비요원을 필요한 곳에 파견하는 것을 주요 사업으로 하는 회사로서 그 근로자와 사이에, 근로자가 근무하는 건물주 등과 사용자간에 관리용역계약이 해지될 때에 그 근로자와 사용자 사이의 근로계약도 해지된 것으로 본다고 약정하였다고 하여 그와 같은 해지사유를 근로관계의 자동소멸사유라고 할 수 없다.

그럼에도 원심은 그 판시와 같은 사정만으로 X와 Y사이에 체결된 근로계약서상 "건물주와 Y와의 관리용역계약이 해지될 때 X와 Y와의 근로계약도 해지된 것으로 본다."는 약정은 근로계약기간의 만료에 관한 규정으로 근로계약의 자동소멸사유를 정한 것으로 봄이 상당하고, X가 근무하는 건물주와 Y사이의 관리용역계약이 2005.11.30.자로 해지된 이상 Y와 X사이의 근로계약도 종료되었다는 이유로 X의 해고무효확인 청구를 각하하고, 2005.12.1.부터의 임금지급청구를 기각하고 말았으니 이러한 원심판결에는 근로관계의 자동소멸사유에 관한 법리를 오해하여 판결에 영향을 미친 위법이 있다.

03 판결의 의의와 한계

원칙적으로 파견계약의 경우 사용사업주와 파견사업주간의 근로자파견계약기간이 만료된다고 하더라도 파견사업주와 파견근로자사이의 근로계약은 종료된다고 할 수 없어서, 특정 사업장의 파견기간이 종료되면 파견사업주는 파견근로자를 다른 사업장에 파견하거나 본사로 출근하도록 하여야 한다.

그러므로 D빌딩관리단과 Y와의 계약이 근로자파견계약이라면 Y와 X가 체결한 근로계약이 근로자파견계약의 종료와 함께 자동종료한다는 규정은 정당하다고 할 수 없다. 그러나 D빌딩관리단과 이 사건 Y와의 계약이(사내하도급의) 건물관리 용역계약이라고 한다면 이 사건 Y가 건물의 관리용역을 맡아 근로자들을 직접 지휘·감독하고 근로자는 용역회사에 특정업무(건물관리 또는 주차)를 수행하기 위하여 채용된 것이므로, 관리단과 Y의 계약이 종료되면 근로자가 그 건물에서 수행하여야 할 업무도 사라지므로 건물관리계약의 만료일에 근로계약이 자동종료된다고 정한 것을 부당하다고 할 수 없다.195)

그러나 Y가 X에게 경고처분을 하면서 S사우나센터로 발령을 내렸다는 점에서 본다면 이 사건 사업주는 근로자파견업을 영위하고 있었던 것으로 보이고, 그렇다면 파견사업주인 Y와 파견근로자 X가 체결한 근로계약이 근로자파견계약의 종료(D빌딩관리단과 Y의 관리용역계약의 해지)와 함께 자동종료한다고 정한 이 사건 근로계약에 근거한 당연퇴직처분은 부당하다.

---

195) 앞의 책, 188면.

40 파산절차상 근로관계

대법원 2004.2.27, 2003두902판결(부당해고등구제재심판정취소)

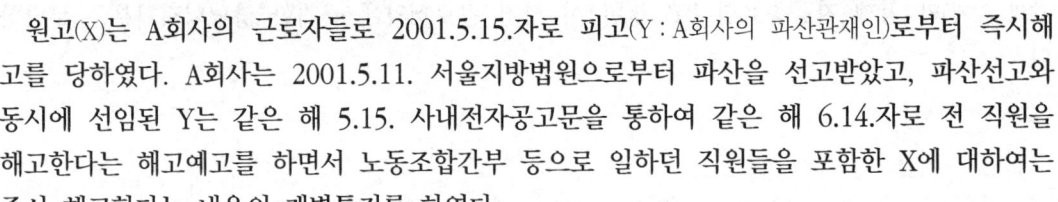

01 사실관계[196]

원고(X)는 A회사의 근로자들로 2001.5.15.자로 피고(Y : A회사의 파산관재인)로부터 즉시해고를 당하였다. A회사는 2001.5.11. 서울지방법원으로부터 파산을 선고받았고, 파산선고와 동시에 선임된 Y는 같은 해 5.15. 사내전자공고문을 통하여 같은 해 6.14.자로 전 직원을 해고한다는 해고예고를 하면서 노동조합간부 등으로 일하던 직원들을 포함한 X에 대하여는 즉시 해고한다는 내용의 개별통지를 하였다.

Y는 자신을 보조하는 보조인으로 계속 근무하기를 희망하는 직원은 별도의 임용계약서를 작성·제출하도록 공고하였지만, 위에서 즉시해고 대상자로 통보된 X는 그 대상에서 제외하였다. 해고예고통지를 받은 직원 2,349명 중에서 1,804명이 보조인 임용신청을 하여 그 중에서 1,680명이 계약기간 1년으로 정한 보조인으로 임용되었다.

원심은 파산법(제50조)와 민법(제633조)에 의하여 Y에게 광범위한 근로계약의 해지권을 인정하고 있어, Y의 즉시해고는 근기법 소정의 부당해고에 관한 규정의 적용을 받지 않아 정당하므로, X의 청구를 기각하였다

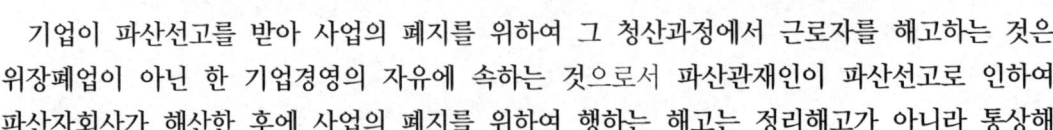

02 판결의 내용

기업이 파산선고를 받아 사업의 폐지를 위하여 그 청산과정에서 근로자를 해고하는 것은 위장폐업이 아닌 한 기업경영의 자유에 속하는 것으로서 파산관재인이 파산선고로 인하여 파산자회사가 해산한 후에 사업의 폐지를 위하여 행하는 해고는 정리해고가 아니라 통상해고에 해당하는 것이므로, 정리해고에 관한 근기법규정이 적용될 여지가 없다.

파산법 제50조(현행 「채무자회생 및 파산에 관한 법률」 제335조에 해당)는 파산관재인에게 쌍무계약에 대한 계약해제권을 인정하고 있고, 민법 제633조는 사용자가 파산선고를 받은

---

[196] 앞의 책, 190면.

때에는 파산관재인은 고용기간의 약정이 있는 경우에도 고용계약을 해지할 수 있으며 이때 계약해지로 인한 손해배상을 청구하지 못한다고 규정하여 파산관재인에게 광범위한 근로계약의 해지권을 인정하고 있는바, 이는 근로계약관계가 기업의 존속을 전제로 하는 것임에 반하여 파산은 사업의 폐지와 청산을 목적으로 하는 것이어서 파산이 선고된 경우 파산관재인은 재산관리업무를 수행하는 데 필요한 한도 내에서 파산자와 제3자 사이의 법률관계를 청산하여야 할 직무상의 권한과 의무를 갖고 또 파산재단을 충실하게 관리하여야 할 의무를 부담하는 등 **파산의 본질은 기본적으로 기업의 청산이고 파산관재인이 그 직무수행의 일환으로 행하는 근로계약의 해지는 근로관계가 계속되는 기업에서 행하여지는 해고와는 그 본질을 달리하는 것이어서 파산관재인에 의한 근로계약해지는 파산선고의 존재 자체가 정당한 해고사유가 되는 것이므로 결국 근기법 소정의 부당해고에 관한 규정은 그 적용이 없다고 보아야 할 것이다.** 따라서 원심판결이 정당하고 원고의 청구를 기각하였다.

03 판결의 의의와 한계

대상판결은 기업이 파산선고를 받아 사업의 폐지를 위하여 그 청산과정에서 근로자를 해고하는 것은 위장폐업이 아닌 한 "기업경영의 자유에 속하는 것"이라고 한다. 그러나 기업경영의 자유는 어디에 근거한 것인가? 원래 해고는 남용의 가능성이 많고 근로자의 생존에 직결되는 문제이기 때문에 헌법상 인간다운 생활권과 근로의 권리를 이어 받아 근기법에서는 정당한 이유가 있어야 해고는 가능하다. 그런데 **이에 대한 예외를 규정한 근거법률이 없는데도 불구하고 해고를 기업경영의 자유라고 하는 것은 우리법의 질서를 모두 무시한 초헌법적 해석으로 문제가 있다.**197)

기업이 법원에서 파산을 선고받아 파산관재인이 선임되면 효율적으로 회사의 재산을 현금화하여 채권자에게 배당하는 청산절차를 진행하게 되고, 이러한 절차가 끝나면 기업은 해산된다. 청산의 과정에서는 모든 사업을 폐쇄하고 바로 매각절차에 들어가기도 하고 사업성이 양호한 부문은 계속 운영을 하기도 한다. 또 파산절차 진행 중에는 언제든지 회생절차를 신청할 수도 있다.(이 경우에는 회생절차에 관한 판단이 날 때까지 파산절차는 중지된다.) 결론적으로 **파산선고를 받아 청산을 하는 과정에서는 회사의 경영이 아주 유동적이기 때문에 이를 일률적으로 해석하여 근로기준법의 적용을 일률적으로 배제하는 것은 현실을 이해하지 못한 단순하고 경직되고 왜곡된 해석에 불과하다.**198)

---

197) 앞의 책, 192면.
198) 앞의 책, 193면.

41 근기법상 금품청산제도

대법원 2001.10.30, 2001다24051판결(퇴직금)

01 사실관계[199]

원고(X)는 1997.2.10. 피고(Y)회사에서 퇴직하고, 그로부터 3년이 지난 2000.2.24. Y를 상대로 퇴직금지급소송을 제기하였고, Y는 X의 퇴직금청구권은 시효로 소멸되었다고 주장하였다. X는 퇴직금청구권은 퇴직하면 발생하여도 근기법 제36조에서 14일이 경과한 후에야 이를 행사할 수 있기 때문에, 퇴직일인 1997.2.10.부터 14일이 지난 같은 달 25일부터 퇴직금청구권의 소멸시효가 진행하고, 그로부터 3년이 경과하기 전에 소송을 제기하였다고 주장하였다.

원심법원은 근기법 제36조에서 규정하는 14일은 근로자의 퇴직금청구권의 행사에 관한 법률상의 장애이므로 소멸시효도 금품청산의 기간이 도과한 후 진행하는 것으로 판단하여 X에게 승소판결을 하였다. 그러나 대법원은 원심판결을 파기하면서 소멸시효가 완성되었다는 취지로 해석하여 X에게 패소판결을 하였다.

02 판결의 내용

소멸시효의 기산점인 "권리를 행사할 수 있을 때"라 함은 이행기 미도래, 정지조건 미성취 등 권리의 행사를 위해 법률상 장애가 없는 경우를 말한다. 근기법 제36조의 금품청산제도는 근로관계가 종료된 후 사용자로 하여금 14일 이내에 근로자에게 임금이나 퇴직금 등의 금품을 청산하도록 하는 의무를 부과하는 한편, 이를 불이행하면 형사상의 제재를 가함으로써 근로자를 보호하고자 하는 것이지, 사용자에게 위 기간 동안 임금이나 퇴직금 지급의무의 이행을 유예하여 주는 퇴직금청구권의 행사에 대한 법률상의 장애라고 할 수는 없다. 근로자는 퇴직금청구권을 퇴직한 다음날부터 행사할 수 있어, 그 때부터 소멸시효의 기산점도 진행된다고 판단함이 타당하므로, 원심판단에는 소멸시효의 기산점 및 사용자의 근기법상 금품청산기간에 관한 법리를 오해하여 판결결과에 영향을 미친 위법이 있다.

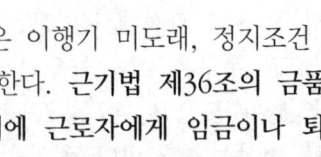

---

199) 앞의 책, 206면.

03 판결의 의의와 한계

　권리행사의 장애사유와 근기법 제36조에 규정된 14일의 관계를 어떻게 파악할 것인지가 문제된다. 첫 번째 견해는 근로관계의 종료시로부터 14일 이내의 금품청산의무를 권리행사의 장애사유로 파악하여 근로관계의 종료시로부터 14일이 지난 이후부터 소멸시효가 기산된다는 입장이다. 두 번째 입장은 근로관계의 종료시로부터 14일 이내의 금품청산 의무는 사용자에게 형벌이 부과되지 않도록 필요한 준비기간을 허용한 것에 불과하므로 근로자는 근로관계가 종료되면 임금청구권을 행사할 수 있고, 근로관계가 종료된 다음날부터 소멸시효가 기산된다고 한다. 즉, 이 견해는 금품청산의무기간은 근로자에게 사법적 청구권행사에 장애사유가 되는 것은 아니라는 입장이다. **원심법원은 첫 번째 입장**(금품청산기간을 법률상 권리행사의 장애사유로 파악하는 입장)**을 취하였으나, 대법원은 두 번째 입장**(금품청산기간을 법률상 권리행사의 장애사유로 파악하지 않음)**을 취하였다.**

　결국 대법원은 14일의 의미를 사법적 청구권행사의 장애사유가 아니며 형벌의 발생을 위한 구성요건적 성격만을 가지는 것으로 해석하였다. 대상판결은 금품청산제도의 도입이후 별다른 연구나 설명이 없이 관행적으로 잘못 활용되던 법리를 변경하여 확립시킨 점에서 시사하는 바가 크다.

42 사내하도급근로자와 도급인의 근로관계성립(묵시적 근로관계)

근로기준법

대법원 2008.7.10, 2005다75088판결(종업원지위확인)

01 사실관계[200]

원고(X)들은 형식적으로는 A기업 소속의 근로자들이었다. A기업은 1978.4.24. 설립되어 약 25년간 피고회사(Y사)의 전속 사내하도급업체로서 Y사를 위해 선박엔진 열교환기, 시 밸브(Sea Valve), 세이프티 밸브(Safety Vale)의 검사. 수리 등의 업무를 수행하여 왔다. A기업이 2003.1.31. 사실상 Y사의 주도하에 폐업되자, X들은 Y사를 피고로 하여 종업원지위 확인소송을 제기하였다.

02 판결의 내용

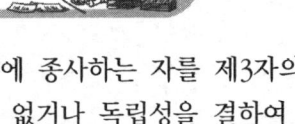

원고용주에게 고용되어 제3자의 사업장에서 제3자의 업무에 종사하는 자를 제3자의 근로자라고 할 수 있으려면, 원고용주는 사업주로서의 독자성이 없거나 독립성을 결하여 제3자의 노무대행기관과 동일시할 수 있는 등 그 존재가 형식적·명목적인 것에 지나지 아니하고, 사실상 당해 피고용인은 제3자와 종속적인 관계에 있으며, 실질적으로 임금을 지급하는 자도 제3자이고, 또 근로제공의 상대방도 제3자이어서 당해 피고용인과 제3자간에 묵시적 근로계약관계가 성립되어 있다고 평가될 수 있어야 한다.

X들이 소속된 A기업은 약25년간 오직 Y사로부터 선박엔진 열교환기, 시 밸브(Sea Valve), 세이프티 밸브(Safety Vale)의 검사. 수리 등의 업무를 수급인 자격으로 수행하여 왔는데, Y사는 A기업이 모집해 온 근로자에 대하여 Y사가 요구하는 기능시험을 실시한 다음, 그 채용여부를 결정하였고, 그 시험 합격자에게만 Y사가 직접 지급하는 수당을 수령할 자격을 부여하였으며, A기업 소속의 근로자들에 대하여 징계를 요구하거나, 승진대상자 명단을 통보하는 등 A기업 소속 근로자들의 채용, 승진, 징계에 관하여 실질적인 권한을 행사하였다.

뿐만 아니라 Y사는 X들의 출근, 조퇴, 휴가, 연장근무, 근로시간, 근무태도 등을 점검하

---

200) 앞의 책, 210면.

고, X들이 수행할 작업량과 작업방법, 작업순서, 업무협력방안을 결정하여 X들을 직접 지휘하거나 또는 A기업 소속 책임자를 통하여 X들에게 구체적인 작업지시를 하였으며, A기업이 당초 수급한 업무 외에도 X들로 하여금 Y사 소속 부서의 업무를 수행하게 하거나, A기업의 작업물량이 없을 때에는 교육, 사업장 정리, 타부서 업무지원 등의 명목으로 X들에게 매월 일정 수준 이상의 소득을 보장하는 등 직접적으로 X들에 대한 지휘감독권을 행사하였다.

더 나아가 A기업은 원칙적으로 수급한 물량에 대하여 시간단위의 작업량단가로 산정된 금액을 Y사로부터 수령하였지만 Y사는 A기업 소속 근로자들이 선박수리와 직접적인 관련이 없는 Y사의 다른 부서 업무지원, 안전교육 및 직무교육 등에 종사하는 경우 이에 대한 **보수도 산정하여 그 지급액을 결정하였을 뿐만 아니라, X들에게 상여금, 퇴직금 등의 수당을 직접 지급하였다.** 한편, A기업에 대한 작업량단가는 Y사 소속 근로자(이른바 직영근로자)로 조직된 B노동조합과 Y사 사이에 체결된 임금협약결과에 따라 결정되었으며, X들의 퇴직금이나 건강보험 등 사회보험료 역시 Y사가 기성대금과 함께 지급하는 등, **Y사가 X들의 임금 등 제반 근로조건에 대하여 실질적인 영향력을 행사하였다.** 마지막으로, A기업은 사업자등록 명의를 가지고 소속 근로자들에 대한 근로소득세 원천징수, 소득신고, 회계장부 기장 등의 사무를 처리하였으나, 이러한 사무는 Y사가 제공하는 사무실에서 이루어졌을 뿐만 아니라 A기업은 독자적인 장비를 보유하지 않았으며, 소속 근로자의 교육 및 훈련 등에 필요한 사업경영상 독립적인 물적 시설을 갖추지 못하였다.

A기업은 형식적으로는 Y사와 도급계약을 체결하고 소속 근로자들인 X들로부터 노무를 제공받아 자신의 사업을 수행한 것과 같은 외관을 갖추었다고 하더라도, 실질적으로는 업무수행의 독자성이나 사업경영의 독립성을 갖추지 못한 채, Y사의 일개 사업부서로서 기능하거나 노무대행기관의 역할을 수행하였을 뿐이고, 오히려 Y사가 X들로부터 종속적인 관계에서 근로를 제공받고, 임금을 포함한 제반 근로조건을 정하였다고 봄이 상당하므로, X들과 Y사 사이에는 직접 Y사가 X들을 채용한 것과 같은 묵시적인 근로계약관계가 성립되어 있었다고 보는 것이 옳다.

03 판결의 의의와 한계

ㅣ• 묵시적 근로계약관계 인정의 요건

도급인과 수급인근로자 사이에 곧바로 근로관계가 인정되기 위해서는 **첫째, 원고용주인 수급인에게 사업주로서의 실체, 즉 독립성이 없어야 한다. 둘째, 도급인과 수급인근로자 사이에 지휘·명령관계 뿐만 아니라 근로계약의 기본적인 관계**(임금지급과 근로제공)**도**

인정되어야 하므로 피고용인(수급인의 근로자)는 제3자(도급인)와 종속적인 관계에 있으며, 실질적으로 임금을 지급하는 자도 제3자이고, 또 근로제공의 상대방도 제3자이어서 당해 **피고용인과 제3자간에 묵시적 근로계약관계가 성립되어 있다고 평가될 수 있어야** 한다.

2. 비판과 과제

판례법리가 취하고 있는 엄격한 요건심사로 인해 사실관계가 너무나 명확하여 묵시적 근로계약관계를 인정하지 않을 수 없는 예외적인 경우를 제외하면 도급인의 사용자성이 인정될 수 있는 경우는 드물다. 그 주된 이유는 고용사업주의 독립성여부 판단에서 법원이 생각하는 고용사업주의 독립성이란 온전한 독립성이 아니라 '약간의 독립성'이어서 고용사업주에게 그 약간의 독립성만 있으면 비록 하도급근로자와 사용사업주사이에 종속관계가 인정된다 하더라도 묵시적 근로계약관계는 부정될 수 있다는 점에 문제가 제기된다.

43 노동관행과 근로계약의 해석

대법원 2002.4.23, 2000다50701판결(퇴직금)

01 사실관계[201]

원고들(X)은 피고 공사(Y)에 입사하여 근무하다가 1997.1.17.부터 같은 해 11.16.까지 사이에 퇴직하였다. Y는 1961년 창사이래 X가 퇴직하기 직전 연도인 1996년까지 **해당 연도의 특정일에 임금인상을 내용으로 하는 노사간 단체협약**을 체결하고 이에 따라 Y의 취업규칙인 보수규정을 개정하면서, 재직 직원들에게 해당 연도의 전년 12.16.부터 동년 단체협약 체결일 전일까지 그 전년도의 보수규정에 따라 지급된 임금과 같은 기간 동안 개정된 보수규정에 따라 지급되었을 임금과의 **차액**(임금인상분 차액)을 소급 정산하여 추가 지급하였으며, 같은 기간 동안에 Y로부터 퇴직한 직원들에게도 임금인상분 차액 및 이러한 차액을 원래의 지급기일에 지급받았더라면 이를 기초로 산정되었을 퇴직금액과의 **차액**(퇴직금인상분 차액)을 추가로 지급하여 왔다.

1996년까지 이러한 조치에 대하여 노사쌍방으로부터 아무런 이의도 제기되지 아니하였다. 그런데 Y는 1997.11.19. **단체협약**을 체결하고 이에 따라 보수규정을 개정한 후 위 단체협약체결일 당시에 재직 중인 직원들에게 1996.12.16.부터 위 단체협약 체결일 전일까지 발생한 임금인상분 차액을 소급 정산하여 1997.12.12. 지급하였으나, 같은 기간 동안에 퇴직한 X에게는 같은 기간 동안 발생한 임금인상분 차액과 이에 기초한 퇴직금인상분 차액을 지급하지 아니하였다.

이에 대하여 **원심**은, Y사 노사간에는 창사이래 해당 연도의 임금을 인상하기로 하는 내용의 단체협약이 체결되면 단체협약 체결일 당시 재직 중인 직원들 및 그 직전년 12.16.부터 해당 연도 단체협약 체결일 전일까지 사이에 퇴직한 직원들에게 해당 연도에 체결된 단체협약에 따라 산정된 임금인상분 차액을 추가 지급하고 나아가 퇴직한 직원들에게는 위에서 본 바와 같은 퇴직금인상분 차액을 추가 지급하는 관행이 존재하여 왔고, 이에 대하여 노사 쌍방으로부터 아무런 이의도 제기되지 아니하였으므로, **Y사 노사간에는 위와 같은 방식에 의한 임금 추가 지급이 하나의 묵시적 규범으로 인식되어 정착되기에 이른 이른바 노동관행이 성립되었다고 볼 수 있어** Y가 단체협약에 따라 산정된 임금 및 퇴직금인상분 차

---
201) 앞의 책, 2-3면.

액을 추가 지급하던 종전의 노동관행에 반하여 그 지급을 중단하려면 근로자 과반수로 조직된 노동조합의 동의를 얻는 등의 절차를 거쳤어야 한다 할 것인데, 그러한 절차를 거쳤다는 점에 대한 아무런 주장. 입증이 없으므로 Y는 X에게 종전의 노동관행에 따라 위 1997.11.19.자 단체협약에 의하여 산정된 임금 및 퇴직금인상분 차액을 추가 지급할 의무가 있다고 판단하였다.

02 판결의 내용

대법원은 X가 Y를 퇴직하면서 그 퇴직 당시에 효력을 가지고 있던 근로계약, 단체협약 및 보수규정에 따라 적법하게 산정된 임금 및 퇴직금전액을 지급받은 사실을 알 수 있으므로, 특별한 사정이 없는 한, X로서는 Y에 대하여 더 이상의 임금이나 퇴직금의 지급을 청구할 수 없는 것이 원칙이라고 판단하면서, 법률상 X로서는 퇴직 이후에 체결된 위 1997.11.19.자 단체협약을 내세워 곧바로 임금인상분 및 퇴직금인상분 차액의 지급을 구할 수도 없다고 판단하였다.

대법원은 Y가 재직 근로자들에게 임금인상분 차액을 소급하여 지급한 사실은 노사간에 체결된 단체협약 및 이에 따라 개정된 보수규정에 따른 것임이 분명하므로, 거기에 노사관행이 성립할 여지가 없다고 판단하였다. 또한 이미 퇴직한 근로자들에게까지 임의로 임금인상분 및 퇴직금인상분 차액을 추가 지급하여 준 사실은 외부적 사정에 불과하므로, 노동조합 또는 근로자집단과 사용자 사이의 노사관행이 성립할 수도 없는 것이라고 판단하였다.

다만, X로서는 Y에 재직할 당시 Y가 이미 퇴직한 근로자들에게 위와 같이 임금 및 퇴직금인상분 차액을 지급하여 온 사실에 기하여 자기들도 퇴직하게 되면 같은 대우를 받을 것이라는 기대를 가지고 있었다고 볼 수는 있으나, 이러한 기대가 원심이 인정하는 바와 같은 조건부채권이 되기 위해서는 Y와 그 재직 근로자들 사이에서 규범적으로 "단체협약이 퇴직자에게도 적용된다."는 내용의 노사관행이 성립되어 있었어야 한다고 보았다. 그런데 기업의 내부에 존재하는 특정의 관행이 근로계약의 내용을 이루고 있다고 하기 위하여는 그러한 관행이 기업사회에서 일반적으로 근로관계를 규율하는 규범적인 사실로서 명확히 승인되거나 기업의 구성원에 의하여 일반적으로 아무도 이의를 제기하지 아니한 채 당연한 것으로 받아들여져서 기업 내에서 사실상의 제도로서 확립되어 있다고 할 수 있을 정도의 규범의식에 의하여 지지되고 있어야 하나(대판 1993.1.26, 92다11695), 단체협약이 그 본래적인 성질에 있어서 협약당사자인 구성원에게만 그 효력이 미치는 점, 이미 퇴직한 근로자는 원칙적으로 노동조합과 사용자 사이의 단체교섭에 간여하거나 이를 조종, 선동할 수 없는 점 등에 비추어 보면 위와 같은 내용의 노사관행은 그 성립요건인 규범의식 자체가 인정될 수 없으므로, 이를 전제로 하여 원심이 설시한 조건부채권의 성립을 단정할 수도 없다고 판시하였다.

03 판결의 의의와 한계

대상판결에서의 주된 쟁점은, 사용자가 이미 퇴직한 근로자들에게 퇴직 이후에 체결된 단체협약에 의한 임금인상분 및 퇴직금인상분 차액을 추가 지급한 관행을 두고, 과연 그러한 관행을 노동조합 또는 근로자집단과 사용자 사이의 규범의식이 있는 노사관행으로 볼 수 있는가 여부라고 할 것이다.

대상판결은 이미 퇴직한 근로자들에게까지 임의로 임금인상분 및 퇴직금인상분 차액을 추가 지급하여 준 사실은 외부적 사정에 불과하므로 노동조합 또는 근로자집단과 사용자 사이의 그러한 노사관행이 성립할 수도 없는 것이라고 판단하였고, 직장 내 사실로서의 관행이 노동법상 권리와 의무를 근거지우는 법원으로서 평가받기 위해서는 어떠한 전제요건이 충족되어야 하는가에 대하여 명확히 설명하고 있다. 즉, "기업의 내부에 존재하는 특정의 관행이 근로계약의 내용을 이루고 있다고 하기 위하여는 그러한 관행이 기업사회에서 일반적으로 근로관계를 규율하는 규범적인 사실로서 명확히 승인되거나 기업의 구성원에 의하여 일반적으로 아무도 이의를 제기하지 아니한 채 당연한 것으로 받아들여져서 기업내에서 사실상의 제도로서 확립되어 있다고 할 수 있을 정도의 규범의식에 의하여 지지되고 있어야 한다."고 판시하였다.

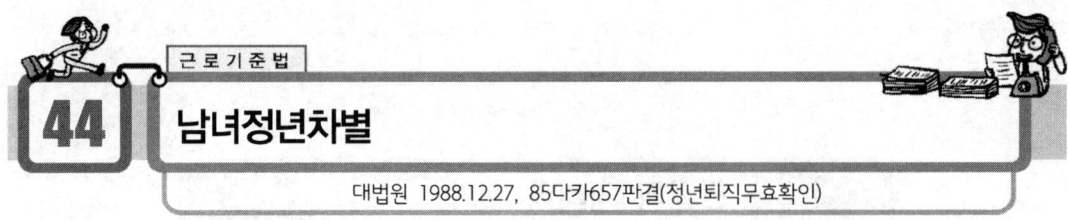

44 남녀정년차별

대법원 1988.12.27, 85다카657판결(정년퇴직무효확인)

01 사실관계[202]

　피고(Y)는 1982.5.20. 인사규정을 개정하여 일반직과 기능직 직원의 정년을 55세로 하되 교환직렬 직원의 정년은 43세로 한다는 단서조항을 신설하고 1982.6.25. 조합원의 인사에 관한 사항은 이 인사규정을 따른다는 단체협약을 체결한 후 여성교환원인 원고(X)에게 1982.12.31. 정년퇴직을 통고하였다.
　X는 여성으로만 구성된 교환직렬의 정년을 합리적 이유없이 다른 직원보다 12세 낮게 한 것은 법 앞에서의 평등을 규정한 헌법과 남녀의 차별적 대우를 금지한 근기법에 위반되고 Y가 교환원들의 의견을 묻지 않고 취업규칙을 불리하게 개정한 것도 위법이라고 주장하며 정년퇴직무효확인소송을 제기하였다. Y는 단서조항을 신설한 이유는 통신시설의 전자화로 인한 인력절감의 필요성 등 교환직렬의 특수성을 감안한 것인 점, 이 조항이 남녀 교환원 모두에게 적용되는 것이므로 남녀평등원칙에 위반되지 않는 점, 노동조합의 추인을 받았다는 점 등을 들어 적법하다고 주장하였다.

02 판결의 내용

　근기법 제5조에서 말하는 남녀간의 차별적인 대우란 합리적 이유없이 남성 또는 여성이라는 이유만으로 부당하게 차별대우하는 것을 의미한다. Y의 교환직은 전통적으로 여성근로자로 충당되어 왔고, 인사규정을 제정할 무렵에는 약 4,800명의 교환직렬직원 가운데 남성은 불과 3명 정도였으며 그 후 교환직렬직원이 7,480명으로 증가되었는데도 남성은 3명에 머물렀다. 이러한 사정이라면 남성근로자의 취업사정을 살펴보고 교환직이 여성전용직종인지를 가린 후 그 직종의 정년을 다른 직종보다 12세 낮게 정한 Y의 조치가 교환직 근로자의 근로내용과 갖추어야 할 능력, 근로시간, 이용자에 대한 역할, 특별한 복무규율이 필요한지의 여부나 인력수급사정 등의 제반 사정을 고려하여 합리적인 이유 없이 여성전용직

---

[202] 앞의 책, 34면.

종에 대해 부당하게 낮은 정년을 정한 것인지의 여부 등을 자세히 검토해 보아야 할 것이다.

그런데 원심은 교환직렬이 남녀 모두에게 개방되어 현재도 3명의 남성근로자가 있다는 사실과 교환원에 대한 정년이 과거부터 43세로 정해져 왔다는 사실만을 적시한 다음, 막연히 이 사건 인사규정의 단서조항이 교환직렬의 특수성과 근로자의 수급 등 Y와 그 소속근로자들의 사정을 감안하여 교환직렬직원 전체의 정년을 정한 것이기 때문에 무효라고 보기 어렵다고 판단한 것은 심리미진과 이유불비가 있고 이는 판결결과에 영향을 미치게 하였음이 명백하다.

03 판결의 의의와 한계

1. 이 판결은 우리나라 최초로 고용상의 성차별을 문제삼아 여성근로자가 제기한 소송사건에 대하여 **우리나라 최초로 고용상의 성차별을 인정한 판결**이고, **성차별 여부에 관한 법원의 판단기준을 처음으로 제시한 판결**이다. 이 소송에 있어서 가장 핵심적인 쟁점은 교환직렬의 정년을 다른 직렬보다 12년 낮게 정한 조치가 교환직렬의 특수성을 감안한 합리적인 차등인지 아니면 여성에 대한 불합리한 차별인지 여부에 관한 것인데, 대법원은 교환직렬은 사실상 여성전용직종으로서 그 직종의 정년을 다른 직종보다 12세 낮게 정한 조치는 합리적인 이유없이 부당하게 낮은 정년을 정한 것으로서 근로기준법 소정의 남녀차별금지규정에 해당되어 무효라고 했다.

그런데 이 대법원 판결에는 다음의 세 가지 문제가 있다. 첫째, 여성차별에 관한 일본의 판례와 비교해 볼 때 **논리가 너무 단순하고 남녀차별과 여성인권에 관한 관점이 모호하다는 점**(왜 합리적 차별이 아닌지 구체적으로 이유를 들어 논거하고 있지 못하다.) 둘째, **여성전용직종이라는 용어를 사용하여 마치 교환원직종이 여성만이 취업할 수 있는 직종이라는 고정된 관념**(성별역할분업관, 성별특질론)**에 기초한 판결**이라는 비판을 받을 소지가 있는 점 셋째, 이 소송이 제기된 지 약 5년만에 판결이 내려진 것으로서, 정년에 관하여 여성에 대한 차별을 금지한 「남녀고용평등법」이 1987.12.4. 제정된 후에야 내려진 늑장판결이라는 점이다.203)

2. X는 대상판결에 따라 1989년에 원직 복직되었다. 그런데 Y는 1990.8.31. 인사규정을 다시 개정하여 일반직의 다른 직렬의 정년은 58세로 하면서 교환직렬의 정년은 53세로 정하고 1992.12.31. X에게 정년퇴직발령을 내렸다. X는 다시 소송을 제기하였고, **대법**

---

203) 앞의 책, 35-36면.

원은 교환직렬에서의 인력의 잉여정도, 연령별 인원구성, 정년차이의 정도, **교환직렬직원들도 젊은 교환원들의 채용을 원하고 있을** 뿐만 아니라 직원의 87.1%가 현재의 53세 정년에 대하여 적정하거나 오히려 단축해야 한다는 설문답변을 한 점, 1987.9.4.부터 1994.5.30.까지의 교환직렬직원의 퇴직자 869명 중 53세의 정년으로 퇴직한 자는 1명뿐이고 그 나머지는 모두 정년에 이르기 전에 조기 퇴직한 점 등을 이유로 하여 **교환직렬에 대하여 5년간의 정년차등을 둔 것이 사회통념상 합리성이 없다고 단정하기는 어렵다고 판단하였다.**(대판 1996.8.23, 94누13589)

45 근로자의 경업피지의무

대법원 2010.3.11, 2009다82244판결(손해배상)

01 사실관계[204]

　피고(Y)는 손톱깎이 등 철금속제품의 제조판매 및 수출입업을 주요 업무로 하는 원고(X) 회사에 1986.1.에 입사하여 1999.9.부터 X의 무역부장으로 근무하여 오다가 퇴직한 후, 2004.4.경 중개무역회사를 설립, 운영하면서 중국업체에 도급을 주어 X가 A사에 납품한 바 있는 손톱깎이 세트 등과 일부 유사한 제품을 A사에 납품하였다. 그런데 X와 Y사이에는 Y가 재직 중이었던 2002.9.30.경업금지약정 및 기밀유지약정이 포함된 연봉. 근로계약이 체결되어 있었다. 동 계약상의 경업금지약정에 의하면 Y는 X를 퇴직 후 2년 이내에는 X와 경쟁관계에 있는 회사에 취업하거나 직. 간접 영향을 미쳐서는 아니되고, X근무시 체득한 경영상황, 기술정보, 거래처 단가 등 경영상 비밀이 될 수 있는 회사업무 일체를 제3자에게 누설하지 아니하며 기밀보안유지를 다하기로 하되 퇴직 후 3년간 기밀보안은 유지되도록 되어 있었다. X는 Y가 퇴직 후에 동 약정에 위반하여 X와 경쟁관계에 있는 회사를 설립하여 X의 영업비밀인 'A사 바이어 명단, 납품가격, 아웃소싱 구매가격, 물류비, 가격산정에 관한 제반자료, X의 중국 하청업자에 대한 자료'를 이용하여 **X가 납품하던 손톱깎이 등의 제품을 Y의 하청업체를 통해 생산하여 A사에 납품하였다는 것을 이유로 Y에 대해서 손해배상을 청구**하였다. 1심, 항소심 모두 X가 패소하였고, 대법원은 X의 상고를 기각하여 이를 확정하였다.

02 판결의 내용

- 사용자와 근로자사이에 경업금지약정이 존재한다고 하더라도, 그와 같은 약정이 헌법상 보장된 근로자의 직업선택의 자유와 근로권 등을 과도하게 제한하거나 자유로운 경쟁을 지나치게 제한하는 경우에는 민법 제103조에 정한 선량한 풍속 기타 사회질서에 반

---

204) 앞의 책, 42면.

하는 법률행위로서 무효라고 보아야 하며, 이와 같은 **경업금지약정의 유효성에 관한 판단은 보호할 가치 있는 사용자의 이익, 근로자의 퇴직 전 지위, 경업제한의 기간, 지역 및 대상직종, 근로자에 대한 대가의 제공유무, 근로자의 퇴직 경위, 공공의 이익 및 기타 사정 등을 종합적으로 고려하여야 하고**, 여기에서 말하는 '보호할 가치 있는 사용자의 이익'이라 함은 부정경쟁방지 및 영업비밀보호에 관한 법률 제2조 제2호에 정한 '영업비밀' 뿐만 아니라 그 정도에 이르지 아니하였더라도 당해 사용자만이 가지고 있는 지식 또는 정보로서 근로자와 이를 제3자에게 누설하지 않기로 약정한 것이거나 고객관계나 영업상의 신용의 유지도 이에 해당한다 할 것이다.

2. 이 사건 각 정보는 이미 동종업계 전반에 어느 정도 알려져 있었던 것으로, 설령 일부 구체적인 내용이 알려지지 않은 정보가 있었다고 하더라도 이를 입수하는데 그다지 많은 비용과 노력을 요하지는 않았던 것으로 보이므로, 이 사건 경업금지약정에 의해 보호할 가치가 있는 이익에 해당한다고 보기 어렵거나 그 보호가치가 상대적으로 적은 경우에 해당한다고 할 것이다.

3. Y가 이 사건 **경업금지약정의 체결로 인해 특별한 대가를 수령한 것으로는 보이지 않는데도 퇴직 후 2년이라는 긴 시간 동안 경업이 금지되어 있는 점**, 피고는 1986.1.5. 원고에 입사하여 1999.9.6.부터 2004.2.28.까지 원고의 무역부장으로 근무하였는데, X에서 무역업무를 통하여 습득한 일반적인 지식과 경험을 이용하는 업무에 종사할 수 없다면 직장을 옮기는 것이 용이하지 않고, X를 그만둘 경우 생계에 상당한 위협을 받을 수 있는 점, Y가 X를 퇴직하고 같은 업종의 회사를 설립하여 X가 거래하던 A사에 납품할 수 있었던 것이 오로지 Y가 A사의 바이어 등과 신뢰관계가 있었기 때문이었다기보다는 해외 구매업체들이 중국 쪽으로 구매처를 옮기는 추세에서 주로 국내 하청업체들로부터 제품을 공급받아 오던 X와는 달리 Y가 전적으로 중국의 하청업체들로부터 공급받은 제품을 납품함으로써 가격경쟁력을 갖출 수 있었던 데에 기인한 것으로 보이는 점, 비록 Y가 회사를 설립하여 X와 동종사업을 영위하고자 X를 그만 두었고, **퇴직일에 임박하여 미리 그 사업을 준비하는 행위를 하였다고 하더라도 그 배신성이 크다고 보기는 어려운 점** 등을 종합하여 앞서 본 법리에 비추어 살펴보면, 이 사건 경업금지약정은 민법 제103조에 정한 선량한 풍속 기타 사회질서에 반하는 법률행위로서 무효라고 할 것이다.

03 판결의 의의와 한계

경업금지약정의 유효성판단은 사용자와 근로자의 대립되는 이익을 형량하는 구조를 취하고 있고 구체적인 형량에서 고려되는 요소가 매우 많으며 양자를 상대적으로 평가하기 때문에 판단기준 자체로서는 예측가능성이 상당히 낮다는 문제가 있다.[205] 하지만 실제의 판결들을 보면 사용자의 정당한 이익이 존재하는지의 여부가 주로 문제가 된다.

'사용자의 보호가치 있는 이익'의 의미와 관련하여 하급심 판결 중 **과거의 판결들은 사용자의 보호가치 있는 이익의 범위를 '영업비밀'에 한정하는 경향**이 있었다.(서울고판 1998.10. 29, 98나35947) 영업비밀이라 함은 공공연히 알려져 있지 않고 독립된 경제적 가치를 가지는 것으로서, 상당한 노력에 의하여 비밀로 유지된 생산방법. 판매방법 기타 영업활동에 유용한 기술상 또는 경영상의 정보를 말한다.(부정경쟁방지법 제2조 2호)

하지만 **대상판결은 사용자의 보호가치 있는 이익의 범위를 대폭적으로 확대하면서 사용자의 보호가치 있는 이익은 ① 영업비밀 ② 영업비밀은 아니지만 사용자만이 가지고 있는 지식 또는 정보로서 근로자와 이를 제3자에게 누설하지 않기로 약정한 것 ③ 고객관계 ④ 영업상의 신용유지 등의 네 가지로 보고 있다.**[206]

한편, 대상판결은 이 사건 각 정보는 영업비밀에 해당하지 않을 뿐만 아니라, 이미 동종업계 전반에 어느 정도 알려져 있었던 것으로 설령 일부 구체적인 내용이 알려지지 않은 정보가 있었다고 하더라도 이를 입수하는데 그다지 많은 비용과 노력을 요하지는 않았던 것이기 때문에 경업금지약정에 의해 보호할 가치가 있는 이익에 해당한다고 보기 어렵거나 그 보호가치가 상대적으로 적다고 판단하고 있다.

---

[205] 앞의 책, 44면.
[206] 앞의 책, 45면.

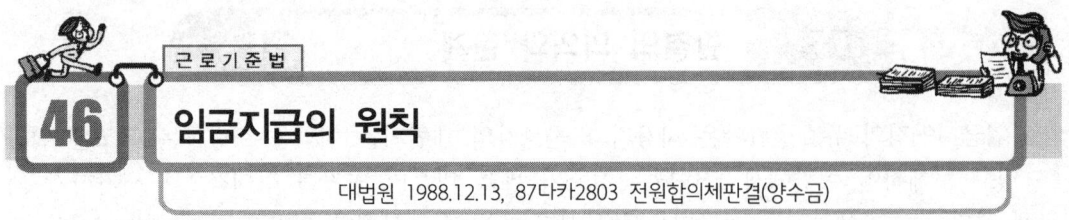

46. 임금지급의 원칙

대법원 1988.12.13, 87다카2803 전원합의체판결(양수금)

01 사실관계[207]

A는 피고회사(Y)에 근무하다가 1986.7.28. 퇴직함에 따라 Y에 대하여 퇴직금채권을 갖게 되었는데, 그 중 일부를 같은 해 10.18. 원고(X)에게 양도하고 같은 달 20일에 Y에게 통지하였다. Y는 위 채권양도통지를 받은 이후에 X로부터 지급청구를 받았으나 같은 해 11.3. A에게 남은 퇴직금전액을 지급하였는바, X는 Y를 상대로 양수금청구의 소를 제기하였다. X는 Y가 이 사건 퇴직금을 자신에게 지급하여야 한다고 주장하고, Y는 위 채권양도는 구 근기법 제36조(현행 근기법 제43조) 제1항에 의한 직접지급의 원칙에 반하므로 무효라고 주장하였다.

이에 대하여 원심법원은, 어떤 법률에도 임금채권의 양도를 금지하는 명시적 규정이 없고, 위 근기법 제36조 제1항을 근로자의 자유로운 의사에 따른 임금채권의 양도까지 금지하는 규정으로 해석할 수는 없으므로 A가 X에게 한 채권양도를 무효라고 할 수 없고, 따라서 Y가 A에게 퇴직금을 지급하였더라도 이로써 채권양수인인 X에게 대항할 수는 없는 것이니, Y의 주장은 이유 없다고 하면서 X의 청구를 인용하였다. 이에 Y가 상고한 것이 이 사건이다.

02 판결의 내용

대법원은 먼저 임금채권의 양도를 금지하는 법률의 규정이 없으므로 A는 X에게 퇴직금채권을 양도할 수 있다는 점을 분명히 하였다. 다만, A가 임의로 제3자인 X에게 임금채권을 양도한 경우 X가 Y에게 그 금원의 지급을 청구할 수 있는지 여부에 관하여는 의견이 나뉘었다. 대법원은 다수의견에 따라 X의 청구를 부인, 원심판결을 파기 환송하였다.

---

207) 앞의 책, 62면.

1. 다수의견

근기법 제36조 제1항(현행 근기법 제43조 제1항)에서 임금직접지급의 원칙을 규정하고 그에 위반하는 자는 처벌을 하도록 하는 규정(현행 근기법 제109조)을 두어 그 이행을 강제하고 있는 취지는 **임금이 확실하게 근로자본인의 수중에 들어가게 하여 그의 자유로운 처분에 맡기고, 나아가 근로자의 생활을 보호하고자 하는데 있는 것이므로** 이와 같은 근기법의 규정 취지에 비추어 보면 **근로자가 그 임금채권을 양도한 경우라 할지라도 그 임금의 지급에 관하여는 같은 원칙이 적용되어 사용자는 직접 근로자에게 임금을 지급하지 아니하면 안되는 것이고 그 결과 비록 양수인이라고 할지라도 스스로 사용자에 대하여 임금의 지급을 청구할 수는 없다고 해석하여야 할 것이며,** 그렇게 하지 아니하면 임금직접지급의 원칙을 정한 근기법의 규정은 그 실효를 거둘 수가 없게 될 것이다.

2. 소수의견

근로자의 임금채권이 자유롭게 양도할 수 있는 성질의 것이라면 그 임금채권의 양도에 의하여 임금채권의 채권자는 바로 근로자로부터 제3자로 변경되고, 이때 그 임금채권은 사용자와 근로자와의 관계를 떠나서 사용자와 양수인과의 관계로 옮겨지게 됨으로써 양수인은 사용자에게 직접 그 지급을 구할 수 있다. **근기법이 직접지급의 원칙을 밝히고 있는 것은 사용자가 근로자에게 지급할 임금이 있음을 전제로 그 임금을 근로자에게 직접 지급하도록 사용자와 근로자 사이의 직접적인 법률관계를 규제하려는 것이지, 근로자로부터 그 임금채권을 적법하게 양수받은 제3자와의 간접적인 법률관계에까지 이를 끌어들여 양수인에게까지도 사용자가 이를 직접 지급하는 것을 금지하는 것으로는 풀이되지 아니한다.**

03 판결의 의의와 한계

1. **직접지급의 원칙에 충실**할 때에는, 근로자가 임금채권을 양도한 경우라 할지라도 그 임금의 지급에 관하여는 직접지급의 원칙이 적용되어 사용자는 직접 근로자에게 임금을 지급하지 아니하면 안 되는 것이고, 그 결과 **비록 양수인이라 할지라도 스스로 사용자에 대하여 임금의 지급을 청구할 수는 없다고 해석될 것이다.**

반면, **채권양도의 본질에 충실**할 때에는, 임금채권의 양도에 의하여 임금채권의 채권자는 바로 근로자로부터 제3자로 변경되고 이때 **그 임금채권은 사용자와 근로자와의 관계를 떠나서 사용자와 그 양수인과의 관계로 옮겨지게 됨으로써 양수인은 직접 그 지**

급을 구할 수 있게 된다고 해석될 것이다.

대상판결은 "근로자의 임금채권을 양도할 수 있다고 하면서도 그 양수인이 사용자에게 직접 그 지급을 구할 수 없다."고 하여 직접지급의 원칙을 엄격히 해석하고자 하였다. 이러한 입장은 임금이 확실하게 근로자본인에게 확보되어 근로자의 자유로운 처분 아래 놓이도록 하고, 이를 통하여 근로자의 생활을 보호하기 위한 것을 근기법 제43조 제1항의 취지로 이해하면서 이에 충실하게 해석하고자 한 것으로 평가할 수 있다.

2. 대상판결에 대해서 비판적인 견해(소수의견)는 "근기법이 직접지급의 원칙을 밝히고 있는 것은 사용자가 근로자에게 지급할 임금이 있음을 전제로 그 임금을 근로자에게 직접 지급하도록 사용자와 근로자사이의 직접적인 법률관계를 규제하려는 것이지, 근로자로부터 그 임금채권을 적법하게 양수받은 제3자와의 간접적인 법률관계에까지 이를 끌어들여 양수인에게까지도 사용자가 이를 직접 지급하는 것을 금지하는 것으로는 풀이되지 아니한다."고 한다. 그 외 대상판결에 대해 비판적인 견해는 첫째, 사용자로 하여금 임금채권을 그 양수인에게 지급할 수 없도록 하려면 마땅히 **법률에 임금채권의 양도자체를 금지하는 규정을 명문으로 두어야 하는 점** 둘째, 다수의견과 같이 임금채권의 양도 이후에 양수인과 근로자사이에 **채권에 관한 실체적 권리와 추심권**(사용자의 직접지급의무)**이 분리됨을 전제로 한 법리구성은 채권양도의 본질에 어긋난다는 점** 셋째, 당사자사이의 법률관계를 불필요하게 복잡하게 하여(임금채권을 양도해 버린 근로자가 그 후 임금직접지급원칙을 들어 양수인에게 그 지급을 거절하거나 이미 양수인에게 지급해 버린 사용자에게 다시 그 임금의 지급을 구하게 된다면 그들 사이에 또다른 분쟁을 일으키게 됨) **사실상 임금채권의 양도를 금지하는 결과를 가져오게 되어 부당하다는 점**을 문제로 지적한다.208)

---

208) 앞의 책, 65면.

47 임금채권의 우선변제

대법원 2008.6.26, 2006다1930판결(배당이의)

01 사실관계[209]

원고은행(X)은 A회사소유의 부동산(이하 '이 사건 부동산')에 관한 제1순위 근저당권을 설정한 자로서, 이 사건 부동산에 대하여 X가 1번 근저당권을 실행하여 경매처분에 들어간 결과, 이 사건 부동산이 경락된 이후 2005.1.21. 배당이 실시되었다. 한편, 피고(Y) 및 선정자 23명(Y등)은 모두 A의 근로자들이었던 자로서, 이들은 A와의 근로관계가 종료될 시점인 2003.10.경까지(개인 별로 근로관계 종료 시점에 약간의 차이는 있음) A에 근무하였다. 이 사건 부동산에 대한 배당절차에서 X는 총 금2,635,559,975원의 배당을 신청하였고, X에 대한 배당실시 과정에서 Y등은 2003.5월분부터 같은 해 10월분까지의 급여와 상여금 합계 금 80,522,884원을 배당 요구하였다. 집행법원은 Y등의 배당요구 내용과는 달리 선정자 1의 2003. 8월분, 9월분 및 10월분에 해당하는 급여와 상여금, Y 및 나머지 선정자 등의 2003. 7월분, 9월분, 10월분에 해당하는 급여와 상여금 등 합계 65,819,984원에 대하여 제1순위로 배당하고, 부산 중구청장에게 제2순위로 31,309,670원을 배당한 나머지 2,538,430,321원을 X에게 배당하였다. 이에 대해 X가 배당이의의 소를 제기하였는데, Y등에 대한 배당금액 중 2003.7월분 급여에 해당하는 배당이 위법하다고 판단한 원심판결을 대법원도 그대로 정당하다고 판결하였다.

02 판결의 내용

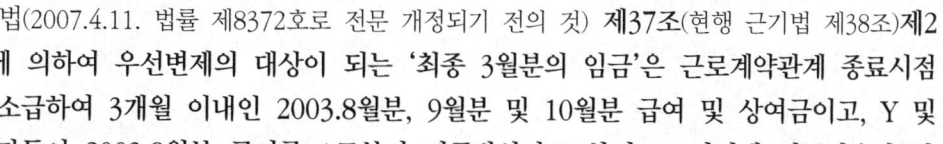

구 근기법(2007.4.11. 법률 제8372호로 전문 개정되기 전의 것) **제37조**(현행 근기법 제38조)**제2항 제1호**에 의하여 우선변제의 대상이 되는 '최종 3월분의 임금'은 근로계약관계 종료시점으로부터 소급하여 3개월 이내인 2003.8월분, 9월분 및 10월분 급여 및 상여금이고, Y 및 일부 선정자들이 2003.8월분 급여를 A로부터 지급받았다고 하여 그 이전에 지급사유가 발생한 2003.7월분 급여가 여기에 포함되는 것은 아니므로, Y등에 대한 배당금액 중 2003.7

---
209) 앞의 책, 70면.

월분 급여에 해당하는 금원에 대한 배당은 위법하다고 보았다. 즉, 구 근기법 제37조 제2항 제1호에 의하여 우선변제의 특권의 보호를 받는 임금채권의 범위는, 임금채권에 대한 근로자의 배당요구 당시 근로자와 사용자의 근로계약관계가 이미 종료하였다면 그 종료 시부터 소급하여 3개월 사이에 지급사유가 발생한 임금 중 미지급분을 말한다고 하였다.

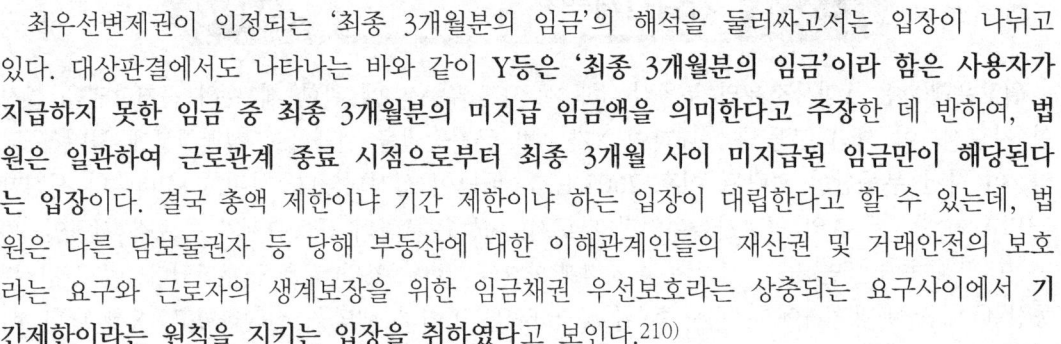

03 판결의 의의와 한계

최우선변제권이 인정되는 '최종 3개월분의 임금'의 해석을 둘러싸고서는 입장이 나뉘고 있다. 대상판결에서도 나타나는 바와 같이 Y등은 '**최종 3개월분의 임금**'이라 함은 사용자가 지급하지 못한 임금 중 **최종 3개월분의 미지급 임금액**을 의미한다고 주장한 데 반하여, **법원은 일관하여 근로관계 종료 시점으로부터 최종 3개월 사이 미지급된 임금만이 해당된다**는 입장이다. 결국 총액 제한이냐 기간 제한이냐 하는 입장이 대립한다고 할 수 있는데, 법원은 다른 담보물권자 등 당해 부동산에 대한 이해관계인들의 재산권 및 거래안전의 보호라는 요구와 근로자의 생계보장을 위한 임금채권 우선보호라는 상충되는 요구사이에서 **기간제한이라는 원칙을 지키는 입장을 취하였다고 보인다.**[210]

---

210) 앞의 책, 71면.

노동판례백선요해

3 기타법

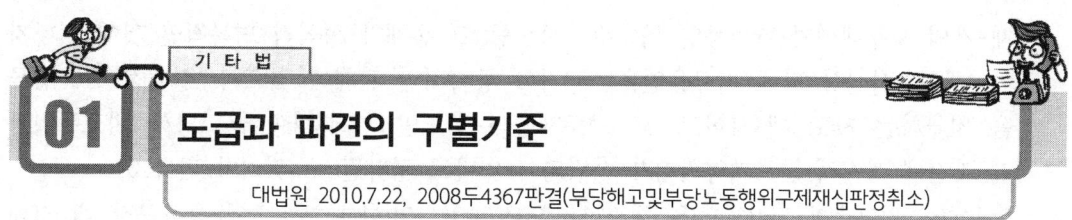

01 도급과 파견의 구별기준

대법원 2010.7.22, 2008두4367판결(부당해고및부당노동행위구제재심판정취소)

01 사실관계[211]

Y원청회사에 사내협력업체에 입사하여 근무중이던 X1,X2는 장기간 무단결근, 작업장소 무단이탈 등의 사유로 사내협력업체로부터 해고되었다. X들은 원청업체인 Y와 지신들을 직접 고용한 사내협력업체를 상대로 지방노동위원회에 부당해고와 부당노동행위 구제신청을 하였다. 지방노동위원회는 Y가 X들의 사용자가 아니라는 이유로 구제신청을 각하하였다. 중앙노동위원회도 같은 이유로 X들의 재심신청을 기각하자, X들은 서울행정법원에 중앙노동위원회의 재심판정 취소를 구하는 소송을 제기하였다. X들은 제1심과 제2심에서 패소하자 상고하였다.

X들은 이 사건 사내협력업체들과 개별적으로 근로계약을 체결하였지만, 이는 형식적·명목적인 것에 지나지 않을뿐더러 X들은 Y에게 직접적인 근로를 제공하여 온 것이므로 X들과 Y사에에는 묵시적인 근로계약관계가 성립된 것이고, 이러한 근로계약관계가 성립되지 않았다 하더라도 Y와 사내협력업체들 사이에 체결된 업무도급계약은 위장도급으로서 그 실질에 있어서는 근로자파견계약으로서 구 파견법 제6조 제3항에 의하여 사용사업주인 Y가 2년을 초과하여 사용하였기 때문에 직접고용간주가 되어 Y가 X들의 사용자가 되어 부당해고를 하였다는 것이다.

02 판결의 내용

ㅣ· 묵시적 근로계약관계의 성립에 관하여

원고용주에게 고용되어 제3자의 사업장에서 제3자의 업무에 종사하는 자를 제3자의 근로자라고 할 수 있으려면, 원고용주는 사업주로서의 독자성이 없거나 독립성을 결하여

---

211) 한국노동법학회, 『노동판례백선』, 박영사, 2015년, 214면.

제3자의 노무대행기관과 동일시할 수 있는 등 그 존재가 형식적·명목적인 것에 지나지 아니하고, 사실상 당해 피고용인은 제3자와 종속적인 관계에 있으며, 실질적으로 임금을 지급하는 자도 제3자이고, 또 근로제공의 상대방도 제3자이어서 당해 피고용인과 제3자간에 묵시적 근로계약관계가 성립되어 있다고 평가될 수 있어야 한다.

원심은, 원고들과 고용계약을 체결한 피고보조참가인(이하 참가인)의 울산공장 내 사내협력업체들이 사업주로서의 독자성이 없거나 독립성을 상실하였다고 볼 수 있을 정도로 그 존재가 형식적·명목적인 것으로 볼 수 없다고 보고, 이와 달리 원고들과 참가인 사이에 묵시적 근로계약관계가 성립되어 있다는 원고들의 주장을 배척하였다. 이러한 원심의 판단은 원심이 인정한 사실관계를 위 법리에 비추어 보면 정당하다.

2. 근로자파견관계의 성립 및 효과에 관하여

1) 구 파견근로자보호 등에 관한 법률(이하 '파견근로자보호법'이라 함) 제2조 제1호에 의하면 근로자파견이라 함은 파견사업주가 근로자를 고용한 후 그 고용관계를 유지하면서 근로자파견계약의 내용에 따라 사용사업주의 지휘·명령을 받아 사용사업주를 위한 근로에 종사하게 하는 것을 말한다.

① 참가인의 자동차 조립·생산작업은 대부분 컨베이어벨트를 이용한 자동흐름방식으로 진행되었는데, 참가인과 도급계약을 체결한 이 사건 사내협력업체 소속 근로자들인 원고들은 컨베이어벨트를 이용한 의장공정에 종사하는 자들이다.

② 원고들은 컨베이어벨트 좌우에 참가인의 정규직근로자들과 혼재하여 배치되어 참가인소유의 생산관련시설 및 부품, 소모품 등을 사용하여 **참가인이 미리 작성하여 교부한 것으로 근로자들에게 부품의 식별방법과 작업방식등을 지시하는 각종 작업지시서** 등에 의하여 단순, 반복적인 업무를 수행하였다. 이 사건 **사내협력업체의 고유기술이나 자본 등이 업무에 투입된 바는 없었다.**

③ **참가인은 이 사건 사내협력업체의 근로자들에 대한 일반적인 작업배치권과 변경결정권을 가지고 있었고,** 그 직영근로자와 마찬가지로 원고들이 수행할 작업량과 작업방법, 작업순서 등을 결정하였다. … 원고들이 수행하는 업무의 특성 등을 고려하면, **사내협력업체의 현장관리인 등이 원고들에게 구체적인 지휘명령권을 행사하였다 하더라도, 이는 도급인이 결정한 사항을 전달한 것에 불과하거나, 그러한 지휘명령이 도급인 등에 의해 통제되어 있는 것에 불과하였다.**

④ **참가인은 원고들 및 그 직영근로자들에 대하여 시업과 종업시간의 결정, 휴게시간의 부여, 연장 및 야간근로 결정, 교대제 운영여부, 작업속도 등을 결정**하였다. 또 참가인은 정규직근로자에게 산재, 휴직 등의 사유로 결원이 발생하는 경우 사내협력업체 근로자로 하여금 그 결원을 대체하게 하였다.

⑤ 참가인은 이 사건 사내협력업체를 통하여 원고들을 포함한 이 사건 사내협력업

체 근로자들에 대한 근태상황, 인원현황 등을 파악, 관리하였다.

이러한 사정을 앞서 본 법리에 비추어 살펴보면 **원고들은 이 사건 사내협력업체에 고용된 후 참가인의 사업장에 파견되어 참가인으로부터 직접 노무지휘를 받는 근로자파견관계에 있었다고 할 것이다.**

2) 파견근로자보호법 제6조 제3항 본문은 "사용사업주가 2년을 초과하여 계속적으로 파견근로자를 사용하는 경우에는 2년의 기간이 만료된 날의 다음날부터 파견근로자를 고용한 것으로 본다."고 규정하고 있다. 이러한 **직접고용간주규정은 파견근로자보호법 제2조 제1호에서 정의하고 있는 근로자파견이 있고 그 근로자파견이 2년을 초과하여 계속되는 사실로부터 곧바로 사용사업주와 파견근로자사이에 직접근로관계가 성립한다는 의미를 가지므로, 이와 달리 위 규정이 이른바 '적법한 근로자파견'의 경우에만 적용된다고 축소하여 해석하는 것은 그 문언이나 입법취지 등에 비추어 아무런 근거가 없다.**

03 판결의 의의와 한계

대상판결의 쟁점은 3가지이다. 즉, ① X들과 원청회사사이에 묵시적 근로계약관계의 성립에 의한 직접적인 고용관계가 성립하는가? ② 성립하지 않는다면 X들과 사내협력업체 및 원청회사 사이에 근로자파견관계가 성립하는가? ③ 해당한다면 불법파견에 대해 구파견법상의 직접 고용간주규정이 적용되는가의 여부이다.

대상판결은 ①의 경우 사내협력업체는 사업주로서의 독립성과 독자성이 인정되기 때문에 묵시적 근로계약관계의 성립을 부정하여 Y원청회사와 사내협력업체의 근로자 X들과 직접적인 고용관계의 성립을 부정하였다. ③의 경우는 예스코사건(대판2008.9.18, 2007두22320)에서 고용의무규정이 불법파견에도 적용된다는 면에서 고용간주규정의 경우도 불법파견에 적용된다고 판시하였다. 그렇다면 이 사건에서는 파견인지 도급인지의 구별문제가 핵심적 쟁점이 된다.

도급과 파견을 구별하기 위하여 가장 중요한 기준은 노무를 제공받는 원청회사가 근로자에 대하여 '노무급부에 대한 지시권'을 행사하는가의 여부이다.212) 그러나 도급의 경우도 일의 완성과 도급목적 달성의 범위에서 도급인인 원청회사가 도급목적 범위의 지시권을 행사할 수 있어서 파견과 도급의 구별은 더욱 어려워진다.

대법원은 파견과 도급을 구별하는 일반적이고 추상적인 기준을 세우지는 않았지만 그 배후에는 결국 추상적이고 일반적인 기준들이 있었음을 보여 준다. 대법원이 원청회사가 노무

---

212) 앞의 책, 216면.

급부에 대한 지시권행사가 있었다고 본 근거로는 ① 컨베이어벨트 좌우에 Y가 직접 고용한 근로자들과 혼재되어 작업을 수행하였다는 점(직영 근로자와 동등한 업무수행여부) ② Y가 제공하는 부품 등을 가지고 Y가 작성, 교부한 작업지시서에 따라 작업을 하였다는 점(업무지시감독권) ③ Y가 일반적인 작업배치권과 변경결정권을 가지고서 X들에게 직접 구체적인 작업지시를 하거나 현장대리인을 통하여 지시를 하였다는 점(작업배치, 변경권) ④ Y는 직영근로자와 하청근로자 모두에게 적용되는 출퇴근시간, 휴게, 연장, 야간근로, 작업속도 등을 결정하였다는 점(근로시간 등의 결정권) ⑤ 원청회사가 사내협력업체를 통하여 근태상황, 인력현황 등을 파악. 관리하였다는 점(근태관리권 및 평가권) 등이다.

외부노동력 활용이 점차 확산되는 상항에서 노무급부지시권의 행사기준만으로는 파견과 도급의 구별을 완전히 해 낼 수는 없다. 따라서 노무급부지시권과 도급목적의 지시권의 행사를 어떻게 구별해야 할 것인가가 앞으로의 과제다.

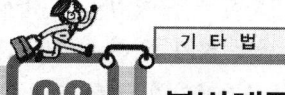

02 불법체류 외국인근로자의 지위

대법원 1995.9.15, 94누12067판결(요양불승인처분취소)

01 사실관계[213]

X는 태국국적 외국인으로서 산업연수 체류자격으로 입국하였으나, **고용될 수 있는 체류자격을 가지지 아니한 채** 소외 A회사와 고용계약을 체결한 후 A공장에서 근무하고 있었다. 1992.12. X는 작업 중 방광파열 등의 부상을 입었다.

X는 근로복지공단에 대해 요양신청을 했으나, 근로복지공단은 X가 고용체류자격 없이 불법취업한 외국인으로서 사업주와 체결한 계약은 불법고용계약이므로 X에게는 근기법이 적용되지 아니하고 산재보험법도 적용될 수 없다고 판단했다.

이에 대해 **원심**은 구 출입국관리법 제15조에서 외국인은 허가된 체류자격과 체류기간의 범위 안에서 체류할 수 있고(제1항), 고용될 수 있는 체류자격을 가지지 아니한 외국인을 고용하여서는 아니된다(제2항)고 하나, 이 규정은 "모두 국가의 외국인의 불법체류를 단속할 목적으로 이를 금지 또는 제한하는 단속법규에 불과하므로, 각 규정에 위반하여 한 행위에 대하여는 소정의 제재와 벌칙이 적용될 뿐 행위 자체의 법률상 효력에는 영향이 없다."라고 하여, 근로복지공단의 요양불승인처분을 취소하였고 이에 대해 근로복지공단이 상고하였다.

02 판결의 내용

구 출입국관리법 제15조 제1항에서 외국인이 대한민국에서 체류하여 행할 수 있는 활동이나 대한민국에 체류할 수 있는 신분 또는 지위에 관한 체류자격과 그 체류기간에 관하여 규율하면서 아울러 같은 조 제2항에서 누구든지 대통령령이 정하는 바에 따라 고용될 수 있는 체류자격 즉 취업활동을 할 수 있는 체류자격(이하 취업자격이라 한다.)을 가지지 아니한 외국인을 고용하여서는 아니된다고 외국인 고용제한을 규정하고 있는바, 그 **입법취지가 단순히 외국인의 불법체류만을 단속할 목적으로 한 것이라고는 할 수 없고**, 위 규정들은 취

---

213) 앞의 책, 10면.

업자격 없는 외국인의 유입으로 인한 국내 고용시장의 불안정을 해소하고 노동인력의 효율적 관리, 국내 근로자의 근로조건의 유지 등의 목적을 효율적으로 달성하기 위하여 외국인의 취업자격에 관하여 규율하면서 취업자격 없는 외국인의 고용을 금지시키기 위한 입법목적도 아울러 갖고 있다 할 것이다.

다만 외국인고용제한규정이 이와 같은 입법목적을 지닌 것이라고 하더라도 이는 **취업자격 없는 외국인의 고용이라는 사실적 행위 자체를 금지하고자 하는 것 뿐이지 나아가 취업자격 없는 외국인이 사실상 제공한 근로에 따른 권리나 이미 형성된 근로관계에 있어서의 근로자로서의 신분에 따른 노동관계법상의 제반 권리 등의 법률효과까지 금지하려는 규정으로는 보기 어렵다** 할 것이다. 따라서 취업자격 없는 외국인이 위 출입국관리법상의 고용제한규정을 위반하여 근로계약을 체결하였다 하더라도 그것만으로 그 근로계약이 당연히 무효라고는 할 수 없다 할 것이다.

그러나 취업자격은 외국인이 대한민국 내에서 법률적으로 취업활동을 가능케하는 것이므로 이미 형성된 근로관계가 아닌 한 취업자격 없는 외국인과의 근로관계는 정지된다고 하여야 할 것이고, 당사자는 언제든지 그와 같은 취업자격이 없음을 이유로 근로계약을 해지할 수 있다 할 것이다. ··· 비록 원고가 출입국관리법상의 취업자격을 갖고 있지 않았다 하더라도 위 고용계약이 당연히 무효라고 할 수 없는 이상 위 부상당시 원고는 사용종속관계에서 근로를 제공하고 임금을 받아온 자로서 근로기준법 소정의 근로자였다 할 것이므로 산업재해보상보험법상의 요양급여를 받을 수 있는 대상에 해당한다 할 것이다.

03 판결의 의의와 한계

1. **체류의 불법성과 근로계약**

    대상판결은 체류의 불법성이 근로계약을 무효로 하는 것은 아니라고 함으로써 불법체류 근로자의 지위를 분명히 하였다. 이에 따라 불법체류 근로자는 이미 제공한 노무에 대한 임금청구권을 여전히 지니고, 양 당사자가 근로계약의 해지를 한다면 근로계약관계가 종료되겠으나 해지 이전까지는 계약관계가 여전히 계속될 것이다. 불법체류 근로자는 노무제공의무를 부담하며, 사용자는 임금지급의무를 면하지 못한다. 출입국관리법 위반으로 양 당사자가 처벌되고 근로자가 강제출국되는 일이 있더라도 그것은 근로계약의 효력 유무와는 직접적인 관련이 없다고 하겠다.

2. **관련판례**

    1) 불법체류 근로자도 퇴직금 지급대상이 되는지에 대해서, 법원은 출입국관리법 규정

들이 단속법규에 불과하므로, 그에 따라 강제퇴거나 형사처벌을 받는 것은 별론으로 하고 그 **외국인은 근기법상의 근로자에 해당하므로 퇴직금규정 역시 불법체류 근로자에게도 적용**된다.(대판 1997.8.26, 97다18875)

2) 불법체류 근로자가 출입국관리 사무소의 단속반을 피하려다 부상을 입은 사건에 대해서, 법원은 사업주가 관리부장을 통하여 도주하도록 지시하였고 단속과 피신행위가 회사에서 작업하는 도중에 이루어진 것이라는 등의 이유로, **사업주의 지배관리 하에 있는 경우로 보아 업무상 재해에 해당**한다.(부산고판 2008.6.20, 2008누792)

3) 산업기술연수사증을 발급받은 외국인이 연수계약을 체결하였다 하더라도 그 계약의 내용이 **단순히 산업기술의 연수에만 그치는 것이 아니고 실질적으로 사업체의 지시. 감독을 받으면서 근로를 제공하고 수당 명목의 금품을 수령하여 왔다면 그 외국인도 근기법 소정의 근로자에 해당**한다.(대판 1995.12.22, 95누2050)

4) 산업연수생제가 폐지되고 이른바 고용허가제가 실시되면서 다양한 쟁점들이 나오고 있는데, 특히 일반고용허가제로 들어온 외국인근로자의 경우에는 사업장 변경의 자유를 얼마만큼 허용하느냐가 다투어지고 있다. 헌법재판소는 2011년에 외국인근로자의 사업장 이동을 3회로 제한했던 구 「외국인근로자 고용 등에 관한법률」 제25조 제4항을 합헌이라고 결정하였다.(헌재 2011.9.29, 2007헌마1083, 2009헌마230.352 (병합))

03 동일가치노동 동일임금

대법원 2003.3.14, 2002도3883판결(남녀고용평등법위반)

01 사실관계[214]

피고인(Y)은 평택시 세교동 소재 타일제조공장(H사)의 대표이사이다. H사 사업장의 타일제조공정은 성형, 시유, 소성, 선별, 포장, 제유, 잉크제조, 스크린판 제조공정의 8개 공정으로 크게 나누어지고 위 각 공정 중 남자직원의 근무인원은 합계 16명이고, 여자직원의 근무인원은 합계 5명인데 2교대로 근무하면서 남자직원 총 32명, 여자직원 총 10명이 교대로 근무하고 있다.

이 사건 공소사실의 요지는 "사용자는 근로자에 대하여 남녀의 차별적 대우를 하여서는 아니 되며 동일한 사업 내의 동일가치의 노동에 대하여는 동일한 임금을 지급하여야 함에도, Y는 H사의 대표이사로서 … 여자근로자 23명에 대한 임금 합계 금 22,409,607원을 부족하게 지급하는 등 성별을 이유로 근로자들을 부당하게 대우하였다."는 것이다.

02 판결의 내용

1. 구 남녀고용평등법 제6조의2 제1항 소정의 '동일가치의 노동'의 의미 및 일반적 판단기준

   '동일가치의 노동'이라 함은 당해 사업장 내의 서로 비교되는 남녀 간의 노동이 동일하거나 실질적으로 거의 같은 성질의 노동 또는 그 직무가 다소 다르더라도 객관적인 직무평가 등에 의하여 본질적으로 동일한 가치가 있다고 인정되는 노동에 해당하는 것을 말하고, 동일가치의 노동인지 여부는 같은 조 제2항 소정의 직무수행에서 요구되는 기술, 노력, 책임 및 작업조건을 비롯하여 근로자의 학력, 경력, 근속년수 등의 기준을 종합적으로 고려하여 판단하여야 한다.

---

[214] 앞의 책, 30면.

2. 구 남녀고용평등법 제6조의2 제2항 소정의 '기술, 노력, 책임 및 작업조건'의 의미

'기술, 노력, 책임 및 작업조건'은 당해 직무가 요구하는 내용에 관한 것으로서, '기술'은 자격증, 학위, 습득된 경험 등에 의한 직무수행능력 또는 솜씨의 객관적 수준을, '노력'은 육체적 및 정신적 노력, 작업수행에 필요한 물리적 및 정신적 긴장, 즉 노동강도를, '책임'은 업무에 내재한 의무의 성격, 범위, 복잡성, 사업주가 당해 직무에 의존하는 정도를, '작업조건'은 소음, 열, 물리적, 화학적 위험, 고립, 추위 또는 더위의 정도 등 당해 업무에 종사하는 근로자가 통상적으로 처하는 물리적 작업환경을 말한다.

3. '동일가치의 노동'의 구체적 판단

1) 기술과 노력

일반적으로 앞서 본 '기술'과 '노력'의 면에서 임금차별을 정당화할 만한 실질적 차이가 없는 한 체력이 우세한 남자가 여자에 비하여 더 많은 체력을 요하는 노동을 한다든가 여자보다 남자에게 적합한 기계작동 관련 노동을 한다는 점만으로 남자근로자에게 더 높은 임금을 주는 것이 정당화되지는 않는 것인데, H사의 공장의 경우에 **남녀근로자가 하는 작업이 일반적인 생산직근로자에 비하여 특별히 고도의 노동강도를 요하는 것이었다든가 신규채용되는 남자근로자에게 기계작동을 위한 특별한 기술이나 경험이 요구되었던 것은 아닌 것**으로 보이므로, 원심인정과 같은 정도의 차이만으로 남녀 간 임금의 차별지급을 정당화할 정도로 '기술'과 '노력'상의 차이가 있다고 볼 수는 없다.

2) 책임

이들은 모두 일용직 근로자로서 그 **책임의 면에서 별다른 차이가 있다고 보기도 어렵다**.

3) 작업조건

남녀 모두 하나의 공장 안에서의 연속된 작업공정에 배치되어 협동체로서 함께 근무하고 있고 **공정에 따라 위험도나 작업환경에 별다른 차이가 있다고 볼 수 없어** 그 작업조건이 본질적으로 다르다고 할 수는 없다.

4. 결론

이 사건 사업장 내에서 일용직 남녀근로자들이 하는 일에 다소간의 차이가 있기는 하지만 그것이 임금의 결정에 있어서 차등을 둘 만큼 실질적으로 중요한 차이라고 보기는 어려우므로, 그들은 실질적으로는 거의 같은 성질의 노동에 종사하고 있다고 봄이 상당하고, 따라서 달리 위와 같은 남녀근로자 사이의 임금차별이 합리적인 기준에 근거한 것임을 알아볼 수 있는 자료가 없는 이상, H사는 임금책정에 있어 성에 따라 그 기준을 달리 적용함으로써 여자근로자에게 동일가치의 노동에 종사하는 남자근로자보다 적은 임금을 지급한 것이라고 할 것이다.

03 판결의 의의와 한계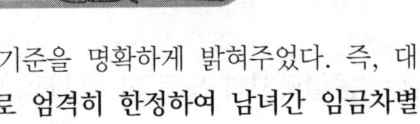

대상판결은 '동일가치 노동 동일임금'의 원칙의 판단기준을 명확하게 밝혀주었다. 즉, 대법원이 '동일가치 노동'이란 의미를 사실상 동일노동으로 엄격히 한정하여 남녀간 임금차별을 방치해 왔던 기존의 입장에서 벗어나 '실질적으로 중요한 차이가 없는 노동'으로 폭넓게 인정했다는 점에서 중요한 의의를 갖는다.[215]

---

[215] 앞의 책, 32면.

04 연쇄적 근로관계(사실상 무기계약)

대법원 2007.9.7, 2005두16901판결(부당해고구제재심판정취소)

01 사실관계[216]

X등은 1999.6.11. 신문발행업체인 Y회사와 사이에 계약기간을 같은 해 12.31.까지로 정한 근로계약을 체결하여, 교열부 교열직종에 연봉계약직원으로서 기간의 정함이 없이 채용된 일반직원과 더불어 근무하면서 **계약기간 만료시마다 3회에 걸쳐 근로계약을 갱신하여 왔다.** X등은 별다른 문제없이 근로계약을 갱신하여 왔는데, 계약갱신을 할 때마다 임금 등의 근로조건에 대하여 별다른 논의없이 갱신근로계약서에 서명을 하는 등의 방법으로 계약갱신을 하여 왔다. Y회사는 경영상의 사정으로 2003.8.1.자로 교열업무를 A회사에게 도급을 주고, 같은 해 7.31.자로 교열직제를 폐지하며 교열부 직원 중에 X 등 계약직원에 대하여는 같은 해 7.31.자로 퇴직처리하되 A회사가 이들의 고용을 승계하는 것으로 방침을 정하였다. Y회사는 X등이 급여상 불이익이 따른다는 이유로 A회사로의 참여를 거부하자, 2003.7.31. **근로계약 기간만료통지를 하였다.** 이에 X등은 근로계약 기간만료통지가 사실상 기간의 정함이 없는 근로자에 대하여 한 정리해고로써 정리해고의 요건을 갖추지 아니한 부당해고에 해당한다고 주장하였다.

02 판결의 내용

대상판결은 "근로계약기간을 정한 근로계약서를 작성한 경우 처분문서인 근로계약서의 문언에 따라 특별한 사정이 없는 한 근로자와 사용자 사이에는 기간의 정함이 있는 근로계약을 맺었다고 보아야 하고, 이 경우 근로계약기간이 끝나면 그 근로관계는 사용자의 해고 등 별도의 조처를 기다릴 것 없이 당연히 종료함이 원칙이고, 다만 **기간을 정한 근로계약서를 작성한 경우에도** 예컨대 단기의 근로계약이 장기간에 걸쳐서 반복하여 갱신됨으로써 그 정한 기간이 단지 형식에 불과하게 된 경우 등 계약서의 내용과 근로계약이 이루어지게 된 동기 및 경위, 기간을 정한 목적과 채용 당시 계속근로의사 등 당사자의 진정한 의사, 근무기간의 장단 및 갱신 횟수, 동종의 근로계약 체결방식에 관한 관행 그리고 근로자보호

---
216) 앞의 책, 138면.

법규 등을 종합적으로 고려하여 그 기간의 정함이 단지 형식에 불과하다는 사정이 인정되는 경우에는 계약서의 문언에도 불구하고 사실상 기간의 정함이 없는 근로계약을 맺었다고 볼 것이며, 이 경우 **사용자가 정당한 사유없이 갱신계약 체결을 거절하는 것은 해고와 마찬가지로 무효이다.**"고 판시하고, 교열업무가 정보통신기술의 발달로 그 내용과 성격이 변화하였더라도 여전히 **신문제작에 필요 불가결한 업무**에 해당하고 업무특성상 전문성이 있어 교열업무에 종사하는 자로서는 계속 고용의 기대를 가지고 있는 점에다가, 기록상 인정되는 다른 신문사들의 교열업무 종사자의 근로계약형태, Y회사 계약직 직원들의 계약갱신 관행, X등을 비롯한 교열직 계약직 직원들의 연봉 수준 등 근로조건 등을 고려하면, **X등을 기간의 정함이 없는 근로자로 보고, 해고에 해당하는 이 사건 근로계약의 갱신거절이 정당한 이유가 없는 것**이라고 본 원심의 판단은 정당하다고 판단하였다.

03 판결의 의의와 한계

판례는 근로계약에서 기간을 정하고 있더라도 다음과 같이 기간만료에 따른 종료를 제한하는 법리를 제시하여 왔다. ① 기간의 정함이 단지 형식에 불과한 경우에 사실상 기간의 정함이 없는 근로계약을 맺었다고 보고 해고제한 법규를 적용하는 것이다. ② 기간을 정하여 근로계약을 체결하였더라도 근로자에게 근로계약이 갱신될 수 있으리라는 정당한 기대권이 인정되는 경우에는 사용자는 이를 위반하여 부당하게 근로계약의 갱신을 거절하는 것은 부당해고와 마찬가지로 아무런 효력이 없다는 것이다.

이러한 판례법리에서 ①은 그 기간설정 자체를 인정하지 않는 것이고 ②는 기간설정은 인정하되 일정한 경우에 갱신기대권을 인정한다는 점에서 차이가 있다.

대상판결에서는 기간설정이 형식에 불과한 '특별한 사정'이 있는지를 판단하는 기준으로서 "예컨대 단기의 근로계약이 장기간에 걸쳐서 반복하여 갱신됨으로써 그 정한 기간이 단지 형식에 불과하게 된 경우 등 계약서의 내용과 근로계약이 이루어지게 된 동기 및 경위, 기간을 정한 목적과 채용 당시 계속근로의사 등 당사자의 진정한 의사, 근무기간의 장단 및 갱신횟수, 동종의 근로계약 체결방식에 관한 관행 그리고 근로자보호법규 등을 종합적으로 고려하여"야 한다고 한다.

한편 대상판결에서는 기간설정이 형식에 불과한지에 대한 판단의 요소로서 당해 업무가 해당 사업에 있어 필요불가결한 업무에 해당하는지 및 전문성이 있는지 여부 그에 따라 해당근로자가 계속 고용의 기대를 가지고 있는지 여부 등을 포함시키고 있는 점이 주목된다. 즉, **당해 업무가 해당 사업에서 계속적으로 필요한 업무이고 전문성이 인정되어 해당 근로자가 계속 고용의 기대를 가지고 있는 점은 기간설정이 형식적인지 여부를 판단함에 있어 중요한 고려요소가 될 수 있다는 것이다.**[217]

---

217) 앞의 책, 140면.

05 기간제 근로계약의 갱신기대권

대법원 2011.4.14, 2007두1729판결(부당해고및부당노동행위구제재심판정취소)

01 사실관계[218]

원고들(X)은 서울시 산하 참가인인 서울특별시설안전공단(Y)과 2002.12.9.부터 2003.12.31.까지로 하는 위탁계약(이하 '이 사건 계약')을 체결하고 장애인콜택시의 운행업무를 수행하여 왔다. Y는 이 사건 계약기간이 만료되기 이전인 2003.11.경 계약연장 여부를 결정하기 위하여 심사위원회를 구성한 다음, 기준항목 총점 70점 이상자에 대하여는 연장계약을 체결하지만, 총점 70점 미만자에 대하여는 이 사건 계약의 갱신을 거절하여 계약을 종료시키기로 하는 심사기준을 마련하였다.

서울특별시 장애인콜택시 관리 및 운행에 관한 조례(이하 '조례')에 따르면 서울특별시가 장애인콜택시의 관리 및 운행과 콜센터의 운영에 관하여 Y이외의 법인 또는 단체에 위탁할 수 있도록 규정되어 있고, 수탁기관이 제3자에게 재위탁하는 경우 계약기간은 1년단위로 하도록 규정하고 있다. 이 사건 계약서에 의하면 계약기간을 2002.12.9.부터 2003.12.31.까지로 정하면서, 이 사건 계약의 유효기간 중에 양 당사자 중 일방에게 계약을 유지할 수 없는 사정이 있는 경우 30일 전까지 서면으로 상대방에게 통지만 하면 중도 해지할 수 있도록 규정하고 있고, 위탁기간이 만료되거나 계약이 중도 해지되는 경우에는 계약이 종료되는 것으로 규정하고 있다. Y는 2003.12. 심사기준에 따라 70점 미만 자에 해당하는 X등 운전자 11명에 대하여 2003.12.31.자로 계약이 종료됨을 통보하여 이 사건 계약의 갱신거절을 하고, 나머지 운전자 89명과의 사이에 연장계약을 체결하는 형식으로 이 사건 계약을 갱신하였다. 이에 X는 근로계약이 갱신될 수 있으리라는 정당한 기대권을 인정할 수 있고, Y가 공정성 및 객관성이 결여된 심사과정을 거쳐 X에 대하여 갱신 기준 점수 미만이라는 점을 들어 위 계약의 갱신을 거절한 것은 정당성을 결여하여 효력이 없다고 주장하였다.

---

[218] 앞의 책, 142면.

02 판결의 내용

대법원은 "기간을 정하여 근로계약을 체결한 근로자의 경우 그 기간이 만료됨으로써 근로자로서의 신분관계는 당연히 종료되고 근로계약을 갱신하지 못하면 갱신거절의 의사표시가 없어도 그 근로자는 당연 퇴직되는 것이 원칙이다. 그러나 **근로계약, 취업규칙, 단체협약** 등에서 기간만료에도 불구하고 일정한 **요건이 충족되면 당해 근로계약이 갱신된다는 취지의 규정**을 두고 있거나, 그러한 규정이 없더라도 근로계약의 내용과 근로계약이 이루어지게 된 동기 및 경위, 계약갱신의 기준 등 갱신에 관한 요건이나 절차의 설정여부 및 그 실태, 근로자가 수행하는 업무의 내용 등 당해 근로관계를 둘러싼 여러 사정을 종합하여 볼 때 **근로계약 당사자 사이에 일정한 요건이 충족되면 근로계약이 갱신된다는 신뢰관계가 형성되어 있어 근로자에게 그에 따라 근로계약이 갱신될 수 있으리라는 정당한 기대권이 인정되는 경우에는 사용자가 이에 위반하여 부당하게 근로계약의 갱신을 거절하는 것은 부당해고와 마찬가지로 아무런 효력이 없고**, 이 경우 기간만료 후의 근로관계는 종전의 근로계약이 갱신된 것과 동일하다고 할 것이다."라고 전제한 다음, "조례에 의하면 서울특별시가 장애인콜택시의 관리 및 운행과 콜센터의 운영에 관하여 참가인 이외에 법인 또는 단체에 위탁할 수 있도록 규정되어 있으며, … 이 사건 **심사기준표를 정하여 운전자들을 심사하여 갱신 기준점수인 총점 70점 이상인 자들에 대해서 전원 계약기간을 연장하였는데**, 참가인이 정한 심사기준은 1일 콜 횟수, 교통법규 위반 등 평가자의 주관적인 판단이 개입될 여지가 없는 내용으로 이루어져 있어 참가인소속 운전자들 사이에 위 심사기준에 따른 심사결과 갱신 기준점수 이상의 점수를 얻게 되는 경우에는 특별한 사정이 없는 이상 계약이 갱신된다는 신뢰관계가 형성되어 있다고 볼 수 있는 점 등을 종합하면, 참가인과 그 소속 운전자들 사이에는 소정의 심사절차를 거쳐 일정 기준 이상의 성적을 얻게 되면 계약이 갱신되는 것으로 하기로 하는 약정이 성립하였거나, 적어도 원고들을 비롯한 참가인 소속 운전자등에게 기간제 근로계약이 갱신되리라는 정당한 기대권이 인정된다고 봄이 상당하다."고 판시하였다.

다음으로 이 사건 **갱신거절의 정당성 여부**에 관하여 보건대, ① 참가인이 원고들을 포함한 운전자들에 대하여 갱신여부를 심사하기 위하여 심사자료로 활용한 '장애인콜택시 상황일지'는 운전자들의 운행실적 및 콜 중계위반행위, 민원제기사항 등 운행현황 전반에 관한 내용을 기재한 것인데, 위 **상황일지 중 상당기간의 기록이 누락되어 있고 참가인은 이와 같이 누락된 상황일지를 토대로 심사를 한 점** ② … 콜 중계위반행위에 관한 참가인의 심사과정을 전적으로 신뢰하기 어려운 측면이 있는 점 ③ 참가인은 이 사건 심사항목 중 민원유발과 관련하여 위 상황일지에 기재된 민원은 그 증빙이 곤란하다는 이유로 일률적으로 심사대상으로 삼지 않고 **인터넷으로 접수된 민원만을 심사대상으로 삼았다고 주장하나**, 위 상황일지에는 승객으로부터 제기된 민원내용과 운전자의 변명, 그 당시의 주변상황이 구체적으로 기재되어 있는 등 인터넷으로 접수된 민원의 처리와 크게 다르지 않은 것으로 보여, 양자를 다르게 취급하여야 할 합리적인 이유가 있다고 볼 수 없는 점 ④ ⋯ 일부 심사항목은 심사대상자 전원에 대하여 일률적으로 적용되지 아니하여 불공평한 결과가 초래되었다고 할 것이다. 이와 같이 공정성 및 객관성이 결여된 심사과정을 거쳐 원고들에 대하여 갱신기준 점수 미만이라는 점을 들어 이 사건 갱신 거절을 한 것은 정당성을 결여하였다고 할 것이므로 이 사건 갱신거절은 그 효력을 인정할 수 없다.

03 판결의 의의와 한계

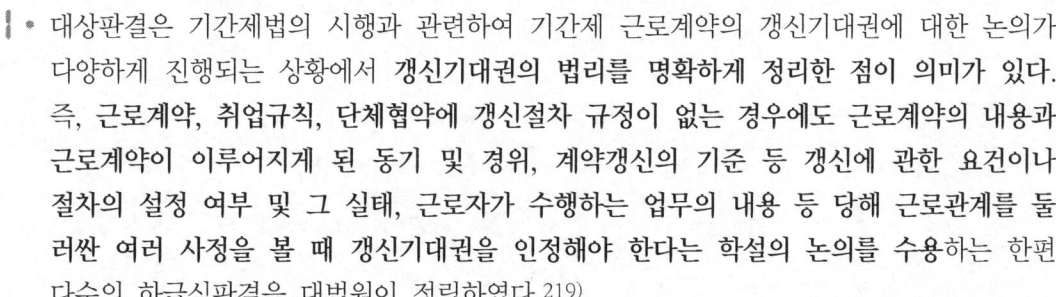

1. 대상판결은 기간제법의 시행과 관련하여 기간제 근로계약의 갱신기대권에 대한 논의가 다양하게 진행되는 상황에서 **갱신기대권의 법리를 명확하게 정리한 점이 의미가 있다.** 즉, 근로계약, 취업규칙, 단체협약에 갱신절차 규정이 없는 경우에도 근로계약의 내용과 근로계약이 이루어지게 된 동기 및 경위, 계약갱신의 기준 등 갱신에 관한 요건이나 절차의 설정 여부 및 그 실태, 근로자가 수행하는 업무의 내용 등 당해 근로관계를 둘러싼 여러 사정을 볼 때 갱신기대권을 인정해야 한다는 학설의 논의를 수용하는 한편 다수의 하급심판결을 대법원이 정립하였다.219)

   한편 대상판결은 첫 번째 갱신시점에 갱신을 거절한 사안으로 **이전에 반복갱신을 해 온 사실이 없더라도 갱신기대권을 인정할 수 있다는 점**을 명확히 하였고, 기간만료 후의 근로관계는 종전의 근로계약이 갱신된 것과 동일하다고 하였다.

2. 기간제법과 갱신기대권과의 관계

   기간제법 제4조는 기간제근로자의 사용에 대해서는 2년을 초과하지 못하도록 규정하고 있으며 노사당사자는 2년 이내에서 근로계약의 기간을 자유롭게 설정할 수 있고 2년의 기간내에서 계약기간이 만료하면 해당 근로계약은 원칙적으로 소멸한다. 그런데 **2년 미만의 기간동안 기간제근로자를 사용하는 경우 갱신기대권의 법리가 적용되는지가 문제이다.** 2년 미만의 기간동안 기간제근로자의 사용에 대해서는 갱신기대권의 법리가 적용될 수 없다고 해석하는 입장도 있다.(서울고판 2011.8.18, 2011누9821)

   그러나 실제로 기간제계약을 체결할 때에 계절적 또는 일시적인 업무가 아니라면 근로자든 사용자든 2년 이후에도 계속 근로할 가능성을 열어놓고 있다는 것이 오히려 설득력이 있기에, 기간제법 제4조의 규정을 근거로 근속기간이 2년이 되면 근로관계가 당연히 종료하는 것으로 해석하는 것은 타당하지 않다.220)

---
219) 앞의 책, 145면.

따라서 기간제근로자가 자신의 근로계약이 갱신되리라는 기대에 대한 정당한 이유가 존재한다면(판례가 제시하는 갱신기대권), 근속기간이 2년 이내더라도 기간의 만료와 함께 사용자가 임의로 근로계약을 해지할 수 없고, 만약 기간만료를 이유로 근로관계를 종료하는 경우에는 해고법리를 적용하여 정당성을 판단하여야 한다.221)

---

220) 앞의 책, 144면.
221) 앞의 책, 144면.

06 최저임금의 적용을 위한 비교대상임금

대법원 2007.1.11, 2006다64245판결(임금등)

01 사실관계[222]

원고들(X)은 피고(Y)가 운영하는 서울소재 자동차운전학원에서 도로주행강사로 근무하다가 퇴직한 근로자들이다. Y는 X를 포함한 위 학원 근로자들에게 시간당 1,900원의 기본급(1일 8시간, 토요일 4시간의 근로시간에 대한 급여)을 지급하고, 이를 기초로 시간외 수당(1,900×150%), 주휴수당(1,900×100%), 휴일수당(시간당 4,000원), 특근수당(1,900×300%) 및 퇴직금을 계산하여 지급하였다. Y는 X에게 위 수당들 이외에도 근속수당과 연수수당을 지급해왔는데, 근속수당은 근로자들의 근속기간에 따라 3개월 미만인 경우 월 30,000원부터 차등적으로 매월 일정액을 지급해왔고, 연수수당은 근로자들의 실 근로시간에 따라 차등적으로 매월 일정액을 지급하되 모든 근로자들에게 최저한도의 금액(40,000원)은 보장해 주었다.

X는 수령한 임금 가운데 기본급수준이 최저임금법상 최저임금수준에 미치지 못하여 그로 인해 각종 수당명목의 급여수준도 함께 감소할 뿐만 아니라 최저한도의 연수수당 금액을 포함하더라도 시급 통상임금이 최저임금법에서 고시한 최저임금에 미달하므로 그 부족부분에 대한 임금차액과 이를 기초로 계산된 각종수당 및 퇴직금의 지급을 요구하였다.

02 판결의 내용

- 대법원은 X가 지급받은 임금이 최저임금액에 미달하는지 여부와 관련해 "지급된 임금 중 최저임금법 제6조 제4항 및 같은 법 시행규칙 제2조 [별표1](이하 '[별표1]')이 정한 임금 또는 수당을 제외한 임금액과 최저임금액을 비교하여 판단하여야 한다."는 점을 근거로 "근속수당은 소정의 근로시간 또는 근로일에 대해 매월 1회 이상 정기적으로 지급되는 임금이고, 근로자의 생활보조 혹은 복리후생을 위한 성질의 임금이 아니므로, [별표1]에서 정한 임금 또는 수당에 해당하지 않으므로 근속수당이 최저임금의 적용을

---

[222] 앞의 책, 58면.

위한 임금에 산입된다."고 판시하였고, "주휴수당도 [별표1]이 정하는 '비교대상 임금에 산입되지 않는 임금 또는 수당'에 해당하지 않아 최저임금의 적용을 위한 임금산정에 주휴수당을 가산하여야 한다."고 하여 이 수당들이 최저임금에 적용되는 대상임금임을 명확히 함으로써, 하급심과 달리 **최저임금법에 포함되는 임금의 범위가 근기법상 통상임금의 범위와 일치할 필요가 없다는 점**을 근거로 근속수당과 주휴수당을 최저임금에 산입해야 한다는 취지를 분명히 하였다.

2. 각 수당을 시간급으로 환산하는 방법과 관련해, "주휴수당 이외에 주별 혹은 월별로 지급된 다른 수당들을 시간에 대한 임금으로 산정함에 있어서 주휴수당 관련 근로시간을 고려할 필요가 없으므로, **최저임금법 시행령 제5조 제1항 제2호 및 제3호에 정한 '1주 또는 월의 소정근로시간'의 의미는 근기법에서 정한 소정근로시간을 말하고, 이는 근기법 시행령 제6조 제2항 제3호와 제4호에 따라 산정되는 '1주 또는 월의 통상임금 산정기준시간 수'와 같을 수 없다.**"고 지적하였다.

3. 대법원은 연수수당 지급계약의 효력과 관련해 "**근로자와 사용자가 최저임금의 적용을 위한 임금에 산입되지 않는 임금을 최저임금의 적용을 위한 임금의 범위에 산입하여 최저임금에 미달하는 부분을 보전하기로 약정한 경우 그 임금약정의 효력은 무효다.**"라고 하여 동 취지의 계약당사자간 합의의 효력을 인정하지 않았다.

03 | 판결의 의의와 한계

1. X에게 지급된 수당 중 근속수당을 최저임금법 제6조 제4항 각호와의 관계에서 살펴보면 ① 근로자의 실제 근무일수에 따라 그 지급액이 달라지기는 하나, 매월 1회 이상 정기적으로 지급되는 임금이므로 제1호에 해당되지 않으며 ② 결근할 경우 결근일수만큼 일할 계산된 금액을 공제하므로, 소정의 근로일에 출근여부에 따라 지급되므로 소정의 근로일에 대해 지급하는 임금이므로 제2호에 해당하지 않고 ③ 출근일수에 비례해 지급되는 출근수당의 성격을 가지므로 생활보조적이며 복리후생적 성질로 볼 수 없어 제3호에도 해당하지 않아 최저임금 산정시 산입되어야 할 임금으로 보았다.

다른 한편 주휴수당의 경우도 매월 1회 이상 정기적으로 지급되고 소정 근로일수를 개근한 경우에 지급되며 이 수당이 근로자의 생활보조나 복리후생을 위한 임금도 아니므로 비교대상임금에 산입되어 최저임금에 포섭되는 임금의 범위에 해당된다.

하급심은 근속수당이 실 근로일수에 따라 각각 그 지급액이 달라지거나 지급여부가 결정되기 때문에 고정성이 없는 금품이어서 통상임금에 해당되지 못한다는 일관된 판례의 입장(대판 1994.10.28, 94다26615)을 근거로 근기법상 통상임금에 속하지 아니하므로 최저임금법에서 규정한 최저임금에 포섭되는 임금의 범위에 해당되지 않는다고 했다. 그러나 대법원은 근속수당과 주휴수당이 최저임금에 포함되는 임금인지 여부를 판단하면서 비교기준은 근기법상 통상임금과 일치할 필요가 없고 최저임금법상 비교대상임금이 적용되어야 하며 이에 따를 때 근속수당과 주휴수당도 최저임금에 포함됨으로써 비교대상임금의 범위가 확대되었다.

2. 비교대상임금의 시간급환산방법과 관련해서, 하급심과 대법원은 비교대상임금 가운데 월단위로 지급된 임금의 시간급 환산 시 산정기준시간에 관하여도 서로 다른 기준을 적용하였다. 이 사건 소정근로시간 수는 1일 8시간, 1주 44시간이므로 하급심은 근기법 시행령 제6조 제2항 제3호를 근거로 월 소정근로시간(191.19)에 유급처리되는 시간(34.76=8×365/7×1/12)을 합산하여 225.9시간을 산정기준시간으로 선택한 반면, 대법원은 최저임금법 제5조 제1항 제2호의 "주단위로 정해진 임금의 경우 그 금액을 1주의 소정근로시간 수로 나눈 금액"과, 제3호의 "월 단위로 정해진 임금의 경우 그 금액을 1월의 소정근로시간 수로 나눈 금액"이라는 환산기준을 근거로 삼아, 주별로 지급되는 주휴수당은 1주 소정근로시간수인 44시간을 산정기준시간 수로 보았고, 주휴수당 이외에 월별로 지급된 다른 수당들을 시간에 대한 임금으로 환산할 경우는 월 소정근로시간 수에 따라 191.2시간이 되어 통상임금과 비교대상임금간의 시간급 환산방법이 '같은 수 없음'을 판시하였다.

3. 계약 당사자간 최저임금법상 비교대상임금에 산입될 수 없는 월4만원을 초과하는 연수수당을 비교대상임금 범위에 산입시켜 최저임금에 미달하는 부분을 보전하기 위한 목적으로 체결된 약정의 효력과 관련하여서 최저임금법 제6조 제3항의 강행적 효력에 반하여 무효라고 판시하였다. 임금수준은 계약 당사자간에 자유롭게 정할 수 있는 것이 원칙이지만, 최저임금법의 최저임금 수준보장의 취지. 목적에 반하는 것으로 무효가 됨을 명확히 한 것이다.

07 위법한 근로자공급계약과 그 효력

대법원 2004.6.25, 2002다56130, 56147판결(임금)

01 사실관계[223]

피고 회사(Y)는 1992.8.17. 아일랜드 항공사(A1)와 사이에 A1는 항공기 조종사들을 고용하여 Y에게 조종사들의 용역을 제공하고 Y는 그 대가로 A1에게 조종사들의 급료 이외에 일정한 수수료를 지급하기로 하는 내용의 '제1차 계약'을 체결하였고, 위 계약이 종료한 후인 1994.9.20. 불가리아 항공사(A2)와 사이에 A2는 소속 조종사들을 Y에 파견하여 용역을 제공하고 Y는 조종사들의 급료 이외에 일정한 수수료를 지급하기로 하는 내용의 '제2차계약'을 체결하였다. 이에 따라 불가리아 국적의 항공기 조종사들인 원고들(X)은 A1 또는 A2에게(이하 A) 고용되어 위 각 계약에 따라 Y에 파견되어 원고 X1은 1993.4.20.부터 1998.2.18.까지 B767기의 기장으로, 원고 X2는 1994.4.20.부터 1998.3.12.까지 B737기의 기장으로, 원고 X3는 1994.4.15.부터 1998.2.18.까지 B767기의 기장으로 각각 Y에서 근무하였다. X는 Y에게 임금을 목적으로 종속적인 관계에서 근로를 제공하여 왔으므로 근기법상의 근로자에 해당하고 따라서 그 사용자인 Y에게 퇴직금의 지급을 청구하였다.

02 판결의 내용

대상판결은 직업안정법 제33조 제1항이 단속규정에 불과하여 그에 위반한 근로자공급계약이 유효하다고 한 원심의 판단은 부적절하기는 하지만, X와 Y사이에 근로계약관계의 성립을 부정한 결론에 있어서는 정당하다고 보고 다음과 같은 이유로 원심을 인용하였다.

l・ 직업안정법 제33조 제1항에서 원칙적으로 근로자공급사업을 금지하면서 노동부장관의 허가를 얻은 자에 대하여만 이를 인정하고 있는 것은 타인의 취업에 개입하여 영리를 취하거나 임금 기타 근로자의 이익을 중간에서 착취하는 종래의 폐단을 방지하고 근로자의 자유의사와 이익을 존중하여 직업의 안정을 도모하고 국민경제의 발전에 기여하

---

223) 앞의 책, 218면.

자는 데 그 근본목적이 있는바, 노동부장관의 허가를 받지 않은 근로자공급사업자가 공급을 받는 자와 체결한 공급계약을 유효로 본다면, 근기법 제8조에서 금지하고 있는 법률에 의하지 아니하고 영리로 타인의 취업에 개입하여 이득을 취득하는 것을 허용하는 결과가 될 뿐만 아니라, 위와 같은 직업안정법의 취지에도 명백히 반하는 결과에 이르게 되므로 직업안정법에 위반된 무허가 근로자공급사업자와 공급을 받는 자 사이에 체결한 근로자공급계약은 효력이 없다고 보아야 한다.

2. 원고용주에게 고용되어 제3자의 사업장에서 제3자의 업무에 종사하는 자를 제3자의 근로자라고 할 수 있으려면 원고용주는 사업주로서의 독자성이 없거나 독립성을 결하여 제3자의 노무대행기관과 동일시할 수 있는 등 그 존재가 형식적·명목적인 것에 지나지 아니하고, 사실상 당해 피고용인은 제3자와 종속적인 관계에 있으며, 실질적으로 임금을 지급하는 자도 제3자이고 또 근로제공의 상대방도 제3자이어서 당해 피고용인과 제3자간에 묵시적 근로계약관계가 성립되어 있다고 평가될 수 있어야 할 것이므로, 직업안정법에 위반된 위법한 근로자공급의 경우에 있어서도 근로자공급사업자와 근로자 사이의 근로관계 여부와 상관없이 근로자와 공급을 받은 자와 사이에 바로 근로계약관계가 성립된다고 할 수는 없고, 위와 같은 묵시적 근로계약관계가 성립되었다고 평가될 수 있는 경우에만 공급을 받은 자의 업무에 종사하는 근로자를 공급을 받은 자의 근로자라고 할 수 있다.

원심이 인정한 사실 및 기록에 의하면 X는 A1 또는 A2사에 고용된 조종사들로서 위회사들의 지시에 의하여 Y회사에 노무를 제공하고 위 회사들로부터 급료를 수령하여 왔으며, Y사는 X들로부터 노무제공을 받은 자로서 업무와 관련하여 지시. 명령을 한 것 이외에 사용자로서의 일반적인 노무지휘권에 기하여 X들에 대한 인사권이나 징계권 등을 행사한 사정이 전혀 없고, A1 또는 A2사가 독립성을 결여하여 Y의 노무대행기관으로 평가할 정도로 존재가 명목적이거나 형식적이라고 볼 만한 사정은 전혀 없으므로 X들과 Y사 사이에 묵시적인 근로계약관계가 성립되었다고 보기는 어렵다. 직업안정법에 위반된 Y사와 A1 및 A2사와의 1,2차 계약이 유효함을 전제로 한 원심의 판단은 부적절하기는 하지만, X들과 Y사 사이에 근로계약관계의 성립을 부정한 결론에 있어서는 정당하고, 거기에 상고이유에서 주장하는 위법한 근로자공급에 있어서 공급을 받은 자와 근로자 사이의 근로관계의 성립에 관한 법리오해로 인하여 판결결과에 영향을 미친 위법은 없다.

03 판결의 의의와 한계

대상판결의 주요 쟁점은 첫째, 직업안정법을 위반한 무허가 근로자공급사업자와 공급을 받는 자 사이에 체결한 근로자공급계약의 효력유무 둘째, 이러한 위법한 근로자공급의 경우 근로자와 공급을 받는 자와의 사이에 직접적인 근로계약관계가 성립하는지 여부이다.

1. 첫째와 관련하여 대상판례는 처음으로 직업안정법 제33조 제1항(누구든지 노동부장관의 허가를 받지 아니하고는 근로자공급사업을 하지 못한다.)이 강행법규임을 밝혔다. 근기법 제8조의 중간착취금지 조항의 입법취지 및 근로자공급사업을 허가대상으로 정한 직업안정법의 근본목적을 강조함으로써 **무허가 근로자공급사업자와 사용사업자 간에 체결한 근로자공급계약은 효력이 없다고 본 것이다.**

2. 둘째와 관련하여, 대상판결은 "직업안정법에 위반된 위법한 근로자공급의 경우에 있어서도 근로자공급사업자와 근로자 사이의 근로관계 여부와 상관없이 근로자와 공급을 받은 자와 사이에 바로 근로계약관계가 성립된다고 할 수는 없고, 위와 같은 **묵시적 근로계약관계가 성립되었다고 평가될 수 있는 경우에만 공급을 받은 자의 업무에 종사하는 근로자를 공급을 받은 자의 근로자라고 할 수 있다.**"고 하였다.

그러나 위법한 공급계약에 터 잡아 형성된 위법 목적의 근로관계를 사실상 인정하고 위법하게 근로자를 공급받아 사용한 자에 대하여 근기법상 사용자로서의 책임을 부정한 점에서는 문제가 있다. 근로제공과 임금지급의 대가관계라는 근로관계의 실질적인 요건에 중점을 두기보다는 근로계약의 형식적인 체결당사자나 계약서상의 문언을 주된 근거로 하여 근로관계의 성립여부를 판단함으로써 결과적으로 **근로자를 직접 사용하여 이익을 얻은 자가 근로자의 사용에 따른 법적 책임은 타인에게 전가하는 불합리한 사태의 발생을 방치**하였다는 문제가 있다.224) 즉, 사용사업자가 스스로 지휘ㆍ명령하여 근로자를 사용하면서도 사용자로서의 법적 책임만은 면하고자 하는 것은 원칙적으로 허용될 수 없고 위법한 근로자공급의 경우에는 실질관계를 중시함으로써 사용사업주를 일차적인 책임주체로 볼 필요가 있다.

---

224) 앞의 책, 221면.

08 비정규근로자의 차별시정

대법원 2012.3.29, 2011두2132판결(차별시정재심판정취소)

01 사실관계[225]

원고은행 X는 기간제근로자로 입사하여 내부통제점검 업무(1일 2~3개소 영업점을 방문해 점검항목의 적정처리 여부를 점검하는 업무)를 수행한 A등에게 교통비와 중식대를 지급함에 있어, 영업마케팅 및 내부통제점검 업무를 수행한 정규직 근로자들에 비해 불리하게 차등지급하였다. X는 임금피크제의 적용을 받는 정규직 근로자들에게 주된 업무로 영업마케팅 업무를, 부수적인 업무로 내부통제점검 업무를 부여했으나, 그들에게 구체적인 영업목표액을 부여한다거나 영업마케팅 활동에 대한 출장보고서나 상담실적 등을 관리. 감독하지 않은 채 **영업마케팅 업무의 수행을 전적으로 근로자들의 자율에 맡겼다.** 정규직근로자들은 소속 영업점에서 매일 8시간을 근무하면서 그 중 2시간은 내부통제업무를, 나머지 시간은 영업마케팅 업무를 했는데, 2008년을 기준으로 임금 피크제 대상 근로자 65명 중 영업실적이 있는 직원은 40명이고, 나머지 25명은 영업실적이 전혀 없었으며, 영업실적이 있는 직원의 1인 연평균 영업실적은 27만원에 불과하였다. X는 영업실적이 있는 정규직 영업마케팅. 내부통제점검자 40명 중 최고의 실적을 올린 직원에게 B등급을, 최저 영업실적을 올린 직원에게 A등급을 부여하는 등 **영업마케팅실적을 근무성과평가에 직접적으로 반영하지는 않았다.** 한편, X는 노동조합과 합의하여 정규직 임금피크제 근로자들로 하여금 계약기간이 만료되어 퇴직하는 기간제 내부통제점검자들의 후임으로 내부통제 점검 업무를 수행하게 했다.

A등은 노동위원회에 차별적 처우의 시정신청을 하였고, 중앙노동위원회는 차별적 처우를 인정하는 재심판정을 하였으며, X는 이에 불복하여 그 취소를 구하는 이 사건 소를 제기하였다. 이 사건에서 X는 정규직 영업마케팅. 내부통제점검자의 주된 업무가 영업마케팅 업무이고 기간제 내부통제점검자와 동종 또는 유사한 업무에 종사한 것으로 볼 수 없고, 양자의 업무내용. 강도와 범위가 다르고 실비변상 외에 **장기근속 유도를 목적으로 정규직에게 통근비와 중식대를 더 많이 지급한 것이므로 차등지급의 합리적 이유가 있으며, 임금차별은 '계속되는 차별적 처우'에 해당하지 않는다**고 주장하였다.

---

225) 앞의 책, 222면.

02 판결의 내용

1. 이 사건에서 대법원은 **업무의 동종. 유사성에 관하여** "당해 사업 또는 사업장에서 동종 또는 유사한 업무에 종사하는 기간의 정함이 없는 근로계약을 체결한 근로자(이하 '비교대상근로자'라고 함)의 업무가 기간제근로자의 업무와 동종 또는 유사한 업무에 해당하는지 여부는 **취업규칙이나 근로계약 등에서 정한 업무내용이 아니라 근로자가 실제 수행하여 온 업무를 기준으로 판단하되**, 이들이 수행하는 업무가 서로 완전히 일치하지 않고 업무의 범위나 책임과 권한 등에서 다소 차이가 있더라도 주된 업무의 내용에 본질적인 차이가 없다면, 특별한 사정이 없는 한 이들은 동종 또는 유사한 업무에 종사한다고 보아야 한다."고 전제한 후, X의 정규직 영업마케팅. 내부통제점검자들은 기간제 내부통제점검자들과 동종 또는 유사한 업무를 수행한 것으로 인정한 원심의 판단을 정당하다고 보았다.

2. 대법원은 불리한 처우의 합리적 이유여부에 관하여 "**불리한 처우란 사용자가 임금 그 밖의 근로조건 등에서 기간제근로자와 비교대상 근로자를 다르게 처우함으로써 기간제근로자에게 발생하는 불이익 전반을 의미하고, 합리적인 이유가 없는 경우란 기간제근로자를 다르게 처우할 필요성이 인정되지 않거나 다르게 처우할 필요성이 인정되는 경우에도 그 방법, 정도 등이 적정하지 않은 경우를 의미한다**. 그리고 합리적인 이유가 있는지 여부는 개별 사안에서 문제된 불리한 처우의 내용과 사용자가 불리한 처우의 사유로 삼은 사정을 기준으로 기간제근로자의 고용형태, 업무의 내용과 범위, 권한과 책임, 임금 그 밖의 근로조건 등의 결정요소 등을 종합적으로 고려하여 판단하여야 한다."고 하면서, 통근비와 중식대의 차등지급 관련 합리적 이유가 없다는 원심의 판단을 정당하다고 보았다.

3. 대법원은 임금차별의 '계속되는 차별적 처우'여부에 관하여, **계속되는 차별적 처우에 대하여 그 종료일부터 3개월 내에 시정을 신청하였다면 그 계속되는 차별적 처우 전체에 대하여 제적기간을 준수한 것이 되고, 사용자가 계속되는 기간제근로자의 근로제공에 대하여 합리적인 이유없이 불리하게 임금을 지급하여 왔다면 특별한 사정이 없는 한 그러한 임금의 차별적 지급은 '계속되는 차별적 처우'에 해당한다**고 전제한 후, 이 사건 통근비와 중식대의 차별적 처우는 계속되는 차별적 처우에 해당하므로, 그 종료일로부터 3개월이 경과하기 전에 차별적 처우의 시정을 신청한 이상 차별적 처우가 있었던 전체 기간의 통근비와 중식대 지급과 관련하여 그 시정을 구할 수 있다고 한 원심의 판단을 정당하다고 하였다.

03 | 판결의 의의와 한계

기간제법상 차별적 처우가 성립하려면 ① 신청권자(기간제근로자 등)는 제척기간(구법 3개월, 현행법 6개월)내에 시정신청해야 하고 ② 동종 또는 유사한 업무에 종사하는 비교대상 근로자가 존재하여야 하며 ③ 차별금지영역에 관한 처우가 신청인에게 불리한 것이고 ④ 불리한 처우의 합리적 이유가 없어야 한다.

이와 관련 이 사건의 쟁점은 다음의 세 가지다.

1. 업무의 동종. 유사성여부

X가 정규직 임금피크제 근로자들에게 영업마케팅 업무를 주된 업무로, 내통제점검 업무를 부수적 업무로 부여하였음에도 불구하고, 그들이 내부통제점검 업무를 전담한 기간제근로자들과 동종 또는 유사한 업무에 종사한 것으로 볼 수 있는지 여부이다. 대상판결에 따르면, **업무의 동종. 유사성 여부는 실제 수행하여 온 업무를 기준으로 판단해야 하고 주된 업무의 내용에 본질적인 차이가 없다면 원칙적으로 업무의 동종. 유사성이 인정된다.** 사용자가 정규직근로자에게 어떤 업무를 주된 업무로 부여했어도 그 업무가 실제 수행된 업무가 아니라면 그 업무를 주된 업무로 볼 수 없을 것이다. 이 사건에서 사용자는 정규직근로자들에게 영업마케팅 업무를 주된 업무로, 내부통제점검업무를 부수적인 업무로 부여했으나, 영업마케팅 업무에 관해 관리. 감독을 하지 않아서 영업실적이 거의 없었을 뿐만 아니라 직원평가의 중요 요소로 고려되지도 않았던 반면에 내부통제점검 업무는 제대로 수행된 것으로 인정되었고, 이러한 사정을 주된 근거로 하여 이 사건 정규직근로자들과 내부통제점검 업무를 전담한 기간제근로자들 간에는 그 업무의 동종. 유사성이 있는 것으로 판단되었다.[226]

2. 불리한 처우의 합리성 여부

대상판결은 사용자가 정규직근로자와 동종. 유사한 업무를 수행하는 기간제근로자에 대해 임금 등에서 불리한 처우를 하는 경우 그 이유 내지 목적의 정당성이 없는 경우 뿐만이 아니라, 이유. 목적의 정당성이 있는 경우라도 그 방법과 정도가 적정하지 않으면 **합리적 이유없는 차별에 해당**한다고 하였다. 즉, 달리 처우할 필요성(차별의 목적)이 인정되어도 달리 처우하는 방법. 정도(차별의 수단)가 적정하지 않으면 합리적 이유가 없는 차별에 해당된다고 판단했다. 이 사건에서 기간제근로자들에 대한 통근비와 중식대의 불리한 지급은 그 지급의 목적과 성격(실비변상적인 지급)에 비추어 볼 때 '다르게 처우할 필요성이 인정되지 않는 경우'에 해당하는 것으로 보았기 때문에 다르게 처우하는 방법. 정도의 적정성에 관해서는 판단을 할 필요가 없었다.

---

[226] 앞의 책, 224면.

3. 임금차별의 '계속되는 차별적 처우'의 해당여부

기간제근로자들에 대한 통근비와 중식대의 불이익한 지급이 합리적 이유가 없는 차별이라면, X의 차별적 처우는 시정신청일 이전 3개월 내에 발생한 것뿐인지 아니면 그 전에 발생한 차별적 처우까지 포함한 전체가 시정대상이 되는 '계속되는 차별적 처우'에 해당하는지가 문제이다. 임금차별이 '계속되는 차별적 처우'에 해당하지 않는다고 보면 기간제근로자는 제척기간(구법상 차별시정 신청일 이전 3개월, 현행법상 6개월) 내의 임금차별에 대해서만 구제받을 수 있는 반면에, 임금차별이 '계속되는 차별적 처우'에 해당하는 것으로 본다면 제척기간 이전의 임금차별까지 구제받을 수 있다.[227] 대상판결은 차별적 해고 등과 달리 임금차별은 상당한 기간에 걸친 일련의 행위로서 계속적, 반복적으로 발생하기에 '계속되는 차별적 처우'에 해당한다고 판시하고 있다.

---

[227] 앞의 책, 225면.

09 도급인의 산업안전보건법 위반책임

대법원 2009.5.28, 2008도7030판결(산업안전보건법위반)

01 사실관계[228]

　종합건설업체인 Y1는 비계구조물해체와 철근콘크리트 전문건설업체인 Y2에 비계구조물 해체 작업 전체를 하도급하였다. X1은 Y1의 현장소장으로서 산업안전보건법 제13조의 안전보건관리책임자였고 X2는 Y2의 비계팀장으로서 사고현장의 안전관리자이었다. X2는 사고현장의 비계해체작업을 근로자에게 지시하면서 해체 작업의 편리성과 효율성을 위해 3m 간격으로 설치되어 있던 추락방지망을 제거하고 해체작업을 하도록 하였다. 이에 따라 해체 작업을 하던 도중 근로자가 추락하여 사망하는 사고가 발생하였다.

　안전보건관리책임자인 X1는 공사현장의 안전보건 및 관리업무를 총괄적으로 지휘·감독하였고, Y1소속 직원 15명이 업무를 분장하여 구체적으로 작업현장을 관리·감독하여 왔다. Y1의 건축시공담당자는 비계해체에 관한 매우 구체적인 작업절차서를 작성하여 현장소장 X1의 승인결재를 받았는데 계획서에는 작업자 특별안전교육실시, 출입금지 구역설정, 층별로 추락방지망 해체 등의 세부작업절차가 포함되어 있었다. Y2는 Y1안전요원의 감독을 받으면서 작업절차서에 따라 추락방지망을 모두 제거한 후 비계해체 작업을 진행하였는데 사고 발생 당시, Y1의 안전요원 1명이 작업현장에서 근로자들의 작업을 감독하고 있었고 Y1의 안전대리 등은 피해자를 포함한 근로자들을 상대로 비계설치·해체 작업에 대한 특별안전교육을 실시하기도 하였다. 검사는 Y1에 대해서 산업안전보건법 제68조 제1호(현행 2호), 제29조 제2항(현행 제3항) 위반죄를 적용하고, Y2에 대해서는 산업안전보건법 제66조의2, 제23조 제3항을 적용한 후 X1, X2에 대해서는 형법 제268조 업무상과실치상죄를 적용하였다.

---

[228] 앞의 책, 226면.

02 판결의 내용

대법원은 사업주인 Y1과 Y2의 산업안전보건법 위반죄에 대해서는 무죄, 각 소속 근로자인 X1, X2의 업무상과실치사죄에 대해서 모두 유죄취지의 파기환송판결을 선고하였다. **Y1의 산업안전보건법 위반죄에 관해서는 공사현장에서 행하여지는 사업의 일부가 아닌 전부를 도급하였으므로 사업의 일부도급을 전제로 규정한 산업안전보건법 제29조 제2항이 적용되지 않는다고 판단하였다.** Y2의 산업안전보건법 위반죄에 대해서는, X2가 작업의 편리성에 치중하여 3m간격으로 설치되어 있던 추락방지망을 제거하고 매트리스를 설치하는 등의 추가적 위험방지조치를 강구하지 않았다고 하더라도, **안전규칙에서 그와 같은 추락방지망 등을 설치할 의무에 관하여 따로 규정하고 있지 아니한 이상, 산업안전보건법 제23조 제3항의 안전조치의무를 위반한 경우에 해당한다고 볼 수는 없다고** 판단하였다. 반면, 현장의 안전보건관리책임자 X1에 대해서는 X1에게 인정되는 업무상 주의의무에 관하여 면밀히 심리를 하여 비계해체 작업과 관련하여 필요한 안전조치를 취하지 않은 데에 과실이 있는지를 판단하여 유무죄를 밝혀야 한다는 취지의 판단을 하였다.

03 판결의 의의와 한계

Y1(도급인)의 형사책임과 관련하여서 보면, 대법원은 도급인 Y1의 산업안전보건법 위반죄에 관해서는 공사현장에서 행하여지는 사업의 일부가 아닌 전부를 도급하였으므로 사업의 일부 도급을 전제로 규정한 산업안전보건법 제29조 제2항이 적용되지 아니한다고 판단하였다.

이에 대해 조문의 적용요건을 검토하여 보면 다음과 같다. **첫째, 적용대상이 되는 사업주는 같은 장소에서 행하여지는 사업을 영위하는 자이어야 한다.** 이는 장소를 달리하는 사업을 영위하는 경우에는 안전보건에 관한 규율 사항이 달라지기 때문에 동일한 안전조치의무를 부담하는 장소적 범위를 같은 장소에서 영위하는 사업으로 한정한 것이다. **둘째, 그런 사업 중 사업의 일부를 도급을 주어하는 사업의 사업주이어야 한다.**229) 여기서 사업의 일부란 도급인 사업주가 행하는 1개의 사업을 이루는 개별 사업부분으로 이해할 수 있는데, 예를 들어 아파트 단지 1개의 시공사업을 하는 사업주는 해당 사업의 토목, 골조, 비계, 내장 등 각 부분을 나누어서 사업의 일부로 도급을 주기 때문에 이 경우 사업의 일부를 도급을 주어하는 사업의 사업주가 된다.230) **셋째, 산안법 제29조 제2항의 안전조치의무는 도급인의 근로자와 그의 수급인이 사용하는 근로자가 같은 장소에서 작업하는 경우에 발생한다.**

---

229) 앞의 책, 227-228면.
230) 앞의 책, 228면.

도급인근로자와 수급인근로자의 혼재작업을 전제한 이유는 도급인은 계약의 형식과 효력상 수급인근로자에 대해서는 직접적으로 계약상 안전배려 의무를 부담하지 않는다는 논리를 전제한 것으로서, 법에서 도급인의 안전조치의무의 범위를 확대하는 이유는 수급인의 근로자가 자신의 근로자와 동일한 위험원인에서 기인하는 동일한 위험에 처하여 있다는 것이다.[231]

하도급을 받은 Y2가 철근콘크리트 및 비계구조물해체 전문건설업체인 점과 사망사고가 비계해체과정에서 발생한 점을 고려하여 비계해체작업 전부를 Y2에게 하도급 한 것으로 보아. 대법원은 이런 경우를 사업의 일부 도급이 아닌 전부 도급으로 이해하여 산업안전보건법 제29조 제2항이 적용되지 아니하는 것으로 판단한 듯하다.

그러나 산안법 제29조 제1항이 변경되어 "같은 장소에서 행하여지는 사업으로서 다음 각 호의 어느 하나에 해당하는 사업 중 대통령령으로 정하는 사업의 사업주는 그가 사용하는 근로자와 그의 수급인이 사용하는 근로자가 같은 장소에서 작업을 할 때에 생기는 산업재해를 예방하기 위한 조치를 하여야 한다. ① 사업의 일부를 분리하여 도급을 주어하는 사업 ② **사업이 전문분야의 공사로 이루어져 시행되는 경우 각 전문분야에 대한 공사의 전부를 도급을 주어하는 사업**(2011.7.25. 개정)"으로 되었다. 따라서 산안법 제29조 제1항 제2호의 경우가 대상판결의 사실관계에 해당하는 유형의 사업인바. 개정법에 따르면 도급인(Y1)에게 산안법 제29조 제2항이 적용되어 안전조치의무를 진다.

---

[231] 앞의 책, 228면.

10 과로사와 업무상 재해

기타법

대법원 2004.9.3, 2003두12912판결(유족급여및장의비부지급처분취소)

01 사실관계[232]

X의 처인 망인(A)(생산직 근로자)은 만 46세의 중년으로 평소 고혈압이 있었는데 퇴근하는 통근버스 안에서 의식을 잃고 쓰러져 병원으로 후송되던 중 사망하였다.(사인은 급성심근경색에 의한 심장마비나 뇌혈관질환으로 추정) X는 A의 사망이 업무상 재해에 해당한다고 주장하면서 근로복지공단에 유족급여 및 장의비의 지급을 신청하였으나, 근로복지공단이 업무상 재해에 해당하지 않는다는 이유로 그 지급을 거부하는 처분을 하자 원고는 이러한 처분의 취소를 구하는 소를 제기하였다.

A(1955.4.10. 생)는 1993.1.27. Y회사에 입사하여 트렌스사업부 권선반 생산직 근로자로 근무하여 왔는데, 2001.6.8. 17:40경 퇴근하는 통근버스 안에서 언쟁을 하던 다른 근로자들에게 "조용히 하라!"고 외친 뒤 의식을 잃고 쓰러져 현대외과의원으로 후송되던 중 사망하였다. A에 대한 부검이 실시되지 아니하였으나, A의 시체를 검안한 의사는 직장동료들의 진술과 당시의 정황에 비추어 A의 사인을 급성심근경색에 의한 심장마비 또는 뇌혈관질환으로 추정하였다. A는 2000년 건강검진에서 고혈압으로 내과 치료를 요한다는 판정을 받았으나 치료를 받은 적은 없다.

A의 업무내용은 권선기를 사용하여 0.3~0.5mm의 동선을 감는 작업으로 비교적 단순한 노무작업이고, A의 근무시간은 08:30~17:20(휴식시간 70분포함)이며, A는 일주일에 4일간 2시간씩 연장근무를 하고 매월 2일간 휴일근무를 하였다. A가 사망하기 이전 1개월간 권선반의 작업량은 그 이전에 비하여 감소하였고, 망인이 사망하기 이전 1주일간 중 2001.6.1.에는 07:30~17:23근무, 6.2.에는 토요격주 휴무로 휴무, 6.4.과 6.5.에는 08:30~19:20근무, 6.6.과 6.7.에는 08:30~17:20근무, 사망한 날인 6.8.에는 08:30~17:23근무하였다.

Y회사에서는 2000년경부터 작업시간 중 잡담 및 라디오청취 금지 등의 조치를 시행하였고, 허락없이 화장실을 가지 못하도록 통제하였으며, 생산계장은 2001.4.경 A를 포함한 생산직근로자들에게 불량품이 발생하면 적자가 발생하여 인원감축요인이 발생할 수 있으므로 생산량을 높이라는 취지의 발언을 한 적이 있었다.

---

232) 앞의 책, 230면.

02 판결의 내용

1. 산재보험법 제4조(현행법 제5조) 제1호 소정의 업무상 재해라고 함은 근로자의 업무수행 중 그 업무에 기인하여 발생한 질병을 의미하는 것이므로 업무와 사망의 원인이 된 질병 사이에 인과관계가 있어야 하지만, **질병의 주된 발생원인이 업무수행과 직접적인 관계가 없더라도 적어도 업무상의 과로나 스트레스가 질병의 주된 발생원인에 겹쳐서 질병을 유발 또는 악화시켰다면 그 사이에 인과관계가 있다고 보아야 할 것이고**, 그 인과관계는 반드시 의학적. 자연과학적으로 명백히 입증하여야 하는 것은 아니고 제반 사정을 고려할 때 업무와 질병 사이에 상당인과관계가 있다고 추단되는 경우에도 그 입증이 있다고 보아야 하며, 또한 평소에 정상적인 근무가 가능한 기초 질병이나 기존 질병이 직무의 과중 등이 원인이 되어 자연적인 진행속도 이상으로 급격하게 악화된 때에도 그 입증이 있는 경우에 포함되는 것이며, 업무와 사망과의 인과관계의 유무는 보통평균인이 아니라 당해 근로자의 건강과 신체조건을 기준으로 판단하여야 한다.

2. 대상판결은 "망인의 건강과 신체조건에 비추어 볼 때 과중한 업무로 과로하거나 감원 등에 대한 불안감으로 인하여 스트레스를 받았다고 볼 여지가 있고, 한편 과로와 스트레스가 일시적으로 혈압을 상승시켜 급성심근경색의 원인이 될 수 있다는 것이 의학적인 소견이므로, 사정이 이러하다면 **망인의 고혈압은 업무와 관련이 없다 하더라도 업무의 과중으로 인한 과로와 감원 등으로 인한 스트레스가 고혈압을 자연적인 진행 속도 이상으로 악화시켜 급성심근경색증을 유발하거나 기존 질환인 고혈압에 겹쳐 급성심근경색증을 유발하여 심장마비로 사망에 이르게 한 것으로 추단된다.**"고 판시하였다. 그 이유로 ① 망인은 입사시부터 재해 발생 전일까지 약 8년 4개월 동안 매월 46시간 남짓 연장근로를 하였고, 매월 2일씩 휴일근무를 하여 온 사실에 비추어 장기간 육체적 피로가 누적되어 왔을 것으로 보이는 점 ② … 망인이 속한 생산라인의 경우 생산성이 낮은데다가 불량률마저 높아 다른 근로자들보다 감원이 있게 되면 우선순위가 될 가능성이 있었던 점 ③ 그럼에도 망인은 장애자인 남편과 자녀들을 부양하여야 할 입장이었으므로 감원에 대한 불안감이 상당했으리라 보이는 점 ④망인의 업무내용이 고도의 기술을 요하는 것은 아니지만 장시간 상당한 집중력이 요구되는 것으로 보이는 점 ⑤ 망인은 당시 만 46세 2월의 중년여성으로서 고도 고혈압(170~120mmHg) 등의 기존질환을 가지고 있었음에도 이에 대한 적절한 치료를 받지 못하고 있었던 점 등을 고려한다고 판시하였다.

03 판결의 의의와 한계

　우리 법원은 **업무기인성에 대해 완화된 기준을 적용**하고 있다.233) 질병의 주된 발생원인이 업무수행과 직접적인 관계가 없더라도 적어도 업무상의 과로나 스트레스가 질병의 주된 발생원인에 겹쳐서 질병을 유발 또는 악화시킨 경우 또는 평소에 정상적인 근무가 가능한 기초질병이나 기존 질병이 직무의 과중 등이 원인이 되어 자연적인 진행속도 이상으로 급격하게 악화된 때에도 인과관계가 있는 것으로 본다.(대판 1989.11.4, 89누2318)

　평석 대상판결도 질병의 주된 발생원인이 업무수행과 직접적인 관계가 없더라도 적어도 업무상의 과로나 스트레스가 질병의 주된 발생원인에 겹쳐서 질병을 유발 또는 악화시켰다면 그 사이에 인과관계가 있다고 보아야 할 것이라고 하였다.

---

233) 앞의 책, 232면.

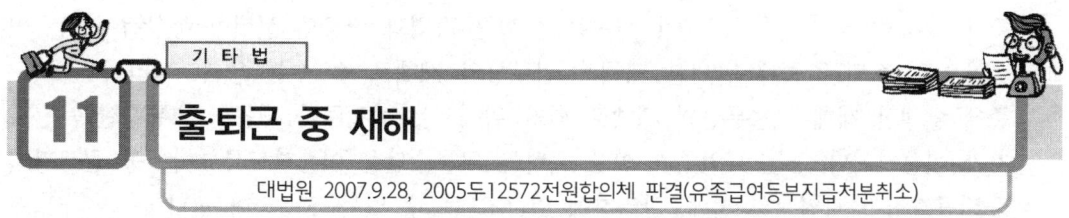

11 출퇴근 중 재해

대법원 2007.9.28, 2005두12572전원합의체 판결(유족급여등부지급처분취소)

01 사실관계[234]

원고(X)의 남편인 망인(A)은 자동차회사에 기능직사원으로 입사하여 정비 및 수리업무를 담당하였다. 2002.3.9. 아침 8시경 평소처럼 본인소유의 승용차를 이용해 출근하다가 교차로에서 제3자가 운전하는 차량에 좌측 충격막이(fender) 및 운전석 문짝을 충격받는 교통사고로 사망하였다.

X는 남편의 사망이 산재보험법상 업무상 재해라는 이유로 근로복지공단에게 산재급여(유족보상 및 장의비)를 청구하였다. 공단은 A가 본인 소유의 승용차를 이용해 출근하던 중 교통사고가 발생해 사망하였는데, 그 사망이 업무상 재해가 아니라는 이유로 X에게 산재급여의 지급을 거부하는 처분을 하였다. 제1심과 항소심인 원심은 X의 남편이 업무수행 중 교통사고를 당하거나 그의 출퇴근 과정이 사용자의 지배나 관리를 받는 상태였다고 인정할 수 없기 때문에 A가 사망한 재해를 업무상 재해가 아니라고 판시하였다. 대법원 전원합의체 판결에서는 업무상 재해로 인정해야 한다는 반대의견(5명)이 있었으나 종래 대법원판례의 해석론이 다수의견(7명)으로 채택되어 X의 상고는 기각되었다.

02 판결의 내용

ㅣ• 다수의견

근로자의 출퇴근이 노무의 제공이라는 업무와 밀접, 불가분의 관계에 있다 하더라도, 일반적으로 출퇴근 방법과 경로의 선택이 근로자에게 유보되어 있어 통상 사업주의 지배, 관리하에 있다고 할 수 없고, 산재보험법에서 근로자가 통상적인 방법과 경로에 의하여 출퇴근하는 중에 발생한 사고를 업무상 재해로 인정한다는 특별한 규정을 따로

---
[234] 앞의 책, 234면.

두고 있지 않은 이상, 근로자가 선택한 출퇴근 방법과 경로의 선택이 통상적이라는 이유만으로 출퇴근 중에 발생한 재해가 업무상의 재해로 될 수는 없다. 따라서 **출퇴근 중에 발생한 재해가 업무상의 재해로 되기 위해서는 사업주가 제공한 교통수단을 근로자가 이용하거나 또는 사업주가 이에 준하는 교통수단을 이용하도록 하는 등 근로자의 출퇴근과정이 사업주의 지배, 관리하에 있다고 볼 수 있는 경우라야 한다.**

2. 반대의견

근로자의 출퇴근행위는 업무와 밀접불가분의 관계에 있는 것으로, 출·퇴근을 위한 합리적인 방법과 경로는 사업주가 정한 근무지와 출·퇴근시간에 의해 정해지므로, **합리적인 방법과 경로에 의한 출·퇴근 행위라면 이는 사업주의 지배, 관리하에 있다고 보아야 하고, 그러한 출퇴근과정에서 발생한 재해는 업무상 재해에 해당한다.**

03 판결의 의의와 한계

통근재해의 업무상 인정범위에 대한 종전의 판례는 근로자의 출·퇴근과정이 '사업주의 지배, 관리아래'에 있다고 볼 수 있는 경우에만 업무상 재해로 인정하는 입장을 확고히 견지하는 엄격한 태도를 취해왔다.(대판 1992.12.8, 92다23360등)이러한 해석은 산재보험법 시행규칙 제35조 제4항의 문언에 비교적 충실히 따른 것이라 할 수 있다. 이러한 **판례의 흐름과 같이 대상판결은 근로자 본인이 소유한 개인 승용차로 통근 도중에 교통사고로 사망한 경우 통근방법과 경로의 선택이 통상적이라는 이유만으로 업무상 재해에 해당하는 것으로 볼 수 없음을 분명히 하였다.**

통근재해에 대한 학설은 통근재해를 업무상 재해로 포섭할 것을 주장하는 적극설(다수설)과 기본적으로 판례의 태도에 동조하는 소극설(소수설)이 있다.

적극설은 통근재해는 업무와 밀접한 관련성이 있기 때문에 업무상 재해라는 견해로서 논거는 ① 통근행위는 노동력제공을 위한 필연적인 행위로서 업무와 불가분의 관계를 가지고 있다는 점 ② 특수한 형태의 출근 및 출장과 마찬가지로 구속성이 있다는 점 ③ 통근수단의 제공여부를 재해보상의 인정 기준으로 삼는 것은 형평의 원칙에 어긋난다는 점 ④ 업무상 재해의 요건이 '업무상 사유'로 바뀌면서 종전보다 인정범위가 확대되었다는 점 ⑤ 공무원에 대한 공무상 재해(공무원연금법 시행규칙 제14조)와의 형평성을 고려해 인정해야 한다는 점 ⑥ 산재보험의 사회보장적 성격을 고려할 때 업무상 인정범위를 확대해야 한다는 점 등이다.235)

---

235) 앞의 책, 236-237면.

소극설은 통근재해는 일반적으로 '사용자의 지배. 관리하'에 있다고 볼 수 없어 원칙적으로 업무상 재해가 아니라는 견해로서, 그 논거는 ① 통근행위는 업무상의 요건이 결여되어 있다는 점 ② 통근재해는 업무상 재해로 인정하기 보다는 사회보장적 차원에서 별개의 방식으로 해결하는 것이 바람직하다는 점 ③ 통근재해를 업무상 재해로 인정하기 위해 사용자가 통근재해를 예방하거나 감소할 수 있는 지위에 있어야 하는데, 사용자가 제공한 차량을 근로자가 이용하는 경우에만 가능하다는 점 등이다.[236]

---

[236] 앞의 책, 237면.

12 직장 내 성희롱과 사용자책임

대법원 1998.2.10, 95다39533판결(손해배상)

01 사실관계[237]

원고(X)는 국립S대의 어느 실험기기의 관리와 운영을 업무로 하는 유급조교로 근무했다가 해임당한 여성으로서 1993.10.18. 우리나라 최초로 성희롱을 문제삼은 소송을 제기했다. X는 실험기기의 관리책임자인 남자교수(피고Y)가 기기의 조작방법을 지도하는 과정에서 가슴을 자신의 등에 가까이 대고 포옹하는 듯한 자세를 한 채로 자신의 앞에 있는 컴퓨터 키보드를 치기도 하고 자신의 어깨와 등, 머리를 만지거나 몸매를 감상하는 듯한 태도를 종종 취하여 불쾌했는데, 단둘이 입방식과 산책을 하자는 제안을 하여 거절하였더니 그때부터 비우호적인 태도를 보였고 보복적으로 재임용추천을 하지 않아 계약기간이 만료되기 전에 해임당했다고 주장했다. X는 Y가 인간의 존엄성이 보장되고 부당한 차별을 받지 않고 일할 권리를 침해하는 등의 **불법행위를 하였으며** 또한 S대 총장(Y2)과 대한민국(Y3)은 공무원 Y의 관리자 및 사용자로서 Y의 불법행위에 대한 사용자책임이 있으므로 Y, Y2, Y3는 연대하여 **총5천만원의 손해배상**을 자신에게 지급할 것을 청구했다.

반면, Y는 자신의 행동은 실험기기의 작동교육의 과정에서 불가피하게 발생한 것이거나 순수한 친밀감의 표시였고 원고가 직장을 그만두게 된 것은 1년임기가 만료된 후 재임용되지 않은 결과이며 원고를 재임용추천 하지 않은 것은 원고가 불성실하고 업무를 원만히 처리하지 못했기 때문이고 자신은 원고의 임용에 관해 실질적인 결정권을 가지지 않는다고 주장했다.

---

[237] 앞의 책, 246면.

02 판결의 내용

1. Y의 언동에 관한 판단

1) 성적 표현행위의 위법성여부는 쌍방 당사자의 연령이나 관계, 행위가 행해진 장소 및 상황, 성적 동기나 의도의 유무, 행위에 대한 상대방의 명시적 또는 추정적인 반응의 내용, 행위의 내용 및 정도, 행위가 일회적 또는 단기간의 것인지 아니면 계속적인 것인지 여부 등의 구체적 사정을 종합하여, 그것이 사회공동체의 건전한 상식과 관행에 비추어 볼 때 용인될 수 있는 정도의 것인지 여부 즉, 선량한 풍속 또는 사회질서에 위반되는 것인지 여부에 따라 결정되어야 한다.

2) Y의 언동은 분명히 **성적인 동기와 의도를 가진 것으로 보여지고**, 그러한 성적인 언동은 집요하고 계속적인 까닭에 사회통념상 일상생활에서 허용되는 단순한 농담 또는 호의적이고 권유적인 언동으로 볼 수 없고, 오히려 **피해자로 하여금 성적 굴욕감이나 혐오감을 느끼게 하는 것으로서 피해자의 인격권을 침해한 것이며, 이러한 침해행위는 선량한 풍속 또는 사회질서에 위반하는 위법한 행위이다.**

3) 성희롱의 위법성의 문제를 논함에 있어서는 이를 일반 불법행위의 한 유형으로 파악하여 행위의 위법성 여부에 따라 불법행위의 성부를 가리면 족한 것이다. 그런데 원심이 성적 괴롭힘이라는 새로운 불법행위의 형태를 만들고 그 성립요건을 엄격하게 한 것은 불법행위를 구성하는 성희롱의 요건, 한계, 입증책임과 인격권 침해 등 정신적 손해의 배상에 관한 법리를 오해한 위법을 범한 것이다.

2. Y의 불법행위에 대한 사용자책임에 관한 판단

1) 고용관계 또는 근로관계는 이른바 계속적 채권관계로서 인적 신뢰관계를 기초로 하는 것이므로, 고용계약에 있어 피용자가 신의칙상 성실하게 노무를 제공할 의무를 부담함에 대하여, **사용자로서는 피용자에 대한 보수지급의무 외에도 피용자의 인격을 존중하고 보호하며 피용자가 그 의무를 이행하는데 있어서 손해를 받지 아니하도록 필요한 조치를 강구하고 피용자의 생명, 건강, 풍기 등에 관한 보호시설을 하는 등 쾌적한 근로환경을 제공함으로써 피용자를 보호하고 부조할 의무를 부담하는 것은 당연한 것이다.** 그러나 어느 피용자의 다른 피용자에 대한 성희롱행위가 그의 사무집행과는 아무런 관련이 없을 뿐만 아니라, 은밀하고 개인적으로 이루어지고 피해자로서도 이를 공개하지 아니하여 사용자로서는 이를 알거나 알 수 있었다고 보여지지 아니하다면, 이러한 경우에서까지 사용자가 피해자에 대하여 고용계약상의 보호의무를 다하지 아니하였다고 할 수는 없다.

2) Y의 행위는 그 직무범위 내에 속하지 아니함은 물론 외관상으로 보더라도 직무권한 내의 행위로 보여지는 경우라고 볼 수 없다. 그러므로 Y2, Y3는 Y의 불법행위에 대한 사용자책임이 없다.

03 판결의 의의와 한계

대상판결은 성희롱의 불법행위를 인정한 최초의 대법원 판결이며, 성희롱의 성립에 관한 판단기준과 종사자의 성희롱행위에 대한 사용자의 책임에 관한 법리를 최초로 제시한 판결이라는 역사적 의의를 가진다. 대상판결에 고무되어 성희롱에 관한 소송이 잇달아 제기되었고 성희롱을 금지하는 입법이 추진되었다. 1999.2.8. 「남녀고용평등법」이 개정되고 「남녀차별금지및구제에관한법률」이 제정되어 성희롱의 정의규정이 마련될 때, "성적 굴욕감이나 혐오감을 느끼게 하는 것"이란 대상판결의 판시가 인용되었다.[238]

그러나 한편 대상판결은 성희롱에 관한 다른 판결에 두 가지 부정적 영향력을 끼쳤다. 첫째, 민법의 불법행위 성립요건인 '고의(故意)'를 성희롱에 있어서 성적 동기나 의도로 보고 그 유무를 성희롱의 성립에 관한 판단기준의 하나로 제시하여, 판사가 피고의 행위에 성적 동기나 의도가 없다고 보면 피해자가 성적 굴욕감을 심히 느꼈다고 호소해도 성희롱이 성립되지 않는다고 판시한 판결들이 나왔다.[239] 둘째, 교수가 업무관계에 있는 조교에게 교내에서 성적 언동을 했음에도 그 행위가 직무범위 내에 있지 않으므로 업무관련성이 없다며 교수의 성희롱에 대한 사용자의 불법행위책임을 인정하지 않아 그 영향으로 업무관련성을 좁게 해석하여 성희롱과 그에 관한 사용자책임을 부인하는 판결들도 잇달아 나왔다.[240]

---

238) 앞의 책, 248면.
239) 앞의 책, 248면.
240) 앞의 책, 248면.

13 산재보험과 제3자에 대한 구상권

대법원 2011.7.28, 2008다12408판결(구상금)

01 사실관계241)

산재보험법에 의한 보험가입자인 A1회사가 자신이 시공하는 건물신축공사 중 전기공사 부분을 A2에게 도급하였다. A1소속 방수공들인 Y1과 Y2는 건물신축공사의 주차장 바닥에 방수공사를 하기 위하여 제3자의 출입을 막는 줄을 쳐 두었는데, A2에게 고용된 X가 전기공사를 하려고 흙이 묻은 신발을 신은 채 위 주차장 안으로 들어갔다.

이에 Y1이 X의 행위를 탓하며 욕을 하자 X도 욕을 하면서 Y1을 때릴 기세로 Y1에게 다가가 멱살을 잡았다. 이를 보고 있던 Y2가 X의 뒤에서 허리춤을 잡고 오른손으로는 X의 왼쪽 안면부를 잡아 오른쪽으로 세게 잡아 당겨 비트는 방법으로 목뼈 부분에 심한 충격을 주어 X로 하여금 제1~2 경추 불안정 중 경수 불완전 손상 등의 상해를 입게 하였다. 이에 X는 위의 상해가 업무상 재해에 해당한다며 근로복지공단에 요양신청을 하여 산재보상을 받았다. 이후 근로복지공단은 가해자인 피고 Y1과 Y2를 상대로 구상금청구소송을 제기하였다.

02 판결의 내용

- 구 산업재해보상보험법(2003.12.31. 법률 제7049호로 개정되기 전의 것, 이하 '구산재법'이라 한다.)에 규정된 '업무상 재해'라 함은 업무상 사유에 의한 근로자의 부상, 질병, 신체장해 또는 사망을 말하는데, 근로자가 직장안에서 타인의 폭력에 의하여 재해를 입은 경우, 그것이 가해자와 피해자 사이의 사적인 관계에 기인한 경우 또한 피해자가 직무의 한도를 넘어 상대방을 자극하거나 도발한 경우에는 업무상 사유에 의한 것이라고 할 수 없어 업무상 재해로 볼 수 없으나, 직장간의 인간관계 또는 직무에 내재하거나 통상 수반하는 위험의 현실화로서 업무와 상당인과관계가 있으면 업무상 재해로 인정하

---

241) 앞의 책, 242면.

여야 한다. … 이 사건 사고는 건물신축 공사현장에서 작업의 진행방식 내지 진행순서에 관한 근로자들 상호간의 의사소통의 부족으로 인하여 야기된 다툼으로서 직장안의 인간관계 또는 직무에 내재하거나 통상 수반하는 위험이 현실화된 것일뿐 피고Y1, Y2와 X사이의 사적인 관계에 기인한 경우 내지 X가 직무의 한도를 넘어 상대방을 자극하거나 도발한 경우라고 볼 수 없으므로 업무와 이 사건 재해사이에는 상당인과관계가 있다고 봄이 타당하다.

2. 그런데 동료근로자에 의한 가해행위로 인하여 다른 근로자가 재해를 입어 그 재해가 업무상 재해로 인정되는 경우에 그러한 가해행위는 마치 사업장 내 기계기구 등의 위험과 같이 사업장이 갖는 하나의 위험이라고 볼 수 있으므로, 그 위험이 현실화하여 발생한 업무상 재해에 대하여는 근로복지공단이 궁극적인 보상책임을 져야 한다고 보는 것이 산업재해보상보험의 사회보험적 내지 책임보험적 성격에 부합한다. 이에 더하여 **사업주를 달리하는 경우에도 하나의 사업장에서 어떤 사업주의 근로자가 다른 사업주의 근로자에게 재해를 가하여 근로복지공단이 재해근로자에게 보험급여를 한 경우 근로복지공단은 구 산재법 제 54조 제1항**(현행법 제87조) 단서에 의하여 가해근로자 또는 그 사용자인 사업주에게 구상할 수 없다는 것까지 고려하면, 근로자가 동일한 사업주에 의하여 고용된 동료근로자의 행위로 인하여 업무상의 재해를 입은 경우에 그 동료근로자는 보험가입자인 사업주와 함께 직, 간접으로 재해근로자와 산업재해보상보험관계를 가지는 사람으로서 구 산재법 제54조 제1항(현행법 제87조)에 **규정된 '제3자'에서 제외된다고 봄이 타당하다.** … 피고 Y1, Y2는 유탑엔지니어링 소속 근로자들이고 X는 소외인에 의해서 고용된 근로자이나 유탑엔지니어링이 구산재법 제9조 제1항에 의해 X에 대해서도 보험가입자의 지위에 있는 사업주인 이상, 가해 근로자인 Y1, Y2와 피해근로자인 X는 보험가입자인 유탑엔지니어링과 함께 직, 간접적으로 산업재해보상보험관계를 가지는 사람으로서 구산재법 제54조 제1항(현행법 제87조)에 규정된 '제3자'에서 제외된다고 할 것이다.

03 판결의 의의와 한계

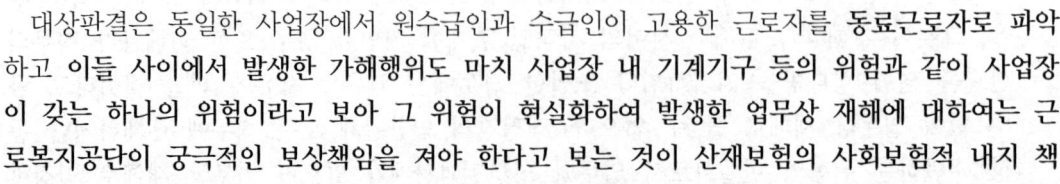

대상판결은 동일한 사업장에서 원수급인과 수급인이 고용한 근로자를 **동료근로자로 파악**하고 이들 사이에서 발생한 가해행위도 마치 사업장 내 기계기구 등의 위험과 같이 사업장이 갖는 하나의 위험이라고 보아 그 위험이 현실화하여 발생한 업무상 재해에 대하여는 근로복지공단이 궁극적인 보상책임을 져야 한다고 보는 것이 산재보험의 사회보험적 내지 책임보험적 성격에 부합한다고 판시하면서 근로복지공단이 신청한 가해 동료근로자에 대한

구상권을 인정하지 않은 것은 산재보험법의 법리에 충실한 판결이라고 평가된다.

산재법 제87조(제3자에 대한 구상권)는 제1항에서 "공단은 제3자의 행위에 따른 재해로 보험급여를 지급한 경우에는 그 급여액의 한도 안에서 급여를 받은 자의 제3자에 대한 손해배상청구권을 대위(代位)한다."라고 하고 있으며, 단서에서는 "다만 보험가입자인 2이상의 사업주가 같은 장소에서 하나의 사업을 분할하여 각각 행하다가 그 중 사업주를 달리하는 근로자의 행위로 재해가 발생하면 그러하지 아니하다."라고 하고 있다.

14 유족급여와 손해배상의 조정

대법원 2009.5.21, 2008다13104 전원합의체판결(양수금)

01 사실관계[242]

대상판결의 사안을 이 주제와 관련된 부분으로 한정하여 살펴본다. 기중기로 한계하중을 초과한 공사자재를 올리던 중 기중기의 철심밧줄이 끊어지는 바람에 1.5톤가량의 강관이 약 4m 높이에서 떨어져 지상에서 작업 중이던 A와 B를 덮쳐 이 근로자들이 사망하였다. 근로복지공단은 산재보험급여로 유족급여수급권자인 A의 사실상 처 A1, B의 법률상의 처 B1에게 유족보상급여를 각 지급하였다. A의 상속인으로는 아들 A2, A3가 있고, B의 상속인으로는 법률상 처(B1)와 딸 B2, B3, B4, B5가 있다. 근로복지공단(원고)은 수급권자(A1, B1)을 제외한 망인 A와 B의 공동상속인(A2. A3, B2~B5)로부터 이들이 상속받은 망인들의 일실수입 상당 손해배상채권을 양도받아 피고들(가해차량인 기중기의 소유자겸 운전기사와 이 가해차량이 가입한 자동차종합보험의 보험자)을 상대로 위 손해배상채권의 양수금을 청구하는 소송을 제기하였다. 원심은 종래 판례의 입장에 따라 망인들의 일실수입 상당의 손해배상액보다 수급권자들이 받은 유족급여를 유족보상일시금으로 환산한 금액이 더 많으므로 각 손해액에서 유족보상일시금 환산액을 공제하고 나면 망인들의 공동상속인들이 상속받을 손해배상채권은 전혀 남지 않는다는 이유로 근로복지공단의 청구를 배척하였다. 이에 근로복지공단이 대법원에 상고한 사건이다.

02 판결의 내용

대상판결은 "근로자가 업무상 재해로 사망함에 따라 근로복지공단이 구 산재보험법에 의한 유족급여를 수급권자에게 지급하였다 하더라도, 수급권자가 아닌 망인의 공동상속인들이 상속한 손해배상채권과 그 유족급여의 수급권은 그 귀속주체가 서로 상이하여 상호보완적 관계를 인정할 수 없으므로, 수급권자에 대한 유족급여의 지급으로써 그 수급권자가 아닌 다른 공동상속인들에 대한 보험가입자의 손해배상책임까지 같은 법 제48조(현행법 제80조)

---
[242] 앞의 책, 238면.

제2항에 의하여 당연히 소멸된다고 할 수는 없다."고 하면서,

"근로자가 업무상 재해로 사망함에 따라 발생하는 망인의 일실수입 상당 손해배상채권은 모두가 그 공동상속인들에게 각자의 상속분 비율에 따라 공동 상속되고, 근로복지공단이 구 산재보험법에 의하여 수급권자에게 지급하는 유족급여는 당해 수급권자가 상속한 일실수입 상당 손해배상채권을 한도로 하여 그 손해배상채권에서만 공제하는 것으로 해석하여야 하고, 이와 달리 **망인의 일실수입 상당 손해배상채권에서 유족급여를 먼저 공제한 후 그 나머지 손해배상채권을 공동상속인들이 각자의 상속분 비율에 따라 공동상속하는 것으로 해석할 것은 아니다.**"라고 판시하였다.

03 판결의 의의와 한계

1. 산재보험법 제80조(다른 보상이나 배상과의 관계) 제2항은 "수급권자가 동일한 사유에 대하여 이 법에 따른 보험급여를 받으면 보험가입자는 그 금액의 한도 안에서 「민법」이나 그 밖의 법령에 따른 손해배상의 책임이 면제된다."라고 하고 있다. 산재법 제80조 제2항은 사용자의 중복부담과 근로자의 이중전보를 방지하기 위한 규정으로서 요건으로 '상호 보완적 관계'를 요구하고 있다. **상호 보완적 관계가 있기 위한 요건으로서는 첫째, 사유의 동일성과 둘째, 배상 또는 보상의 귀속주체의 동일성을 요한다.**

   첫째, 사유의 동일성과 관련하여, 사유의 동일성이란 산재보험급여의 대상으로 되는 손해와 손해배상의 대상이 되는 손해가 동일성을 갖는 경우여서, 다시 손해배상을 인정하게 된다면 사용자에게는 중복부담이 되고 근로자에게는 이중전보가 되는 관계에 있는 것을 말한다. 둘째, 귀속주체의 동일성(인적 동일성)은 상호보완적 관계에 있기 위해서는 사유의 동일성뿐만 아니라 귀속주체의 동일성도 요한다는 것이다.(대상판결의 입장)

2. 사망재해인 경우 손해배상청구권의 상속인과 산재보험법의 유족급여를 받을 유족이 불일치할 경우 면책의 범위와 관련하여 문제가 발생하는데, 이에는 '공제후 상속설'과 '상속후 공제설'의 입장으로 대립된다.

   1) 공제후 상속설(종래 판례의 입장)

   사망재해로 산재보험에 의한 유족급여를 수급권자가 지급받은 경우, 공동상속인들은 망인의 손해배상채권에서 그 수급권자가 지급받은 유족급여를 공제한 후 그 나머지 손해배상채권만을 각자의 상속분 비율에 따라 공동상속한다는 입장이다.[243] 이 입장

---

243) 앞의 책, 240-241면.

은 사용자의 중복부담배제에 중점을 두고 있는 견해이다.

2) 상속후 공제설(대상판결로 변경된 입장)

재해로 인한 망인의 손해배상채권이 상속인들에게 그 상속분 비율에 따라 상속된 다음, 유족급여는 당해 수급권자가 상속받은 손해액에서만 공제할 수 있다는 입장이다.244) 이 입장은 수급권자의 이중전보배제에 중점을 두고 있는 견해이다.

대상판결은 손해배상과 유족급여의 상호보완적 관계에 대해 사유의 동일성요건 뿐만 아니라 **귀속주체의 동일성 요건을 추가**하였고, **귀속주체가 동일하지 않은 경우 면책의 범위와 관련하여 '상속후 공제설'의 입장을 표명**하였다. 따라서 대상판결에 따르면 유족급여의 수급권자가 아닌 다른 상속인에게는 그 손해가 전보되지 않으므로 사용자는 손해배상책임을 면제받지 못하게 된다. 결국 **대상판결은 '상속후 공제설'의 입장을 취함으로써 유족의 생활을 두텁게 보호하는 입장에 서는 것으로 되지만 상대적으로 사용자의 부담이 확대될 수 있다.**

---

244) 앞의 책, 241면.

기 타 법

15 근로계약의 재판관할

대법원 2006.12.7, 2006다53627판결(임금)

01 사실관계[245]

　원고들(X등)은 피고회사(Y)가 직접 투자하여 중국상해에 설립한 현지법인인 A에 입사하여 그 현지 공장에서 근무하던 중국인근로자들이다. X등은 2002.4.29.경 A사와 출국연수약정을 체결하였는데 그 내용은 Y의 창원공장에서 1년 동안 기술연수를 받되, 연수장소와 내용은 Y가 결정하는 바에 따르고, A는 기본급을 지급하는 한편, 왕복여비와 연수기간 동안의 식비 및 주거비 등을 부담하며, X등은 연수기간 중 1일 8시간 근로에 시급 6,050원을 지급받기로 하는 것이었다. X등은 2002.5.9.자로 한국에 입국하여 당일 Y의 창원공장에서 간단한 기계조작 요령을 교육받은 후 바로 생산활동에 투입되었으며, 대부분 한 달에 100시간 이상의 연장근로와 야간근로에도 종사하였다. X등은 자신들이 Y의 지휘, 감독하에 임금을 목적으로 근로를 제공한 근로자임에도 Y로부터 최저임금에 미달하는 임금을 지급받았다고 주장하면서, Y에 미달임금, 수당차액 및 퇴직금의 지급을 구하는 소송을 제기하였다. 이에 대하여 Y는 X등이 A에 소속된 근로자들로 Y에 파견되어 기술연수를 받는 산업연수생의 지위에 있을 뿐이므로 근기법이나 최저임금법의 적용대상인 근로자에 해당하지 아니하고, 따라서 최저임금법 소정의 최저임금에 따른 임금이나 근기법 소정의 퇴직금을 지급할 의무가 없다고 주장하였다. 한편 X등과 A가 체결한 출국연수합의서 제8조는 "위 합의로부터 야기되거나 위 합의와 관련되는 일체의 법률적 분쟁은 원칙적으로 쌍방의 협상으로 해결하고, 협상이 되지 않을 경우 중국법률에 따라 노동중재를 통하여 해결하며, 노동중재 재결에 불복할 경우 소송을 할 수 있다."라고 정하고 있다.

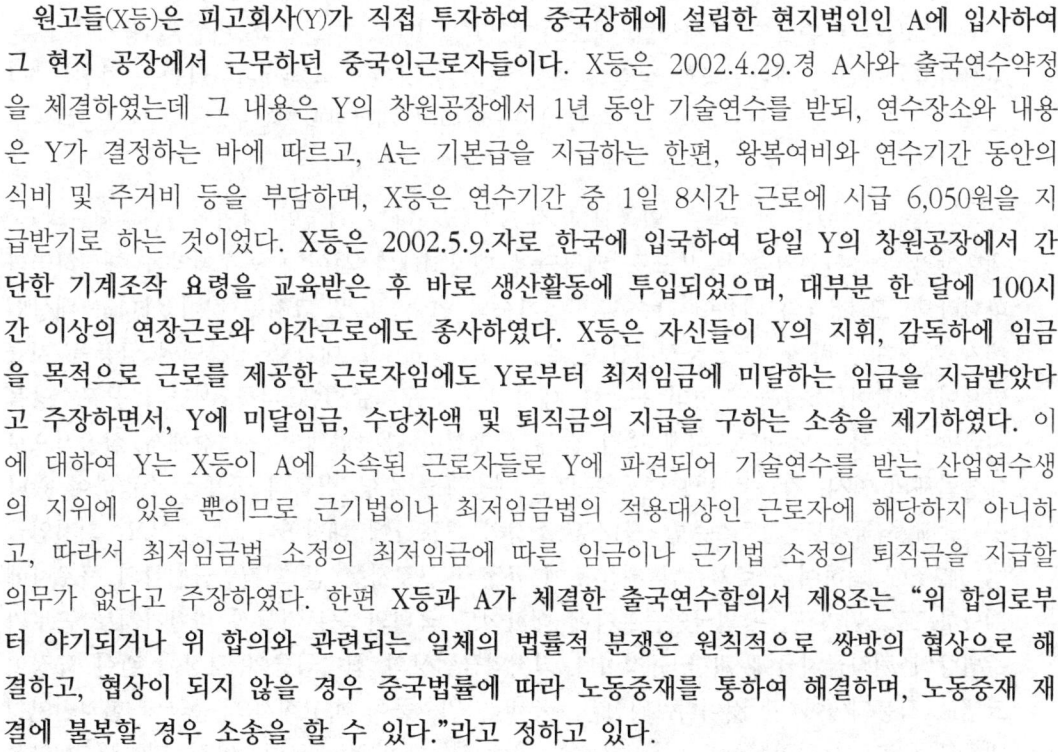

---
[245] 앞의 책, 14면.

02 판결의 내용

1. 재판관할과 관련하여 X등과 A가 체결한 출국연수합의서의 효력에 대해 대상판결은 「국제사법」"제28조 제5항에 의하면 국제재판관할에 관한 합의는 분쟁이 이미 발생한 경우(1호) 또는 근로자에게 이 조에 의한 관할법원에 추가하여 다른 법원에 제소하는 것을 허용하는 경우(2호)에 한하여 허용되는 것이므로, 근로계약의 당사자가 분쟁이 발생하기 전에 대한민국 법원의 국제재판관할권을 배제하기로 하는 내용의 합의를 하였다고 하더라도, 그러한 합의는 국제사법 제28조 제5항을 위반하는 것이어서 아무런 효력이 없다."라고 하였다. 즉, 재판관할에 관하여 합의한 출국연수합의서 제8조를 무효라고 보고, 재판관할은 국제사법 제2조 제1항에 따라 "대한민국 법원은 당사자 또는 분쟁이 된 사안이 대한민국과 실질적 관련이 있는 경우에 국제재판관할권을 가진다."라고 하고 있어, '실질적 관련이 있는' 대한민국법원이 재판관할권을 갖는다고 보았다.

2. 산업기술연수사증을 발급받은 외국인이 정부가 실시하는 외국인 산업기술연수제도의 국내대상업체에 산업기술연수생으로 배정되어 대상업체와 사이에 연수계약을 체결하였다 하더라도, 그 계약의 내용이 단순히 산업기술의 연수만으로 그치는 것이 아니고 대상업체가 지시하는 바에 따라 소정시간 근로를 제공하고, 그 대가로 일정액의 금품을 지급받으며 더욱이 소정시간 외의 근무에 대하여는 근로기준법에 따른 시간외 근로수당을 지급받기로 하는 것이고, 이에 따라 당해 외국인이 대상업체의 사업장에서 실질적으로 대상업체의 지시, 감독을 받으면서 근로를 제공하고 수당 명목의 금품을 수령하여 왔다면, 당해 외국인도 근로기준법 제14조 소정의 근로자에 해당한다 할 것이고, 최저임금법 제2조에 의하여 근로기준법 제14조에 규정된 근로자는 곧 최저임금법상의 근로자에 해당하므로, 위와 같은 외국인근로자에 대하여도 국내의 근로자들과 마찬가지로 근로기준법상의 퇴직금지급에 관한 규정이나 최저임금법상의 최저임금의 보장에 관한 규정이 그대로 적용되어야 할 것이다. 원심은 … 비록 원고들이 피고회사의 중국내 현지법인인 대동모형소교 유한공사(이하 '소외회사'라 한다.)와 사이에 출국연수약정 명목의 계약을 체결하고 해외투자법인 산업연수생의 신분으로 입국하였다 하더라도, 소외회사는 피고회사가 전액 출자한 법인인 점, 원고들과 소외회사사이에 체결된 출국연수계약 자체에 의하더라도 그 계약의 내용이 단순히 기술연수에 그치는 것이 아니라 피고회사가 지시하는 바에 따라 1일 최소한 8시간 동안 근로를 제공하고 그 대가로 임금을 지급받는 것으로 되어 있는 점, 이에 따라 원고들이 기술연수는 거의 받지도 못한채 약 1년 6개월 동안 피고회사의 창원공장에서 여타 국내 근로자들과 마찬가지로 피고회사의 지시. 감독하에 근로를 제공하였을 뿐만 아니라 상시로 연장근로와 야간근로까지 하고 그에

대한 수당을 지급받아 온 점에 비추어 보면, 원고들은 근로기준법 제14조 및 최저임금법 소정의 근로자에 해당한다고 봄이 상당하므로, 피고는 원고들에 대하여 근무일수에 따른 최저임금에서 실제 지급받은 임금을 공제한 차액과 계속근로년수 1년에 대하여 평균임금 30일분의 퇴직금을 지급할 의무가 있다고 판단하였는바, 앞서 본 법리와 기록에 비추어 살펴보면 위와 같은 원심의 사실인정과 판단은 옳다.

03 판결의 의의와 한계

대상판결은 국제교류가 증대됨에 따라 국제적 법률관계가 증가하고, 이에 따라 국제근로계약관계 역시 증가하고 있는 상황에서 개정된 「국제사법」에 따라 국제근로계약의 재판관할과 준거법을 결정한 최초의 사례라는 점에서 그 의의가 있다.246)

1. 재판관할

대상판결은 X등과 A사이에 체결된 출국연수합의서가 분쟁이 발생하기 전에 체결되었고, 관할법원을 추가하는 경우에 해당하지 않아 무효이므로, 「국제사법」 제2조 제1항에 따라 실질적 관련이 있는 대한민국에 재판관할이 있다고 보았다.

2. 준거법

「국제사법」은 국제근로계약의 준거법과 관련하여 제28조 제1항에서 "근로계약의 경우에 당사자가 준거법을 선택하더라도 제2항의 규정에 의하여 지정되는 준거법 소속국가의 강행규정에 의하여 근로자에게 부여되는 보호를 박탈할 수 없다."라고 규정하고 있고, 동 제2항은 "당사자가 준거법을 선택하지 아니한 경우에 근로계약은 제26조의 규정에 불구하고 근로자가 일상적으로 노무를 제공하는 국가의 법에 의한다."라고 규정하고 있다. 따라서 **대상판결의 경우 출국연수합의서 제8조의 중국의 법률을 준거법으로 하는 합의는 효력이 없고, 국제사법 제28조 제2항에 따라 X등이 '일상적으로 노무를 제공하는 국가의 법'인 대한민국의 법률이 준거법이 된다.**247) 대상판결은 이를 전제로 "위와 같은 외국인근로자에 대하여도 국내의 근로자들과 마찬가지로 근기법상의 퇴직금지급에 관한 규정이나 최저임금법상의 최저임금의 보장에 관한 규정이 그대로 적용되어야 할 것이다."라고 하고 있다.

---

246) 앞의 책, 17면.
247) 앞의 책, 15면.

[편저자] 유 혜 경

■ 주/요/약/력
- 성균관대학교 법과대학 법학과 졸업
- 경희대학교 법과대학 법학과 일반대학원 노동법석사, 노동법박사
- 경희대학교, 한국외국어대학교, 경원대학교, 한국방송통신대학교, 경희대학교 법학전문대학원 노동법강사
- 중앙노동위원회 차별시정 전문위원
- 전) 세종법학원 노동법강사
- 현) 노무사단기학원 노동법강사

노동판례백선요해

초판인쇄	2015년 07월 15일
초판발행	2015년 07월 30일
편 저 자	유 혜 경
발 행 처	지저출판
공 급 처	푸른인쇄
주　　소	서울시 관악구 신림동 504-7
전　　화	(02) 869-1140
팩　　스	(02) 869-0201
정　　가	20,000원

저자와의 협의에 의하여 인지 생략

이 책의 무단 전재 또는 복제 행위는 「저작권법」 제136조 제1항에 의거 5년 이하의 징역 또는 5,000만원 이하의 벌금에 처하거나 이를 병과 할 수 있습니다. 파본은 교환해 드립니다.

공/급/처 도서출판 **남양문화**
서울 관악구 신림1동 1627-15
전화 : **864-9152~3**
FAX : 864-9156